Carl Künzel (Hg.)

Die Briefe der Liselotte von der Pfalz, Herzogin von Orleans

Ein Frauenleben am Hofe des Sonnenkönigs

Carl Künzel (Hg.)

Die Briefe der Liselotte von der Pfalz, Herzogin von Orleans

Ein Frauenleben am Hofe des Sonnenkönigs

ISBN/EAN: 9783864033193
Erscheinungsjahr: 2011
Erscheinungsort: Bremen, Deutschland

© Outlook Verlagsgesellschaft mbH, Fahrenheitstr. 1, 28359 Bremen. Alle Rechte beim Verlag und bei den jeweiligen Lizenzgebern.

www.eh-verlag.de | office@eh-verlag.de

Bei diesem Titel handelt es sich um den Nachdruck eines historischen, lange vergriffenen Buches. Da elektronische Druckvorlagen für diese Titel nicht existieren, musste auf alte Vorlagen zurückgegriffen werden. Hieraus zwangsläufig resultierende Qualitätsverluste bitten wir zu entschuldigen.

Carl Künzel (Hg.)

Die Briefe der Liselotte von der Pfalz, Herzogin von Orleans

Ein Frauenleben am Hofe des Sonnenkönigs

Die Briefe der Liselotte
von der Pfalz, Herzogin von Orleans

Ausgewählt und biographisch
verbunden von C. Künzel

Wilhelm Langewiesche-Brandt
Ebenhausen bei München 1912

Von Liselotte sind dreitausend Briefe erhalten, die sie während ihres siebzigjährigen Lebens geschrieben hat. Nur wenige stammen aus ihrer bis zum neunzehnten Jahre in Deutschland verlebten Jugend, alle andern sind Zeugnisse ihres Aufenthalts am französischen Hofe, dem sie als Gemahlin, später als Witwe des Herzogs Philipp von Orleans, des Bruders Ludwigs XIV., bis zu ihrem 1722 erfolgten Tod angehörte. Sie schrieb die meisten ihrer Briefe in deutscher Sprache, wie sie auch fast alle an ihre Verwandten und Freunde in Deutschland gerichtet sind.

Seit dem Ende des achtzehnten Jahrhunderts sind diese Briefe als wertvolle historische Quellen und unvergleichliche kulturhistorische Denkmale erkannt und nach und nach veröffentlicht worden, hauptsächlich von Wolfgang Menzel, Leopold von Ranke, Wilhelm Ludwig Holland und Eduard Bodemann. Unter den zahlreichen neueren Auswahlsammlungen, die von den Briefen veranstaltet wurden, ist die von Hans F. Helmolt besorgte und 1908 im Inselverlag zu Leipzig erschienene zweibändige Ausgabe die wissenschaftlich treuste und zugleich diejenige, die das vollkommenste Bild Liselottens zu geben vermag; dort sind auch einige ihrer französischen Briefe mitgeteilt.

Unsere Ausgabe, die in kleinerem Rahmen gehalten ist und sich an die weitesten Kreise wendet, sucht leichteste Lesbarkeit mit der Treue dem Original gegenüber zu verbinden. Alte Wortformen und Ausdrücke und dialektische Eigentümlichkeiten sind nach Möglichkeit beibehalten, während die Orthographie ganz modern gegeben ist. Eingestreute französische Sätze oder Satzteile wurden verdeutscht.

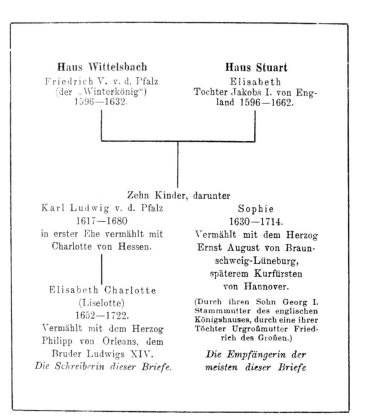

Haus Wittelsbach	Haus Stuart
Friedrich V. v. d. Pfalz (der „Winterkönig") 1596—1632.	Elisabeth Tochter Jakobs I. von England 1596—1662.

Zehn Kinder, darunter

Karl Ludwig v. d. Pfalz
1617—1680
in erster Ehe vermählt mit
Charlotte von Hessen.

Elisabeth Charlotte
(Liselotte)
1652—1722.
Vermählt mit dem Herzog
Philipp von Orleans, dem
Bruder Ludwigs XIV.
Die Schreiberin dieser Briefe.

Sophie
1630—1714.
Vermählt mit dem Herzog
Ernst August von Braunschweig-Lüneburg,
späterem Kurfürsten
von Hannover.

(Durch ihren Sohn Georg I. Stammmutter des englischen Königshauses, durch eine ihrer Töchter Urgroßmutter Friedrich des Großen.)

Die Empfängerin der meisten dieser Briefe

Am Schluß des Buches findet sich ein im Auszug gegebener Stammbaum des französischen Königshauses und eine kurze Übersicht über die wichtigsten Zeitereignisse mit besonderer Beziehung auf den historischen Inhalt der Briefe.

Die Briefe der Liselotte.

Liselottens Vater, Kurfürst Karl Ludwig von der Pfalz, war im Jahre 1617 zu Heidelberg geboren als Sohn Friedrichs V. von der Pfalz. Dieser, das Haupt der protestantischen Union, wurde von den um ihre Glaubensfreiheit kämpfenden Böhmen zum Könige gewählt und im November 1619 gekrönt. Als aber im folgenden Jahre die Truppen der katholischen Liga das böhmische Heer in der Schlacht am Weißen Berge bei Prag besiegten, entfloh der „Winterkönig" nach Holland und wurde in die Reichsacht erklärt. Seine Länder samt der Kurwürde gab der Kaiser an Maximilian von Bayern, das Haupt der Liga. Vergebens wandte sich Friedrich um Unterstützung an seinen Schwiegervater Jakob I. von England; vergeblich hoffte er von Jahr zu Jahr auf die Besiegung der Kaiserlichen durch die protestantischen Reichsfürsten und späterhin durch die Schweden. Er starb, als die Hoffnung auf Wiedererlangung seiner Erblande durch Gustav Adolfs Tod für immer geschwunden schien.

Im Haag, wo Friedrich als Enkel Wilhelms von Oranien gastfreundliche Aufnahme gefunden hatte, wuchsen seine zehn Kinder heran. Mehrere der Söhne traten in englische Dienste; unter ihnen zeichnete sich besonders Prinz Ruprecht aus, der als Reiterführer seinem Oheim Karl I. wichtige Dienste leistete. Die Herzogin Liselotte schreibt über ihn: „Ich habe erzählen hören, daß man in England meinen Onkel für einen Hexenmeister gehalten, und einen großen, schwarzen Hund, so er hatte, für den Teufel. Wenn er in die Armee kam, und gegen den Feind ging, flohen deswegen ganze Regimenter vor ihm." Erst dem Cromwell gelang es, mit seiner Reiterschar der ‚Eisenseiten' diesen gefürchteten Gegner zu besiegen. Ein anderer Oheim, Prinz Eduard, fiel in die Netze einer schlauen Italienerin, Anna von Gonzaga, die ihn heiratete und zum Katholizismus bekehrte. Diese Frau, die „Prinzeß Palatine", hat auch in Liselottens Schicksal eingegriffen. Vermutlich war sie auch die Veranlassung, daß eine der Schwestern ihres Gemahls, Luise Hollandine, katholisch wurde. Die älteste Tochter Friedrichs, Elisabeth, wurde Abtissin des evangelischen Reichsstifts Herford; die jüngste, Sophie, heiratete im Jahre 1658 den Herzog Ernst August von Braunschweig-Lüneburg, den späteren Kurfürsten von Hannover.

Der älteste der den Böhmenkönig überlebenden Söhne, Karl Ludwig, hatte seine Jugendjahre dazu ausgenützt, in England und Holland Kenntnisse und politische Erfahrungen zu sammeln. Als der Westfälische Friede ihm sein Vätererbe zurückgab, sah er sich vor die große Aufgabe gestellt, ein ausgeplündertes und verwüstetes Land in die Höhe zu bringen. Mutig ging er ans Werk. Indem er sich persönlich aufs äußerste einschränkte, — es wird z. B. erzählt, daß er seinen Rock um etliche Kreuzer vom Schneider ausflicken ließ, — ersparte er die Mittel, um seine Untertanen beim Wiederaufbau der zerstörten Ortschaften zu unterstützen. Sein Beispiel wirkte anspornend auf die Bevölkerung; es währte kaum zehn Jahre, so hatten die rührigen Pfälzer ihr fruchtbares Land zu neuer Blüte gebracht, und der Kurfürst war nun in der Lage, auch den Wissenschaften seine Fürsorge zuzuwenden; im Jahre 1652 stellte er die Heidelberger Universität wieder her. Im Februar 1650 vermählte sich Karl Ludwig mit Charlotte von Hessen-Kassel. Im folgenden Jahre wurde ihm ein Sohn geboren, sein Nachfolger Karl, der im Jahre 1685 kinderlos starb. Am 27. Mai 1652 folgte eine Tochter, Elisabeth Charlotte, die vielgenannte Liselotte von der Pfalz, aus deren Feder die nachfolgenden Briefe stammen.

Leider erwies sich bald, daß das kurfürstliche Paar schlecht zueinander paßte. Die Kurfürstin hatte wider ihre Neigung geheiratet; kalt, lieblos und zur Verschwendung geneigt, zeigte sie kein Verständnis für die Bestrebungen ihres Gemahls, und daß sie dem hochgebildeten, geistreichen Manne sich innerlich nicht gewachsen

fühlte, rächte sie durch kleinlichen Eigensinn. Die leiden=
schaftliche Natur des Kurfürsten litt schwer an diesem un=
erquicklichen Verhältnis. Kein Wunder, daß ihm der
Gedanke kam, illegitimen Ersatz zu suchen. Aber die
Dame, die seine Neigung erweckt hatte, das Hoffräulein
Luise von Degenfeld, entstammte einem altadeligen
Hause, und ihr ritterlicher Bruder trat energisch für ihre
Ehre ein. Da beschloß der Kurfürst die Scheidung von
seiner Gemahlin. Und obwohl diese nicht einwilligte
und das Urteil der Welt den von ihm selbst ausgefertig=
ten Scheidebrief nicht für rechtsgültig hielt, betrachtete
er seine Ehe nunmehr als gelöst und heiratete Luise im
Jahre 1658. In dieser Verbindung fand er das Glück, das
ihm die für seine Lebensaufgabe nötige Spannkraft er=
hielt. Seiner zweiten Gemahlin und deren zahlreichen
Kindern verlieh er den Namen eines ausgestorbenen
pfälzischen Geschlechts, der Raugrafen von der Pfalz.

Raugräfin Luise, ein sanftes, schüchternes Wesen,
hatte kein glänzendes Los an der Seite eines argwöhni=
schen Gemahls, dessen Liebe in Tyrannei ausartete und
dessen Sparsamkeit sie und ihre Kinder allzu knapp
hielt, aber sie erfüllte ihre Pflichten mit rührender
Ergebenheit. Sie starb nach der Geburt ihres vierzehn=
ten Kindes. Von ihren Kindern überlebten sie drei Töch=
ter: Karoline von Schomberg, Amalie Elisabeth und
Luise, und fünf Söhne, die ohne Nachkommen starben.

Die geschiedene Kurfürstin blieb noch mehrere Jahre
in Heidelberg, und diese Zeit war überreich an un=
erfreulichen Szenen. Man fand es daher geraten, die
siebenjährige Liselotte vom Hofe zu entfernen. Ihre
Tante Sophie, die Gemahlin des Herzogs Ernst August,
erbot sich, die Kleine aufzunehmen, und so wurde diese
im Sommer 1659 nach Hannover geschickt, begleitet
von ihrer Hofmeisterin, Anna Katharina von Uffeln.

Vier Jahre verlebte sie dort, und diese Zeit war ent=
scheidend für ihre ganze Entwicklung. Während ihr in
Heidelberg zurückgebliebener Bruder in allzu strenger
Zucht verkümmerte — die unwürdige Behandlung durch
seinen Lehrer machte ihn verschüchtert und verbittert, —
hatte Liselotte unter der verständigen Aufsicht ihrer
Hofmeisterin und der Tante Sophie Raum genug, alle
ihre prächtigen, echt deutschen Anlagen zu entfalten.
Freilich schoß auch der Übermut des lustigen Pfälzer Kin=

des stark ins Kraut, weshalb sie manches Mal die Rute kosten mußte. Aber sie hat es später ihren Erzieherinnen Dank gewußt, daß sie sie bei aller Freiheit nicht ausarten ließen. Der Jungfer Uffeln bewahrte sie treue Freundschaft, die sie auch auf deren Gemahl, den hannöverschen Oberstallmeister von Harling, übertrug, und die Tante Sophie liebte sie mit dem ganzen Ungestüm ihres jungen Herzens als ihre mütterliche Freundin und Vertraute, der sie in aufrichtiger Bewunderung zeitlebens ergeben blieb.

An den Kurfürsten Karl Ludwig

<small>Geschrieben im Haag, wo Herzogin Sophie mit ihrer kleinen Nichte Liselotte bei deren Großmutter, der ehemaligen Böhmenkönigin, den Winter verbrachte.</small>

November 1659.

Herzliebster Papa, ich glaube, Ihro Gnaden werden von Tante schon vernommen haben, daß wir gesund sein hier vor acht Tagen angekommen. Ihre Majestät die Königin ist mir gar gnädig, hat mir auch schon ein Hundchen geschenket; morgen werde ich einen Sprachmeister bekommen, der Tanzmeister ist schon zweimal bei mir gewesen; Tante sagt, wenn jemand hier ist, der wohl singen kann, soll ich auch singen lernen; werde ich also gar geschickt werden und hoffe ich, wenn ich die Gnade wieder haben werde, Papa die Hände zu küssen, sollen Ihro Gnaden finden, daß ich fleißig gelernet habe. Das Schälchen vor die Königin habe ich noch nicht überliefern können, weil mein Zeug noch auf dem Schiff und von unsern Leuten auch noch zurücke sein; Gott gebe nur, daß sie nicht ersoffen sein, es wäre sonsten ein schlechter Possen. Itzunder soll ich mit mein Tanten bei die Prinzeß von Oranien gehen, muß deswegen endigen und küsse hiemit Ihro Gnaden gehorsamlich die Hände mit demütiger Bitte, mein lieber Papa wolle mich in seiner Gnade erhalten und glauben, daß Liselotte allzeit wird bleiben mit schuldigem Respekt meines allerliebsten Papas ganz gehorsamst untertänigste Tochter und Dienerin   Elisabeth Charlott.

An Anna Katharina von Uffeln
Liselottens damalige Hofmeisterin. Geschrieben während eines späteren Besuchs in Holland.
Amsterdam, den 19. Maius Anno 1661.

Mein allerliebste Jungfer Offelen, ich habe nicht lassen können Euch zu weisen, daß ich besser an Euch gedenk als Ihr gemeint habt, und ich hoffe, daß Ihr auch so an mich gedenken werdet. Hiermit genung. Ich muß Euch auch klagen, daß mich die Mucken so gebissen haben. Madalenchen¹) läßt Euch dienstlich grüßen. Wir haben gar eine lustige Reise gehabt. Ich muß auch fragen, wie es mit mein klein Vetterchen²) stehet. Ich hoff, daß wir Euch bald wiedersehen werden. Ich darf mich nicht entschuldigen, daß es nicht wohl geschrieben, denn Ihr wisset wohl, daß ich es noch nicht besser kann. Sage mein liebe Jungfer Offelen adieu bis bald Sehens; ich verbleibe allzeit Eure affektionierte Freundin
Elisabethe Charlotte.

Inzwischen hatte sich Liselottens Mutter, die geschiedene Kurfürstin Charlotte, nach Kassel zurückgezogen, und da somit die Fehde an seinem Hofe ihr Ende erreicht hatte, wünschte Karl Ludwig die Rückkehr seiner Tochter. So schied die Elfjährige im Sommer 1663 von ihrer Tante. In Heidelberg lebte sie sich bald wieder ein. An den kleinen Stiefgeschwistern fand sie Ersatz für die in Hannover zurückgelassenen Vettern. Namentlich der älteste der Raugrafen, Karl Ludwig, wuchs ihr ans Herz; sie hat ihren Karllutz, ihr Schwarzköpfel, mehr geliebt als den eigenen Bruder, den Kurprinzen Karl, und seinen allzu frühen Tod konnte sie lebenslang nicht verschmerzen. An ihrem Vater hing sie mit großer Liebe, obwohl er sie in keiner Weise verwöhnte. Doch ließ er ihr Freiheit genug, und so kam sie häufig mit dem Volke in Berührung, so daß sie es kennen und schätzen lernte.

Ihren Unterricht erhielt sie zum Teil von den Lehrern ihres Bruders. Zu ihrem Erzieher wurde Etienne Polier de Bottens ausersehen, ein frommer,

---
1) Liselottens Jungfer. 2) Prinz Georg Ludwig von Hannover, der älteste Sohn Sophiens, später als Georg I. König von England.

treuer Mann, der sie später nach Frankreich begleitete, wo er 1711 im Alter von 91 Jahren starb. Er hat ihr dort oftmals in schweren Zeiten Trost gespendet und sie auf Gott verwiesen.

Eins aber fehlte ihr dennoch: die treue Hofmeisterin der letzten Jahre, Anna Katharina von Uffeln, war in Hannover zurückgeblieben als Gemahlin des Oberstallmeisters von Harling. Diese erzog dort, da ihre eigene Ehe kinderlos blieb, die Kinder der Herzogin Sophie und später deren Enkel, den nachmaligen König Friedrich Wilhelm I. von Preußen. An ihre Stelle im Leben der jungen Liselotte trat Ursula Kolb von Wartenberg, eine etwas wunderliche alte Person, die das lebhafte Kind mit Moralpredigten langweilte, sich über jede harmlose Missetat aufregte und dadurch natürlich zu immer neuen Streichen anstachelte. So hat sie das Leben der Prinzessin wider Willen erheitert. Aber Liselotte empfand den Abstand gegen früher stark genug, und noch im Alter bedauerte sie, daß Frau von Harling sie nicht bis zu ihrer Verheiratung unter Händen gehabt. Sie schrieb ihrer „herzallerliebsten Jungfer Uffel", wie sie sie zeitlebens nannte, gar manchen lieben Brief, und wiederholt bekannte sie, daß sie je länger desto mehr einsah, was sie ihrer „Auferzucht" verdanke.

So wuchs die pfälzische Prinzessin heran, kerngesund an Leib und Seele, lustig und schlagfertig. Sie war keine Schönheit; aber was von mißgünstigen französischen Zungen über ihre „Häßlichkeit" geredet worden ist, wird durch ihre Bilder teilweise widerlegt, und Liselottens Schilderungen ihrer selbst enthalten viele scherzhafte Übertreibungen. Den ersten Freier, einen kurländischen Prinzen, schickte sie kurzerhand heim. Der zweite, Markgraf Friedrich Magnus von Baden, fiel einer Verwechslung zum Opfer: die pfälzischen Bauern überfielen ihn, verprügelten sein Gefolge und nahmen ihnen die Pferde weg; — sie hielten sie nämlich für lothringische Offiziere, von denen ihnen kürzlich Pferde geraubt worden waren. Der Freiersmann glaubte, der pfälzische Hof habe ihm diesen Possen angestiftet, und in seinem gerechten Grimm heiratete er schleunigst eine holsteinische Prinzeß. Liselotte, die den guten Herrn „affektiert und abgeschmackt" gefunden hatte, freute sich kindisch über diesen Ausgang der Sache. Ihr Vater jedoch, dessen Kinderschar noch immer anwuchs, wünschte sehr, die älteste Tochter bald zu verheiraten. Und ehe diese sich dessen versah, war ihr Schicksal entschieden, ohne daß sie Einspruch erheben konnte.

Sie schreibt darüber: „Papa hatte mich auf dem Hals, war bange, ich möchte ein alt Jüngferchen werden, hat mich also fortgeschafft, so geschwind er gekonnt hat. Das hat so sein sollen, war mein Verhängnis."

An Frau von Harling
geb. von Uffeln, Liselottens ehemalige Erzieherin.

Frankenthal, den 15. September 1663.

Meine herzallerliebste Jungfer Offelen. Daß ich Euch so lang nicht geschrieben, ist nicht aus Vergessenheit geschehn, sondern weil ich so viel zu tun gehabt habe und auch mit der Reis nach Frankenthal und mit dieser Reis wider Willen die Post versäumt. Ich bitte, Jungfer Uffel wolle Tanten von meinetwegen untertänig die Hände küssen; desgleichen bitte meine Entschuldigung bei meinem Vetterchen zu tun, daß ich ihm nicht antwort, werde es im Gedächtnis behalten und mit nächster Post nicht vergessen; bitte mein liebe Jungfer Offelen wolle alle gute Freunde von meinetwegen grüßen, insonderheit Monsieur Harling, Sie wolle auch der Landen[1]) sagen, daß ich gehört habe, daß sie was Junges kriegen will; wünsche viel Glück dazu. Bedanke mich auch gar sehr vor die schöne Sachen, die sie mir geschickt. Unterdessen versichere ich mein lieb Jungfer Uflen, daß allezeit lieb behalten werde und verbleiben werde Jungfer Ufelen gute Freundin Elisabethe Charlott.

Heidelberg, den 13. Januarius 1666.

Meine herzallerliebste Frau von Harling. Ich bin recht froh gewesen, aus Eurem Brief zu hören, daß Tante nun wieder ein klein Prinzchen hat. Ich möchte wohl wünschen, daß die zwei ältesten Prinzen hier wären, so könnten sie mit auf dem Schlitten fahren, denn es liegt ein gar

---
1) Hofdame der Herzogin Sophie, aus der pfälzischen Familie v. Landas stammend.

schöner Schnee hier. Vergangenen Montag seind wir hier Maskerade in Schlitten gefahren; wie wir aber wieder aus der Stadt herauf sein gefahren, da ist einer von den Edelleut auch mit herauf gefahren, welcher niemands im Schlitten hatte. Wie er aber hat wollen nunter fahren, ist die Stang vom Schlitten gebrochen und das Pferd hat ihn auf dem Berg vom Schlitten geworfen und ist folgens den ganzen Berg hinuntergeloffen. Unterwegens aber ist des Paukers seine Schwiegermutter, hat wollen den Berg heraufgehen; das Pferd hat aber die Frau zu Boden geworfen und hat sie totgetreten. Es ist schon eine alte Frau gewesen und hat schon fünf Männer gehabt. Mein Bruder läßt Euch auch sehr danken vor das „so was so was"; er sagt, er wünsche Euch auch „so was so was", da ihr mit spielen könnt. Unterdessen werde ich allzeit verbleiben Eure treue Freundin
Elisabethe Charlotte.

Friedrichsburg, den 26. Oktober 1668.

Ich bin recht froh gewesen, wie ich gehöret habe, daß Tante eine Prinzessin[1]) bekommen hat. Euer Brief muß gar lang unterwegens gewesen sein, weil ich ihn erst vorgestern bekommen hab. Papa hat auch schon einen Brief, aber mit Rötelstein[2]) geschrieben, von Tante bekommen. — Ich wollte gerne mehr schreiben, so weiß ich aber vor diesmal nichts neues als daß ich itzunder in die Silberkammer schicken will und mir ein paar Trauben holen lassen; möchte wünschen, daß die Prinzen und Frau Harling hier wären und mit mir Trauben äßen.

Friedrichsburg, den 4. November 1668.

Ich bin von Herzen erfreut gewesen, wie ich vernommen hab, daß Tante und Onkel mir die Ehr getan und mich zu einer Gevatterin erwählt haben. Bedanke mich auch gar sehr vor die Müh, die Frau Harling genommen

---
1) Sophie Charlotte, die spätere Gemahlin Friedrichs I. von Preußen. 2) Röt d. h. Rotstift.

hat, daß sie vor mich gestanden ist; möchte mein Patchen[1]) gern sehen und mit ihr spielen. Meine Hoffnung ist aber itzunder in den Brunnen gefallen, denn ich habe gehofft, daß wir hier die Gnad würden haben, Tanten aufzuwarten; nun sie aber nach Lüneburg gehen, fürchte ich, wird es noch lang nichts sein. Bitte mein Patchen von meinetwegen zu küssen, wie auch die Prinzen. Hiemit adieu und viel Glück auf die Reis nach Lüneburg.

Heidelberg, den 4. März 1670.

Ich muß mein lieb Frau Harling doch sagen, wie daß mein Bruder und ich in unserer Rechnung sein zu kurz kommen: wir haben sollen auf die Faßnacht lauter Götter und Göttinnen sein, und weilen es damals noch zu kalt war, ist es noch zehn Tag aufgeschoben worden und hat als gestern vor acht Tagen sein sollen, und waren alle unsere Kleider schon fertig. Mein Bruder war Merkurius und ich Aurora, die Landas Diana, Jungfer Kolb[2]) Ceres, summa summarum wir waren lauter Götter, Göttinnen, Schäfer und Nymphen. Die Triumphwagen waren schon alle fertig, und hat nichts mehr gefehlt als nur Donnerstag, daß wir es gespielt hätten, so kam eben Mittwoch die Zeitung, daß der König in Dänemark gestorben. So seind aus lauter Göttern lauter sterbliche Menschen worden. Doch hat man uns auf sechs Wochen vertröst und wann dann nichts darzwischen kommt, so kann mir Frau Harling nur berichten, ob sie gerne frühe aufstehen will oder nicht, denn weil ich alldann die Pforten des Tags werde in meiner Macht haben, will ich's nicht eher aufmachen als wann sie will.

Ich bitte, mein herzlieb Frau Harling wolle doch dem ältesten Prinzen sagen, daß ich fürchte, wann die kleine Prinzeß von Hannover wird etwas größer werden, daß sie mir möge die Schuhe austreten, und daß ich schon anfange,

---

1) Prinzessin Sophie Charlotte von Hannover. 2) Lieselottens Hofmeisterin.

mit ihr um den Prinzen zu eifern, aber daß er doch bedenken soll, daß ich die erste Versprechung habe.

Friedrichsburg, den 18. März 1671.

Ich hätte auch wohl die Reise mittun mögen, den heiligen Herrn Labadie¹) zu sehen mit seiner heiligen Gesellschaft. Tante²) hat mir die Gnad getan zu schreiben, daß sie Gott mit Springen loben; also glaube ich, wann ich dabei gewesen wäre, daß sie mich nicht verdammt hätten, denn ich ihnen brav mit Springen hätte helfen wollen Gott loben. Da halt ich mehr von als von ihrem Disputieren. Die himmlische Freude bei des Herrn Labadie Gesellschaft wird nunmehr ein Ende haben, weil, wie man sagt, der Labadie tot ist. Der Sprung ist ein wenig zu weit, glaube nicht, daß einer von seinen Jüngern demselben gar gern bald wird nachfolgen wollen, es sei denn, daß er ihnen so einen Boten vom Himmel schickt, wie in der Komödie von der Dorothea, wann sich Frau Harling weiß zu erinnern.

Schwetzingen, den 12. April 1671.

Mein Bruder hat gestern geprotestiert, ich möchte doch nicht weinen wie letztmal, wann er weggehe, weil er an so ein guten Ort gehet, wonach er so sehr verlangt hätte. So hab ich geantwortet: „Ich werde nicht weinen, daß Ihr nach Osnabrück geht, sondern daß ich nicht mitgehen darf." — Ich glaube, Frau Harling wird meinen Bruder nicht mehr kennen, weil er seit den Blattern sehr verändert ist; ich fürchte, die Mäler werden ihm bleiben. Die Prinzeß von Dänemark³) wird itzunder mehr auf sein gut Gemüt als Gesicht sehn müssen, denn dieses wird sie richtig finden. Frau Harling wirds auch wohl an ihm verspüren, wann

---

1) ein Mystiker und Separatist. 2) Liselottens älteste Tante, Elisabeth, Abtissin von Herford. 3) Prinzessin Wilhelmine Ernstine, seine Braut.

er eine Weil bei ihnen wird gewesen sein. Er hat mir auch gesagt, daß er sich auch auf sie verließe, daß, wann er etwa einige Fehler begehen sollte, daß sie ihm wegen alter Kundschaft sagen würde und noch als mit seine Hofmeisterin sein. Was neues von hier ist, wird mein Bruder und seine Leut all sagen.

Schwetzingen, den 26. Mai 1671.

Aus Ihrem lieben Schreiben sehe ich, daß mein Bruder nunmehr zu Osnabrück ankommen ist. Wie leid es mir ist, daß ich nicht mit dabei sein kann, halte ich wohl, daß mein lieb Frau Harling wohl selber wird erachten können, ohne daß ichs viel beschreibe; freuet mich doch noch, daß ich mit dabei gewünscht werde, muß aber denken, daß es mir geht, als wie unser Herrgott zum reichen Mann gesagt hat: ich habe mein Gutes vor etlichen Jahren empfangen und mein Bruder bekommts erst itzunder. Jedoch habe ich noch Hoffnung, sie allesamt bald hier zu sehen und muß mich also mit der Hoffnung abspeisen, wiewohl es ein ziemlich mager Essen ist. Ich höre wohl, mein Bruder vertritt ganz meine Stelle, bis auch auf das, daß er auch so gewaschen wird, wie Frau Harling mich als gewaschen hat. Dieses tut ihm als einem Hochzeiter gar wohl vonnöten, damit wann er zu seiner Braut kommt, daß er glänzt wie ein Karfunkelstein im Ofenloch. Mein Bruder kann mir nicht genung beschreiben, wie große Gnade und Ehr ihm widerfähret, und gefällt ihm das Leben gar wohl. Er ist aber nicht närrisch hierin; ich weiß auch wohl, was es ist. Er hat mir auch gerühmt, wie der älteste Prinz[1] schon so brav zum Ring rennen kann und auch den Ring in die Mitte hinweg genommen habe; summa summarum sein ganzer Brief ist nichts anderes als wie er so wohl zufrieden, und wies ihm so wohl geht; das Tanzen und Spielchen spielen gefällt ihm auch gar trefflich wohl. . . . Mein

---

[1] Georg Ludwig von Hannover, der spätere König von England.

lieb Frau Harling muß noch nicht von Alter sagen, denn weil sie noch so frisch und gesund ist und sich noch als mit lustig machen kann, muß sie sich gar nicht einbilden, daß sie alt sei; ich aber hoffe sie noch viel innerhalb zwanzig Jahren zu sehen und mit ihr lustig zu sein. Mein Bruder wird doch die Hofmeisterschaft unter dem Namen guten Rats gar gern annehmen, ich ingleichen auch, wann ich nur möchte darbei sein. Ich bitte, mein lieb Frau Harling wolle mich doch auch als bei Tante und Onkel in Gnaden helfen erhalten und auch Achtung haben, daß mein Bruder, so anwesend, mich Abwesende nicht ganz aussticht.

Es war im Jahre 1671. In Frankreich herrschte Ludwig XIV., der vor kurzem einen ungerechten Krieg wegen der spanischen Niederlande geführt hatte und jetzt gegen Holland rüstete. Die Besorgnis, daß die Pfalz unter den in sicherer Aussicht stehenden Kriegswirren zu leiden haben werde, bestimmte den Kurfürsten Karl Ludwig, einem Plane näher zu treten, der ihm damals vorgelegt wurde: Er sollte seine Tochter Liselotte dem Bruder König Ludwigs, dem verwitweten Herzog Philipp von Orleans, zur Ehe geben, um durch Anknüpfung verwandtschaftlicher Beziehungen zum französischen Königshause sein Volk und Land vor dem gefährlichen westlichen Nachbarn sicherzustellen.

Die Unterhändlerin in dieser Angelegenheit war Anna Gonzaga, die bereits erwähnte Schwägerin des Kurfürsten. Man darf vielleicht annehmen, daß sie dabei in gutem Glauben gehandelt hat. Merkwürdig aber ist, daß König Ludwig XIV., der seinen Bruder mit einer Verwandten zu vermählen beabsichtigt hatte, — er hatte ihm diesen Vorschlag bereits am ersten Tage seiner Witwerschaft gemacht —, plötzlich für die Ehe mit der Pfalzgräfin stimmte. Bei der Frage der Mitgift kam man dem sparsamen Kurfürsten so weit entgegen als möglich, und die einzige unerläßliche Bedingung war, daß die Prinzessin zur katholischen Kirche übertreten müsse. Daß hier politische Erwägungen ins Spiel traten, ist klar. König Ludwig hatte beim Tode Ferdinands III. im Jahre 1657 den Versuch gemacht, zur deutschen Kaiserkrone zu gelangen; die rheinischen Kurfürsten waren bereits für ihn gewonnen, und nur dem energischen Eintreten des Großen Kurfürsten von Brandenburg war es zu danken gewesen, daß Mazarins Anschlag mißlang. Aber damit war er noch nicht aufgegeben. Louvois, der gelehrige Schüler des schlauen Italieners Mazarin, setzte dessen Werk in aller Stille fort; man gewann die zahlreichen deutschen Höfe durch Jahrgelder und Versprechungen, beeinflußte die Fürsten durch französische Bediente und Erzieher, durch Priester und Mätressen und brachte es dahin, daß der Einfluß Frankreichs ständig stieg. Und es ist fast ein Wunder, daß damals nicht noch mehr deutsche Fürsten zu Frankreich hielten, da sie am „Reich", d. h. an Kaiser Leopold I., (1658—1705), nichts als Verdruß und Undank erlebten.

Kurfürst Karl Ludwig wußte jedenfalls, daß er im Kriegsfalle vom Kaiser wenig Beistand zu erwarten habe. Das veranlaßte ihn, seine Zustimmung zu jenem Heiratsvorschlag zu geben. Daß er damit nicht nur sein Kind unglücklich machte, sondern auch sein Land dem Verderben preisgab, ahnte er nicht. Für ihn war jetzt die größte Sorge, wie man Liselotte zum Übertritt bewegen könnte, ohne sich den Unwillen der evangelischen Reichsfürsten zuzuziehen.

Aber Anna Gonzaga wußte Rat: die religiöse Frage sollte im Heiratskontrakt gar nicht berührt werden, jedoch sollte die Prinzessin, sobald sie sich von ihrem Vater getrennt hatte, „freiwillig" den Glauben wechseln und ihm brieflich davon Mitteilung machen, so daß es den Anschein hätte, als habe sie diesen Schritt wider sein Wissen und Wollen unternommen.

So geschah es. Liselotte wurde heimlich im Katholizismus unterrichtet, und sobald sie von den Gesandten des französischen Königs in Empfang genommen war, ließ man sie abschwören und diktierte ihr einen Brief, in dem sie ihren Vater deswegen um Verzeihung bitten mußte. Er antwortete mit programmgemäßer Entrüstung, die seine Unschuld offenkundig machen sollte; aber seine Zeitgenossen glaubten sie ihm nicht recht, und spätere Forschungen haben den saubern Handel aufgedeckt. — Es ist jedoch zu beachten, daß der Kurfürst, der ein Freidenker war, diesen Schritt ohne Gewissensnöte tat, nur um Anstoß zu vermeiden. Glaubenswechsel war in jener Zeit unter fürstlichen Personen nichts

Seltenes und geschah häufig aus geringfügigen äußern Ursachen.

Liselotte hatte bei der ganzen Sache nichts mitzureden. Ihre Tante Sophie, die nach Heidelberg gekommen war, um beim Abschluß des Handels mitzuwirken, redete ihr alle Bedenken aus. Und sie fühlte, daß ihr Vater sie los zu sein wünschte. So ergab sie sich und ging „wider Willen, aus purem Gehorsam" den Weg in die Fremde.

Im Herbst 1671 brachte Kurfürst Karl Ludwig seine Tochter nach Straßburg. Herzogin Sophie und Raugraf Karl Ludwig — Liselottens geliebter Karllutz — begleiteten sie. Der Heiratskontrakt wurde unterzeichnet, danach erfolgte in Metz der Übertritt, sodann die Vermählung per procurationem, die durch prunkvolle Festlichkeiten verherrlicht wurde. Auch in Heidelberg wurde der Tag festlich begangen. Liselotte aber, jetzt „Madame Royale", fuhr weinend dem unbekannten Gemahl und der neuen Heimat entgegen.

In Frankreich stand damals das Königtum auf der Höhe seiner Macht. Kardinal Richelieu hatte in achtzehnjährigem Ringen mit den Ständen die Rechte des Adels und des Volkes beschränkt zugunsten der Krongewalt; er hatte im Namen des unfähigen Königs Ludwig XIII. mit Umsicht und Geschick die Regierung geführt und Frankreichs Einfluß und Ansehen vermehrt, namentlich auf Kosten Deutschlands, das damals durch den Dreißigjährigen Krieg geschwächt wurde. Als er 1642 starb, hinterließ er sein Kanzleramt einem befähigten Nachfolger, dem italienischen Kardinal Mazarin. Dieser hatte außer den Regierungsgeschäften auch noch die Vormundschaft über den unmündigen Ludwig XIV. zu führen, der 1643 im Alter von fünf Jahren seinem Vater auf den Thron gefolgt war. Um nun dem jungen König auf lange hinaus unentbehrlich zu bleiben, ließ er ihn in größter Unwissenheit aufwachsen, während man seinen jüngern Bruder, den Herzog Philipp von Orleans, absichtlich mißleitete und verweichlichte, damit er niemals imstande sein möchte, als Nebenbuhler des Königs aufzutreten. Auch die Königin-Mutter, Anna von Österreich, hing völlig von Mazarin ab. In der äußern Politik beschritt der Kardinal mit Erfolg die Bahnen seines Vorgängers. Seinen schon erwähnten Plan, die deutsche Kaiserkrone an Frankreich zu bringen, hatte er von langer Hand vorbereitet; er hatte z. B. im Westfälischen Frieden den deutschen Fürsten das Recht ausgewirkt, mit fremden Staaten Bündnisse zu schließen, worauf er schon damals eine Art Rheinbund zustande brachte. Als der König heranwuchs, verstand er seiner Eigenliebe derart zu schmeicheln, daß jener gar nicht merkte, wie sehr er von dem Kardinal abhing. Denselben Weg betrat fortan ein jeder, der bei dem König etwas erreichen wollte, und dank dieser unablässigen Schmeichelei erwuchs in Ludwig XIV. ein grenzenloser Stolz, der schließlich nichts mehr um sich her duldete als sklavische Unterwürfigkeit.

Nach dem Tode Mazarins führte König Ludwig die Regierung allein. Die von jenem herangezogenen vorzüglichen Staatsmänner verstand er zu benutzen, beschränkte jedoch ihren Einfluß. Seine hervorragende Begabung ersetzte zum Teil die mangelnden Kenntnisse. Er verstand es, sich gefürchtet und bewundert zu machen; nicht lange, so galt er als das Ideal eines Königs und wurde von vielen Fürsten nachgeahmt. Deutsche Edelleute schickten ihre Söhne nach Paris, um höfische Sitte zu lernen; die französische Sprache wurde an allen Höfen gemein.

So stand die Sache, da Liselotte, als Herzogin von Orleans, nach Frankreich kam. Ihre Eindrücke vom König sind in vielen Briefstellen niedergelegt, von denen wir hier einige wiedergeben:

„Es ist wohl die rechte Wahrheit, daß niemand in ganz Frankreich höflicher ist und besser zu leben weiß als der König. Auch habe ich ihn von Herzen lieb; ich rühme ihn, soviel ich kann."

„Wenn unser König jemanden gnädig behandeln will, macht sich niemand in der Welt angenehmer als er, denn er hat so ungezwungene Manieren und eine so angenehme Art im Reden und in der Stimme, daß man ihn gleich lieb bekommt."

Und viele Jahre später, nach des Königs Tode 1715, schreibt sie:

„Es ist gewiß, daß kein Mensch in ganz Frankreich so gute und hohe Mienen gehabt hat als unser König selig. Er war groß und wohl geschaffen, hatte ein angenehm Gesicht und gar angenehme Stimme. Gegen die Person von unserm König war ganz und gar nichts zu sagen, noch zu tadeln."

„Den König und Monsieur — der Titel des Bruders des Königs von Frankreich. Der Titel seiner Gemahlin war „Madame" — sollte man in seinem Leben für keine Brüder gehalten haben. Der König war groß, mein Herr gar klein. Er hatte lauter weibliche Neigungen, liebte das Putzen, hatte Sorge für seinen Teint, liebte alle Weiberarbeit und Zeremonien. Der König war ganz der Gegensatz, fragte nicht nach Putzen, liebte die Jagd, das Schießen und hatte alle Neigungen von Mannsleuten, sprach gerne vom Krieg. Monsieur hielt sich wohl im Kriege, aber er sprach nicht davon. Monsieur liebte die Damen wie Gespielinnen, mochte immer bei ihnen sein. Der König sah die Damen gern bei Nahem und nicht so in allen Ehren wie Monsieur."

In diesem letzten Bericht ist bereits der Gatte geschildert, der Liselotte zu St. Germain erwartete, Herzog Philipp von Orleans. Er hatte seine erste Gemahlin, Henriette von England, vor einem Jahre verloren, — durch Gift, wie man munkelte. Am Hofe war man nicht wenig gespannt, wie die junge pfälzische Prinzessin den Platz dieser eleganten Weltdame ausfüllen werde. Sie selbst berichtet, daß ihr Gemahl enttäuscht gewesen sei, und schreibt das ihrer Häßlichkeit zu; vermutlich aber hatte sie sich einen andern Gatten geträumt als diesen weichlichen Mann, von dem es heißt, daß er in seinem Leben niemals verliebt gewesen sei. Er begegnete ihr jedoch mit Freundlichkeit, und sie lebten sich bald ein.

Aber ein andrer trat ihr in jenen Tagen entgegen, der sie besser zu würdigen verstand: König Ludwig, der gewohnt war, alle Herzen zu beherrschen, wußte durch seine Liebenswürdigkeit die Zuneigung seiner jungen Schwägerin zu gewinnen. Ihn entzückte ihr kindlich harmloses Wesen; er erfreute sich an ihrem frischen Geplauder und vor allem an ihrer Aufrichtigkeit, die an seinem Hofe etwas Unerhörtes war. Aus seiner Gunst erwuchs ihr ein Gefühl der Sicherheit, und so kam es, daß sie den ganzen Hof überraschte durch ihr ungezwungenes, sicheres Auftreten.

„Wie ich nach St. Germain kam, war ich, als wenn ich vom Himmel gefallen wäre. Die Prinzeß Palatine (Anna Gonzaga, die Heiratsstifterin) ging hübsch nach Paris und ließ mich im Stich. Ich machte die beste Miene, so mir immer möglich war; ich sah wohl, daß ich meinem Herrn gar nicht gefiel, das war auch kein Hexenwerk, so häßlich wie ich bin; ich nahm aber meine Resolution, sowohl mit ihr zu leben, daß sie sich an meine Häßlichkeit gewöhnen möchten und mich doch leiden, wie es endlich doch geschehen."

„Wie ich das erstemal zu St. Germain an den Hof gekommen, kam unser König gleich zu mir aufs Schloß, wo Monsieur und ich logierten, und führten Monsieur le Dauphin[1]) zu mir, so damals ein Kind von zehn Jahren war. Sobald man mich angezogen hatte, fuhr der König wieder ins alte Schloß, empfing mich im Vorsaal und führte mich zur Königin und sagte mir ins Ohr: „Keine Furcht, Madame! Sie wird mehr Furcht vor Euch haben als Ihr vor der Königin." Der König war so barmherzig, wollte mich nicht verlassen. Er setzte sich zu mir und allemal, wenn ich aufstehen mußte, nämlich wenn ein Herzog oder Prinz in die Kammer kam, stieß er mir unvermerkt in die Seite."

Die ersten Jahre der Ehe waren glücklich. Den beiden Töchterchen aus Herzog Philipps erster Ehe war Liselotte eine fürsorgliche, liebevolle Mutter. Sie selbst hatte drei Kinder, von denen der älteste Sohn jung starb; der zweite, geboren am 2. August 1677, war der nachherige Regent Philipp II., die am 13. September 1676 geborene Tochter, Elisabeth Charlotte, wurde später die Gemahlin des Herzogs Leopold von Lothringen. Wiederholt wurde die Herzogin durch Besuche aus ihrer Heimat erfreut; selbst Herzogin Sophie erschien einmal mit ihrer Tochter in Paris. Die damals tobenden Kriege beunruhigten sie nur so weit, als sie ihr den Gemahl entführten, den sie jedesmal mit Ungeduld zurückerwartete. Was sie später unglücklich machte, ging von dem Manne aus, der sie hochschätzte und den sie verehrte, von König Ludwig.

An die Herzogin Sophie
St. Germain, den 5. Februar 1672.

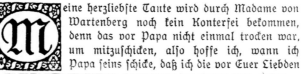

Meine herzliebste Tante wird durch Madame von Wartenberg noch kein Konterfei bekommen, denn das vor Papa nicht einmal trocken war, um mitzuschicken, also hoffe ich, wann ich Papa seins schicke, daß ich die vor Euer Liebden

---

[1]) Dauphin war der Titel des französischen Thronfolgers.

auch werd mitschicken können. Es wäre mir aber wohl tausendmal lieber, wann ichs selber bringen könnte oder Euer Liebden und Onkel es hier abholen müßten, fürchte aber, daß keines geschehen wird, denn ich mir schwerlich einbilden kann, daß Euer Liebden und Onkel werden herkommen, und daß ich mit dem König marschieren soll, wird ebensowenig geschehen, weil die Königin¹) hoch schwanger und in der Zeit ins Kindbett kommen wird. Es ist nicht, daß ich hier mehr spaziere oder stärker, als ich bei uns pflegte, aber die Leute hier sein so lahm wie die Gänse, und ohne den König, Madame de Chevreuse²) und ich ist kein Seel, so zwanzig Schritt tun kann ohne schwitzen und schnaufen.

An Frau von Harling
geb. von Uffeln, Liselottens ehemalige Erzieherin.

Versailles, 15. September 1672.

s freut mich als recht, wann ich sehe, daß mein herzliebe Hofmeisterin noch so fleißig an mich gedenkt; es ist mir nur leid, daß ich Euch vor diesmal wieder nicht recht auf Euren Brief antworten kann. Ihr könnt doch aufs wenigst meinen guten Willen sehen und daß ich lieber die kürzeste Zeit nehme, um Euch zu versichern, daß Ihr als bei mir noch die liebe Jungfer Uffel seid und bleibt; und ich hätte wohl wünschen mögen, mit unseren kleinen Prinzen und Prinzeß³) in Eurem Haus zu sein; dieses sollte mich mehr divertiert haben als ein großer Ball hier, weil ich nicht gern mehr tanze, und möchte lieber davor Schinken und Knackwürst essen. Aber ich muß schließen; bitte meine lieb Frau Harling grüße alle guten Bekannten, insonderheit Rauschenblattenknecht⁴); ich kann ihm vor diesmal nicht antworten, denn ich habe kaum der Zeit, dies auszuschreiben. .

---

1) von Frankreich, Maria Theresia. 2) eine Hofdame. 3) Den Kindern der Herzogin Sophie. 4) Herr von Harling, der Gatte der Adressatin, der seinerseits Liselotte „Rauschenblattenknechtchen" zu nennen pflegte.

Versailles, den 23. November 1672.

Mein herzliebe Frau von Harling. Ich habe in so langer, ewiger Zeit nichts von Euch gehört, daß ich mir schier eingebildet, mein liebe Frau Harling hätte ihrer Zucht[1]) hier in Frankreich ganz vergessen, und habe also Monmaistre[2]) seine Frau gefragt, ob sie nicht wüßte, wie es komme. Da hat sie mir geantwort, daß Ihr nicht zu Osnabrück, sondern nach Oldenburg verreiset wäret. Das hat gemacht, daß ich auch noch so lange mit Schreiben eingehalten habe, bis ich gedacht, daß Ihr wieder zu Osnabrück sein könnet. Ich hätte Euch auch gerne vordem geschrieben, aber ich bin zwei Monat gar krank gewesen, wie Ihr wohl werdet gehört haben aus meinem Brief an Tante.

O, mein liebe Jungfer Uffel! Wie kommt das einem Rauschenplattenknechtchen so spanisch vor, wann man nicht mehr laufen und springen darf, auch gar nicht einmal in der Kutschen fahren, sondern als in einer Chaise[3]) muß getragen werden. Und wann es bald getan wäre, so wäre es noch ein Sach, aber daß es so neun ganzer Monat fortwähren muß, das ist ein trübseliger Zustand, und möcht ich schier sagen wie Prinz Gustchen[4]) vor diesem zu Heidelberg: „Groß Hofmeisterin, ich möchte gern Patience haben, ach wollt Ihr mir wohl Patience geben," denn das ist, was ich itzunder am meisten nötig habe. Wann aber dies Ei einmal ausgebrühet wird sein, so wollt ich, daß ichs Euch auf der Post nach Osnabrück schicken könnte, denn Ihr versteht Euch besser auf dies Handwerk, als alles was hier im ganzen Land ist, und bin ich versichert mit meiner eigenen Experienz, daß es wohl versorgt sein würde; aber hier ist kein Kind sicher, denn die Doktor hier haben der Königin schon fünf in die andere Welt geholfen; das letzte ist vor drei Wochen gestorben, und drei von Monsieur, wie er selber sagt, seind auch so fortgeschickt worden.

---

1) Zucht = Zögling. Ein Ausdruck, den die Herzogin häufig anwendet. 2) Ihr Haushofmeister. 3) Tragstuhl, Sänfte. 4) Friedrich August von Hannover.

Aber apropos von Zucht: Wann Ihr mir was wollt zu ziehen geben, so müßt Ihrs mir bald schicken, nämlich einen Pagen, denn morgen oder übermorgen wird einer von meinen Pagen wehrhaft und ich werde die Stelle so lange offen halten, bis ich wieder Antwort von Euch bekomme, ob Ihr mir einen von Euern Vettern schicken wollt oder nicht, denn eine Sach will ich Euch nicht verhehlen: ich kann nicht gut davor sein, daß er, wofern er nicht katholisch ist, bei seiner Religion wird bleiben. Wofern dieses aber Ursach sein sollte, daß Ihr Euch scheuen würdet, einen von Euern Verwandten hierher zu schicken, so bitte ich, Ihr wollt doch Herrn Präsidenten Hammerstein fragen, ob er mir einen schicken wollte, denn ich habs ihm auch versprochen... Ich habe Euch mit Fleiß wegen der Religion geschrieben, damit Ihr nicht gedenken möget, daß ich Euch irgend damit betrügen möchte, denn ich wollt Euch gern einen Gefallen hierin erweisen. Was soll ich nun weiter sagen, ich weiß nichts Neues; was schon alte Zeitungen sind, wißt Ihr sowohl als ich; lügen ist gesündigt, so bleibt mir dann nicht viel mehr übrig zu sagen, als daß ich bitte, mein Kompliment aufs allerschönste und zierlichste bei den sämtlichen Prinzen wie auch bei der Prinzeß abzulegen.

An Frau von Harling
St. Cloud, den 30. Mai 1673.

Ich bedanke mich vor das gute Vertrauen, so Monsieur Harling und Ihr zu mir tragt, mir Euern kleinen Vettern[1]) zu schicken. Seid versichert, daß ich alle Sorge vor ihn tragen werde, so viel ich kann. Es ist wohl ein artlich Kind, nicht allein Monsieur und ich, sondern alle Menschen haben ihn lieb; er dient schon wie einer von den andern und fängt an, französisch zu reden und zu verstehen. Ich hab ihn apart von den andern in ein Haus logieren lassen, allwo die

---
[1]) Ihren sechsjährigen Neffen, Eberhard Ernst Franz von Harling, der als Page in die Dienste der Herzogin trat und sich später als Offizier wiederholt auszeichnete.

Frau im Hauß Sorg vor ihn hat, um ihn alle Tag zu kämmen, sein Weißzeug zu waschen und ihn beten zu machen. Ich lasse ihm auch ein klein Bettchen mit einem Pavillon machen, damit er allein schläft, und er ißt an meiner Jungfern Tafel, daß ihm also, wie ich hoffe, nichts mangelt. Damit Ihr seht, daß er sein Teutschschreiben noch nicht vergessen hat, so überschicke ich Euch hierbei einen Brief von ihm, welcher ohne Zweifel trefflich lauten wird. Er wird Euch auch schreiben, wie es ihm hier gefällt. Sein erster Dienst hier ist gewesen, daß er einer von den hübschesten Jungfern[1]) hier im Lande hat an Tafel aufwarten müssen, welches ihm dann nicht übel gefallen, denn sobald man von Tafel aufgestanden, hat ihn die Jungfer ein paarmal geküßt. Dieses hätte er gern in eine Gewohnheit gebracht; und als sie einmal nicht dran dachte, stellte das kleine Männchen sich vor sie und hielt ihr den Backen dar; sie sagte zu ihm: er wäre gar zu artlich, sie könne es ihm nicht abschlagen, und küßte ihn. Also seht Ihr wohl, daß er hier in Frankreich schon ganz ein Galan geworden ist. Alle Menschen wollen ihn bei sich haben, denn man findt ihn gar artlich. Er ist auch einmal mit Monsieur und mir spazieren gefahren: wir fanden ihn im Garten spielen und Monsieur war angst, er möchte sich zu viel erhitzen, daß er davon krank könnte werden, drum ließ er ihn fangen und zu uns in die Kalesche sitzen, und hat die ganze Promenade so mitgetan. Wann sonsten die Jungfern auch mit ausfahren, so sitzt er in ihrer Kalesch und flötet den ganzen Spazierweg durch. Alle kleinen Mädchen seind von ihm verliebt bis auch auf Monmaistre seine Tochter, aber er ist gar spröde und will nichts mit ihnen zu schaffen haben. Er verzählt mir von seinen Brüdern einen Haufen und sagt, er habe einen, der wäre so schön, so schön, er hätte schöne, rote Bäckelin, eine schöne, hohe Nase, hübsche Augen, aber ein Unglück hätte er, nämlich eine Hasenscharte am Maul, welche ihn verhindere zu reden. Ich rede oft lang mit

---

[1]) Jungfern = Hoffräulein.

ihm, denn er ist gar zu artlich; wann er was verzählt, dann macht er so ein ernstlich Gesichtchen dazu; das macht mich allemal lachen. Ich wollte, daß ich so geschickt wäre und könnte so ein artlich Männchen, wie klein Harling ist, an den Tag bringen, so würde ich ganz stolz mit sein. Es wird nun wohl bald an ein Krachen gehen, denn ich bin all drei Wochen im neunten Monat; wann ich noch so viel Zeit habe und nicht niederkommen bin, ehe Monmaistre wieder weggeht, so will ich mein lieb Frau Harling wieder mit ihm schreiben.

An den Raugrafen Karl Ludwig
ihren Halbbruder, der sie in Frankreich besuchte.

Aus meinem Bett, morgens um 10 Uhr (30. Juni 1673).

Herzlieber Schwarzkopf, es freut mich im Herzhäusele drinne, daß Du, mein guter Bub, ankommen bist. Keine Entschuldigung! Ihr müßt heute gegen Abend herkommen, Ihr mögts auch machen, wie Ihr wollt, denn es verlangt mich gar zu sehr, Euch zu sehen und zu embrassieren; nirgends, als hier, werd ich Euch sagen, was Ihr zu tun habt.

An die Herzogin Sophie
St. Cloud, den 5. Augusti 1673.

Was aber meinen Kleinen[1]) anbelangt, so ist er so schrecklich groß und stark, daß er met verlöff, met verlöff[2]), eher einem Teutschen und Westfälinger gleich sieht als einem Franzosen, wie Euer Liebden aus seinem Konterfei ersehen werden, sobald er gemalt wird werden, denn ichs Euer Liebden alsdann schicken werde. Unterdessen bringt Monmaistre Euer Liebden mein Bären=Katzen=Affengesicht[3]) mit. Alle Leute hier sagen, daß mein kleiner Bub mir gleich, also können Euer Liebden wohl denken, daß es eben nicht so ein gar schön Bürschchen ist; jedoch wenn er nur meinem Patchen, Euer Liebden Prinzeß, gefällt, dann ist alles gut, weil sie doch,

---
1) Ihr ältester Sohn, Alexandre Louis d'Orleans, geb. 2. Juni 1673. 2) Mit Verlaub. 3) Ausdruck aus einer alten Posse. Sie übersandte der Tante ihr Porträt.

wie Euer Liebden mir schreiben, mit der Zeit ein Paar geben sollen.

Wie froh ich bin, nun reiten zu lernen, denn es sich trefflich wohl zu Liselotts rauschenbeuteligem Kopf schickt, wie Tante wohl weiß. Denn um die Wahrheit recht zu bekennen, so bin ich eben noch nicht so gar sehr verändert. —

<small>Am 6. Juli schrieb Liselotte über ihren Sohn: Der kleine Harling besucht ihn gar fleißig; ich habe ihm weisgemacht, er müßte meinem Kleinen teutsch lernen; das glaubt er festiglich.

. . . Unterdessen vertreib ich meine Zeit, mit Kindern zu spielen von allerlei Alter, als da ist mein Kleiner, seine zwei Schwestern, davon die eine elf Jahr, die andre vier alt ist; hernach habe ich den kleinen Harling wie auch itzunder Karllutzchen, so vor etlich Tagen von Heidelberg herkommen ist.</small>

An die Raugräfin Luise
die zweite Gemahlin ihres Vaters.
Paris, den 26. Augusti 1673.

s hat mich erfreuet, aus der Frau Raugräfin Brief zu sehen, daß Karllutzchen so wohl mit seiner Reise, die er getan und wonach er so sehr verlangt, zufrieden ist. Karllutzchen weiß wohl, daß ich ihn sehr lieb habe, derowegen hat er alles wohl aufgenommen, so ihm hier begegnet, welches aber nicht so viel Dank würdig ist; hoffe, diese Danksagung bei der Frau Raugräfin besser zu verdienen, wenn er einmal wieder herkommt, um länger hier zu bleiben, welches, ich hoffe, bald sein wird. Unterdessen sei die Frau Raugräfin versichert, daß ich seine, wie auch ihre affektionierte Freundin bin! Elisabeth Charlotte.

An die Herzogin Sophie
St. Cloud, den 10. Oktober 1673.

ch bin recht froh, aus Euer Liebden angenehmem Schreiben vom 22. September zu sehen, daß Euer Liebden mit Monsieur und meinem Konterfei, so Jeme[1]) mitgebracht, zufrieden sein. Was mein Knäbelein anbetrifft, so hat er zwar keinen stinkenden Kopf nicht, aber met verlöff, seine

---
[1]) ihr Haushofmeister.

Ohren stinken so wat as fule Käse, hoffe aber, daß es
ihm vergehn wird gegen die Zeit, wann er mit meinem
Patchen¹) Hochzeit halten soll, weil sie ihn doch hübsch ge=
nung findt. Wann ich ihn ansehe, so fällt mir etliche mal
ein, wie Pate, Herzog Georg Wilhelm, einmal zu mir gesagt
hat: daß ich gut wäre zu essen, wann man mich wie ein
Spanferkel braten sollte, denn mein Kleiner ist von Fett
so dick, Gottlob, daß ich fürchte, daß er bald so dick als lang
wird sein. Dieses aber fürchte ich doch noch nicht so sehr,
als daß er nur gar zu viel abfallen und mager wird wer=
den, wann er nun bald seine Zähne bekommt. Ich dürfte
Euer Liebden nicht so lang von diesem Kind unterhalten,
wann ich nicht wüßte, daß Euer Liebden die Kinder lieben.

Zukünftige Woche hoffe ich mit dem König auf die Jagd
zu reiten. Jordan²) gar ein aufrichtiger, ehrlicher Mann.
Hinderson³) hält auch gar viel von ihm. Sie ist krank gewe=
sen, hat ein wenig die rote Ruhr gehabt, aber nun befindet
sie sich, Gottlob, wieder ganz wohl, und ich glaube, daß es
besser mit ihrer Gesundheit geht als mit ihrer Heirat. Sie
dauert mich, denn es ist das beste Mensch von der Welt, wie
Euer Liebden wohl wissen, und ich habe sie recht lieb, drum
ist es mir recht leid, daß ohngeachtet ihrer großen Gottesfurcht
es noch nicht recht rutschen will. Euer Liebden Schreiben
sind ein Teil von meinen Reliquien, so ich am meisten ver=
wahre, weil Euer Liebden die einzige Heilige sein, wordurch
mir die große Gnade von Gott erwiesen worden und welche
mir am meisten Guts getan haben.

St. Cloud, den 22. Augusti 1674.

ann meine Wünsche wahr könnten werden, so
möchte ich Euer Liebden Prinzeßchen, mein
Patchen, lieber Monsieur le Dauphin⁴) als
meinem Sohn wünschen, denn das ist ein besser
Bissen und wäre es eben recht im Alter, und

---

1) Töchterchen der Adressatin. 2) ihr Beichtvater. 3) ihre Hofdame. 4) Louis, ältester Sohn des Königs, geb. 1. Nov. 1661.

Euer Liebden müßten jetzunder noch eine Tochter bekommen und die dann an meinen ältesten Sohn geben. Gott gebe, daß unsere Prinzeß zu Heidelberg auch einmal anfangen möge, unserm guten Exempel zu folgen. Zuvorderst aber ist ihnen zu wünschen, daß uns Gott den guten Frieden wieder verleihen wolle, denn sonsten würde der Papp¹) in der guten Pfalz gar teuer werden, wann Monsieur Turenne noch mehr Kühe wegnehmen sollte, welches aber, wie ich verhoffe, Pate²) nun wohl wehren wird.

In diesem Augenblick ruft man mir, um nunter zu gehen, denn der König, Königin und Monsieur le Dauphin wollen mich im Durchfahren besuchen; sie kommen von Paris, allwo man heute das Te Deum gesungen wegen der Schlacht, so Prinz Condé gewonnen, denn er hat des Prinzen von Oranien³) Nachhut geschlagen und alle die Bagage und viele Gefangene bekommen. Alle diese Sachen seind schön und gut, aber teutsch heraus zu sagen, so wäre mir ein guter Frieden lieber als dies alles, denn wann wir den hätten, so käme unsere gute Pfalz und Papa zu Ruhe.

Paris, den 22. Mai 1675.

Gott sei Lob und Dank, nicht so sehr, daß er mich wieder vom Tod erlöset, sondern daß er mir heute einmal einen Tag bescheret, worinnen ich Euer Liebden meine ganz demütigste Danksagung vortragen kann vor dero gnädiges Briefchen, worinnen mir Euer Liebden mit so gar großer Gütigkeit dero Affektion bezeugen und die Traurigkeit, so Euer Liebden und Onkel wegen meiner großen Krankheit ge-

---

1) Kinderbrei. 2) Herzog Georg Wilhelm von Celle. Er war dem Kurfürsten Karl Ludwig mit Truppen zu Hilfe gekommen. 3) Wilhelm III., der nachherige König von England. Die Holländer hatten ihn zum Statthalter gewählt; er führte ihre Heere wiederholt siegreich gegen die Franzosen und nahm auch später, als er nach Vertreibung seines Schwiegervaters Jakob II. Stuart auf den englischen Thron berufen worden war, an allen gegen Frankreich gerichteten Unternehmungen teil.

In dem damaligen holländischen Kriege (1671—79) wurden die pfälzischen Lande wiederholt von französischen Truppen gebrandschatzt. König Ludwig XIV. dachte nicht im entferntesten daran, den Vater seiner Schwägerin zu schonen.

habt. Ich glaube auch festiglich, daß Monsieur, Papa, Euer Liebden und Onkel mich eher vom Fieber geholfen und wieder zu meiner vollkommenen Gesundheit gebracht haben als die Herren Braye, Baylay, Tissot und Esprit, und glaube, daß die Freude, mich von obgemeldten bedauert zu sehn, mehr meine Milz purgiert hat als die zweiundsiebzig Klistier, die mir letztere haben geben lassen. Die unerhörte Menge Menschen, so täglich zu mir kommen sein, haben mich verhindert bis auf heute, zu antworten. Hernach bin ich nach Hof, da seind alle Abschied acht ganzer Tag nacheinander kommen, welche alle nach der Armee gangen. Dabei stehet man hier erstlich um halb elf auf, gegen zwölf geht man in die Meß, nach der Meß schwätzt man mit denen, so sich bei der Meß einfunden; gegen zwei geht man zur Tafel. Nach der Tafel kommen Damens; dieses währet bis um halb sechs, hernach kommen alle Mannsleute von Qualität, so hier sein; dann spielet Monsieur Bassette und ich muß an einer andern Tafel auch spielen, oder ich muß die übrigen in die Opera führen, welche bis neun währt. Wann ich von der Opera komme, dann muß ich wieder spielen bis um zehn oder halb elf, dann zu Bett. Da können Euer Liebden denken, wie viel Zeit mir übrig blieben. Hinfüro aber werde ich fleißiger sein. Den zukünftigen Samstag gehn wir nach St. Cloud, allwo ich nicht so viel Gesellschaft haben werde, so mich an Schreiben verhindern wird.

Versailles, den 22. Augusti 1675.

ch muß bekennen, daß ich (dieses aber sei unter uns gesagt) mich eben nicht hab betrüben können über die Schlacht, so der Marschall de Crequi gegen Onkel und Pate verloren hat.[1]) Ich hab zwei dolle Heilige, welche den ganzen Tag ein Geräß mit Trummeln machen, daß man weder hören

---

1) Am 11. August 1675 hatten der Herzog Georg Wilhelm von Celle und sein Bruder, der Herzog Ernst August von Braunschweig-Lüneburg (Gemahl der Herzogin Sophie) die Franzosen unter Crequi an der Conzerbrücke bei Trier geschlagen.

noch sehen kann; jedoch ist der älteste¹) seit vierzehn Tagen etwas stiller gewesen, denn es seind ihm in der Zeit fünf Zähne durchgebrochen, worunter die Augenzähne mit begriffen sein. Diesen Herbst wird man ihn entwöhnen, denn er frißt ein groß Stück Brot aus der Faust wie ein Bauer. Der Kleinste²) ist noch stärker als er und fängt schon an, am Leitband zu gehen und will springen wie sein Brüderchen, ist aber noch als grindig. Aber ich denke, daß es genung ist von den Bürschen gesprochen.

Zukünftigen Montag gehen wir nach Fontainebleau, allwo mich der König hinführt, weilen ich noch nie dort gewesen. Ich hoffe, daß wir uns dort ein wenig lustig werden machen, denn alles Jagdzeug geht hin und die Komödianten. Das schöne Wetter, so nun ist, macht mich auch hoffen, daß wir oft spazieren werden fahren.

St. Cloud, den 14. September 1675.

ch bezeuge Euer Liebden meine Freude, daß Gott der Allmächtige Onkel,³) Pate⁴) und unsern Prinzen⁵) so gnädiglich vor Trier vor Unfall behütet hat. Als ich diese Zeitung erfuhr, durfte ich nicht so springen wie ich bei der gewonnenen Schlacht getan hatte, weil ich die Einnehmung von Trier vom König selber erfahren, welcher Onkel und Pate unerhört lobte, und sagte auch, daß die Gefangenen nicht genung rühmen könnten, in was generöse und auch zugleich tapfere Hände sie gefangen wären. Hernach auch hab ich ihnen verzählt, wie generös unser Prinz in der Schlacht sich verhalten, daß er nicht allein gegen den Feind gangen sei, sondern daß er auch so vielen das Leben errettet hat, worüber sich der König und Monsieur, als ich ihnen gesagt, daß er kaum das fünfzehnte Jahr erreicht hat, über die Maßen verwundert. Ich weiß, daß es Euer Liebden auch nicht würde übel gefallen haben, wann sie hätten hören können,

---

1) Alexander Louis, geb. 2. Juni 1673. 2) Philipp, geb. 4. August 1674. 3) Ernst August, Gemahl der Adressatin. 4) Georg Wilhelm von Celle, sein Bruder. 5) Georg Ludwig, sein Sohn.

wie er von männiglich ist admiriert worden. Ich muß bekennen, daß ich mich zu Fontainebleau überaus wohl divertiert, allein es ist mir diese Freude unerhört sauer eingetränkt worden, denn wie ich hierher bin kommen, hab ich mein ältestes Kind schier aufm Tod gefunden. Ich habe zu Monsieur gesagt, wann ich Meister wäre, so wollte ich meine Kinder in Pension nach Osnabrück zu der Frau von Harling schicken, denn alsdann würde ich versichert sein, daß sie nicht sterben würden noch gar zu delikat würden erzogen werden, wie man hier im Lande tut, womit sie mich aus der Haut fahren machen.

Paris, den 2. Oktober 1675.

Euer Liebden sehr wertes Schreiben, so ich gestern empfangen, hat mich wohl von Herzen erfreuet, weilen ich daraus erstlich ersehen, daß Euer Liebden mit Onkel, Prinzen und Pate Gott sei Dank wieder glückliche Ankunft seind erfreuet worden, und zum andern, daß Euer Liebden allerseits so gnädig mit mir zufrieden sein. Ich habe vorgestern eine rechte Lust gehabt, Monsieur de la Trousse zuzuhören, in was für Admiration er von diesen drei Herren ist und alles was er von ihnen rühmt. Alle Hofleute führen mir von unsern Herzogen Gefangene her, um, wie sie sagen, ihre Aufwartung bei mir zu machen, denn sie wissen jetzt alle, mit was vor Lust ich von ihnen verzählen höre. Ja, Monsieur selber führt sie mir her, weil er weiß, daß ich Lust drin nehme; ja, man meint, daß ich jetzt was gar besonders sein müsse, weil ich fünf Jahr bei Euer Liebden gewesen, worauf ich, um Euer Liebden keine Schande anzutun, antwortete, daß ich nicht zweifle, daß wann ich länger dort geblieben wäre, daß ich wohl besser wäre erzogen worden; allein daß ich leider gar zu jung weg wäre kommen. Ja der ganze Hof sieht mich drüber an, und ich höre im Vorbeigehen, daß man sagt: diese Prinzen, die man so sehr lobt, sind Vettern von Madame. Bin auch selber ganz hoffärtig; wann ich einen Brief von Euer

Liebden bekomme, lese ihn drei= oder viermal, und insonder=
heit, wo ich die meisten Leute beisammen sehe, denn gewöhn=
lich fragt mich eins, von wem der Brief komme? Dann sage
ich über die Achsel: Von meiner Tante, der Frau Herzogin
von Osnabrück, dann sehen mich alle Menschen an wie ein
Kuh ein neu Tor.

An Frau von Harling
ihre ehemalige Erzieherin.
St. Cloud, den 20. April 1676.

Es ist mir unmöglich gewesen, Euch eher als nun zu antworten, denn ich gar zu bestürzt gewesen bin über den unversehnen Fall[1]), womit mich Gott der Allmächtige heimgesucht hat, kann mich als noch nicht davon erholen. Jetzt seht Ihr wohl, daß ich nicht umsonst gewünscht, daß meine Kinder unter Eueren Händen sein möchten, denn ich hab mein Unglück von weitem her kommen sehen. Man hält hier eine wunderliche Anstalt mit den Kindern und ich habe leider nur zu viel gesehen, daß es auf die Länge kein gut tun würde. Mein Unglück ist, daß ich gar nicht weiß, wie man mit Kindern umgehen muß und gar keine Experienz davon habe; drum muß ich glauben, was man mir hier vorschwätzet. Aber genung hievon, denn je mehr ich es nachdenke, je trauriger macht es mich; und jetzt hab ich keinen Trost, denn Monsieur ist vergangenen Donnerstag mit dem König nach der Armee verreist. Dieses alles wird auf die Länge meiner Milz kein gut nicht tun, und so lustig ich auch von Natur sein mag, so hält es doch keinen Stich bei dergleichen abscheulichem Unglück; glaube nicht, daß man aus übermäßiger Traurigkeit sterben kann, denn sonsten wäre ich ohne Zweifel drauf gangen; denn was ich in mir empfunden, ist unmöglich zu beschreiben. Wann Gott der Allmächtige diesem Kind nicht absonderlich hilft, womit ich jetzt schwanger gehe, so hab ich schlechte Opinion von seinem Leben und Gesundheit, denn es unmöglich ist, daß

---
1) Am 16. März 1676 war ihr ältestes Söhnchen gestorben.

es nicht etwas mit von meinem innerlichen Schmerze empfunden. Aber apropos von Schmerzen: ich hoffe, daß Ihr nunmehr wieder in vollkommener Gesundheit sein werdet und Euern Arm nicht mehr empfindet, insonderheit bei diesem schönen Frühlingswetter. Aber in diesem Augenblick ruft man mir zum Nachtessen, drum kann ich nichts mehr sagen, als daß Mr. Harling meinen Gruß hier findt und daß ich versichert bin, daß, wann er mich jetzt sehen würde, so würde er mich nicht mehr kennen, denn ich bin gar kein Rauschenblattenknechtchen mehr und ist mir das Rauschen abscheulich vergangen.

An den Raugrafen Karl Ludwig
ihren Halbbruder.
St. Cloud, den 27. April 1676.

Herzlieb Carllutzchen, weil ich glaube, daß Ihr nun wieder im Lande seid und derentwegen meine Amme Euch wird zu sehen bekommen, so hab ich sie nicht weg wollen lassen, ohne ihr ein Zettelchen an Euch mitzugeben, worinnen ich Euch erinnere, daß Ihr mich als lieb behalten sollt; denn ich hab Euch Schwarzköpfel recht lieb und verbleibe allezeit Eure affektionierte Freundin Elisabeth Charlotte.

An Frau von Harling
St. Cloud, den 30. Mai 1676.

Was mein großes Unglück[1]) anbelangt, so hab ich wohl gedacht, daß es Euch meinethalben leid tun würde; muß gestehen, daß ich es vor mein Teil noch mit großer Mühe verdauen kann, denn mir dieser Fall gar zu hart ankommen ist. Ihr habt wohl recht, mein lieb Frau von Harling, daß Ihr sagt, daß je älter man wird, je mehr lernt man die Welt kennen und verspüret alle Verdrießlichkeiten, so man unterworfen ist; denn auch jetzt, da ich noch nicht

---
1) Den Tod ihres ältesten Sohnes.

von diesem Unglück zurechtkommen, ist Monsieur nach der Armee, allwo er mir schon tausend Ängsten eingejagt hat, indem er sich, wie man mir von allen Orten her schreibt, so unerhört in den zwei Belagerungen von Condé und hernach von Bouchain gewaget, welch letztere er selber angefangen und Gott sei Dank in kurzer Zeit eingenommen und glücklich vollzogen hat. Und nun hab ich wieder eine andere Sorg: man schreibt uns, daß viel Leute in der Armee krank werden, und wie Monsieur nicht weniger als die andern fatigiert und oft über 24 Stunden nicht vom Pferde kommt und nicht schläft, so ist mir angst, daß er endlich auch krank wird werden, denn wie man sagt, so soll die Kampagne noch lange währen und der König denkt noch an keine Zurückkunft. O das ist ja gar ein langwierig verdrießliches Wesen, welches einem wohl, wie ich schon einmal geschrieben, das Rauschen vertreibet und die Milzkrankheit vor dem Alter herbeibringet. Ich wünsche wohl von Grund meiner Seelen, daß wir bald einen guten Frieden haben möchten, denn ich bin des Krieges so müde, als wann ich ihn mit Löffeln gefressen hätte, wie man als pflegt zu sagen.

Man kann nicht mehr verwundert sein, als ich es gewesen bin, als ich Pate seine Historie gehöret habe, und hätte mir sie meine Tante nicht geschrieben, so hätte ich sie nicht glauben können, sondern gemeinet, daß Pate seine Feinde ihm eine solche Historie aufbunden. Ich habe eine Historie an meine Tante geschrieben von dieser neugebackenen Herzogin[1]), welche sie Euch vielleicht verzählen wird: sie hat einen von meines Herrn Kammerdiener heiraten wollen, so sich Colin nennt und dessen Sohn noch eben jetzt in der Aufwartung ist. Das schickt sich schön mit einer Herzogin von Celle. Ich wollte, daß ich Euch meinen jetzigen überliebenen de Chartre[2]) in einem Brief könnte schicken,

---
1) Eleonore d'Olbreuse, eine Französin, war unter dem Titel einer Frau von Harburg die Mätresse des Herzogs Georg Wilhelm von Celle. Er heiratete sie im Jahre 1676, wodurch sie zur regierenden Herzogin erhoben wurde. Durch diese Heirat waren die Kinder seines Bruders Ernst August in ihren Erbansprüchen bedroht
2) Liselottens zweiter Sohn Philipp, Herzog von Chartres, geb. 4. August 1674.

denn also wäre ich gewiß, daß er beim Leben bleiben würde, aber so ist mir als angst und wollte gern ein Jahr drei oder vier älter sein, damit daß ich dies Kind wohl entwöhnet sehen möchte, denn das verstehen sie gar nicht hier im Land und wollen sich auch nichts sagen lassen und schicken also ein Haufen Kinder in die andere Welt, daß es nicht zu sagen ist; ich weiß nicht, ob sie es tun, weilen es so wunderlich in dieser Welt zugeht, daß sie den armen Kindern der Mühe wollen entbehren, der Welt Elend zu betrachten; aber ich glaube, daß es vielmehr aus Dumm= und Nachlässigkeit geschicht, wie ich ein gar zu starkes Exempel habe.

An die Herzogin Sophie
24. November 1677.

adame de Harburg ihre Genealogie habe ich gelesen, kann aber den Beweis nicht sehen, daß sie von königs= und fürstlichem Stamm entsprossen seie. Ich will die rechte machen lassen und sie Euer Liebden schicken, welche mir aber nicht 2000 Taler kosten wird und allebenwohl so wahrhaft als diese sein. Es ist nicht schwer zu glauben, daß ihre Mutter eine Bürgersfrau gewesen, denn man kann hier wohl unter allen Herzogen und Herzoginnen, so hier sein, keine drei finden, so nicht ebendasselbe in ihren Genealogien finden würden. Alles ist hier verquackelt, und sie gestehen selber, daß nicht ein Geschlecht zu Frankreich ist, so vier Ahnen von Vater und Mutter beweisen könnte. Daher lasse ich Euer Liebden selber gedenken, von welch ein groß Geschlecht die obgemeldte Dame sein muß, und wäre es wohl in den Heiligen Geist gesündiget, wenn ein solch Stück Fleisch, wie diese ist, einem solchen braven Prinzen, wie ich von männiglich höre, daß Euer Liebden ältester Prinz ist, sollte Unrecht tun...

An den Raugrafen Karl Ludwig
ihren Halbbruder.
St. Cloud, den 6. Juni 1676.

erzlieb Karllutz, ich sage nun nicht mehr Karl=
lutzchen, denn wann man so ein kapabler Offi=
zierer ist, daß man ganze Winterquartier aus=
dauert, dann ist man kein Kind mehr und
wäre es ja schimpflich, wann ich Euch nun als
ein Kind traktieren sollte. Aber wann Ihr hier wäret,
glaube ich doch, daß ich Euch noch wohl etlichmal liebes
Schwarzköpfel heißen würde, welches sich wohl in dem Schnee=
gebirge bei Tirol nicht wird gebleichet haben. Daß Ihr
mir aber schreibet, daß Euch die Zeit lange dorten gefallen,
kann ich leicht erachten und es dauert mich Euer drum.
Jedoch so findt man etlichmal mehr Vergnügung in einem
Bauernhaus und =tanz, als in den größten Palästen bei den
schönsten Balletten und Bällen. Dem sei nun, wie ihm
wolle, so wünsche ich Euch aber doch, daß Ihr glücklich
und kontent leben möget, an welchem Ort Ihr Euch findet;
denn Ihr wißt wohl, daß ich Euch jederzeit von Kind auf
lieb gehabt habe und auch noch habe. Seit dem Brief, so
Ihr mit meiner Amme letztlich werdet empfangen haben,
habe ich Euch nicht geschrieben, weil ich glaube, daß Ihr
jetzt wieder in dem Felde seid und so viel zu tun habt
wie eine Maus ins Kindbett und derowegen der Zeit nicht
werdet haben, meine Brief zu lesen. Jedoch weil Eure
Mama mir ein Rezept von Schwalbenwasser[1] vor die Gichter
geschicket, so habe ich Euch schreiben wollen und Euch zu
meinem Abgesandten machen, damit Ihr bei Eurer Mama
(solltet Ihr zu Haus sein) selber, wo nicht, doch schrift=
lich mein Kompliment aufs zierlichste machen und meine
Danksagung ablegen. Bübel, vergiß es nur nicht! sonsten
will ich Dich abscheulich häupteln. Ich wollte, daß es Friede
wär, denn ich bin sehr müde vom Krieg und die Zeit
fällt mir ellementslang darbei; denn nun ist es allbereits

---

[1] Wahrscheinlich Langenschwalbacher Wasser.

bei der zwei Monat, daß der König und Monsieur im
Felde stecken, ohne einmal gedenken, wiederzukommen; drum
gibts auch wenig Neues und lauter alberdingens Sachen.
Drum will ich auch diesen Brief schließen. Adieu, lieb
Karllutz! glaubet, daß ich allezeit Eure affektionierte Freun=
din verbleibe! Elisabeth Charlotte.

An Frau von Harling
St. Cloud, den 10. Oktober 1676.

Ob ich zwar schon heute an meine Tante einen großen Brief geschrieben habe, welches einer von den ersten ist, so ich seit meinem Kind=bett[1]) schreibe, so will ich doch diese Post nicht vorbeigehen lassen, ohne Euch zu danken vor alle guten Wünsche, so Ihr mir sowohl als meinem neu=gebornen Kind tut. Was mich anbelangt, so hab ich mich, seit ich niederkommen bin, Gott sei Dank über die Maßen wohl befunden und bis auf die Stunde nicht die geringste Inkommodität gehabt, obzwar die Kindsnöten diesesmal viel härter gewesen als die zwei andere Mal; bin 10 Stunden lang in den großen Schmerzen gewesen, welches mich, um die Wahrheit zu sagen, deromaßen abgeschreckt hat, daß ich gar nicht wünsche, eine Orgelpfeife daher zu setzen, wie Ihr mir schreibt, denn sie kommen einem gar so sauer an. Und wann sie denn nur noch leben blieben, dann wäre es noch eine Sache, allein wann man sie sterben sieht, wie ich das traurige Exempel dies Jahr experimentiert, dann ist wahrlich kein Lust darbei. Was diesen meinen über=bliebenen de Chartre, den ich Euch so manchmal wünsche, anbelangt, so ist er Gott sei Dank nunmehr in vollkommener Gesundheit so wohl als sein Schwesterchen, welche so fett ist wie eine gemästete Gans und sehr groß vor ihr Alter. Vergangenen Montag seind sie beide getäufet worden und hat man ihnen Monsieurs und meinen Namen geben, also

---
1) Am 13. Sept. 1676 war ihre Tochter geboren, die spätere Herzogin von Lothringen.

daß der Bub jetzt Philipp und das Mädchen Elisabeth Char=
lotte heißt. Nun ist eine Liselotte mehr auf der Welt;
Gott gebe, daß sie nicht unglücklicher als ich sein möge,
so wird sie sich wenig zu beklagen haben. Im übrigen so
bin ich Euch sehr obligiert, daß Ihr sowohl als ich wünschet,
meinen Sohn bei Euch zu haben; ich glaube, daß wann ihn
Tante nun sehen sollte, würde er sie einen Augenblick di=
vertieren, denn er kann nun ganz reden und alleine gehen
und den ganzen Tag durch plaudert er einem den Kopf
so voll, daß man nicht weiß, wo man ist; er unterhält
immer den König und die Königin, wann sie herkommen.

An die Herzogin Sophie
St. Germain, 14. Dezember 1676.

Euer Liebden bitte ich demütigst um Verzeihung,
daß ich in so langer ewiger Zeit meine Schul=
digkeit mit schreiben nicht abgelegt habe.
Nachdem ich hieher bin kommen, hab ich
alle Tage antworten wollen, aber allemal ist
was dazwischen kommen, insonderheit verdrießliche Visiten,
die mir mein Fall, so ich vom Pferde getan, auf den Hals
gezogen, welche Historie ich Euer Liebden doch verzählen muß.
Wir hatten schon einen Hasen gefangen und eine Elster ge=
flogen, derowegen ritten wir allgemach Schritt vor Schritt;
mich däuchte, daß mein Rock nicht recht unter mir war, drum
hielt ich stille und bückte mich, um mich zurecht zu setzen, und
in dem Augenblick, daß ich in der Postur bin, steht ein Has
auf, welchem alle nachjagen, und mein Pferd, welches die
andern jagen sieht, will auch hernach und springt auf eine
Seit, also daß ich, die schon halb aus dem Sattel war, fundt
mich durch diesen Sprung ganz auf einer Seit, ergriff in
aller Eil den Sattelknopf und behielt den Fuß im Steigbügel,
in Hoffnung mich wieder in den Sattel zu heben; aber in=
dem ich den Sattelknopf ergreife, entfällt mir der Zügel. Ich
rief einen, der vor mir war, daß er mein Pferd aufhalten
sollte; dieser aber kam mit einer allzu großen Furie auf mich

los und machte also meinem Pferd bange, welches aber nicht
faul war, sondern sich gar bald auf eine andere Seite wendete
und durchging. Ich aber hielt mich fest so lang ich merkte
und sah, daß die andern Pferde nah bei mir waren; sobald
ich mich aber alleine sah, ließ ich mich allgemach los und auf
den grünen Rasen fallen, und dieses ist so glücklich abgangen,
daß ich mir Gott sei Dank nicht das geringste wehe getan
habe. Euer Liebden, die unsern König so sehr admirieren,
daß er mir so wohl in meinen Kindsnöten beigestanden,
werden ihn dann noch auch wohl lieb haben in dieser Ren=
kontre, denn er war selber der erste bei mir, so bleich wie der
Tod, und ob ich ihm schon versicherte, daß ich mir gar kein
Wehe getan und nicht auf den Kopf gefallen wäre, so hat er
doch keine Ruhe gehabt, bis er mir selber den Kopf auf alle
Seiten visitiert und endlich funden, daß ich ihm wahr gesagt
hatte; hat mich selber hier in mein Kammer geführt und
ist noch etlich Zeit bei mir blieben, um zu sehen, ob ich
aufs wenigst nicht taumelig wäre. Ich muß sagen, daß der
König mir noch täglich mehr Gnade erweist, denn er spricht
mir überall zu, wo er mich antrifft, und läßt mich jetzt alle
Samstag holen, um Medianoche[1]) mit ihm bei Madame de
Montespan[2]) zu halten. Dieses macht auch, daß ich jetzt sehr
a la Mode bin, denn alles was ich sage und tue, es sei gut
oder überzwerch, das admirieren die Hofleute dermaßen, daß,
wie ich mich jetzt bei dieser Kälte bedacht, meinen alten Zobel
anzutun, um wärmer auf dem Hals zu haben, so läßt jetzt
jedermann auch einen nach diesem Schnitt machen und es
ist jetzt die größte Mode; welches mich wohl lachen macht,
denn eben dieselben, so jetzt diese Mode admirieren und
selber tragen, haben mich vor fünf Jahren dermaßen aus=
gelacht und so sehr mit meinem Zobel beschrien, daß ich
ihn seitdem nicht mehr hab antun dürfen. So gehts hier
bei diesem Hofe zu, wenn die Kurtisane sich einbilden, daß
einer in Gunst ist, so mag einer auch tun was er will,
so kann man doch versichert sein, daß man gebilligt werden

---

1) Mitternachtsschmaus nach Fasttagen. 2) Mätresse des Königs.

wird; hergegen aber, wann sie sich das Gegenteil einbilden, so werden sie einen vor ridikül halten, wenn er gleich vom Himmel käme. Wollte Gott, daß es sich schicken könnte, daß Eure Liebden ein Monat etliche hier sein und dieses Leben sehen könnten: ich weiß gewiß, Euer Liebden würden oft von Herzen lachen. Wir würden aber noch von besserm Herzen lachen und lustig sein, wann es auf die Manier geschehen könnte, wie ich schon so oft gewünschet und welches nicht schlimm vor mein Patchen sein sollte. Wir seind jetzt hier in Sorgen wegen eines Gesandten von Bayern, denn wir, insonderheit Monsieur fürchtet, daß es ein bös Zeichen vor unsere Mademoiselle[1]) sei. Ich wollte lieber, daß wir unsere Mademoiselle hier behielten, denn außerdem daß es Monsieurs Tochter ist und ich ihr daher alles Guts wünsche, sondern auch weil wir jetzt miteinander gewohnt sein, und wann die Kurprinzeß von Bayern Madame la Dauphine werden sollte, dann müßte ich ganz neue Kundschaft machen.

Die Häuser hier im Lande seind alle so verquackelt, daß es eine Schande ist, und ist kaum eines, so seine Ahnen zusammen bringen könnte, drum würde Onkel Rupert[2]) besser tun, etwas in Teutschland zu suchen; aber was noch besser wäre als alles, ist, wann unser Prinz zu Heidelberg uns jetzt alle in unserer Meinung betröge und uns ein halb Dutzend Kinder dahersetzte. Hierauf, weiß ich gewiß, daß Euer Liebden ebensowohl Amen sagen und von ebenso einem guten Herzen, als wie Euer Liebden mit ihrem ältesten Prinzen in Kindsnöten waren.

---

[1]) älteste Stieftochter Lieselottes, geb. 1662, welche 1679 an Karl II. von Spanien vermählt wurde. Nach den damaligen Verhandlungen sollte sie den Kurprinzen von Bayern heiraten, dessen Schwester Marie Anna zur Gemahlin des Dauphin ausersehen war. Letztere Heirat kam vier Jahre später zustande. [2]) Ruprecht von der Pfalz, Onkel Lieselottes, berühmter Reiterführer in englischen Diensten. Man wünschte seine Vermählung, weil die Ehe des Kurprinzen Karl von der Pfalz kinderlos blieb. Liselotte betrieb dies sehr eifrig: „Mr. de Canaple so vor etlichen Tagen nach England ist, hat mir gesagt, daß er gar gut Freund von Onkel Rupert ist, so hab ich ihm geantwortet, wenn er sein Freund sei, so soll er ihm raten, daß er sich heiraten solle, damit das Kurfürstentum nicht in die Neuburgischen Hände kommen möge — und er hat mir versprochen, daß er ihm davon sprechen wolle; hier aber weiß ich ihm keine Frau, denn diejenigen, so Geld haben, sind von keinem guten Hause."

An Frau von Harling
St. Germain, den 31. Januar 1677.

Ich habe Euch schon von Paris aus antworten wollen, allein wegen aller Visiten, so ich dort ablegen müssen, nicht dazu gelangen können, jetzt aber danke ich Euch gar sehr vor Euern guten Neujahrswunsch. Ich aber möchte wünschen, Gelegenheit zu finden, Euch meine Dankbarkeit zu erzeigen, denn wann es an ein Rechnen ginge, so habt Ihr mir in meiner Jugend viel mehr Guts getan, als ich Euch mein Leben werde tun können; derowegen bin ich beschämt, wann Ihr, mein herzlieb Frau von Harling, mir sagt, daß mir Gott vergelten solle alle Gütigkeit, so ich Euch erweise, welche doch jetzt nur in gutem Willen bestehet, und daß ich Euch noch als lieb habe, ist wohl das geringste, so ich tun kann.

Was mein Luftsprung[1]) anbelangt, so werde ich mich aufs möglichste vorsehen, damit es nicht mehr geschicht. Ich hatte dieselbe Mode nicht angefangen, denn zwei Tag vorher hatte eine von meinen Jungfern mir das Exempel geben...

Ich warte mit großem Verlangen auf den Pumpernickel und die Mettwürste, welche ich auf Eure Gesundheit essen werde, und bedanke mich zum voraus.... Ich bilde mir ein, daß die Prinzessinnen von Wolffenbüttel dem Herzog Anton Ulrich gleichen, welcher auch weiße Haar und Augenlider hat. Ich finde dieses gar nicht schön und würde viel schöner finden, wenn Ihr mir einen langen Brief schreibet, denn Eure Briefe divertieren mich recht.

An die Herzogin Sophie
Versailles, den 4. November 1677.

Ich gehe alle zwei Tage und sehr oft zwei und drei Tage nacheinander mit dem König auf die Jagd, und wir jagen hier nicht weniger als zu Fontainebleau. Der Lust von der Hirschjagd ist unserm König jetzt ganz aufs neue

---
1) Vergl. den Brief vom 14. Dezember 1676.

ankommen, deß bin ich recht froh und ich folge ihm, so oft es möglich ist, denn ich liebe die Jagd ebensosehr wie Jhro Majestät und das ist ein rechter Lust vor ein Rauschen= blattenknecht wie ich bin, denn man darf sich da nicht viel putzen noch rot antun¹), alllwie bei den Bällen. Aber apropos von Ball: es ist mir lieb, daß Euer Liebden und dero Prinzeß, mein Patchen, sich so wohl zu Antwerpen divertieret haben.

Gott gebe, daß wir uns in unsrer Meinung betrogen finden mögen in dem, was unsre Prinzeß zu Heidelberg²) anbelangt, um auch alle Disturse zu endigen, so man hält über die Proposition, so Jhro Gnaden der Kurfürst an Jhro Gnaden die Kurfürstin mein Frau Mutter hat tun lassen, welche ich anfangs nicht hab glauben können, weil ich von Haus aus kein Wort davon vernommen, nun aber nicht mehr zweifle, weil Euer Liebden mir es schreiben. Dieses tut Jhro Gnaden dem Kurfürsten einen großen Tort hier im Lande, und man sagt auch, daß Jhro Gnaden sich nicht von Jhro Gnaden meiner Frau Mutter scheiden könne, ohne daß es meinem Bruder und mir Schimpf und Schaden täte; derowegen habe ich Monsieur hierüber ganz alarmiert gefunden. Sel= biger hat mir auch gesagt, daß diese Sache dem König gar wunderlich vorkomme; ich aber habe Monsieur gebeten, Ge= duld zu haben, bis daß ich recht erfahren möge, wie es um den Handel stehe, denn ich kann schwerlich glauben, daß Jhro Gnaden der Kurfürst meinem Bruder und mir wolle Unrecht tun, erstlich aus väterlicher Affektion, so ich jederzeit bei Jhro Gnaden vor uns beide gespürt, und zum andern, so kann ich noch viel weniger glauben, daß Jhro Gnaden uns begehren ein Schimpf anzutun, weil wir Jhro Gnaden so nahe sein, daß derselbe Schimpf wieder auf Jhro Gnaden fallen müßte. Zudem so weiß Papa auch wohl, daß ich jetzt an einem Ort bin, wo man solches wenig leiden würde. Dem sei nun wie ihm wolle, so wünsche ich doch von Herzen, daß Jhro

---
1) schminken. 2) Gemahlin des Kurprinzen. Der alte Kurfürst, Liselottens Vater, suchte seine in Kassel lebende erste, verstoßene Gemahlin zur Scheidung zu bewegen, um eine neue Ehe eingehen zu können, da sein erbberechtigter Sohn kinderlos war.

Gnaden der Kurfürst an dergleichen Propositionen nicht mehr gedenken möchte, sondern den lieben Gott walten lassen. Ich wünsche viel lieber, daß unsere ganze Linie endlich verlöschen möge, als daß man Ihro Gnaden dem Kurfürsten Sachen zumessen möchte, die Ihro Gnaden überall und insonderheit hier im Land einen solchen großen Tort täten.

Was die raugräflichen Töchter anbelangt, so möchte ich von Herzen wünschen, daß sie wohl versorgt sein möchten. Die Raugräfin entbot mir kurz vor ihrem Tod durch meine Amme: ich sollte Karoline[1]), meine Pate, hier im Lande verheiraten. Hier aber heiratet man sich nicht ohne Geld, und weil ich nicht weiß, ob sie reich sein oder nicht, habe ich auch nichts vor ihr suchen können, wenn aber solches Papa ernst wäre, müßte man mir erst schreiben, was sie vermögen, vielleicht würde man alsdann jemand finden können. Aber weil, wie Eure Liebden sagen, jetzt ein Graf Wittgenstein um sie anhält, so wird solches auch wohl ohne Zweifel vor sich gehen.

An den Kurfürsten Karl Ludwig von der Pfalz
ihren Vater.
St. Germain, 22 November 1677.

Weil ich seit drei Monat her die Gnade nicht gehabt habe, einzigen Brief von Euer Gnaden zu empfangen noch einiges Wort von Euer Gnaden zu vernehmen, so habe ich aus Respekt auch nicht schreiben dürfen und gefürchtet, daß meine Briefe Euer Gnaden importunieren möchten; jedoch so habe ich ein kindliches Vertrauen zu Euer Gnaden getragen und mir dero vergangene Güte und Gnaden, so ich jederzeit gespüret, dermaßen vor die Augen gestellet, daß ich nicht anders hab gedenken können, als daß diese schlimme Kriegszeiten hieran schuldig wären, Euer Gnaden aber nicht destoweniger der väterliche Affektion mir nicht entzogen, indem

---

[1]) die älteste Tochter der Raugräfin Luise. Sie heiratete später den Grafen Schomberg.

mein Gewissen mir stets vorstellt, daß ich mich dero Gnade nicht unwürdig gemachet, seit der Zeit ich nicht mehr so glücklich bin, Euer Gnaden persönlich aufzuwarten. Diese Gedanken haben verursachet, daß ich mich kontentiert habe, nur alle Posten durch den Breton zu vernehmen, daß Euer Gnaden in vollkommener Gesundheit seien, und unterdessen wünschte ich von ganzem Herzen den Frieden, in welchem ich hoffte, daß, wofern ich nicht Gelegenheit fände, Euer Gnaden persönlich alsdann aufzuwarten, doch aufs wenigst mir der Trost nicht mehr würde verweigert sein, alle Woche oder aufs längste alle 14 Tage durch Euer Gnaden gnädige Schreiben dero beharrlichen Gnaden versichert zu werden, ohne welche ich mein lebenlang nicht ruhig sein könnte. Ich war auch willens, Euer Gnaden nicht eher zu schreiben, bis ich durch einen von dero gnädigen Briefen gleichsam die Erlaubnis empfinge. Nun aber zwingt mich hierzu meine untertänige kindliche Affektion, und glaube, daß ich mich unwürdig machen würde aller Gnade, so ich jemalen von Euer Gnaden empfangen, und aller Versicherungen, so Euer Gnaden mir von der väterlichen Zuneigung geben haben, wenn ich Euer Gnaden nicht wissen täte, welch ein wunderbar Geschrei hier von Euer Gnaden geht, so vor Ihro Majestät des Königs und Monsieurs Ohren kommen, welches, wie ich besorge, Euer Gnaden auf die Länge in den Gemütern großen Tort tun möchte, denn man sagt, daß solches ohne Exempel und eine unerhörte Sache seie. Man gibt vor, daß Euer Gnaden meinem Bruder ohne Ursach ungnädig sein, selbigen sozusagen wie einen Gefangenen halten, von ihm begehren, daß er unsere Frau Mutter, Ihro Gnaden die Kurfürstin, überreden solle, sich gutwillig von Euer Gnaden zu scheiden, und wofern sie sich dieses weigern, wollten Euer Gnaden parforce eine andre Gemahlin nehmen und dermaßen böse Schriften von Ihro Gnaden unsrer Frau Mutter ausgehen lassen, welche uns allen schimpflich sein würden. Ich gestehe, daß ich, die (wie schon gesagt) Euer Gnaden Güte gegen meinen Bruder und mich so oft gespüret, diesen Zeitungen schwerlich kann Glauben zu-

stellen, wie sehr man mich dieses auch versichern will, jedoch
so bekenne ich, daß es mich in meiner Seelen schmerzt, der=
gleichen zu hören, und fürchte, daß wann Monsieur und Jhro
Majestät der König selbst persuadiert sein möchten, daß Euer
Gnaden etwas unterfangen, so uns schimpflich, es nicht
gut finden und Mittel suchen mich von einem Schimpf
abzuwaschen, um der Ehren deren Alliance würdig zu bleiben,
welches vielleicht und wovor uns Gott behüten wolle, ärgere
Unglücke nach sich ziehen möchte, als wann mein Bruder ohne
Erben sterben und die Pfalz in des Herzogen von Neuburgs
Hände kommen sollte. Aber mein Bruder und seine Gemahlin
seind noch jung, derowegen noch Hoffnung. Drum bitte Euer
Gnaden auf meinen Knien untertänigst und um Gottes willen,
Euer Gnaden bedenken dieses recht, und wofern Euer Gnaden
noch ein Fünklein dero väterlichen Affektion vor meinen
Bruder und mich übrig haben, so erbarmen sie sich doch unser
gnädigst, weil ja, wofern dies Geschrei wahr ist, nichts anderes
draus erfolgen kann als lauter Unglück, sowohl vor Euer
Gnaden selbsten, als uns beiden. Vielleicht werden Euer
Gnaden übelnehmen, daß ich so frei heraus schreibe, aber
ich verlasse mich auf Euer Gnaden Gerechtigkeit, welche mich
nicht wird verdammen können, weil mir hierin Euer Gnaden
Reputation viel mehr als mein eigene zu Herzen geht, wel=
ches auch das einzige Motiv schier ist, so mich zu schreiben be=
wogen hat. Denn ich kann der Sachen selbsten noch nicht
Glauben zustellen und also hab ich auch noch nicht nötig
erachtet, Euer Gnaden vor meinen Bruder und mich anzu=
flehen. Ich erwarte Euer Gnaden gnädigste Antwort, um
zu wissen, was ich auf dergleichen Fragen zu antworten haben
möchte, wofern Jhro Majestät der König und Monsieur mich
ferner deswegen sprechen sollten, wie sie bisher getan, und
unterdessen bitte ich Euer Gnaden nochmals ganz demütigst,
zu glauben, daß ich lieber tausendmal sterben möchte, als
so unglücklich zu sein zu erfahren, daß ich noch mein Bruder
kein Teil mehr in dero väterlichen Gnaden und Affektion
hätten, weil ich doch glaube, solches zu meritieren, indem ich

bis in den Tod verharren werde Euer Gnaden untertänige, gehorsame und ganz ergebene Tochter und Dienerin

Elisabeth Charlotte.

An die Herzogin Sophie
St. Germain, den 24. November 1677.

uer Liebden wertes Schreiben vom 26. Okt. habe ich zu End der vergangen Woche zu Paris empfangen. Und weil ich daraus ersehe, daß es Euer Liebden lieb ist, daß Corneille seine Komödien wieder Mode werden, so muß ich Euer Liebden sagen, daß man jetzt die alleraltesten nacheinander spielt; und das ist der größte Spaß, den ich zu Paris hab, wann ich dorten bin. Der arme Corneille ist so froh darüber, daß er mir versichert, daß es ihn so sehr verjüngt hätte, daß er wieder noch eine hübsche Kömödie vor seinem Ende machen will. Möchte wünschen, daß ich so glückselig sein möchte, Euer Liebden in dieselbe zu führen; aber ich fürchte, daß der Krieg länger währen wird als des guten alten Corneille sein Leben.

St. Germain, 11. Januar 1678.

eil heute¹) in ganz Teutschland der Neujahrstag gefeiert wird, so denke ich, daß es auch noch nicht zu spät ist, Euer Liebden, dem hochlöblichen, alten teutschen Gebrauch nach, ein glückseliges, fried- und freudenreiches neues Jahr zu wünschen, samt langes und gesundes Leben. Mir selbsten aber wünsche ich den guten Frieden, damit ich einstmals wieder so glücklich werden möge, Euer Liebden persönlich aufzuwarten. Denn es kommt mir ganz ungereimt vor, wann ich gedenke, daß es allbereits schon sechs Jahr ist, daß

---

1) In Deutschland war bis 1700 der julianische Kalender in Gebrauch. Liselotte aber datierte ihre Briefe nach dem in Frankreich bereits eingeführten gregorianischen Kalender.

ich Euer Liebden nicht einmal gesehen habe. Wenn aber einstmals wieder diese glückliche Zeit herbeikommen wird, so bin ich versichert, daß ich Euer Liebden aufs wenigst eine Stunde lang divertieren werde, wann ich Euer Liebden alles verzählen würde, wie es hier ist und zugeht, welches man sich unmöglich einbilden kann, es seie dann, daß man es höret und sieht und mit dabei ist, wie ich jetzt bin; glaube auch, daß, wann ich schon wieder etlich Jahre in Teutschland bleiben sollte, daß ich doch nicht so bald diesen Hof vergessen würde.

Wegen der Historie von der Ehescheidung[1]) werde ich alle Tage zur Rede gestellt. Daß Euer Liebden und Onkel über mich lachen, daß ich jetzt so gut katholisch bin und so viel vom Sakrament des Ehestands halte, so schlägt mir aber solch Sakrament wohl genung zu, um zu wünschen, daß es ewig währen und man kein Mittel finden möge zur Scheidung, denn wer mich von Monsieur scheiden wollte, täte mir keinen Gefallen, drum können Euer Liebden wohl denken, daß mir eine solche Mode, wenn sie aufkommen sollte, ganz und gar mißfallen würde. Ich möchte von Herzen wünschen, daß Ihro Gnaden der Kurfürst auch meiner Meinung wären, setze aber auch dazu, daß Ihro Gnaden auch so vergnügt lebten als ich. Ich hoffe, mein Bruder und unsere Prinzeß werden sich einmal die Sache lassen ernst sein und uns durch ein Kindchen aus allen diesen Lärmen helfen.

Man hat hier gar viel von des Prinzen von Oranien[2]) Hochzeit verzählt, und unter andern sagt man, daß er sich mit einem wollenen Beinkleid die erste Nacht schlafen gelegt habe, und als ihn der König von England gefragt, ob er das Wollzeug nicht ablegen wollte, hatte er zur Antwort gegeben, daß seine Gemahlin und er lange genung miteinander leben müßten, derowegen müsse sie sich an seine Manieren gewöhnen, und er seie gewohnt, das wollene

---

[1]) Die geplante Ehescheidung ihres Vaters. [2]) Der Prinz von Oranien, Wilhelm III., hatte die älteste Tochter Jakob II. von England geheiratet. Er gewann dadurch das Nachfolgerecht auf den englischen Thron, beerbte aber seinen Schwiegervater schon bei Lebzeiten, nachdem dieser 1688 von den Engländer abgesetzt worden war.

Beinkleid zu tragen, drum wolle er es auch jetzt nicht aus=
ziehen. Und anstatt daß er mit dem König, Königin und
Braut sollte zu Nacht essen, ist er in die Stadt zum Nacht=
essen gangen und hat den König bis nach Mitternacht
in der Braut Kammer, welche man zu Bett gelegt hatte,
warten lassen, und als ihn der König gefragt, wo er so
lange blieben, hat er geantwortet, daß er gespielt hätte nach
dem Nachtessen. Hat sich drauf in einen Sessel geworfen,
seinen Kammerdiener gerufen und sich in selbiger seiner Braut
Kammer ausziehen lassen. Mit allen diesen Manieren wun=
derts mich nicht, daß die gute Prinzessin stumm worden
ist; sie gemahnen mich schier an die Komödie¹) von der
bösen Käthe ihren Mann.

An den Raugrafen Karl Ludwig
ihren Halbbruder.
St. Cloud, den 13. Mai 1678.

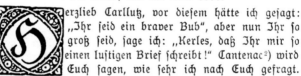erzlieb Carllutz, vor diesem hätte ich gesagt:
„Ihr seid ein braver Bub", aber nun Ihr so
groß seid, sage ich: „Kerles, daß Ihr mir so
einen lustigen Brief schreibt!" Cantenac²) wird
Euch sagen, wie sehr ich nach Euch gefragt.
Selbiger hat mir gesagt, wie Ihr nun so unerhört lang ge=
worden und auch jetzt einen Bart habt, das macht mich
ganz zu einem alten Mütterchen, wie Mutter Anneken,
wenn Ihr Euch noch dieser Komödie³) erinnert. Adieu! schreibt
mir hinfüro fleißig, wenn Ihr der Zeit habt, und inson=
derheit, wenn Ihr in Holland sein werdet, und glaubt,
daß ich Euch so lange lieb behalten werde, als Ihr mich!
Darauf macht Eure Rechnung und seid versichert, daß ich
Eure affektionierte Freundin bin
Elisabeth Charlotte.

---

1) Shakespeares Zähmung der Widerspenstigen.   2) Sekretär seines Vaters.
3) Liselotte hatte große Freude am Theater. Auf die harmlosen Possen, die sie in
ihrer Kindheit gesehen, kommt sie in ihren Briefen häufig zurück.

An die Herzogin Sophie
St. Germain, den 1. Juli 1678.

uer Liebden betrügen sich wohl nicht wenn sie glauben, daß ich noch als gut teutsch bin, denn das ist wohl wahr, und dieselbe Liselotte, so ich vor diesem gewesen, werde ich wohl auch bis an mein Ende verbleiben.

In diesem Augenblick gehe ich mit unserm König spazieren reiten. Er ist wahrlich ein guter, braver Herr; ich hab ihn recht lieb, jedoch so gehen Tante und Onkel noch vor in meinem Herzen.

St. Germain, den 24. Juli 1678.

ch habe alle Euer Liebden Briefe wohl empfangen, wenn aber auch Euer Liebden letztes Schreiben in andre Hände als die meinigen geraten wäre, so können Euer Liebden doch versichert sein, daß man sie wegen der Possen, so drinnen stunden, nicht würde vor töricht gehalten haben. Denn Euer Liebden Reputation ist hier gar wohl etabliert in allem, aber insonderheit auch was den Verstand betrifft. Zudem auch so ist man nicht so delikat hier im Lande, sondern man spricht all frei genung von allerhand natürlichen Sachen. Ich weiß einen Galan, welchen ich aber nicht nennen will noch darf, welcher als mit seiner Maitresse aufn Kackstuhl geht, und wann eins von ihnen seine Sachen verricht hat, dann setzt sich das andere drauf, und unterhalten einander auf diese Weise. Und ein ander Paar kenne ich auch, die einander als vertrauen, wenn sie ein Klistier nehmen und vonnöten haben; ich habe solches mit meinen eigenen Ohren gehört, und der Liebhaber bekannte, daß er solches vonnöten, weil er den Abend zuvor zu viel gefressen hätte, so ihm ein groß Magenwehe verursachte, drum wolle er ein Klistier nehmen, um desto besser wieder zu Mittag zu essen, ohne Degout. Wenn das Teutsche täten, wie sollten die Franzosen lachen, aber weil sie es selber tun, so ist es gar höflich. Noch etwas muß ich Euer Liebden verzählen, so mir am Anfang sehr fremd ist vorkommen; man redt hier ohne Scheu von „Jungfer Katherin"[1]) und die Königin, so so eine ehrbare Frau ist, spricht an öffentlicher Tafel mit allen Mannsleuten davon. Daß Euer Liebden meinen, daß, wenn ich Monsieur habe, daß ich dann nichts nach Himmel und Erden frage, so bin ich zwar sehr gern bei ihm, und wenn es schon wahr wäre, daß ich nichts nach Himmel und Erden fragte, so würde ich doch gar betrübt sein, wenn Euer Liebden glauben wollten, daß sie unter der Zahl von Himmel und Erden mitgerechnet wären und ich nicht an meine herzliebe Tante gedächte. Nein! so vergessen und undankbar ist Euer Liebden Liselotte nicht, und wenn ich gleich nicht schreibe und von vielem Lumpengesindel hier davon abgehalten werde, so gedenke ich doch nichtsdestoweniger an Euer Liebden . . .

An Frau von Harling
St. Cloud, den 20. August 1678.

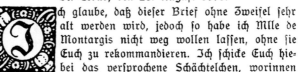ch glaube, daß dieser Brief ohne Zweifel sehr alt werden wird, jedoch so habe ich Mlle de Montargis nicht weg wollen lassen, ohne sie Euch zu rekommandieren. Ich schicke Euch hiebei das versprochene Schächtelchen, worinnen ich mein Bärenkatzenaffengesicht eingesperrt, weil ich gedacht, daß solches Euch, meine liebe Jungfer Uffel, nicht unangenehm sein würde. Sie wollen einen hier als hübscher malen als man ist; drum haben sie mich fetter gemacht, als ich in der Tat bin, wie Ihr sehen werdet. Daß es aber nicht sehr gleicht, ist meine Schuld nicht, denn ich hab mich Euch zu Gefallen einen ganzen Nachmittag dahergesetzt, um mich malen zu lassen, welches gar nicht vergnüglich ist, aber vor seine Freunde tut man wohl was, das man sonst nicht täte. Meinem Patchen, Eurer jetzigen kleinen Prinzeß, schicke ich auch eine Kirmes von St. Lau-

---
1) Menstruation.

rent, nämlich ein Schreibzeug, worinnen ein wenig Sackzeug ist, wie jetzt die Mode und alle Menschen im Sack tragen. Es ist zwar kein schön Präsent, allein Kinder freut leicht was, drum hab ich gehofft, daß dies Schreibzeug auch diesen Effekt mit den kleinen Bagatellen bei der Prinzeß verursachen wird.

An die Herzogin Sophie
Paris, den 14. November 1678.

as aber anbelangt, daß Euer Liebden wünschen, daß der Teufel die von der Kabale vollends holen möge, so weiß ich zwar nicht, was draus werden wird, aber daß sie jetzt ganz ausgelassen sein, das weiß ich wohl. Drum glaube ich, daß anstatt daß er sie zu sich nimmt in die Hölle, macht er seine Wohnung aus ihnen, und daß sie alle besessen sein. Mehr darf ich hierauf nicht sagen. Ich bin ganz stolz, daß Euer Liebden mich hübscher finden als mein Konterfei, das ich an Frau von Harling geschickt habe. Allein es ist jetzt sieben Jahr, daß Euer Liebden mich nicht gesehen haben, und wenn mich Euer Liebden jetzt sehen sollten, würden sie vielleicht ganz entgegengesetzt judizieren. Die Jagden aber machen mich nicht so alt und häßlich als die Kabale, welche mir seit die sieben Jahre her so viele Runzeln hatten ziehen machen, daß ich das Gesicht ganz voll davon habe.

In diesem Augenblick kommt Monsieur von Versailles und bringt zur neuen Zeitung mit, daß wir zukünftigen April in Flandern reisen werden, von dar in Lothringen und von Lothringen ins Elsaß. Ich hoffe, daß ich alsdann nach Straßburg werde gehen, Ihro Gnaden den Kurfürsten, meinen Bruder, und seine Gemahlin zu sehen. Euer Liebden sollten billig auch ein Reischen hintun, und das wäre ein artlicher Rendezvous. Ich glaube, wenn dieses geschähe, daß ich vor Freuden sterben würde. Aber was mir wohl hieran gefällt, ist, daß es kein Schloß in der Luft ist, sondern nach allem Anschein geschehen wird. Um Gottes willen: Euer Liebden kommen dann doch auch nach Straßburg, um meine Freude vollkommen zu machen! Alsdann werden Euer Liebden auch sehen, daß wir alle ebenso koiffiert seind als wie Mlle de Valence, denn niemand in ganz Frankreich außer diejenigen, so immer Lappen tragen, ist anders koiffiert. Wie würden Euer Liebden dann lachen, wenn sie mich mit dem Puterschopf sehen sollten!

Paris, den 3. Februar 1679.

enn es Euer Liebden zu weit wäre, ins Elsaß und nach Straßburg zu kommen, so könnten mir Euer Liebden doch ein Rendezvous in Flandern geben, in welcher Stadt es Euer Liebden am gemächlichsten wäre. Ich weiß aber nicht, warum Onkel will, daß Euer Liebden auf eine solche Reise so große Unkosten anwenden sollen, sintemalen es Euer Liebden ja viel bequemer sein würde, inkognito zu reisen. Und damit würden Euer Liebden allem Gepräng los sein, welches ich wohl von Herzen verfluchen würde, wenn es mich des Glücks beraubt, Euer Liebden aufzuwarten, denn mich deucht, wenn ich Euer Liebden und Onkel nur einmal wieder sehen könnte, so wollte ich hernach gerne sterben, jedoch nicht ohne daß ich meine Reise auch zu Straßburg vollendet und Papa, Bruder und Schwester gesehen.

Damit ich aber wieder auf meinen Text komme, so will ich Euer Liebden teutsch heraus bekennen, daß man hier ganz stinkhoffärtig ist und so hoch hinaus und nirgends an will, daß es nicht zu erdenken, noch zu sagen ist. Mein Herr bildt sich ein, daß kein Vergleichen mit ihm und einigem Kurfürsten zu machen sei; ich habe auch unter der Hand ausgeforscht, ob man Euer Liebden keinen Fauteuil geben würde, aber davon will man gar nichts hören. Drum will ich Euer Liebden sagen, was Mittel ich gefunden, Euer Liebden zu sehen. Euer Liebden müßten inkognito in eine Stadt von Flandern kommen und mir entbieten, in welch Haus Euer Liebden logieren. Dann will ich tun, als wenn ich nur das Haus besehen ginge, wo Euer Liebden sein werden, will mich alsdann mit Euer Liebden und Onkel in eine Kammer einsperren, allwo ich nichts anderes als die alte Liselotte begehre zu sein, womit Euer Liebden alles machen können, was Euer Liebden beliebt, denn ich bin und werde bis in den Tod Euer Liebden leibeigen verbleiben. Und damit werden wir alles des verdrießlichen Geprängs quitt sein. Mit meinen Leuten bin ich nicht in Sorgen, denn indem ich Monsieur das Geheimnis vertrauen werde, kann ich meine Leute hinschicken, wo es mir gefällt, welche mich alsdann, wenn Euer Liebden meiner müde sein werden, wieder abholen werden. Und dieses Leben kann ich also alle Tag führen, so lang wir an einem Ort still liegen. Ich bitte Euer Liebden, sie berichten mir doch aufs allerbaldeste, ob Euer Liebden dieser Anschlag gefällt, und Euer Liebden seien nur nicht meinetwegen in Sorgen, denn ich versichere Euer Liebden, daß ichs gar wohl so machen will, daß ich einen ganzen Tag bei Euer Liebden alleine in ihrem Hause verbleiben werde, ohne daß ein einziges Mensch von meinen Leuten dabei sein möge. Um Gottes willen: Euer Liebden vergönne mir doch diese so unaussprechliche Freude! ja, ich glaube, daß ich vor Freuden werde ohnmächtig werden, wenn dieses angeht und ich Euer Liebden und Onkel werde ansichtig werden. Ich hoffe, daß ich zu Straßburg es auch so werde machen, J. G. den Kurfürsten, meinen Bruder und seine Gemahlin zu sehen.

Der Plan, den Liselotte im vorstehenden Briefe entwarf, kam nicht zur Ausführung. Dagegen wurde ihr im August desselben Jahres die noch größere Freude zuteil, ihre Tante in Frankreich zu begrüßen. Herzogin Sophie kam dorthin in der geheimen Hoffnung, für ihre Tochter Sophie Charlotte am französischen Hofe einen Freier zu finden, da Liselotte ihr wiederholt vom Dauphin als von einer passenden Partie gesprochen hatte. Die anmutige, bildschöne Prinzeß war aber erst zehn Jahre alt, weshalb der Dauphin die ihm schon früher vorgeschlagene bayrische Fürstentochter vorzog. Sophie Charlotte aber heiratete später den Kurfürsten Friedrich III. von Brandenburg, der sich 1701 zum König (Friedrich I.) in Preußen krönen ließ.

Herzogin Sophie hat über diese Reise eine Anzahl hochinteressanter Briefe an ihren Bruder, den Kurfürsten Karl Ludwig, geschrieben. Sie erzählt ihm vom Leben seiner Tochter, die sie eine der glücklichsten Frauen der Welt nennt: umgeben von der Liebe der Ihrigen, der Achtung des Hofes und der Freundschaft des Königs war Liselottens Stellung damals wirklich beneidenswert. Sie beschreibt ihre Ankunft im Kloster Maubuisson, wo sie bei ihrer Schwester, der Abtissin Luise Hollandine, einkehrte: das herzogliche Paar war ihnen dorthin entgegengefahren, Liselotte rannte ihr entgegen, umarmte und küßte sie, und Frau von Harling wollte sie nicht aus den Armen lassen. Liselottens Gemahl, den Herzog von Orleans, schildert sie in allerlei kleinen Zügen: wie sie ihn abends in der Nachtmütze überraschte, was ihn in peinliche Verlegenheit setzte; wie er ihr in Paris als Wichtigstes die Toiletten zeigte, die für seine Tochter aus Anlaß ihrer Vermählung mit dem König von Spanien angefertigt worden waren, sowie seine eigenen Edelsteine, unter denen sich manches Stück befand, das seine Gemahlin ihm großmütig abgetreten hatte. Man versteht Liselottens Abneigung gegen Schmuck und Putz, wenn man hört, wie gänzlich die Interessen ihres Gemahls in diesen Dingen aufgingen.

Drollig war auch der Besuch bei der Königin. Monsieur führte Herzogin Sophie dorthin, besprach den kostbaren Schmuck, den Marie Therese trug, nahm einen Leuchter und beleuchtete sie von allen Seiten. Die arme kleine Majestät ließ sich diese Besichtigung gutmütig gefallen. Sie wußte längst, wie wenig schön sie war, ihre ungeschickte Figur mit dem runden Rücken und dem kurzen Hals stach sehr ab gegen die stolzen Gestalten der Mätressen ihres Gemahls, und sie sagte zur Herzogin, sie sollte ihr Kleid betrachten und nicht ihr Gesicht.

Den König sah Herzogin Sophie zuerst bei der Eheschließung, zu der er sie eingeladen hatte. Später besuchte er sie und wußte sie mit seiner gewohnten Liebenswürdigkeit zu bezaubern, mußte aber gestehen, daß auch ihre Unterhaltung reizvoll sei, was Liselotte sehr erfreute. Bei der Feier in der Kapelle waren auch die damaligen Mätressen zugegen: die stolze Montespan, deren Einfluß im Sinken war, und die schöne Fontanges, die sich sorglos in der Gunst des Königs sonnte, bis sie von ihrer Nebenbuhlerin vergiftet wurde. Die spätere Allmächtige, die Maintenon, hielt sich und ihre schlauen Anschläge damals noch klüglich im Dunkeln.

An den Kurfürsten Karl Ludwig
ihren Vater.
St. Germain, den 13. Mai 1679.

Um nun wieder auf meinen Schwarzkopf[1]) zu kommen, welcher nun, gottlob, bei mir ist, so hat ihn der König sehr wohl empfangen, als ihn Monsieur Ihro Majestät präsentiert. Gestern hat ihm der König von seinen Pferden entlehnt, um auf der Hirschjagd zu folgen, welche Gnade er wenig Fremden tut. Ihro Majestät finden, daß Karllutz gar gute Mienen zu Pferd hat. Jetzt spielt er mit Mademoiselle Blindekuhe.

Euer Gnaden müssen befehlen, wenn Sie Karllutz wieder haben wollen; jedoch wann ich meine Meinung sagen darf, so wird es ihm wohl gar nichts schaden, aufs allerwenigste sechs Wochen oder zwei Monat hier zu bleiben; dann das wird ihm schon die Lefzen aufmachen lernen, zudem wird er nirgends inkommodiert sein, denn Monsieur logiert ihn überall bei uns im Haus ein, sowohl hier und zu Paris als zu St. Cloud.

An die Herzogin Sophie
St. Germain, den 1. November 1679.

Mit dieser guten Gelegenheit schicke ich auch die Diamantenknöpf vom König[1]). Monsieur ists gar leid, daß er Euer Liebden nicht selber weisen kann, wie man es aufs Kleid oder die Ärmel nehmen muß, und er hat schon mit Madame de Mecklenburg geratschlagt, die soll ein papieren Muster davon schicken. Dann wird Onkel (wie ich hoffe) wieder fragen, was Euer Liebden mit dem Dreck machen wollen.

---

1) ihr Halbbruder, der Raugraf Karl Ludwig. 2) Ein Geschenk aus Anlaß des Besuches der Herzogin.

Wenn ich dürfte, wollte ich das auch wohl oft an Monsieur sagen.

St. Germain, den 15. Dezember 1679.

m Euer Liebden zu erweisen, daß, ob ich schon nicht schreibe, ich doch nichtsdestoweniger an Euer Liebden gedenke und Mittel suche, Euer Liebden zu dienen, so muß ich Euer Liebden verzählen, was ich seitdem, wiewohl leider ohne Frucht, getan. Erstlich, so hab ich mich wieder mit Monsieur Louvois[1]) ausgesöhnt, und zum andern, wie ich gesehen, daß Schatz (wie Euer Liebden als sagen) Mittel gesucht, um mich zu besänftigen, hab ich ihm zu verstehen gegeben, daß der größte Gefallen, den er mir tun könnte, und welches mich alles würde vergessen machen, wäre, wenn er sich bemühte, ins Werk zu stellen, was Euer Liebden und ich so sehr wünschen. Hab ihnen daneben gesagt, daß ich solches desto mehr wünschte, weilen ich fest glaubte, daß es sowohl gut vor hier wäre als vor uns, sintemalen das Haus gar groß und mächtig in Teutschland seie, welches vielleicht mehr Dienst tun könnte als die andern, indem sie näher seie, daß man auch in Sorgen sein dürfte vor die vielen Schwäger, sintemalen man nie von denen würde beschweret sein, und daß sie alle große Herren genung sein werden, um nicht hieher zu kommen, ihr Brot zu suchen. Die Prinzeß Palatine[1]) hat sich hierin zu mir geschlagen, und wir hattens endlich so weit gebracht, daß er resolviert war und mir sagte, daß, wenn die erste Sach mit Bayern so übel stünde, wie man sagt, so wollte er dem König davon sprechen.

Wie ich mich bei dem König in der Kalesche befund, brachte ich ihn allgemach auf seines Sohnes Heirat. Da sagte er mir, daß es gar hart in Bayern hielte, und daß Herzog

---

1) Französischer Kriegsminister, vgl. Anmerkung zu dem Briefe vom 11. Dez. 1680. 2) Anna Gonzaga, die mehrfach erwähnte Heiratsstifterin. Es handelte sich hier um den letzten Versuch, die Vermählung des Dauphins mit der Prinzessin Sophie Charlotte von Hannover zu bewerkstelligen. Hierbei sollte auch „Schatz" (Liselottens Gatte) mithelfen.

Max¹) unser Großmaulchen²) gar nicht wolle. Ich sagte, man macht etlich mal Vorschläg, die nicht angehen in Heiraten, als wie der von Bayern. Da antwortet der König gar geschwinde: „Ob dieser Heirat schon noch nicht gemacht scheint, so halt ich ihn doch nicht vor gebrochen, und mein Sohn hat jetzt so eine große Lust, um sich zu heiraten, daß er nicht länger warten will. Wenn ich etlich Sachen werde nachlassen, so bin ich versichert, daß sie mir die Prinzeß³) werden an Kopf werfen." Darauf antwortete ich: „Das wird eine große Ehr vor die Bayrischen sein, daß sie Eure Majestät werden was nachlassen machen." Ich habe gehofft, daß ihn das pikieren sollte, aber er hat mir geantwortet, daß es eine geschehene Sache seie, und daß er seinen Sohn wohl erfreuen würde, denn solcher seie in Unruhe, daß sein Heirat nicht fortgehe, und er wolle ihm sagen, daß er an die Prinzeß schreiben solle. Wie ich das gesehen, hab ich still geschwiegen und nichts von der andern Sach gesagt. — Gestern ist dieser Brief an obgemeldte bayrische Prinzeß geschrieben worden. Wenn des Königs Sohn das Weibernehmen nicht so unerhört in Kopf kommen wäre, so hätte ich all gute Hoffnung gehabt, und dieses allein hat uns alles verderbt. Man macht auch noch Hoffnung vor unser groß Maultier²), denn der junge Kurfürst¹) hat unsern König versichern lassen, daß er sich nicht wider seinen Willen verheiraten will. Hiemit genung von dieser traurigen Sache, will nun von was anderst reden, so nicht viel lustiger ist und auch verdrießlich genung, nämlich von Jhro Gnaden dem Kurfürsten und der Kurfürstin. Ich habe an Monsieur erpliziert, wie es zugangen, daß der Kurfürst⁴) jetzt mein Heiratsgut schicken will; er hat drüber gelacht und gesagt, er hätte zwar nicht dran gedacht, daß es jemalen kommen würde, jedoch weil der Kurfürst jetzt in Humor seie, solches zu schicken, so solle ich ihn machen lassen.

---

1) Kurprinz Maximilian von Bayern. 2) Liselottens zweite Stieftochter. 3) Marie Anna, die Schwester des Kurprinzen Maximilian, die spätere Gemahlin des Dauphins. 4) Liselottens Vater.

Ich habe heute Briefe von der Königin von Spanien[1]) bekommen. So viel ich daraus vernehmen kann, so ist Spanien das abscheulichste Land und die Manieren die abgeschmacktesten und langweiligsten, so man erdenken mag. Das arme Kind dauert mich recht, daß sie ihr Leben da zubringen muß. All ihr Trost seind ihre Hündcher, die sie mitgenommen hat. Die französischen Kammermägde haben sich im Anfang nicht gewöhnen können, eingesperrt zu sein; haben alle wieder in Frankreich gewollt.

St. Cloud, den 24. September 1680.

Ob meine Augen mir zwar vom vielen Weinen so wehe tun, daß ich kaum recht draus sehen kann und also große Mühe zu schreiben habe, so habe ich doch unsern Prinzen[2]) nicht weg können lassen ohne ihm ein Schreiben an Euer Liebden mitzugeben, und ob zwar meine Traurigkeit und Schmerzen über den abscheulichen Verlust[3]), so wir getan, über die Maßen ist, so deucht mir doch, daß sich mein Herz ein wenig erleichtert, an Jemand zu schreiben, so eben so betrübt ist als ich bin und dieses große Unglück mit mir teilt. Euer Liebden aber zu sagen was ich empfinde und wie mir Tag und Nacht zu mute ist, wäre wohl schwerlich zu beschreiben, aber Euer Liebden können solches leider wohl bei sich selbsten abmessen. Nun ich sichere Gelegenheit habe, kann ich auch frei heraus reden, muß derowegen sagen, daß Euer Liebden noch glücklicher sein als ich, denn ob sie schon ebensoviel verlieren, so seind sie doch nicht obligiert, bei denjenigen zu leben, welche ohne Zweifel an Jhro Gnaden des Kurfürsten sel. Tod Ursach sein durch den Kummer, so sie ihm gegeben, und dieses ist mir hart zu verdauen. Euer Liebden sagen mir in dero letztem gnädigen Schreiben, daß sie sich mit mir erfreuen, daß ich bei dem König bin, bei welchem ich so gern bin. Ja, ehe er Papa so

---

[1]) Liselottens ältere Stieftochter, die kurz zuvor den König Karl II. von Spanien geheiratet hatte. 2) Prinz Georg Ludwig, ältester Sohn der Herzogin Sophie. 3) Am 2. August war ihr Vater gestorben.

verfolgt hatte, gestehe ich, daß ich ihn sehr lieb hatte und gern bei ihm war, seitdem kann ich Euer Liebden wohl versichern, daß es mir sauer genung ankommen ist, und hinfüro mein Leben lang ankommen wird, ja ich hätte mich auch nicht dazu resolvieren können, wenn er mir nicht selbst zu Fontainebleau versprochen, daß er es besser machen und ändern wolle, im Fall ich nur wohl mit ihm lebte, und aus dieser Ursachen hab ich in währender Reise mein Bestes getan, welches mir aber leider nicht gelungen ist, wie Euer Liebden sehen. Wenn mich Gott der Allmächtige so glückselig machte und zu Papa zöge, könnt mir wohl nicht besser geschehen, denn mein ganzes Leben kann hinfüro nicht anders als elend sein, wie Euer Lieb= den wohl selber sehen. Wollte Gott auch, daß ich mit dem Prinzen¹) zu Euer Liebden dürfte, denn ich wollte lieber mit Euer Liebden weinen, als hier bei allen den lachenden Gesich= tern zu sein, welche mir denn, wo es möglich wäre, meine Traurigkeit noch überhäufen. Ich glaube auch, daß Ihro Lieb= den der Prinz nicht bedauert, dieses Land zu verlassen, und darin haben Seine Liebden wohl groß recht.

An die Raugräfin Karoline
<small>Liselottens Halbschwester, welche sich an diese im Namen der Geschwister wegen Erb= schaftsangelegenheiten gewendet hatte.</small>

St. Cloud, den 13. Oktober 1680.

as Euch und Eure Geschwister betrifft, so könnt Ihr wohl versichert sein und sie alle auch von meinetwegen versichern, daß ich Euch von ganzem Herzen in alles dienen werde, was in meinem Vermögen stehen wird. Und ob ich zwar wohl weiß, daß mein Bruder von einem solchen guten Naturell ist, daß er Euch, als unseres Herrn Vaters sel. Kinder, nie verlassen wird, so hab ich ihm doch deswegen geschrieben und Euer Interesse ihm stark rekommandiert. Ich weiß ganz und gar nichts von Euern Affairen, kann also

---

1) Prinz Georg Ludwig, ältester Sohn der Herzogin Sophie.

noch nicht recht sehen, worinnen ich Euch werde recht helfen
können; derowegen wäre es ratsam, daß Karllutz eine Reise
hertäte, damit wir miteinander überschlagen mögen, was zu
tun ist. Seid versichert, daß ich Euch nichts raten werde, als
was ich denke, das zu Eurem Besten sein wird! Schreibt mir
um Gottes willen mit ehestem, ob Ihro Gnaden der Kurfürst
Euch bei seinem seligen Abscheiden gar nichts vor mir anbe=
fohlen, und ob Ihr nicht wißt, wie ich in Ihro Gnaden stund!
Meine Tante von Osnabrück[1]) ist Euch allen auch sehr wohl
geneigt und wird, wie ich versichert bin, auch ihr Bestes vor
Euch tun, und mit ihr werde ich als ratschlagen, worin ich Euch
werde dienen können. Darauf könnt Ihr fest vertrauen, und
daß ich allezeit Eure affektionierte Freundin verbleiben werde.

An den Kurfürsten Karl von der Pfalz
ihren Bruder.
St. Cloud, den 13. Oktober 1680.

Karoline hat mir im Namen aller Kinder einen
gar bedauerlichen Brief geschrieben, aber ich
weiß, daß Ihr von so gutem Naturell seid,
daß Ihr Euch, auch ohne daß ich Euch drum
bitte, dieser armen Kinder erbarmen werdet
und sie nicht verlassen, denn es seind allebenwohl des Kur=
fürsten selig Kinder, und weil sie nun ganz verlassen seind,
ist es eine Generosität sich ihrer zu erbarmen. Denn ob
wir beide zwar an Ihro Gnaden dem Kurfürsten einen ab=
scheulichen Verlust getan, so muß man doch gestehen, daß
diese Armen noch mehr verloren haben und ganz verzweifelt
sein müßten, wenn Ihr kein Mitleiden mit ihnen habt. Aber,
wie schon gesagt, so kenne ich Euer gut Gemüt wohl, bin
also gar nicht vor ihnen in Sorgen.

Kurfürst Karl beantwortete den Brief seiner Schwester unter dem 19. Okt.: Was
Ihr mir wegen Karllutz und den Raugrafen schreibt, werdet Ihr viel besser tun,
Euch in seiner Sachen nicht einzumischen, denn Ihr würdet damit nicht allein unsere
Frau Mutter sehr aufregen, sondern auch mir schaden. Ich werde ohne das mit ihnen

---

1. die Herzogin Sophie, die sich der raugräflichen Kinder nach Kräften an=
nahm.

suchen zu tun was vernünftig ist; bin von allem wohl berichtet; deswegen, um viel Böses zu verhüten, werdet Ihr viel besser tun, Euch seiner Sachen nicht anzunehmen; denn ich das tun werde, was räsonnabel sein wird.

27. November 1680.

Was die raugräflichen Kinder anbelangt, so glaube ich, daß unsere Frau Mutter gar zu räsonnabel ist, um übel zu finden und sich zu allarmieren, daß ich vor die armen Kinder rede. Denn ich begehre nicht, daß man sie vor Euer Gnaden bezahlen solle, da behüte mich Gott vor! sondern ich erinnere Euch nur, daß Ihr sie nicht verlassen möget, weil es doch Ihro Gnaden des Kurfürsten, unsers Herrn Vaters selig, Kinder sein, welche also mehr Recht als andere und Bediente, haben von Euch beachtet zu werden. Und dieses desto mehr, weil Ihr auch noch dadurch an alle Welt erweisen könnt den Respekt, so Ihr vor Ihro Gnaden dem Kurfürsten selig gehabt habt, wodurch Ihr denn nichts anders als Lob bekommen könnt. Denn sich der Elenden anzunehmen, so Eure Hülf vonnöten haben, ist allerwegen löblich. Weil denn also Euer Interesse sich mit dem ihrigen einfindt, so habe ich nicht unterlassen können, Euch solches vorzutragen. Ihro Gnaden die Kurfürstin, unsere Frau Mutter, ist selber so generös, daß ich nicht zweifle, sie wird Euch hiezu mehr antreiben als zurückhalten, insonderheit weil diese Kinder ihr ja im geringsten nichts schaden können. Bin also froh, daß Ihr mich versichert, daß Ihr räsonnabel mit ihnen handeln wollt. Denn wenn Ihr das tut, werden sie weder elend noch miserabel sein, und werdet Euch, wie schon gesagt, bei männiglich ein groß Lob erwerben, zugleich alle Euere Schuldigkeiten bei Ihro Gnaden der Kurfürstin, so bei Euch, und Ihro Gnaden dem Kurfürsten, ob er zwar leider im Grab ist, zu vollziehen, wodurch dann nichts anders als Gottes Segen folgen kann, welches Euch niemand von besserm Herzen wünschet, als ich.

An die Herzogin Sophie
St. Germain, den 11. Dezember 1680.

Ich fürchte, daß Papa aus Kummer und Herze=
leid gestorben ist, und daß, wenn der große
Mann¹) und seine Minister ihn nicht chagriniert
hätten²), hätten wir ihn länger auf dieser Welt
gehabt und ich hätte ihn vielleicht auch wie=
der einmal zu sehen bekommen. Es ist mir auch noch ein
Trost, daß Euer Liebden mir versichern, daß Ihro Gnaden
der Kurfürst nicht vor seinem End ungnädig auf mich gewesen
ist. Mich wundert aber, daß er Euer Liebden den Dialog nicht
geschickt hat, so ich mit dem großen Mann gehabt. Denn
ich weiß gewiß, daß er solches wohl vierzehn Tag vor seiner
Krankheit empfangen hat, und weil er mir nicht darauf ge=
antwortet und nur an Eck schreiben lassen, daß er solches
empfangen, habe ich gefürchtet, daß er nicht kontent von
mir seie.

Monsieur schlug der Königin vor, sie solle ein Gelübde
für ihres Sohnes Gesundheit tun; ich aber sage zu Ihro Lieb=
den, daß er viel eher dem König raten sollte, ein Gelübde zu
tun, hinfüro Gerechtigkeit zu üben und einem jedweden das
Seinige wiederzugeben und mit einem Wort kein unrecht Gut
an sich zu ziehen, so würde sich sein Sohn viel besser befinden.

---

1) Ludwig XIV. 2) Kurfürst Karl Ludwig war von Frankreich schwer geschädigt worden, als nach dem Frieden zu Nimwegen die berüchtigten Reunionskammern ein Stück deutsches Land nach dem andern beschlagnahmten. Zum Überfluß hatten zwei französische Beamte sich in Heidelberg niedergelassen und behandelten den alten, ver= dienten Landesherrn mit solcher Unverschämtheit, daß dieser froh war, als ihm seine Kränklichkeit einen Anlaß bot, sich vor ihnen in seine Privatgemächer zurückzuziehen. Er wandte sich darauf durch Vermittlung seiner Tochter an Ludwig XIV., aber sie er= reichte nichts vom Könige als dürftige Versprechungen. Denn der Kurfürst, der sich den Einmischungen Frankreichs hartnäckig widersetzt hatte, sollte gemäß den Plänen des rachsüchtigen Kriegsministers Louvois nach Möglichkeit gedemütigt werden. Es war ein Glück für ihn, daß er starb. Herzogin Sophie war jetzt von ihrer Be= wunderung für Ludwig XIV. gründlich geheilt. Liselotte aber wollte die Fehler des vergötterten Königs nicht zugeben, auch nicht, als bald darauf lange Jahre des Leidens über sie kamen, an denen er schuld war.

An Frau von Harling
St. Cloud, den 10. April 1681.

nterdessen muß ich Euch noch sagen, daß ich nun eine alte Mutter bin, denn mein Sohn ist in Hosen und Wams, sieht all artlich aus. Ich wollte, daß Ihr ihn so sehen könntet, denn er ist nun viel menschlicher und räsonnabler als er war, wie Tante hier war. Mein Mädchen aber ist jetzt eins von den possierlichsten Kindern, so Ihr jemalen gesehen, plaudert unerhört und alles, was ihr in Kopf kommt; ist eine dolle Hummel; weiß nicht, was endlich aus ihr werden wird. Verstand fehlt ihr nicht, aber sie ist sehr mutwillig, und ob sie zwar zwei Jahr jünger ist als ihr Brüderchen, so ist sie doch viel stärker und nach Proportion größer vor ihr Alter.

An die Herzogin Sophie
St. Cloud, den 13. April 1681.

ch habe seit etzlichen Tagen drei Briefe von Ihro Gnaden der Kurfürstin empfangen, in welchen man mir, doch mit höflicher Manier, vorwirft, daß ich mich der raugräflichen Kinder so sehr annehme und so oft vor sie schreibe. Mein Bruder hat mir noch nicht auf meinen Brief geantwortet, aber die Kurfürstin, meine Frau Mutter, macht mir einen Detail von der Sache. Den Kindern schreib ich nicht, denn das hilft ihnen nichts und irritiert nur meinen Bruder und Frau Mutter. Carllutz werde ich raten, daß, weil Onkel und Euer Liebden doch so gut sein wollen, ihm zu erlauben, denselben aufzuwarten, daß er bei ihnen bleiben solle, denn so viel ich aus der Kurfürstin Brief verspüre, so haßt ihn mein Bruder erschrecklich, jedoch sagt sie, daß er die Mädchen lieb habe und daß mit der Zeit Carllutz auch wohl wieder besser dran sein würde.

Ich weiß gar schöne Historien, davon muß ich Euer Liebden eine verzählen, so man mir vor drei oder vier Tagen gesagt hat und welche vor drei Wochen geschehen ist im Jesuwitterkolleg; der Chevalier de Lorraine sagt, daß er glaube, daß es sein Sohn ist, der solche Historie getan und daß er täglich dergleichen tue. Es ist ein Schüler, der war gar mutwillig auf allerhand Manier, und die ganze Nacht lief er herum und schlief nicht in seiner Kammer. Da dräuten ihm die Herren Paters, daß, wenn er nicht nachts in seiner Kammer bliebe, wollten sie ihn unerhört streichen[1]). Der Bub geht zu einem Maler und bitt ihn, er solle ihm doch zwei Heilige auf die zwei Hinterbacken malen, auf die rechte St. Ignaz von Loyola und auf den linken Hinterbacken St. Franz Xaver; welches der Maler tut. Damit zieht er sein hübsch die Hosen wieder an und geht wieder ins Kollegium und fängt hundert Händel an. Da kriegen ihn die Paters und sagen: „Aber diesmal kriegst du die Rute!" Da fängt der Junge an, sich zu wehren und zu bitten, aber sie sagen, es helfe kein Bitten. Da wirft sich der Schüler auf die Knie und sagt: „O heiliger Ignaz, o heiliger Xaver, habt Erbarmen mit mir und tut ein Wunder zu meinen Gunsten, um meine Unschuld zu beweisen." Indem ziehen ihm die Paters die Hosen ab, und wie sie ihm das Hemd aufheben, um ihn zu streichen, sagt der Bub: „Ich bete mit solcher Inbrunst, daß ich sicher bin, daß mein Flehen Erhörung findet." Wie die Paters die zwei gemalten Heiligen zu sehn bekommen, rufen sie: „O Wunder! der, den wir für einen Schelm hielten, ist ein Heiliger!" damit fallen sie auf die Knie und küssen den Hintern, rufen alle Schüler zusammen und lassen sie in Zeremonie kommen, um den heiligen Hintern zu küssen, welches sie alle getan.

---

1) mit Ruten schlagen.

An Frau von Harling
Fontainebleau, den 29. September 1681.

Nun werde ich auch wohl wieder lange sein ohne schreiben zu können, denn der König bricht morgen hier auf, um in aller Eil nach der Belagerung von Straßburg¹) zu reisen; die Königin aber, Madame la Dauphine und ich werde ihnen in kleinen Tagreisen folgen bis nach Nancy, allwo wir verbleiben werden. Adieu denn, mein herzlieb Frau Harling; ich gehe packen. In welchem End der Welt ich aber auch sein mag, so denkt doch, daß Ihr eine affektionierte Freundin dorten habt.

An den Raugrafen Karl Ludwig
St. Germain, den 1. Januar 1682.

Herzallerlieb Carllutz, Tante hat mir geschrieben, daß Ihr verwundert seid, daß Ihr in so langer Zeit keinen Brief von mir empfangen habt. Dieses ist aber aus zwei Ursachen nicht geschehen, dessen die erste ist, daß ich wohl weiß, daß es Euch als gar beschwerlich ist, mit Eurer Hand zu schreiben, drum habe ich Euch diese Mühe ersparen wollen; die zweite aber ist, daß ich als gewartet, bis Ihr mir auf den Brief antwortet, so ich Euch etlich Tag vorher geschrieben, ehe ich Euch Jasmin wieder geschickt, und welcher vom 26. Juni 1681 datiert war und wovon Ihr gar nichts gedacht, in dem, wo Ihr mir auf den antwortet, wo ich Euch durch Jasmin geschrieben. Drum fängt mir an angst zu werden, daß Ihr ihn nicht möget empfangen haben; denn es waren

---
¹) Am 30. September 1681 ließ Ludwig XIV. die freie Reichsstadt Straßburg durch Louvois überrumpeln und besetzen, wobei einige bestochene Stadträte Dienste leisteten. Er drohte den Bürgern mit Krieg und Verwüstung, falls sie sich widersetzlich zeigen würden und versprach ihnen Belassung ihrer Rechte und Religionsfreiheit, wenn sie sich gutwillig fügten. Die Stadt, die von dem schwachen Kaiser Leopold keinen Beistand erwarten konnte, hatte keine Wahl; kniend mußte die einst so stolze Bürgerschaft dem Landräuber den Untertaneneid schwören. Das Münster wurde dem katholischen Kultus eingeräumt und bald begannen auch im Elsaß die Protestantenverfolgungen.

hundert Narreteien drinnen, so eben nicht gut wäre, daß
es von anderen gelesen würde, als vom Vetter Fana¹) und
dergleichen Possen, da war der Brief ganz voll von, kann
mir nicht einbilden, wo er muß hinkommen sein; denn auf
die Hannoverpost hab ich noch nie keinen Brief verloren,
wäre unglücklich, daß dieser, so so doll geschrieben, der erste sei.
Schreibt mir doch mit ehestem, was Ihr davon wißt, ob er
in der Tat verloren, oder ob Ihr vergessen habt, mir drauf
zu antworten. Gott gebe, daß es das letzte seie... Seit=
dem ich wieder hier nach St. Germain nach unserer Reise
kommen, hab ich Euer liebes Schreiben vom 11. November
empfangen. Ich glaube wie Ihr, daß Eure Sache²) mit
meinem Bruder endlich einmal gut werden wird. Ihro Gna=
den die Kurfürstin, meine Frau Mutter, ist gar nicht ver=
bittert gegen Euch; im Gegenteil, sie hat mir gesagt, daß
sie Euere Geschwister alle lieb hat. Karoline hat mir auch
geschrieben, wie ich zu Straßburg war, und scheint all
kontent von Ihro Gnaden zu sein. Ich habe mein Bestes ge=
tan, um Euch bei meiner Frau Mutter zu rekommandieren,
ihr auch gesagt, daß sie mir den größten Gefallen von der
Welt erweisen würde, sich Eurer anzunehmen, und daß ich
Euer gut Gemüt wohl kennte, daß, wann sie Euch obligieren
würde, würdet Ihr gar erkenntlich sein, und daß ich Euch von
Herzen lieb hätte, daß es mir leid wäre, daß mein Bruder
nicht auch die Sentimenten vor Euch hätte, so ich habe, und
daß ich persuadiert seie, daß es nicht Euere Schuld sei, sondern
daß böse Leute Euch bei meinem Bruder müßten böse Dienste
geleistet haben, und daß ich Euch perfekt wohl kennte, also
wohl versichern könnte, daß Ihr nicht kapabel wäret, mit
Fleiß was zu tun, so meinem Bruder so sehr mißfallen
könnte, und daß, weil Ihro Gnaden wohl müßten, wie sehr ich
meinen Bruder liebte, also daß, wenn Jemand was gegen ihn
getan, wollte ich selbiges nicht approbieren; drum auch, weil
sie sehe, daß ich mich Eurer so angelegen sein ließe, könnte sie

---
1) Erinnerung an dumme Streiche aus der Zeit seines Pariser Aufenthalts.
2) Erbschaftsangelegenheiten.

nur wohl festiglich glauben, daß Ihr nicht allein nichts gegen meinen Bruder getan, sondern auch noch ganz willens seid, alles Vergangene zu vergessen, wofern er Euch nur Gerechtigkeit täte. Dieses und dergleichen noch viel mehr hab ich der Kurfürstin vorgehalten, welche alles gar genau angehört, und deucht mich, daß ich sie persuadiert habe.

Ich hätte wohl von Herzen wünschen mögen, daß es sich hätte schicken können, daß ich Euch zu Straßburg hätte embrassieren können. Ich glaube, wir würden miteinander geheulet haben; denn wie ich bei dem Ochsen bin vorbeigefahren, ist es mir eingefallen, wie ich Ihro Gnaden den Kurfürsten das letztemal da gesehen. Da ist mir das Flennen so greulich ankommen, daß ichs nicht hab verhalten können, und der gute Coppenstein¹) und ich, wir haben mehr als eine Stund miteinander geweint. Ich habe ihn ganz lieb drum. Der arme Mensch war so froh, wie er mich sahe, daß er ganz bleich wie ein Toter war. Er hat Euch von Herzen lieb; das ist auch noch eine Ursach, warum ich viel auf ihn halte.

Ich vor mein Teil weiß nicht, wie ich dieses angetretene Jahr enden werde, allein das vergangene war wohl eines von den verfluchtesten Jahren für mich, so ich in meinem Leben durchbrachte, auch hat es mich so melancholisch gemacht, daß mich schier niemand mehr kennt. Wendt²) meinte vor ein Woch drei, da ich mich etwas übel befand, daß ich sterben würde, weil, wie er sagt, ich mich so veränderte; drum flennte er den ganzen Abend. Ich kann Euch nicht sagen, was mir anliegt, allein Ihr kennt das Land und den Hof hier genung, um zu wissen, daß einem allerhand Ungerechtigkeiten widerfahren können; also auch kann einem Materie genung begegnen, melancholisch zu werden, so lustig man auch von Natur sein mag. Aber seit ich verspüre, daß mir dieses so sehr an der Gesundheit zusetzt, schlage ich mir alles so viel aus dem Sinn, als mir nur möglich ist.

---
1) Kurpfälzischer Oberstallmeister.   2) von Wendt war Hofjunker, später Haushofmeister der Herzogin.

Ja, wenn Ihr hier gewesen wäret, Ihr wäret meinethalben doll und rasend worden. Aber was hilfts? Man muß Geduld haben. Hiemit auch einmal genung von diesem allem! Adieu, herzlieb Carllutz!

An die Herzogin Sophie
Paris, den 23. Januar 1682.

Euer Liebden erweisen an dem guten Coppenstein auch sowohl als an Carllutz Dero so angeborene Generosität; aber ich bin versichert, daß keiner solches Euer Liebden jemalen wird gereuen machen, denn Carllutz Gemüt ist Euer Liebden nun bekannt und Coppenstein ist auch gar treu und aufrichtig, hoffe also, daß Euer Liebden von seinen Diensten werden kontent sein[1]). Carllutz wird sich wohl recht lustig bei dem heiligen Christ gemacht haben, denn in seinem Alter wird er nicht so bang davor sein als ich war, wie er zu Hannover zu mir kam. Es freut mich, zu sehen, daß Euer Liebden noch so fleißig an mich gedenken, daß sie auch sich noch alles erinnern, so ich in meiner Kindheit getan. Wenn Euer Liebden meine Tochter[2]) jetzt sehen sollten, sollte sie Euer Liebden noch wohl mehr daran gedenken machen, denn es ist ebenso eine dolle Hummel wie ich war, in allen Stücken, bis auch in den Rock zu lacken und nichts nach der Ruten zu fragen, mit einem Wort: es ist eine rechte Liselotte.

Madame la Dauphine[3]) ist schwanger, aber ich gar nicht und ebensowenig als ich es war, wie Euer Liebden hier waren; mehr sag ich nicht, denn, wie Euer Liebden wohl recht erinnern, es ist der Post gar nicht zu trauen.

Euer Liebden haben groß recht, zu glauben, daß es mir an gutem Willen nicht ermangelt, Euer Liebden Befehl auszurichten und dem Cantenac[4]) zu helfen. Allein wie Euer Liebden auch mit einem sagen: der große Mann[5]) tut nicht alles, worum ich ihn bitte, und insonderheit in Benefiz zu geben,

---

[1]) Coppenstein wurde Oberhofmeister der Herzogin Sophie. [2]) Elisabeth Charlotte, damals fünf Jahre alt. [3]) Die bayrische Dauphine, Marie Anna. [4]) Cantenac war der frühere Sekretär des Kurfürsten Karl Ludwig von der Pfalz. [5]) König Ludwig XIV.

denn da seind ihrer so viel, die danach schnappen. Mit dem Bischof von Straßburg¹) aber will ich es versuchen und ihm Cantenacs wegen schreiben, ob er vielleicht ihn zu was mehreres gebrauchen möge, als pai pai und mai mai zu singen, wie Euer Liebden sagen, und worüber ich wohl von ganzem Herzen gelacht habe.

Als Monsieurs erste Gemahlin, Henriette von England, starb, sprach sich die öffentliche Meinung einstimmig dahin aus, sie sei durch seinen Günstling, den Chevalier de Lorraine, vergiftet worden. Dieser war auf ihre Bitten verbannt worden, weil er ihr lästig gefallen war durch die unbeschränkte Herrschaft, die er über ihren Gemahl ausübte. Auch der König verabscheute den Mann wegen seiner widernatürlichen Laster. Trotzdem ließ er ihn später an den Hof zurückkehren. Denn im Sinne der damaligen aus italienischem Geiste stammenden Staatskunst hatte jener Wüstling eine hochwichtige Aufgabe zu erfüllen: die nämlich, den Bruder des Königs derart in den Sumpf des Lasters niederzuziehen, daß es ihm unmöglich wurde, jemals beim Volke Anhang zu finden und dem König gefährlich zu werden. Herzog Philipp liebte zwar seinen Bruder mit einer Ergebenheit, die derartige Befürchtungen ausschloß; er hatte aber mehrmals im Kriege die Unvorsichtigkeit begangen, sich zu Heldentaten hinreißen zu lassen, von denen jedermann bewundernd sprach. Das bewies, daß seine Erziehung ihn doch nicht ganz verdorben hatte. Und darum war er gefährlich und wurde verdammt, unter der Tyrannei eines gewissenlosen Schurken vollends zu entarten.

Das war es, wodurch der König das Leben seiner Schwägerin vergiftete. Liselotte in ihrer deutschen Aufrichtigkeit war außerstande, derartige Schliche zu ahnen; sie hielt den König überhaupt keiner absichtlichen

---

1) Egon Fürst von Fürstenberg. Derselbe, der bei der Einnahme Straßburgs den Reichsfeind Ludwig XIV. mit den Worten begrüßt hatte: „Herr, nun lässet du deinen Diener in Frieden fahren, denn meine Augen haben deinen Heiland gesehen."

Schlechtigkeit fähig, nahm bis an ihr Ende stets seine Partei und erklärte wiederholt, daß alles Üble, was er je getan, nur auf Anstiften böser Ratgeber geschehen sei.

In jenen ersten Jahren aber, wo er sie mit Gunstbeweisen überschüttete, sich wie ein Vater um ihr Ergehen sorgte und sich an ihrer kindlichen Verehrung freute, wäre ihr der Gedanke unfaßbar gewesen, in ihm den Urheber ihrer Leiden zu sehen. Um so mehr richtete sich ihr Zorn gegen den schwachen Gemahl. Die ungestüme Liselotte tobte gegen die Verleumdungen, die jene Kreaturen gegen sie vorbrachten, und gegen die Falschheit ihres Mannes, der ihnen zu glauben vorgab. Sie wandte sich schließlich an den König mit der Bitte, sie ins Kloster gehen zu lassen. Er aber redete der Verzweifelten freundlich zu, versöhnte sie mit ihrem Gemahl und demütigte ihre Feinde. Aber die letzteren zu verbannen, fiel ihm nicht ein. Sie begannen ihre Ränke bald wieder, nur mit mehr Vorsicht. Durch Jahrzehnte hindurch haben sie der Herzogin das Leben vergällt, indem sie ihr den Gemahl zuwider machten. Erst im Alter fanden sich ihre Herzen wieder, um bald darauf für immer zu scheiden.

An die Herzogin Sophie
St. Germain, den 19. Februar 1682.

Ich weiß wohl, daß man sich nur Schaden mit Traurigsein tut und seinen Feinden einen großen Gefallen, allein es sein doch etliche Okkasionen, wo man unmöglich lassen kann, sich etwas zu Herzen zu ziehen. Und so sehr ich mich auch suche durch Raison dagegen zu armieren, so befind ich mich doch gar oft überrumpelt, denn ich habe nicht so viel Verstand als Euer Liebden, um gleich meine Partei zu nehmen und mich nach der Welt zu akkomodieren. Ich gehe meinen geraden Weg in Gottes Namen fort und meine, wenn ich niemand nichts suche zuleide zu tun, so soll man mich auch mit Frieden lassen. Und wenn ich denn sehe, daß ich auf allen Seiten angefochten werde, dann verdrießt es mich, und wie ich denn schon ohnedas wenig Geduld habe, so verliere ich dann mit diesen Hudeleien noch die wenig Geduld, so mir übrig bleibt. Und wie ich denn alles in meinem eigenen Kopf hervor suchen muß, um mich aus dem Labyrinth zu reißen, und gar nirgends weder Rat noch Hülf habe, indem alles so interessiert und falsch hier ist, daß man sich auf niemand recht vertrauen kann. Das macht mich dann grittlich und wenn ich grittlich bin, geschwillt meine Milz, und wenn sie dann geschwollen ist, schickt es mir Dämpf in den Kopf, so mich traurig machen, und wenn ich traurig bin, werde ich krank. Das seind etlich Ursachen von meiner gehabten Krankheit, allein den Ursprung davon zu sagen, das ist der Feder nicht zu trauen, denn ich weiß gar gewiß, daß man die Briefe liest und aufmacht. Mir tun sie auf der Post die Ehr, die Briefe gar subtil wieder zuzumachen, aber der guten Madame la Dauphine schickt man sie oft in einem wunderlichen Stand und oben zerrissen, und weil ich das sehe, denke ich als wie in der Heiligen Schrift steht: „Geschicht das am grünen Holz, was wird am dürren werden." Ich versichere Euer Liebden, daß ich mich gar nicht zu Hannover ennunieren sollte, wenn ich so glücklich sein könnte, dorten bei Euer Liebden und Onkel zu sein, und so sehr ich auch die Klöster hasse, so wissen doch Euer Liebden wohl, daß ich mich nicht zu Maubuisson ennunierte, so lange als Euer Liebden da waren. Auch will ichs Euer Liebden wohl recht gestehen: alles ist nicht Gold, was glänzt und was man auch von der französischen Libertät prahlen mag, so seind alle Vergnügungen so gezwungen, daß es nicht auszusprechen ist. Und über das, so bin ich, seit ich hier im Lande bin, so viel schlimme Sachen gewohnt, daß, wann ich einmal wieder an einem Ort sein könnte, wo die Falschheit nicht so sehr regiert und die Lügen nicht im Schwange sein, so würde ich glauben, ein Paradeis gefunden zu haben. Daher lasse ich Euer Liebden selber gedenken, ob ich mich (wenns möglich sein könnte, die Wahl zu haben) besser hier oder zu Hannover befinden würde. Ich habe von andern gehört, daß Euer Liebden das Schloß ganz verändern lassen; ist mir nur leid, daß meine Kammer verändert ist, denn ich flattierte mich, daß

diese, wenn es so wie zu meiner Zeit geblieben wäre, Euer
Liebden würde als an Dero Liselotte erinnert haben, und daß
Euer Liebden nicht durch meine Kammer würden gangen sein,
ohne an mich zu gedenken.

Es scheint wohl, daß mein Kredit schlecht bei meinem
Bruder jetzt ist, weil er Corllutz das Seinige nicht gibt, worum
ich ihn doch so hoch gebeten; daß er aber bös auf mich ist,
daß ich katholisch worden, deswegen bin ich nicht in Sor=
gen, denn ich bin versichert, daß, wenn ich ihn nur ein=
mal wieder sehen sollte, würden wir doch gute Freunde
sein, denn ich bin persuadiert, daß er mich doch wider seinen
Willen lieb hat. —

Versailles, den 10. Juli 1682.

ollte Gott, daß ich bei diesem Ball hätte sein
können, so sie zu Herrnhausen gehabt haben;
ich wollte wohl von Herzen all Monsieur seine
Edelsteine und Schmuckstücke drum geben. Aber
ehe Euer Liebden meiner wieder quitt würden,
müßten sie mich mit Prügeln aus dem Hause jagen. Wollte
Gott, es wäre mir erlaubt, jetzt gleich nach Hannover aufzubre=
chen, so wollte ich mich nicht säumen und nicht bis morgen
warten.

Versailles, den 21. Juli 1682.

rost habe ich hoch vonnöten, denn ich bin wie=
der so launisch wie ein alter Hund, und ich
glaube, daß seit einem Jahr hier der Teufel
sich in menschliche Gestalt verwandelt hat, um
mich aus der Haut fahren zu machen und
zu erlernen alles, was die teuflische und menschliche Falsch=
heit vermag. Und hierin bin ich nun so perfekt gelehrt,
daß meine Lehrmeisters mich nun wohl einmal in Ruhe sollten
lassen, denn ich weiß nun nur gar zu wohl und experimentiere
solches nur täglich gar zu viel, was Lügen sein, woran nicht
ein einziges Wort wahr an ist, was viel versprechen und nichts

halten ist, was gute Mienen sein, wenn man einem die größte Beleidigung von der Welt präpariert, und einem heimlich die Ehre abschneidet, ja was es ist, sich anzustellen, als wenn man was Böses von einem glaube, da man doch im Grund alles viel besser weiß, sich verwundern, warum man traurig ist, solches alle Menschen fragen, da man doch in seinem Gewissen weiß, daß man täglich und stündlich Ursach dazu gibt..... Mein böser Humor würde mir wohl bald vergehen, wenn man mir erlauben wollte, Euer Liebden eine Zeitlang aufzuwarten, aber diese Freude darf ich mir nicht machen, muß also diesen Text auch verlassen, sonsten werden mir die Grillen noch ärger im Kopf steigen als sie schon sein. Wovon soll ich Euer Liebden denn weiter unterhalten? In einer Stund werden wir in ein Opera gehen, so man in der Reitschule spielen soll. In etlichen Tagen wird Madame la Dauphine wohl eine andere Musik machen, denn sie ist nun bei die fünf Wochen in ihrem neunten Monat und erwartet alle Stund der Niederkunft[1]). Ich bin nicht in denen Sorgen, denn es ist nun vier Jahr und mehr, daß man mich ganz züchtig läßt leben; dieses sage ich jetzt Euer Liebden, weil ich glaube, daß ich hier eine sichere Gelegenheit habe, denn auf der Post würde ich es nicht wagen, so doll Zeug hervorzubringen als in diesem Brief stehet. Alleweil schlägt es 7, und weil ich Carllutz ein paar Wort schreiben will, als werden mir Euer Liebden erlauben, zu schließen.

<small>Die im vorstehenden Briefe geäußerten Klagen beziehen sich auf ihren Gemahl, der sich von Chevalier de Lorraine gegen sie aufhetzen ließ.</small>

An den Raugrafen Karl Ludwig
Versailles, den 23. August 1682.

Meine Feinde haben Monsieur persuadiert, daß er die arme Theobon[2]) von mir gejagt. Ich glaube, sie werden mir endlich noch das Leben ausquälen.

Die armen Leute haben kein ander Verbrechen,

---

[1]) Die Dauphine gebar am 6. August ihren ersten Sohn Louis, Herzog von Burgund. [2]) Hoffräulein Liselottens.

als daß sie mich lieb hatten. Wenn Ihr mich sehen solltet, so würde ich Euch jammern, denn ich bin in meiner Seelen betrübt. Ich bin doch zu nichts nutze, als denen Unglück zu Wege zu bringen, so mich lieb haben. Drum wenn Gott mich zu sich nehmen wollte, wäre es wohl am besten, denn ich bin des Lebens greulich müde und satt.

An die Herzogin Sophie
Versailles, den 12. September 1682.

Ich wollte tausendmal lieber in einem Ort wohnen, wo böse Geister und Gespenster regierten, denn denen ließe unser Herrgott keine Macht über mir. Diese verfluchten Ritters-Geister[1]) aber, so nur gar zu viel Fleisch und Bein haben, denen läßt der König und Monsieur alle Bosheit zu, so nur zu erdenken sein. Und obschon der Ritter dem großen Mann seinen Sohn verführt, abscheulich von seiner Tochter gesprochen und mich täglich verfolgt, so geschieht ihm doch nichts und ist schier besser dran als andere, so nur ihren Weg fortgehen. Ach wollte Gott, daß Euer Liebden Wunsch wahr würde und daß ihn Lucifer bald in sein Reich nehmen möchte; aber weilen er sich allein fürchten möchte, so wünsche ich ihm zu dieser Reise noch einen Gesellen, nämlich den Marquis d'Effiat[2]), welcher wohl den Weg wissen kann, denn aus seinen erschrecklichen Lastern und sonsten noch Bosheit kann ich nichts anderes urteilen, als daß er schon des Lucifers Untertan muß gewesen sein, auch ehe er menschliche Gestalt an sich genommen hat und sich hierher begeben, um mich aus der Haut fahren zu machen. Ich habe Madlle de Theobon sehr lieb und hätte mich wohl herzlich geschmerzet, daß man sie von mir tut, indem ich sie sehr treu befunden und sie stets gar große Anhänglichkeit vor mich gehabt hat; allein so hätte ich mich doch eben so erschrecklich nicht betrübet, sondern die Sach eben aufgenom-

---

1) Anspielung auf den Chevalier (»Ritter) de Lorraine. 2) Ein Günstling ihres Mannes.

men als wie man mir die Marschallin von Clerembeau¹) und Beauvais²) weggetan hat, welche auch kein ander Verbrechen hatten als daß sie mir treu waren und gerne bei mir, eben wie Theobon. Damit aber dies letzt Stückel, so meine Feinde mir angetan, desto mehr Kraft hätte, so haben sie es mit nachfolgenden Umständen bestickt: nämlich sie haben drei Monat vorher das Geschrei ausgebreitet, daß ich eine Galanterie hätte, und daß Theobon meine Briefe trüge, und hernach machen sie, daß sie Monsieur wegjagt auf einen Stutz, mit Befehl, daß sie ihr Leben keinen Verkehr mehr mit mir haben solle, und der Chevalier de Beuvron³) wird nur weggejagt aus Furcht, daß ich ihn sprechen möchte, um Kommissionen an Theobon zu geben. Ich lasse Euer Liebden jetzt gedenken, was alle Welt davon judizieren kann, und ob es mir nicht schmerzlich ist, mich ganz unschuldig zu wissen und doch eine solche Schande zu erleben, ohne daß man mich einmal anhört, ob ich mich rechtfertigen kann oder nicht, wie sehr ich auch drum mit Tränen gebeten.

Was Madame la Dauphine anbelangt, so bin ich über die Maßen kontent von Ihro Liebden, denn sie ist recht gut und erweist mir alle Freundschaft, wo es ihr nur immer möglich ist. Die gute Prinzeß hat so treuherzig mit mir geweint, daß ich sie auch drum ganz lieb habe. Ich erstick schier, denn ich kann mit niemand recht offenherzig reden und jetzunder muß ich mich auch noch einhalten, denn ich darf der Post nicht alles vertrauen, was ich Euer Liebden zu sagen habe. Aber mit meinem treuen Wendt⁴) werde ich kein Blatt vors Maul nehmen, und weil ich ihn die sechs Jahr, so er bei mir ist, dermaßen befunden, daß ich ihm diesen Titel wohl mit Recht geben kann, so hab ich ihm auch befohlen, Euer Liebden alles zu sagen, was er hier gehört und gesehen hat. Wollte Gott, es wäre mir erlaubt, alles zu verlassen und daß ich Euer Liebden mein Leben aufwarten müßte, würde gerne alle hiesige Hoheit lassen; sie kommt

---

1) Hofdame Liselottens. 2) Hofkavalier Liselottens. 3) Gardehauptmann des Herzogs. 4) ihr Hofjunker. Er stand damals im Begriff, nach Hannover zu reisen; vgl. den folgenden Brief!

einem gar zu teuer an. Euer Liebden denken, wie ich muß
verändert sein und wie sehr mir alle der Schimpf müsse zu
Herzen gehen. Ich bin resolviert gewesen, mein Leben zu
Maubuisson¹) zu schließen und hab den König drei Tag kon=
tinuierlich drum geplagt, auch so, daß er mir endlich gesagt
hat, daß er sich absolut dagegen setzen würde und daß ich
mir solches aus dem Kopf schlagen solle, denn er die Tag
seines Lebens nicht drein willigen würde, es möge mir auch
begegnen, was da wolle.

An Frau von Harling
St. Cloud, den 15. September 1682.

eberbringer dieses wird Euch wohl nicht un=
bekannt sein, jedoch so muß ich ihm doch noch
das Zeugnis geben, daß er einer von den ehr=
lichsten, treuesten und wackersten Menschen von
der Welt ist, hoffe also, daß es Onkel nicht
gereuen wird, ihm die Gnad getan zu haben, vor einen
Hofjunker anzunehmen. Wäre ich nicht so unglücklich, daß
Monsieur meinen Feinden mehr glaubt als mir und dero=
wegen niemand bei mir leidt von denen, so mir treu sein,
sonsten hätte ich Wendt wohl nie von mir gelassen. Denn
ich muß ihm das mit Wahrheit nachsagen, daß, so groß
Profit als auch hier zu gewinnen ist, mir untreu zu sein
und mich bei meinen Feinden zu verraten, wie viele ge=
tan haben, so habe ich nicht allein nicht die geringste Untreue
an ihm verspüret, sondern er hat auch alles hasardiert und
sich nicht verhehlet, daß er ganz mir ergeben seie. Und weilen
ihr, mein herzlieb Frau von Harling, mich lieb habt, so zweifle
ich auch nicht, daß Euch Wendt hierinnen gefallen wird; bitte
Euch derowegen, mir den Gefallen zu erweisen, ihm bei dem
Hof, wo er so ganz neu wird sein, mit Eurem guten Rat
beizustehen.

Weilen ich dieses durch eine sichere Gelegenheit schicke
und derowegen auch viel offenherziger rede als durch die

---
¹) Kloster, wo Liselottens Tante Abtissin war.

Post, so bitte ich Euch, sagt doch Monsieur Harling von meinetwegen, daß er meinen kleinen Harling als fleißig warne, nicht in die hiesigen Laster zu fallen. Ich habe zwar noch nichts an ihm gottlob verspüret, so mich könnte fürchten machen, jedoch kann man nicht genung davor warnen. So viel als ich ihm davon sagen mag, möchte er vielleicht gedenken, daß mein eigen Interesse mich reden macht; wenn er aber eben dasselbige von seinem Onkel vernehmen wird, so wird er in sich selbsten denken können, daß, was ich ihm sage, vor sein Bestes ist. Und dieses wünsch ich aus zwei Ursachen: erstlich damit Harling desto perfekter werden möge und Ihr Euch nicht gereuen möget, mir das Kind vertrauet zu haben, zum andern aber auch um mein eigen selbst willen.

Am 19. September 1682 schrieb Liselotte ihrer Tante den am 12. d. M. angekündigten ausführlichen Bericht, den sie durch Wendt übersandte.

Sie erzählte darin, wie man sich Mühe gegeben, sie mit einem der Gardeoffiziere ins Gerede zu bringen: dieser sollte, um ihr zu gefallen, die Grancay, Mätresse des Chevalier de Lorraine, beleidigt haben. Die Herzogin lachte über diese Albernheiten, erfuhr aber endlich vom König selbst, daß man diese Anschläge gemacht hatte, um sie bei ihrem Gemahl zu verleumden. Da flehte sie den König an, sie ins Kloster Maubuisson gehen zu lassen. Der König erwiderte ihr: „Da ich sehe, Madame, daß es wirklich Ihre Absicht ist nach Maubuisson zu gehen, will ich offen zu Ihnen reden: schlagen Sie sich das aus dem Sinn, denn solange ich lebe, werde ich nicht darein willigen und mich dem mit aller Macht widersetzen. Sie sind Madame [Liselottens offizieller Titel als Gemahlin des Herzogs von Orleans, der „Monsieur" hieß], und Sie sind verpflichtet, auf diesem Posten zu bleiben. Sie sind meine Schwägerin, und die Freundschaft, die ich für Sie habe, erlaubt mir nicht, Sie jemals von mir zu lassen. Sie sind die Frau meines Bruders, also werde ich nicht leiden, daß Sie ihm einen solchen Skandal machen." Darauf antwortete Liselotte: „Sie sind mein König und folglich mein Herr und Meister; ich kann nichts anderes tun als worein Sie einwilligen.

Also habe ich nichts zu erwidern. Sie wollen, daß ich zeitlebens unglücklich sein und leiden soll, also habe ich mich gehorsam darein zu ergeben." Der König sagte: „Ich will nicht, daß Sie unglücklich sein sollen." Liselotte entgegnete, dann dürften ihre Feinde nicht bei ihrem Gemahl bleiben. Denn sonst könne sie sich nicht darauf verlassen, daß sich solche Vorfälle nicht wiederholten. Der König aber verbürgte sich dafür, daß dieses nicht geschehen würde und bestand darauf, daß sie sich noch an demselben Abend mit ihrem Gemahl versöhnte. Nachdem dieser alsdann erklärt hatte, daß er an die Unschuld seiner Gemahlin glaube, umarmten sich alle drei. Damit war äußerlich der Friede hergestellt. Am nächsten Tage kamen ihre Widersacher, darunter der Chevalier de Lorraine und d'Effiat und die Grancay, baten um Verzeihung und gelobten Besserung. Liselotte ging nicht sogleich darauf ein, sondern wandte sich durch die Maintenon an den König, damit er, als ihr Bürge, ihren Feinden Bescheid sagen solle. Der König befahl ihnen ernstlich, sich zu bessern, dachte aber nicht daran, sie aus seines Bruders Umgebung zu verbannen.

So konnte der Friede nicht von Dauer sein. Schon nach wenigen Wochen beklagte sich Liselotte, daß man ihre Dienstboten über sie ausfrage. Am meisten verdroß es sie, daß die über sie verbreiteten Gerüchte bis nach Hannover gedrungen waren und ihre Tante ihr daraufhin gründlich Bescheid gesagt und sie an das Beispiel ihrer Mutter erinnert hatte. Die Ungnade ihrer Tante war ihr das Schwerste, was sie treffen konnte. Sie versicherte daraufhin ausdrücklich, es sei nicht wahr, daß sie und ihr Gemahl wie Hund und Katze lebten; sie hätte stets die Form gewahrt trotz der wachsenden gegenseitigen Abneigung.

Ob die Gerüchte über ihre Heftigkeit völlig aus der Luft gegriffen waren, ist unmöglich zu sagen. Denn Liselotte war nicht von sanftem Naturell. Sicher aber ist, daß ihre Feinde jede Kleinigkeit aufbauschten, um sie in den Augen der Welt herabzusetzen und ihr den Gemahl zu entfremden.

An die Kurfürstin Wilhelmine Ernestine
von der Pfalz, ihre Schwägerin.
Versailles, den 6. Dezember 1682.

erzallerliebste Schwester. Ich hatte mir vor=
genommen, Euer Liebden einen großen mäch=
tigen Brief durch den Grafen von Schom=
berg zu schreiben, aber wie das Sprichwort
laut: Der Mensch denkt und Gott lenkt, so
ist es mir jetzt auch ergangen. Denn vorgestern kam er her
und sagte, daß er bis Dienstag abends weg würde, müßte
also meine Briefe Montags haben. Selbigen Tag konnte ich
nicht schreiben, weillen bis sechs immer Leute zu mir kamen,
und um sechs mußt ich nauf zu Königin; denn es war Jour
d'Apartement. Euer Liebden wissen nicht, was das bedeut,
will es aber bald sagen, so bald ich werde ausgeredt haben.
Gestern schrieb ich an meinen Bruder und Karolina und
wie ich anfangen wollte, an Euer Liebden auch zu schreiben,
kamen meine Kammerweiber, um mich zu putzen; denn um
sieben war ein verfluchter Ball, bei welchem ich wider
meinen Willen und Dank sein mußte; denn ich hasse jetzt
von allen Divertissementen nichts mehrers als das Tanzen.
Heute habe ich eine Audienz gehabt von einem Gesandten
von Parma, darnach hab ich einen großen Brief müssen an
die Königin in Spanien schreiben, und um acht muß ich mit
Madame la Dauphine in eine neue Komödie. Bleibt mir also
nichts als diese Stunde überig; denn morgen gleich nach des
Königs Meß muß ich mit Ihro Majestät auf die Jagd, und
nach der Jagd wird es was spät sein zu schreiben; denn es ist
wieder Jour d'Apartement. Damit Euer Liebden aber be=
greifen mögen, was dieses ist, so müssen Euer Liebden wissen,
daß der König hier eine große Gallerie läßt bauen, so von
seinem Apartement bis in der Königin ihres geht. Weillen
aber solche Gallerie noch nicht ganz fertig ist, hat der König
das Teil, so ausgemacht und gemalet ist, unterschlagen lassen
und einen Salon davon gemacht. Alle Montag, Mittwoch
und Freitags seind Jour d'Apartement. Da versammeln sich

alle Mannsleute von Hof in Königs Antichambre und alle
Weiber um sechs in der Königin Kammer. Hernach geht man
alle miteinander in den Salon, wovon ich alleweil gesprochen;
von dar in ein groß Kabinett, allwo die Violons sein vor die,
so tanzen wollen. Von dar geht man in eine Kammer, wo
des Königs Thron ist. Da findt man allerhand Musik, Kon=
zerten und Stimmen. Von dar geht man in die Schlaf=
kammer, allwo drei Tafeln stehen, um Karten zu spielen,
vor den König, die Königin und Monsieur. Von dar geht
man in eine Kammer, so man wohl einen Saal nennen
kann, worinnen mehr als zwanzig Tisch stehen mit grünen
sammeten Teppichen mit goldnen Franfen, um allerhand Spiel
zu spielen. Von dar geht man in eine große Antichambre,
allwo des Königs Billard steht; von dar in eine andre
Kammer, allwo vier lange Tisch, worauf die Kollation ist,
allerhandt Sachen, Obstkuchen, Konfituren. Das sieht eben aus
wie die Christkindertafeln am Christkinderabende. Von dar
geht man noch in eine andere Kammer, wo auch vier andere
Tafeln stehen solang als die von der Kollation, worauf viel
Karaffen mit Gläser stehen und allerhand Weine und Liköre
von allerhand Gattung; also die essen oder trinken wollen,
halten sich in diese zwei letzte Kammern. Sobald als man
von der Kollation kommt, welche man stehends ißt, geht man
wieder in die Kammer, wo so viel Tafeln stehen, und da teilt
sich jedes zu seinem Spiel aus, und wie mancherlei Spiel
da gespielt werden, ist nicht zu begreifen: Landsknecht, Trick=
track, Pikett, Reversi, L'hombre, Schach, Trou Madame,
Berlan, summa summarum was man nur erdenken mag von
Spielen. Wenn der König oder die Königin in die Kammer
kommen, steht niemand von seinem Spiel auf. Die nicht
spielen als wie ich und noch viel andere mehr, die schlendern
herum, von einer Kammer zu der andern, bald zu der Musik,
bald zu den Spielen; denn es ist erlaubt hinzugehen wo
man will, dieses währet von sechs bis um zehn, daß man zum
Nachtessen geht, und das ist, was man Jour d'Apartement
heißt. Wenn ich Euer Liebden aber jetzt verzählen sollte, mit

was vor Pracht alle diese Kammern gemöbliert sein und welch eine Menge von Silbergeschirr drinnen ist, würde ich nimmer aufhören. Es ist gewiß, daß es meritiert gesehen zu werden. Dieses alles wäre wohl köstlich und kurzweilig, wenn man auch in diesem Apartement ein vergnügtes Gemüt mit sich brächte. Ob ich aber dessen Ursach hab oder nicht, wird Graf Mainart[1]) Euer Liebden verzählen können; denn er dessen eine schöne Probe gesehen in der Zeit, so er hier gewesen. Mit diesen verdrießlichen Historien aber will ich Euer Liebden nicht länger importunieren, denn ich bin persuadiert, daß Euer Liebden auch selber mehr von nöten haben, daß man sie von was unterhält, so zerstreuen kann, als an die Misere dieser Welt zu gemahnen, die Euer Liebden, wie ich aus Dero letztem werten Schreiben sehe, nur gar zu bekannt ist. Euer Liebden müssen aber deswegen keine so große Verachtung vor Dero Leben und Gesundheit haben. Ich kann Euer Liebden wohl mit Wahrheit versichern, daß unangesehen den häufigen Kummer, so ich täglich empfunden, ich nichts destoweniger an Dero Gesundheit und Vergnügen gedacht und viele Gelübde getan, daß solches so vollkommen sein möge, als ich es von ganzer Seele wünsche.

Im übrigen so bitte ich Euer Liebden, sie fordern Carlchen seinen Brief ab, so ich ihm mit dieser Gelegenheit schreibe; denn ich sage darinnen, was mich vom Ehestand deucht; glaube, daß Euer Liebden auch wohl meiner Meinung sein werden. Alleweil ruft man mir, um mit Madame la Dauphine in die Komödie zu gehen, muß derowegen vor diesmal schließen, befehle Euer Liebden in den Schutz des Allerhöchsten und wünsche Euer Liebden alles, was zu Dero vollkommenem Vergnügen gereichen möge als Euer Liebden treue, ganz ergebene Schwester und Dienerin Elisabeth Charlotte.

---

1) Graf Meinhart von Schomberg, der spätere Gemahl der Raugräfin Karoline.

An den Raugrafen Karl Ludwig
La Ferté sous Joar, den 18. Juli 1683.

erzallerlieb Carllutz, vor ein Tag vierzehn hab
ich zu Bockenheim Euren Brief vom 30. Mai
empfangen. Daß ich aber dorten nicht darauf
geantwortet, dessen Ursach könnt Ihr wohl
leicht erraten; denn Ihr ohne Zweifel wohl
werdet vernommen haben, daß ich Ihro Gnaden meine Frau
Mutter dorten gesehen, und weil sie in einem Dorf blieben
3 viertel Stund von Bockenheim, so bin ich alle Tag auf und
abgefahren, hab also Beschäftigung genung gehabt, um mich
am Schreiben zu verhindern... Apropos von unserm Hof hier,
eine gewisse Person[1]) hat mich gefragt, ob Ihr sie ganz ver=
gessen hättet. Ich habe geantwortet „nein", aber Euer
Unglück wolle, daß Ihr nicht von ihr sprechen dürft. Da sagte
sie, ich sollte ihr einen andern Namen geben als den sie ge=
wöhnlich führt. Ich sagte: „Das ist schon geschehen und Ihr
heißt Prinzeß Toutine". Da lacht sie von Herzen und sagte:
„Ich bitte Sie, Madame, wenn Sie dem armen Raugrafen
schreiben, sagen Sie ihm, daß Toutine ihn grüßen läßt, daß
sie ihn liebt, wenn auch nicht so wie man gesagt hat, aber aus
guter Freundschaft, und daß sie wünscht, daß er ihr auch die=
selbe Zuneigung bewahre, welche er ihr immer bewiesen hat".
Das hab ich versprochen und halte es hiermit. Wenn Ihr mir
antwortet, so setzt Euer Kompliment auf französisch, damit
ich es weisen kann! Denn Ihr seht wohl, daß dieses, so sie Euch
macht, eine Antwort meritiert. Das ist alles, was ich Euch vor
diesmal sagen werde. Adieu, herzlieb Carllutz! Behaltet
mich als lieb und seid versichert, daß ich bis in den Tod Eure
getreue und affektionierte Freundin verbleibe.
                                                Elisabeth Charlotte.
    Alle unsere Jungfern fragen gar oft, wie es Euch geht,
und sagen, sie möchten Euch gerne wieder sehen; ich glaube,
Toutine wäre auch wohl damit zufrieden.

---

[1]) vermutlich die zweite Stieftochter Liselottens.

An die Herzogin Sophie
St. Cloud, den 1. August 1683.

ch bin versichert, daß Euer Liebden verwundert werden sein, die abscheuliche Zeitung zu vernehmen von Jhro Majestät unserer Königin so schleunigem und geschwindem Tod. Ich gestehe, daß mir dieses recht zu Herzen gangen, denn die gute Königin hat mir in all meinem Kummer die größte Freundschaft von der Welt erwiesen. Drum können Euer Liebden wohl leicht erachten, wie schmerzlich es mir muß gewesen sein, sie vor meinen Augen so den Geist aufgeben zu sehen. Montag nachts bekam sie das Fieber und vergangenen Freitag um drei Uhr nachmittags ist sie verschieden[1]. Und das durch Ignoranz der Doktoren, welche sie ums Leben gebracht, als wenn sie ihr einen Degen ins Herz gestoßen hätten. Sie hatte ein Geschwür unter dem linken Arm, welches sie ihr durch viele Aderlässe wieder ins Leib getrieben haben. Und zuletzt haben sie ihr vergangenen Freitag Brechmittel geben, welches das Geschwür hat innerlich aufbersten machen. Ist also gar geschwind und sanft gestorben. Ich bin so touchiert von diesem Spektakel, daß ich mich nicht davon erholen kann. Der König ist erschrecklich betrübet, kann nicht hier dauern, wird also morgen nach Fontainebleau fahren und wir andern auch.

Fontainebleau, den 19. August 1683.

ir ist es wohl von Grund meiner Seelen leid gewesen, die Gnade nicht zu haben, Euer Liebden in Deutschland aufzuwarten, allein ich habe die Proposition von einem Rendezvous nicht tun dürfen, weil man hier alle Tage

---

1) Am 30. Juli war Maria Therese, die Gemahlin Ludwigs XIV., gestorben. Sie war eine beschränkte, gutmütige Frau, die sich in des Königs fortgesetzte Untreue ergeben hatte und ihm dankbar war für jede Gunst. Dafür ehrte er sie ihrem Stande gemäß und duldete keine Anmaßung der Montespan ihr gegenüber. Von ihren Kindern war nur ein Sohn am Leben geblieben, der Dauphin Louis.

sagte, daß Onkel den Krieg gegen den König[1]) hier wolle und deswegen Truppen aufm Fuß hätte, dachte also, daß in den Zeiten ein Rendezvous gar ungelegen käme. Ich will doch noch nicht an der Hoffnung verzweifeln, Euer Liebden noch einmal vor meinem End zu sehen, denn wenn ich mir das in Kopf brächte, würde ich weder ruhig leben noch sterben können. Man sagt hier, daß der Graf von Starhemberg[2]) sich brav in Wien wehrt; selbiger wird mehr Glorien und Ehr von diesem Krieg bekommen als der gute Kaiser, so so erbärmlich gefleht hat; es jammert mich doch seiner.

Fontainebleau, den 29. August 1683.

as Euer Liebden sagen, daß sie erhoffen, daß ich über diesen Dingen stehe und daß man seinen Feinden am meisten Verdruß antut, wenn man sie veracht, so wäre dieser Lektion wohl leicht zu folgen, wenn der Verdruß von Leuten herkäme, so weit entlegen wären. Weil es aber mehr von Monsieur als von jemand anders herkommt und ihn seine Freunde (welche just meine Feinde alle sein) dermaßen eingenommen, daß er mehr Haß für mich hat als die andern alle, als ist es unmöglich, daß ich nicht bisweilen verdrießlich sein muß. Wenn andere Feinde einen hassen und Leides tun, hat man den Trost, daß man es ihnen heute oder morgen wieder vergelten kann; gegen diesen aber darf man sich nicht rächen, und wenn mans schon könnte und dürfte, wollte ich doch solches nicht, indem ihm, nämlich meinem Herren, nichts so Verdrießliches widerfahren kann, worinnen ich nicht auch teilnehmen muß. Denn ist er verdrießlich, muß ich all seinen bösen Humor ertragen, ist er sonst unglücklich, kann ihm nichts begegnen, welches mich nicht auch trifft. Alles, was ihm Übels begegnet, muß ich teilen; was ihm aber Guts widerfähret,

---

1) Ludwig XIV 2) Graf Rüdiger von Starhemberg verteidigte Wien gegen ein türkisches Heer von 200000 Mann, bis ihm am 9. September der Polenkönig Johann Sobieski und das Reichsheer unter Karl von Lothringen zu Hilfe kam. Kaiser Leopold hatte seine wertvolle Person nach Linz gerettet und das übrige Österreich seinem Schicksal überlassen. Der König von Frankreich aber hatte, wie immer, den Feinden des Kaisers beigestanden.

hieran habe ich keinen Anteil. Denn bekommt er Geld, so ist es vor seine Freunde (meine Feinde); ist er in Gunst, so gebraucht er es nur, um mich zu quälen und ihnen dadurch zu gefallen. Wenn ich einige Beschäftigung hätte, so würde mich solches von meiner Unlust zerstreuen, allein meine Feinde haben hierin dermaßen vorgebaut, daß ich nichts in der Welt sagen darf, und wenn ich nur meine Leute frage, wie viel Uhr es ist, so fürchtet mein Herr, es sei ein Auftrag und will wissen, was es ist. Was das mir vor einen Respekt unter den Domestiken gibt, lasse ich Euer Lieb= den gedenken. Wenn ich zwei Wort mit meinen Kindern spreche, examiniert man sie eine halbe Stunde, was ich ihnen gesagt. Hätte ich ein Seelenmensch noch bei mir, welchem ich mein Herz eröffnen könnte und womit ich über diese Sachen weinen oder lachen könnte, würde ich mich noch zu= frieden geben, allein darum hat man mir die gute schwarze Jungfer¹) fortgeschickt.

Fontainebleau, den 29. September 1683.

In der letzten Jagd, so wir hier getan, wäre mir beinahe ein groß Unglück widerfahren, wenn ich mich nicht geschwind meiner alten Sprünge erinnert und vom Pferde gesprungen wäre. Eine Hirschkuh, welche von der Jagd verscheucht war, drehte mit solcher Ungestüme gerad auf mich los, daß, ob ich schon mein Pferd mit aller Macht aufgehalten, hab ich doch nicht so kurz einhalten können, daß die Hirsch= kuh nicht im Sprung dermaßen gegen meines Pferds Maul geschossen, daß sie ihm die Stangen, das Gebiß und den Zügel in Stücke gerannt. Mein Pferd war dermaßen erschrocken, daß es nicht mehr wußte was es tate, schnaufte als ein Bär und sprang auf eine Seit. Als ich aber sahe, daß mein Pferd kein Gebiß mehr im Maul hatte, drehte ich ihm den Zügel ins Maul, sprang herunter und hielt es so fest, bis meine Leute mich ereilet. Hätte ich solches nicht eilends getan, hätte

---

1) Ihre frühere Hofdame Theobon.

mir mein Pferd unfehlbarlich den Hals zerbrochen. Ich versichere Euer Liebden, daß sie an mir eine treue Dienerin verloren hätten. Diese Aventüre hat ein solch Geräß bei Hof gemacht, daß man zwei Tag von nichts anders gesprochen...

Meine Tochter[1]) ist eine rechte Rauschenblattenknecht, die kann nichts lernen, allein die Zung ist ihr wohl gelöst und spricht ins Gelach hinein. Ich bin versichert, daß wenn sie das Glück hätte, Euer Liebden und Onkel zu unterhalten, würde sie dieselben ein wenig lachen machen, denn sie hat all possierliche Einfäll. Ich darf mich nicht so sehr mit ihr familiarisieren, denn sie fürcht keinen Seelenmenschen auf der Welt als mich, und ohne mich kann man nicht mit ihr zurechtkommen. Sie fragt gar nicht nach Monsieur; wenn er sie ausfilzen will und da ich nicht dabei bin, so lacht sie ihm ins Gesicht. Ihre Hofmeisterin betrügt sie vom Morgen bis in die Nacht. Ich weiß nicht, was aus dem Mädchen werden wird; sie hat eine greuliche Lebhaftigkeit. Wenn sie selbige wohl anwendt, wirds wohl gut sein, allein ich gestehe es, mir ist schier bang darbei, denn es ist hier ein wunderlich Land. Ich wollte, daß ihr Brüderchen und sie von Humor tauschen könnten, denn er hat zwar auch Verstand, aber er ist gesetzt und ehrbar, wie ein Mädchen sein sollte, und sie ist doll wie ein Bub. Ich glaube, daß es aller Liselotten ihr Naturell ist, so wild in der ersten Jugend zu sein, hoffe, daß mit der Zeit ein wenig Blei in dem Quecksilber kommen wird, wenn ihr mit der Zeit das Rasen so sehr vergeht, als es mir vergangen ist, seiderdem ich in Frankreich bin.

Man sagt hier, daß der König in Polen[2]) viel Kisten mit Geld in des Großwesirs seinen Zelten gefunden und daß er vor sich allein vor acht Millionen Beute bekommen. Eine gute Kist mit Dukaten sollte unserm Raugraf[3]) auch nicht schaden. Vor etlichen Tagen, als ich meine Hände wusch,

---

1) Elisabeth Charlotte von Orleans, damals sieben Jahre alt. 2) Johann Sobieski, der Befreier Wiens. 3) Karl Ludwig, der am Feldzug teilgenommen hatte. Auch zwei Söhne der Herzogin Sophie waren dabei gewesen.

verzählte mir Madame de Durasfort, wie daß der ver=
storbene Prinz von Tarent sich als hätte die Hände waschen
lassen und auch die Arme durch zwei von seiner Gemahlin
Jungfern; eine hieß Maranville und die andere d'Olbreuse.
Darauf fragte sie mich, ob es wahr seie, daß diese letzte eine
regierende Fürstin wäre und so eine große Fortun gemacht
hätte; daß sie solches schwerlich glauben könnte, weil sie
gehöret, daß sich die deutschen Fürsten nie mißheiraten. Ich
gestehe, daß mich diese Frage Pates¹) und Onkels halben
ganz beschämt gemacht hat, habe derowegen geschwind von
was anders gesprochen.

In allen französischen Zeitungen stand im März
1684 die Nachricht, daß die Kurfürstin Sophie krank sei.
Liselotte war darüber mehrere Tage so voller Angst,
daß sie weder essen noch schlafen konnte, bis endlich der
schwedische Gesandte ihr versicherte, daß er Briefe aus
Hannover habe, die Kurfürstin sei gar nicht krank ge=
wesen. „Ich wurde so erfreut, daß ich ihn schier um=
armt hätte. Ich glaube wahrlich, man hat mirs zuleid
in die Zeitung setzen lassen."

An Frau von Harling
Versailles, den 5. August 1684.

ch bin Euch über die Maßen obligiert, in alles
teilzunehmen, was mich betroffen. Nun ist
Gott sei Dank alles ziemlich still; Gott gebe,
daß es möge Bestand haben. An mir soll
es nicht liegen, denn ich werde meinen äußersten
Fleiß tun, Frieden und Ruhe zu behalten und mich jeder=
zeit dermaßen räsonnabel zu verhalten, daß es Euch nicht
gereuen wird, mich erzogen zu haben. Ich würde mich auch
glücklich schätzen, wenn ich Euch, mein herzlieb Jungfer
Uffel, meine Dankbarkeit würde bezeugen können vor alles
Gutes, so ich von Euch genossen; weilen ich aber nicht glück=
lich genung hierzu bin, bitt ich Euch aufs wenigst doch, meinen
guten Willen anzusehen und persuadiert zu bleiben, daß ich

---
¹) Georg Wilhelm, Herzog von Celle, der die französische Mätresse d'Olbreuse
geheiratet hatte.

bis an mein End Eure affektionierte Freundin verbleiben werde.

An die Herzogin Sophie
Versailles, den 11. Mai 1685.

Der König hat seinen Beichtsvater zu dem meinen geschickt und hat mir heute Morgen einen erschrecklichen Filz geben lassen über drei Punkte. Der erste ist, daß ich zu frei im Reden wäre und Monsieur le Dauphin gesagt hätte, daß, wenn ich ihn ganz nacket von den Fußsohlen bis auf den Scheitel sehen sollte, daß weder er noch niemand mich reizen könnte. Zum andern, daß ich zugebe, daß meine Jungfern Galans hätten. Zum dritten, daß ich mit der Prinzeß de Conti[1]) wegen ihrer Galans gelacht hätte; welche drei Stück dem König so mißfielen, daß, wenn er nicht betracht, daß ich seine Schwägerin wäre, hätte er mich vom Hofe fortgeschickt. Worauf ich geantwortet, daß was Monsieur le Dauphin anbelangt, so gestehe ich, daß ich solches zu ihm gesagt hätte, indem ich nie gedacht, daß es eine Schande seie, keine Gelüste zu haben. Was ich sonsten von Kacken und Pissen frei zu ihm gesprochen, dieses seie mehr des Königs Schuld als die meine, indem ich ihn hätte hundertmal sagen hören, daß man in der Familie von allem reden könnte, und daß er mich hätte sollen warnen lassen, wenn er es nicht mehr gut befand, indem es die leichtste Sach von der Welt zu korrigieren seie. Was den zweiten Punkt anbelangt und daß meine Jungfern Galans hätten, so mischte ich mich in nichts von meinem Hause, würde also nicht bei dem anfangen, so am schwersten in Ordnung zu bringen seie, aber daß doch solches nicht ohne Exempel seie und daß jederzeit solches an Höfen bräuchlich gewesen und daß, wenn sie nur nichts täten, was gegen ihre Ehr wäre, ich nicht glauben könnte, solches

---

[1]) Außereheliche Tochter des Königs, eine berühmte Schönheit. — Daß Ludwig XIV. seine Schwägerin um solche Kleinigkeiten zu verbannen drohte, erklärt sich aus dem Einfluß der Maintenon, die den gottlosen Hof zu reinigen beschlossen hatte und ihren blinden Eifer zuerst an Liselotte ausließ. — ausgerechnet an der einzigen, deren Lebenswandel über jeden Verdacht erhaben war.

weder ihnen noch mir Tort tun könnte. Was den dritten
Punkt und seine Tochter anbelangt, so wäre ich ihre Hof=
meisterin nicht, ihr zu wehren, wenn sie Galans haben
wollte, könnte auch nicht drüber weinen, wenn sie mir ihre
Aventüren verzählte. Und weil ich den König selber davon
mit ihr sprechen hören und mit ihr lachen sehen, hätte ich
gemeint, daß es mir auch erlaubt wäre. Aber Madame la
Duchesse (Conti) könnte mein Zeuge sein, daß ich mich nie
in nichts gemischt hätte, wäre mir also gar schmerzlich, mich
unschuldigerweis so übel vom König traktieret zu sehen und als
wenn ich etwas Erschreckliches verbrochen hätte, und solche
Wörter zu hören, welche mir gar nicht zukämen und welche zu
hören ich nicht wäre erzogen worden. Ich habe Monsieur kein
Wort von dieser Historie gesagt, denn ich weiß, wie Ihro
Liebden sein, sie würden alles ärger machen; aber ich muß
gestehen, daß ich wohl von Herzen bös über den König bin,
mich wie eine Kammerfrau zu traktieren, welches seiner
Maintenon besser zukommt als mir, denn sie ist dazu geboren,
aber ich nicht. Ich weiß nicht, ob es den König gereuet,
mir die Predigt gemacht zu haben, allein heute Morgen, als er
in die Meß gangen, hat er mir freundlich zugelacht. Mir
aber wars gar nicht lächerlich, hab derowegen wohl wieder wie
gewöhnlich eine tiefe Reverenz gemacht, aber bitter sauer
dreingesehen. Was weiter hieraus werden wird, werde ich
Euer Liebden berichten. Hätte man mich so unschuldiger
Weise verbannt, glaube ich, daß ich durchgangen wäre und
zu Euer Liebden kommen.

An die Kurfürstin Wilhelmine Ernestine
von der Pfalz, die Witwe des Kurfürsten Karl, ihres Bruders.
Versailles, den 18. Juni 1685.

erzallerliebste Schwester. Euer Liebden wertes
Schreiben vom 20. Mai habe ich vorgestern zu
recht empfangen. Euer Liebden haben wohl
ganz nicht nötig, mir Entschuldigung zu
machen, daß Dero voriges Schreiben nicht

durchaus von Dero eigenen Hand gewesen ist. Mich hat nur Wunder genommen, wie daß meine herzliebe Schwester in der erschrecklichen Bestürzung an mich haben gedenken können, und habe solches wohl vor ein rechtes Zeichen Euer Liebden Freundschaft vor mich gehalten, wovon ich über die Maßen sehr gerührt bin. Ich kann Euer Liebden nicht aussprechen, wie sehr es mich noch schmerzet und wie wenig ich mich dran gewöhnen kann, meinen armen Bruder seeliger in ein Grab zu wissen. Ich weiß, daß er gar selig gestorben und sich wohl nicht wieder bei uns wünschet. Gott verleihe mir auch die Gnade, wann meine Stunde wird gekommen sein, so selig aus dieser Welt zu scheiden. Aber für diejenigen, so ihn von Herzen geliebet haben, als Euer Liebden, unsere Frau Mutter und mich, ist es wohl ein erschreckliches und unleidliches Unglück. Allein wie Euer Liebden wohl weislich sagen, weil es Gottes Wille so gewesen, müssen wir uns wohl endlich darin ergeben. Gott gebe, daß wir ihn nur durch der Doktoren Ignoranz und nicht durch Jemandes Bosheit verloren haben; denn seine Krankheit war gar wunderlich, insonderheit die Mühe, so man genommen, ihn Euer Liebden und seiner Frau Mutter zu entziehen. Ich fürchte als, daß etwas dahinter gestocken; denn man hat ihn ja Euch beiden nicht wieder sehen lassen, bis er den Garaus gehabt hat und nicht mehr zu helfen war. Nun, Gott der gerechte Richter aller Menschenherzen ist solches wissend. Selbiger wolle denen es belohnen, so an diesem Unglück schuldig sein, Euer Liebden aber Stärke, Macht und Trost verleihen, solches alles zu bestehen. Er wolle auch tausendfältig in Freuden wieder ersetzen, was Sie an Dero Frau Mutter und meines armen Bruders Tod vor Leide ausstehen.

Am 26. Mai 1685 war Liselottens Bruder, Kurfürst Karl, gestorben, der letzte des Hauses Pfalz-Simmern.

St. Cloud, den 30. Juni 1685.

erzallerliebste Schwester. Euer Liebden wertes Schreiben vom 11. dieses Monds habe ich vor etlichen Tagen zu recht empfangen, aber unmöglich eher als nun darauf antworten können, weil ich eine Reise nach Maubuisson getan habe, allwo ich drei Tage gewesen, und in dem Humor, wie ich nun bin, hat mir diese Einsamkeit gar nicht mißfallen, welche mir doch zu andern Zeiten ein Abscheu gewesen wäre. Meine Tante, die Äbtissin¹), und ich haben auch sehr gemoralisiert miteinander und wohl betrachtet, was Euer Liebden melden, nämlich daß alles in dieser Welt wohl lauter Unbeständigkeit und Eitelkeit ist. Die gute Fürstin führt aber ein so strenges, frommes und gottseliges Leben, daß sie ohne Zweifel auch wohl ein seliges End haben wird. Ich habe sie auch sehr ergriffen über unsern Verlust gefunden, und ob sie zwar an schier nichts mehr in dieser Welt attachiert ist, so liebt sie doch ihr Haus sehr, derowegen eben so betrübt, als wenn sie meinen Bruder seligen gekannt hätte. Und ob sie schon eine Nonne ist, so hat sie doch nicht alle Möncherein wie andere haben, sondern ist gar räsonnabel und hat großen Verstand und viel von Ihro Gnaden meines Herrn Vaters selig Manieren. Sie hat mich gefragt, ob Euer Liebden wieder in Dänemark würden; weil ich aber Euer Liebden Schreiben erst in meiner Zurückkunft empfangen, habe ich ihr nichts hierauf sagen können. Ich kann mir gar leicht einbilden, herzallerliebste Schwester, wie es Euer Liebden zumute muß sein, wenn Sie alle die Leute werden ankommen sehen; und ob der alte Kurfürst²) zwar ein Herr voller Meriten ist und auch gar generös, so ist es doch schmerzlich, ihn an meines Bruder Platz zu sehen, ja es graust mir recht darüber, wenn ich nur dran gedenke. Monsieur hat Euer Liebden durch den Abbé de Moral geschrieben, welchen

---

¹) Luise Hollandine, eine Tochter des „Winterkönigs", war seit 1664 Äbtissin zu Maubuisson, einem alten Kloster bei Pontoise. ²) Der Nachfolger ihres Bruders: Philipp Wilhelm von Pfalz-Neuburg.

der König wegen meiner Interessen an den neuen Kurfürsten schicket; ich aber nicht, weil dieser Abbé erst Mittwoch von hier verreisen wird und ohne Zweifel lange unterwegens sein, also mein Brief gar zu alt würde geworden sein. Vor alle guten Wünsche, so Euer Liebden mir tun, bin ich Euer Liebden über die Maßen obligiert, wenn alle die, so ich Euer Liebden hergegen tue, reüssieren, werden Euer Liebden gewiß wieder Trost und Freude empfangen von Gott dem Allmächtigen. Was meines Bruders Testament anbelangt, höre ich, daß es gar wunderlich vom Langhans[1]) soll aufgesetzt sein worden; wenn es aber nicht nach rechtem Brauch ist, mag es wohl umgeworfen werden. Doch alles wird sich endlich ausweisen.

An die Raugräfinnen Luise und Amalie Elisabeth
ihre Stiefschwestern.
Versailles, den 17. Juli 1685.

erzliebe Luise und Amalie. Vor 14 Tagen hat mir Madame de Schomberg Euren Brief überliefert, woraus ich sehe, daß Euch meines armen Bruders selig Tod nicht weniger als mich verwundert und betrübt hat. Ich für meinen Teil gestehe, daß ich wohl nie gedacht, diese traurige Zeit zu erleben; denn mein Bruder selig schien ja so gar stark und gesund zu sein. Allein so sehr als uns dieser erschreckliche Fall auch schmerzt, müssen wir uns doch wohl endlich in den Willen des Allerhöchsten ergeben, welchen niemand ändern kann. Für alle gute Wünsche, die Ihr mir tut, bin ich Euch sehr verbunden, und würde mir gewiß eine große Freude sein, wenn ich Gelegenheit finden könnte, Euch sämtlich, wie auch Euren Brüdern, zu dienen, und Euch meine Affektion zu erweisen. Seid versichert, daß in allem, was bei mir stehen wird, Ihr mich allezeit in diesen Sentimenten finden werdet. Im übrigen so muß ich Euch sagen, daß, weil Euer

---
[1]) Kurfürstlicher Hofprediger.

Brief von Stauseneck¹) datiert ist, daß ich nicht zweifle, daß
Ihr den Herrn Ferdinand von Degenfeld²) oft sehet: bitte
Euch derowegen, ihn von meinetwegen zu grüßen, und
ihm zu sagen, da er mir vor diesem, und als ich noch
zu Heidelberg war, viele Freundschaft erwiesen, daß ich dero=
wegen hoffte, daß er nicht würde verändert sein, und mir
also wohl noch die Freundschaft erweisen, eine Bitte zu
gewähren, in einer Sache, worin er, wie ich glaube, mir mehr
Nachricht geben könne, als sonst Jemand in der Welt.
Die Bitte, so ich an ihn tue, ist, daß er mir doch wolle
berichten, was ich eigentlich von meines Bruders Erbschaft
zu prätendieren habe; denn man vermeint hier, daß alle
Allodial=Güter mein sein sollen; man weiß aber nicht alle
die Länder und Güter, so dazu gehören. Bitte derowegen
Herrn Baron Ferdinand, daß wofern ihm solches bewußt
wäre, mir es zu berichten. Würde ihm sehr dafür obli=
giert sein, und sollte ja die Raugrafschaft sich mit darunter
befinden, kann ich Euch von nun an wohl versichern, daß
Ihr alle, die Raugräflichen Kinder, nichts dabei verlieren
werdet. Habe schon deswegen bei Monsieur Liebden vorge=
gebaut. Es wäre also, wie mich deucht, Euer aller Interesse,
lieber in meine als in fremde Hände zu fallen, denn ich, wie
schon gesagt, nie zugeben werde, daß Euch der geringste
Tort geschehe. Sollte aber die Raugrafschaft dem Herzog
von Neuburg zufallen, so schreibt mir, worin ich Euch sonst
dienen kann; denn ich allezeit hierzu willig und bereit bin.
Wenn Ihr mir wieder schreibt und Euch Herr Baron Ferdinand
vielleicht einigen Auftrag an mich giebt, wie ich ihn darum
gebeten, so macht doch nicht so viele Zeremonien und schreibt
mir nur schlechtweg, wie Carllutz. Dies ist alles was ich Euch
für dieses Mal sagen kann. Adieu, herzliebe Luise und Amalia.
Seid versichert, daß ich allezeit Eure affektionierte Freun=
din verbleibe. Elisabeth Charlotte.

1) Burg in der Nähe des Hohenstaufens (Württemberg), noch jetzt der gräflichen
Familie von Degenfeld gehörig, die es von den Raugrafen ererbt hatte. 2) Oheim
der Raugräfinnen. Seine Antwort lautete dahin, daß weder die Herzogin noch die
Raugrafen Ansprüche an pfälzisches Land hätten.

An die verwitwete Kurfürstin Wilhelmine Ernestine
von der Pfalz
Chambord, den 19. September 1685.

erzallerliebste Schwester. Euer Liebden bitte ich tausendmal um Vergebung, daß ich noch bisher nicht auf Dero wertes Schreiben vom 13. Aug. geantwortet habe. Aber es ist wahrlich meine Schuld nicht, denn ich solches erst den Abend vor unserer Abreis von Versailles empfangen. Sonsten würde ich nicht unterlassen haben, gleich meine schuldigste Danksagung davor abzulegen; denn es mich wohl von Herzen erfreuet hat, insonderheit weil ich daraus verspüre, daß ich noch in Dero Gedächtnis bin, und mir flattiren kann, daß meine herzallerliebste Schwester mich nicht allein nicht vergißt, sondern auch noch mit Dero kostbaren Freundschaft gegen mir verharret. Euer Liebden tun mir hierinnen Gerechtigkeit; denn ich versichere Euer Liebden, daß niemand in der Welt Euer Liebden mehr ehret, liebet und ganz ergeben ist als ich bin und bis ins Grab verbleiben werde. Es ist aber auch wohl einmal Zeit, daß ich auf Euer Liebden Schreiben komme und solches beantworte. Ihre Gnaden der Kurfürst, mein Herr Vater sel., muß erschrecklich nach meiner Abreise von Heidelberg verändert und gar veraltet sein, weil er, wie Euer Liebden berichten, dem itzigen Kurfürsten muß geglichen haben. Vor 21 Jahren habe ich Seine Liebden gesehen; er glich aber dermalen nicht an Ihro Gnaden dem Kurfürsten selig; er hatte viel ein länger Gesicht, war sehr rot, ganz graue Haar und gar wenig Zähn im Mund, war auch viel länger von Wuchs als Ihro Gnaden mein Herr Vater. Worinnen aber einige Gleichnis sein kann, ist es in den Augen; denn beide hatten dunkelblaue Augen und viel Verstand drinnen. Ich kann also mir wohl einbilden, daß, wenn der Kurfürst selig älter geworden und der itzige, wie man mir sagt, eine Perücke genommen, daß also sich einige Gleichnis finden kann. Wie Euer Liebden aber wie auch Ihro Gnaden mein Frau Mutter bei allem diesem Wesen wie auch den neuen Hof zu sehen zumute muß sein, kann ich mir gar leicht einbilden. Mir schauderts, wenn ich nur daran gedenke, will geschweigen, wie es denen zumute muß sein, so sich selber dabei befinden. Der Kurfürst ist ein wackerer, gar vernünftiger und verständiger Herr und seine Gemahlin gar eine gute Fürstin. Der jetzige Kurprinz¹) hat auch gar ein gut Gemüt; allein dieses ungeacht so kann man doch nicht lassen einen Abscheu zu haben, andere an unsres guten Carlchens selig Platz zu wissen. Aber ich sage leider Euer Liebden hier nur, was sie schon allzuwohl wissen, auch beklage ich Euer Liebden wohl von ganzem Herzen. So viel ich den Markgrafen von Ansbach²) kenne, hat mir wohl als gedeucht, daß nicht viel an ihm ist. Daß er meines Bruders Freund war, nahm mir nicht Wunder; denn seine Schwäche war mir nur gar zu bekannt, Leute zu lieben, so ihm nur gute Worte gaben und gefällig waren, welches ihm nur gar zu übel leider bekommen ist, wie wir alle mit unserem Schaden gesehen haben. Daß Euer Liebden aber einstmals mir geschrieben, daß dieser Markgraf Dero Freund wäre, das hat mich sehr Wunder genommen. Ich muß es gestehen, und seind Euer Liebden Ursach, daß ich meinen eigenen Augen und Ohren schier Unrecht geben habe; denn was er hier auch tate, sagt ich als bei mir selbsten: er stellt sich nur so und will nicht, daß man ihn kennt; mit seinen Freunden aber muß er anders sein. Nun aber sehe ich wohl, daß ich mich gar nicht an ihm betrogen und gleich recht über ihn judiziert. Wer mich aber wohl über die Maßen betrogen, ist Langhans³); denn ich habe ihn vor einen ehrlichen Mann vor diesem gehalten. Doktor Winckler⁴) überrascht mich auch; denn er meinen armen Bruder vor diesem treu gedienet hat, insonderheit in seinen Kinderblattern in Genf. Der Geizteufel muß diese beiden Kerls besessen haben, so liederlich mit meinem armen Bruder umzugehen; aber hiervon will ich nicht mehr reden; denn wie Euer Liebden selbsten erinnern, dieses erfrischet nur die Wunden und dient sonsten zu nichts.

---

1) Johann Wilhelm, von 1690–1716 Kurfürst. 2) Markgraf Johann Friedrich von Ansbach. 3) pfälzischer Hofprediger. 4) Leibarzt des Kurfürsten Karl.

Von hier kann ich Euer Liebden nichts neues berichten; denn daß man alle Tag 22 Personen mit dem König zu Mittag ißt, daß man als um den andern Tag den Hirsch jagt, daß ein Tag Komödie, andern Tags Apartement ist, daran ist Euer Liebden wohl wenig gelegen. Zudem so zweifle ich nicht, daß Euer Liebden auch jetzt noch gar viel werden zu tun haben und also wenig Zeit, so einen großen Brief zu lesen. Wünsche denn nur, daß Gott der Allmächtige Euer Liebden nach so lang ausgestandener Mühe, Arbeit und Traurigkeit ein ruhiges und vergnügtes Leben führen lassen möge und Dero Herzeleid mit hundertfältigen Freuden möge ersetzt werden.

An die Herzogin Sophie
Fontainebleau, den 1. November 1685.

ch sage Euer Liebden demütigsten Dank vor Dero gnädige Vorsorg wegen Dero und Onkels Meinung über meines Bruders Testament. Ich erfahre hier wenig, was man in der Sache macht, durch den Breton aber hab ich vernommen, daß Abbé Morel ganz gesinnet ist, meines Bruders Testament umzustoßen und sich auf Ihro Gnaden des Kurfürsten meines Herrn Vater selig Testament[1]) zu berufen. Die Copie, so mir Carllutz geschickt, hat man auf französisch gesetzt und sie obgedachtem Abbé geschickt; selbiger fordert und sucht die Originals. So viel ich aber in allem von diesen Sachen begreifen kann, so wird es dermaßen auf die Länge naus kommen, daß ich glaube, daß ich lang werde verfault sein, ehe die Sache wird ausgemacht werden. Ich glaube, der König hier hält mich noch für hugenottisch, denn er hat mir kein Wort davon gesprochen, daß er mein Interesse in des Papsts[2]) Hände gibt, und hätte mirs Monsieur nicht ungefähr verzählt, als die Sach schon geschehen war, wüßte ich noch nichts davon. Jedoch muß man dazu schwei-

---

1) Das letztere war günstiger für die Herzogin, bot aber den Franzosen Anlaß, sich in die pfälzischen Angelegenheiten zu mischen. Vielleicht deshalb hatten die Räte ihres Bruders diesen bestimmt, die Erbansprüche Eliselottens stark zu beschränken. 2) Der Papst sollte in der Erbangelegenheit den Schiedsrichter abgeben.

gen, damit es nicht noch ärger wird. Der König ändert in allem so erschrecklich, daß ich ihn nicht mehr kenne, ich sehe aber wohl, wo alles herkommt, allein es ist kein Mittel darvor, muß also nur Geduld haben. Und damit die, so mir übel wollen, nicht zu froh sein mögen, wenn sie mich traurig sehen sollten, so laß ich mich nichts merken und stelle mich gar lustig an. Im Grund aber schmerzt mich doch, daß man mich so traktiert. Dieses aber alles, was ich hier sage, ist nur vor Euer Liebden oder aufs meiste vor Onkel und sonsten vor niemand. Sollte man aber auf der Post so neugierig sein, diesen Brief zu öffnen und zu lesen, so werden sie meine Meinung sehen und ich also der Mühe enthoben sein, ihnen selbige mit der Zeit zu sagen.

Versailles, den 15. März 1686.

Seit ein paar Monat her bin ich sehr traurig gewesen und das hat mich verhindert, daß ich in so langer Zeit meine Schuldigkeit mit schreiben nicht bei meiner herzlieben Tante abgelegt habe. Denn alle die Historien zu verzählen, das darf ich nicht tun, weil alle Briefe auf der Post gelesen werden. Damit ich aber Euer Liebden jetzt den rechten Grund sage, so müssen Euer Liebden wissen, daß einer von meines Herrn Günstlingen und welcher sein Oberstallmeister ist[1]), die Mühe genommen hat, meiner ersten Jungfer ein Kindchen zu machen, welches sie hat abtreiben wollen; weil sie aber schon drei Monat schwanger, hat es nicht so genau hergehen können, daß sie nicht gar krank dran worden, und ist die Sache also herauskommen. Um nun zu wehren, daß ich sie nicht wegjagen möge, hat dieser schöne Herr mir hundert Händel bei meinem Herrn angemacht, welcher ohnedas nun schon gar zu große Neigung hat, mich übel zu traktieren. Ja er hat Monsieur dermaßen gegen mich aufgereizt, daß Monsieur mir selber böse Dienste bei Ihro Majestät dem König geleistet. Und mit all diesem Getuns bin ich bisher

---

[1] Der Marquis d'Effiat.

gehudelt worden, ja dieser Oberstallmeister hat die Unverschämtheit gehabt, mir drohen zu lassen, mich ins größte Unglück zu bringen, wofern ich ein Wort gegen die Jungfer sagte.

Versailles, den 28. April 1686.

ch gestehe Euer Liebden offenherzig heraus, daß ich in meinem Leben gar zu wenig Hoffnung zu was Gutes und gar zu lange Weil für gewöhnlich habe, um mit so großer Geduld, als es billig sein sollte, alle Ungerechtigkeiten und Zwang auszustehen, deren man nur gar zu viel hier hat. Denn wenn man entweder einige Hoffnung zu was Besseres oder sonst etwas täglich hat, so beschäftigen oder belustigen kann, o alsdann kann man leicht alles übels, so einem begegnet, in den Wind schlagen, indem das erste in alles tröstet, das ander aber an sein Unglück verhindert zu gedenken. Wenn man aber keines von beiden haben kann, kommt einem der Kummer bitter hart an, und die geringste Traurigkeit, so dann noch dazu schlägt, drückt ganz und gar nieder, und so ist es mir auch ergangen. Auf alles, was mir Euer Liebden sagen, daß man Trost schöpfen kann, vor die Seinigen zu beten, wenn sie tot sein, hierauf wollte ich Euer Liebden wohl antworten, wenn ich es persönlich tun könnte, schriftlich läßt es sich aber gar nicht tun.

An die verwitwete Kurfürstin Wilhelmine Ernestine
von der Pfalz
St. Cloud, den 17. Mai 1686.

erzallerliebste Schwester. Vor etlichen Tagen hat mir Ihro Liebden der Kurprinz von Sachsen Ihro Liebden wertes Schreiben vom 8. April überliefert, bin Euer Liebden wohl zum höchsten verobligiert vor alle zärtlichen Gefühle, so meine herzliebe Schwester mir darinnen bezeugen. Dieses hat mich über die Maßen sehr getröstet, aber gar nicht über=

rascht; denn mir Euer Liebden gutes Gemüte samt allen anderen Tugenden dermaßen bekannt ist, daß ich wohl nicht habe zweifeln können, daß Ihro Gnaden meiner Frau Mutter selig Tod[1]) Euer Liebden würde zu Herzen gangen sein und daß Euer Liebden mich auch beklagen würden und Mitleid mit mir haben. Ich sage Euer Liebden auch demütigen Dank vor alle guten Wünsche, so sie mir tun, und wenn Euer Liebden hergegen alles begegnet, so ich Deroselben wünsche, werden Eure Liebden nicht allein alles bisher gehabte Unglück und Betrübnis ganz ersetzet werden, sondern Euer Liebden wird auch alles zufallen, so Dero Herz begehret und sie nur selbsten zu Dero Vergnügen erdenken können. Von allen unsern Verlusten aber will ich nichts mehr schreiben, denn das erneuet einem nur allen Schmerzen wieder. Mich hatte die Betrübnis dermaßen niedergedrückt, daß ich ein Tag vierzehn Tag krank gewesen, habe aber nur drei Tag das kontinuierliche Fieber gehabt mit kleinen Anfällen abends. Mit Gottes Hilfe und einer guten Diät hab ich mich endlich aus diesem allen herausgerissen. Ich habe diesen ganzen Winter durch so erschrecklich viel Kummer gehabt, daß ich gemeint, ich müßte drin vergehen, war also unfähig zwei Linien zu schreiben, und mit Lamentationen wollte ich Euer Liebden nicht beschwerlich fallen, im Gegenteil, ich dachte als, daß sich die Zeiten einmal ändern möchten und ich Euer Liebden alsdenn was schreiben könnte, so Euer Liebden divertieren möchte. Nach der Zeit aber weiß ich nichts Erfreuliches, muß derowegen schließen, bitte Euer Liebden aber zuforderst Dero armen, alten Liselotte nicht zu vergessen und mir allezeit ein Plätzchen in Dero kostbaren Freundschaft zu behalten, auch festiglich zu glauben, daß ich Deroselben bis ins Grab ganz ergeben sein werde und jederzeit verbleiben

  Euer Liebden treue, ganz ergebene Schwester und Dienerin
               Elisabeth Charlotte.

---

1) Am 16. März 1686 war die verwitwete Kurfürstin Charlotte gestorben.

An die Herzogin Sophie
18. Mai 1686.

b ich schon den ganzen Tag alleine bin, wird mir die Zeit doch nicht zu lange, und habe doch den Trost, daß, wenn ich nicht in Gesellschaft bin, so kann ich doch versichert sein, daß man mir meine Wörter nicht übel auslegt und keine Spionen sehe, so einem unter die Nase gucken, um zu erraten, was einer gedenkt, wie es jetzt die Mode ist.

Versailles, den 4. Juni 1686.

o sehr als man hier auch von Grandeur prahlen mag, so seind sie doch so karg in was bar Geld angeht, als an keinem Ort in der Welt, und oft dermaßen, daß es eine Schande ist. Es wundert mich gar nicht, daß es allen Teutschen fremd vorkommt, zu sehen, daß Monsieur sich allein in die Erbschaftssache mischt, denn sie wissen die französischen Ehepakten nicht, welche aber dermaßen beschaffen sein, daß alles, was dem Weib in währendem Leben ihres Manns zukommt, ingemein mit dem Manne zugehört und der Mann also Herr und Meister über alles ist, kann damit tun und hantieren, wie er es gut findet, ohne daß es das Weib übel nehmen darf. Stirbt aber der Mann, so kann das Weib das ihrige, so der Mann vertan, wieder von des Manns Gut nehmen, aber so lange sie beide leben, ist der Mann Herr über alles, und das ist oft die Ursach, daß es zu Paris so viel Ehescheidungen gibt, aber jetzt in dieser Erbschaft auch die Ursach, daß ich gar nichts ohne Monsieur dezidieren kann, ob zwar solches in meinem Namen muß ausgeführet werden. Denn wenn dem nicht so wäre, können Euer Liebden wohl gedenken, daß ich nicht so kindisch würde gewesen sein, mich nicht um das meine zu bekümmern und Monsieur darin allein walten zu lassen. Ich sehe leider wohl, wo alles das meinige hingehen wird, aber wo kein Mittel ist, muß man schweigen¹).

Versailles, den 11. Juni 1686.

ch weiß nicht, wo meine Tante von Maubuisson aufgefischt hat, daß meine Tochter schön soll sein, denn sie ist gar häßlich von Gesicht, aber nicht übel geschaffen, also muß meine Tante von Maubuisson sie nicht recht angesehen haben; Verstand aber fehlt ihr nicht und wenn sie das Glück haben könnte, Euer Liebden aufzuwarten, würde sie Euer Liebden divertieren, denn das Maul ist ihr brav gelöst. Aber meines Sohns Figur ist besser anzusehen; er ist was seriöser als sein Schwesterchen, aber all ebenwohl nicht melancholisch noch timid; es ist gar ein gut Kind, fügsam und tut alles was man will; mein Tochter ist nicht so fügsam, sondern viel mutwilliger, schlägt ihrem Namen Liselotte nicht übel nach und wohl so eine dolle Hummel als ich vor diesem war . . .

Eine der wenigen Personen am Hofe, die in jenen schweren Jahren auf seiten Liselottens standen, war die Gemahlin des Dauphin, die Tochter des Kurfürsten von Bayern. Die zarte, kränkliche Frau vermochte jedoch niemals Einfluß zu gewinnen, namentlich weil sie durch ihre Hofdame Besola, eine von Bayern mitgebrachte Italienerin, der sie blind vertraute, falsch beraten wurde.

In einem Briefe aus dem Jahre 1720 erläutert Liselotte ihr Verhältnis zur Dauphine wie folgt: „Wie die bayerische Dauphine gekommen, hat der schöne Hof schon angefangen in Verfall zu kommen: denn es war der Anfang von der Maintenon Regierung, die hat alles verdorben. Von demselben Augenblick ist alles in Verfall geraten. Es war kein Wunder, daß meine arme Dauphine sich wieder nach Hause gewünscht; die Main=

---

1) Diese Vermutung bewahrheitete sich. Liselottens pfälzisches Erbe wurde an die Günstlinge ihres Gemahls verschleudert. Von dem schönen Heidelberger Silbergeschirr wanderten die besten Stücke in die Gemächer ihres Erzfeindes, des Chevalier de Lorraine.

tenon hat sie gleich nach ihrem Beilager leiden machen, daß es zum Erbarmen war. Madame la Dauphine hatte selber ihre Heirat gemacht, meinte mit ihren eigenen Flügeln zu fliegen und ihr eigner Herr und Meister zu sein. Man tat sie gleich in der Maintenon Hände; die regierte sie und wollte ihre Hofmeisterin sein, sie regieren wie ein Kind von sieben Jahren, und sie war über neunzehn; das hat sie betrübt. Wie das die Maintenon hörte, hat sie den König ganz von ihr gezogen. Die Besola hat die arme Fürstin verkauft und verraten; man kann denken, daß dieses der Dauphine ein unglückliches Leben gegeben hat. Sie bekam mich auch lieb; das machte den Gipfel von der Maintenon Haß, wozu die Besola so eifersüchtig auf mich war und auch böse, weil ich die Dauphine gewarnt hatte, auf die Besola acht zu geben, denn ich wußte, daß sie heimliche Konferenzen mit der Maintenon gehabt hatte."

Wir kommen damit auf das schwierigste Kapitel im Leben der Herzogin Liselotte, auf ihr Verhältnis zu der letzten Mätresse Ludwigs XIV., der Madame de Maintenon.

Hans F. Helmolt schreibt darüber: „Das ist wohl so ziemlich der einzige Punkt, wo Liselottens Wahrhaftigkeit leidet, wo das Temperament einfach mit ihr durchgeht, wo sie schlechterdings ungerecht wird. Sonst hat man in fast allen Fällen, wo andere Quellen, Tagebuchaufzeichnungen usw. abweichend berichteten, zugunsten Liselottens entschieden."

Wie kam unsere Liselotte, deren humorvolles Urteil und menschliches Empfinden uns aus so vielen Briefen entgegentritt, zur Ungerechtigkeit gerade dieser Frau gegenüber, die von Zeitgenossen als geistreich, liebenswürdig, tugendhaft und übertrieben fromm geschildert wird? Wenn sie den Gerüchten Glauben schenkte, die beim Pariser Pöbel über die Moral der Maintenon umliefen, so war das noch kein Grund zum Haß; sie war durch das Hofleben an den Verkehr mit sittlich anrüchigen Menschen gewöhnt. Auch daß ihr die Maintenon die Gunst des Königs entzog, war ihr nichts Neues; das war durch den Einfluß früherer Mätressen wiederholt geschehen und Liselotte hielt an der Hoffnung fest, daß diese Ungnade sich wenden werde. Aber was Liselotte in ihrem einfachen, gesunden Empfinden durchaus nicht vertragen konnte, das war die Frömmigkeit der

Maintenon, die sie in unzähligen Briefen tadelt. Es lohnt also wohl, diese Tugend nach Ursache und Wirkung zu untersuchen. Dazu sei aus dem Leben der Dame einiges mitgeteilt:

Franziska d'Aubigné, geboren 1635, war die Enkelin eines bekannten Hugenottenführers und wurde protestantisch erzogen. Die Eltern starben früh. Eine katholische Verwandte brachte das Mädchen in ein Kloster, wo sie katholisch wurde. Aus Not heiratete sie mit fünfzehn Jahren den verkrüppelten Dichter Scarron, in dessen Hause sie mit dem geistigen Leben und den Lastern ihrer Zeit vertraut wurde. Diese Kenntnisse halfen ihr, sich am Hofe zu bewegen, als sie, verwitwet, im Jahre 1669 zur Erziehung der unehelichen Kinder des Königs berufen wurde und bald darauf zu Ludwig XIV. in Beziehungen trat, der sie zur Marquise von Maintenon erhob. Sobald sie zu Einfluß gelangt war, stürzte sie ihre Herrin, die Mätresse Montespan, vermied es aber, öffentlich an deren Stelle zu treten, ja sie stiftete sogar eine Versöhnung zwischen dem König und dessen lange vernachlässigter Gemahlin, was ihr von letzterer überschwenglichen Dank eintrug. Nach deren Tode, 1683, beabsichtigte der König, die Witwe Scarron zu heiraten, doch auf dringendes Zureden seiner Minister ließ er es bei einer streng geheim gehaltenen Trauung bewenden. Die Stellung jener Frau unterschied sich also äußerlich durch nichts von derjenigen der früheren Mätressen. Bemerkenswert war nur, daß sie bis an des Königs Ende in Gunst verblieb.

Was ihr dazu verhalf, war ihre außergewöhnliche Lebensklugheit. Sie hatte den König, der sie lange Zeit verabscheute, bis ins kleinste ausstudiert, ehe sie sich an ihn wagte. Sie hatte in schweren Lebenslagen ihre Anpassungsfähigkeit entwickelt und erkämpfte sich ihren Platz mit den ihr geeigneten Waffen und Bundesgenossen. Da sie den ausschweifenden, verwöhnten Fürsten nicht durch Schönheit reizen konnte, gewann sie ihn durch Liebenswürdigkeit. Sie wußte, daß diese Art Männer beherrscht sein wollen, und darin befriedigte sie ihn meisterhaft und auf angenehme Art.

Aber die sonst so kluge Frau stand unter dem verhängnisvollen Einfluß geistlicher Berater, die sich ihrer als eines geeigneten Mittels bedienten, um beim König ihre Absichten durchzusetzen. Der Protestantis=

mus hatte in Frankreich große Verbreitung gefunden, und auch innerhalb der katholischen Kreise regten sich freiheitliche Bestrebungen. Namentlich das mächtig aufstrebende Bürgertum, das unter Minister Colberts umsichtiger Leitung durch Handel und Gewerbe reich wurde, war religiös aufgeklärt. Liselotte äußert über den Unterschied zwischen französischen und deutschen Katholiken, es sei „schier als wenns eine andere Religion wäre!" Natürlich versuchte die römische Kirche, die verlorene Macht zurückzugewinnen. Und so unterstützte sie die ehrgeizige alte Gouvernante in ihrem Bestreben, den König und seinen Hof zu beherrschen und vom Laster zu reinigen, weil sie mit ihrer Hilfe das Land von den Ketzern zu säubern hoffte. — Bis ins kleinste wurde die Witwe Scarron von ihren Beichtvätern geleitet und durch sie der König und die Geschichte Frankreichs. Der Beichtvater Ludwigs, Lachaise, ein bekannter Wüstling, mußte ihr helfen, dem furchtsamen Monarchen die Hölle zu heizen. So brachten sie ihn dazu, gegen sein eigenes, treues Volk zu wüten. Man vergegenwärtige sich, was das heißt, daß ein Landesvater seine Untertanen wegen Überzeugungstreue zu Tausenden niederschießen oder zu Tode martern läßt, ihre Prediger auf die Galeeren schickt, ihre Weiber und Kinder den Roheiten seiner Söldner preisgibt, bis die Verzweifelten, denen selbst die Flucht als Verbrechen angerechnet wird, zu Rebellen werden, was greuelvolle Kriege veranlaßt, — und das alles, um mit diesen Strömen unschuldigen Blutes sich von seinen privaten Sünden reinzuwaschen! Daß er den Wohlstand seines Landes untergräbt, indem er die geschicktesten Gewerbetreibenden verjagt, die in den feindlichen Nachbarländern freundlich aufgenommen wurden und dort neue Industriezweige einführten, daß er das Werk Richelieus und Colberts vernichtet und seinen Staat dem Ruin entgegenführt in blinder Verehrung für eine Person, von der man nicht entscheiden kann, ob ihre kurzsichtige Frömmigkeit die Folgen der von ihr angestifteten Protestantenverfolgungen übersah, oder ob sie aus Renegatenbosheit gegen ihre früheren Glaubensgenossen gehetzt hat.

Es ist gewiß, daß ein großer Teil der Schuld an dem wirtschaftlichen Niedergang Frankreichs auf jene Verfolgungen und damit auf das Konto der Maintenon zu setzen ist. Dazu kommt, daß die von ihr durchgeführte

„Reinigung" des Königshofes, die man ihr als großes Verdienst angerechnet hat, leider übel ausschlug: an Stelle der Leichtlebigkeit trat eine weit schlimmere geheime Lasterhaftigkeit, die unter dem Deckmantel der Religiosität um sich fraß.

Wie immer man über die Maintenon urteilen mag, eins ist gewiß: Frankreichs Feinde haben ihr zu danken. Diesen Nachruf kann man der weisen und tugendsamen Dame nicht bestreiten.

Als die Maintenon es im Jahre 1691 dahin brachte, daß der siebzehnjährige Herzog Philipp von Orleans mit einer aus doppeltem Ehebruch entstammten Tochter des Königs vermählt wurde, schlug sie der Herzogin Liselotte eine Wunde, die bis an deren Ende nicht verheilt ist. Von da erscheint es begreiflich, daß Liselotte in ihrem mütterlichen Schmerz die ränkevolle Feindin aufs bitterste haßte. Warum sie aber schon Jahre vorher in der Maintenon die Quelle alles Übels sah, das ist unerklärlich, solange man ihr Verhältnis zur Maintenon vom Standpunkt des Philologen abschätzt. Man vergißt dabei, daß ein Weib anders urteilt als ein Mann, nicht nach Gründen, sondern nach Instinkt, nicht logisch, wohl aber biologisch. Die gesund empfindende Frau hat ein feines Gefühl gegenüber lebensfeindlichen Mächten; da sie es nicht zu deuten weiß, empfindet sie es als persönliche Abneigung und wird ungerecht dadurch, daß sie sie mit nichtssagenden Gründen zu belegen, d. h. vor sich und andern zu rechtfertigen sucht.

Man nehme hinzu, daß der stolzen Herzogin Liselotte die Abhängigkeit ihres königlichen Schwagers von dem ehrgeizigen alten Weib als lächerlich und schmachvoll erschien und daß sie ansehen mußte, wie er sich unter dem Einfluß der Maintenon nachteilig veränderte.

An die Herzogin Sophie
St. Cloud, den 26. Juni 1686.

m übrigen so möchte ich wohl von Grund meiner Seelen wünschen, daß alle itzigen Devoten (ich hätte schier gesagt Bigotten) Euer Liebden Predigt möchten folgen und alles suchen, so Einigkeit und Ruhe bringen möchte. Allein bisher seind das ihre Maximen gar nicht, sondern man sucht nur, alles gegeneinander zu hetzen: Mann gegen Weib, Vater gegen Sohn, Domestiken gegen deren Herren und was dergleichen mehr sein mag, so auch in der Tat alles unlustig und unglücklich macht, und möcht man wohl in diesem Stück sagen wie der alte Rabenhaupt: „Bonjour, Monsieur, Sie hausen wie der Teufel!" Auch ist ein ander alt teutsch Sprichwort, welches ich jetzt wohl verspüre, welches sagt: „Wo der Teufel nicht hinkommen kann, da schickt er ein alt Weib hin," welches wir alle, so in der Königlichen Familie sein, wohl erfahren. Aber genung hiervon; ein mehrers wäre nicht ratsam. Was ich aus Euer Liebden Predigt Tröstliches vernehme, ist, daß ich mehr Religion habe als alle großen Devoten, denn ich lebe so wohl ich kann und tue niemand nichts zuleid, und wenn ich nicht eher in dem Mercure galant[1] komme, bis daß ich meinen Nebenchristen und Nächsten plage, werden Euer Liebden mich noch lang nicht darinnen lesen.

Versailles, den 2. August 1686.

s ist gewiß, daß der König gar keinen Scherz mehr leiden mag und ist so ernstlich geworden, daß einem ganz angst dabei ist. Auf die Person, worauf Euer Liebden das Sprichwort sagen: daß der Schnee sobald auf einen Kuhfladen fällt, als auf ein Rosenblatt, hat man seit kurzer Zeit Devisen gemacht, aber sie lauten wohl nicht so, sondern wenn man sie glauben sollte, ist sie alles wert. Man sagt, daß der sie gemacht hat, solle eine Pension davor bekommen haben. Aber genung hiervon, ich mach es schier wie die Jungfer Kolbin mir als pflegte zu verzählen von einem Pfarrherrn, so Herr Biermann hieße, welcher als pflegte zu sagen: „genung und übergenung von diesem allen", wenn er drei Stunden lang gepredigt hatte.

---

[1] Mercure galant, eine Monatsschrift.

Versailles, den 11. August 1686.

nser König ist nun was krank, und man sagt, es möchte wohl ein viertägig Fieber draus werden. Wenn dem also ist, so bewahr uns Gott, denn er wird wohl noch hundertmal grittlicher werden als er schon ist. Ja, wer nichts mit diesem Hof hier zu tun hätte, der müßte sich halb krank lachen, zu sehen, wie alles hergeht. Der König bildt sich ein, er seie fromm, weil er bei kein jung Weibsmensch mehr schläft, und alle seine Gottesfurcht besteht in Grittlichsein, überall Spionen zu haben, so alle Menschen falsch antragen, seines Bruders Favoriten zu flattieren und alle Menschen zu plagen. Das alte Weib, die Maintenon, hat ihren Spaß, alles, was vom königlichen Haus ist, dem König gehaßt zu machen und darüber zu regieren, außer Monsieur, den flattiert sie bei dem König und macht, daß er wohl mit ihm lebt und alles tut, was er von ihm begehrt. Hinterwärts aber ist diesem alten Weib bange, daß man meinen mag, daß sie Monsieur ästimiere; derowegen, sobald als jemand vom Hof mit ihr spricht, sagt sie den Teufel von ihm: daß er zu nichts nutze seie, der ausschweifendste Mensch von der Welt, ohne Verschwiegenheit, falsch und untreu. Die Dauphine ist unglücklich, und ob sie schon ihr bestes tut, dem König zu gefallen, wird sie doch aus Anstiftung des Weibes täglich sehr übel traktiert und muß ihr Leben mit Langerweil und Schwangersein zubringen. Ihr Herr, der Dauphin, frägt nach nichts in der Welt, sucht sein Pläsier wo er kann und wird erschrecklich ausschweifend. Monsieur ist es nicht weniger, und sein einziges Bemühen ist, mir böse Dienste bei dem König zu leisten und mich überall zu verachten, seine Favoriten zu rekommandieren und selbigen gute Behandlung vom König zuwege zu bringen. Seine Kinder aber zu befördern, da denkt er nicht an. Ich vor mein Teil muß also auf die Defensive leben, denn alle Tage macht man mir neue Händel, welche ich doch durch meine Konduite suche zu meiden soviel mir nur möglich sein kann. Prinz Carl[1]) hat mich in allen Stunden gesehen, der kann Euer Liebden sagen, wie ich meine Zeit zubringe und ob was an meiner Konduite zu tadeln ist; jedoch hab ich täglich was neues. Das alte Weib hat schon mehr als zehnmal Madame la Dauphine wollen gegen mich aufrupfen und gesagt, daß sie absolut mit mir Freundschaft brechen müßte, wenn sie wollte, daß sie sie wohl bei dem König setzen sollte. Als aber Madame la Dauphine hat wissen wollen, was sie gegen mich zu sagen finde, hat sie ihr nichts antworten können. Unterdessen aber muß ich sowohl durch des Weibs unverdienten Haß bei dem König, als auch meiner alten Feinde Haß bei Monsieur leiden. Das ist mein Zustand, welchen, wenn ich die Zeit hätte, Euer Liebden mit einem größeren zu verzählen, bin ich versichert, daß Euer Liebden solches schier vor unglaublich halten würden. Durch die Post hätte ich Euer Liebden dieses alles wohl gar nicht schreiben dürfen, wie Sie wohl gedenken können, allein durch diese sichere Gelegenheit habe ich es nicht lassen können. Wenn Euer Liebden noch wissen wollen, wie ferner der Hof beschaffen ist, so muß ich sagen, daß alle Minister das Weib flattieren und suchen durch hundert Kriechereien wohl bei ihr zu sein; alle andern Leute, so in einem räsonnablen Alter und ehrliche Männer, seind traurig; sie haben kein Geld, sie fürchten sich alle vor den Spionen, welche unzählbar sein; sie sein malkontent und können sich doch nicht helfen. Alle jungen Leute seind erschrecklich ausschweifend und allen Lastern ergeben, Lügen und Betrügen fehlt ihnen nicht, und meinen, es wäre ihnen eine Schande, wenn sie sich pikieren sollten, ehrliche Leute zu sein; was sie aber tun, ist saufen, huren und Wüsteneien sagen, und wer am unschicklichsten unter ihnen ist, davon halten sie am Meisten und der ist am Besten ästimiert. Durch dies alles können Euer Liebden leicht urteilen, wie große Lust es hier am Hof vor ehrliche Leute geben muß.

---

[1]) Karl Philipp von Hannover, der Sohn der Adressatin, welcher den Brief überbrachte.

St. Cloud, den 13. Mai 1687.

uer Liebden betrügen sich wohl sehr, wenn sie meinen, daß meine Sorgen und Mühe, so ich in Monsieurs währender Krankheit genommen, Ihro Liebden möchten gerührt haben; Durchaus nicht: Denn er ist nicht sobald wieder gesund worden, so hab ich dessen Haß wohl gewahr worden.

Daß Euer Liebden zu wissen begehren, ob es wahr ist, daß der König mit Madame de Maintenon geheiratet ist, so kann ich Euer Liebden dieses wahrlich nicht sagen. Wenig Leute zweifeln dran; allein solang solches nicht deklariert wird, habe ich Mühe, solches zu glauben. Und wie ich sehe, daß die Heiraten hier im Lande beschaffen sein, glaube ich, daß, wenn sie geheiratet wären, würde die Liebe nicht so stark sein als sie nun ist. Jedoch so giebt vielleicht die Heimlichkeit eine Würze, so andere Leute nicht haben im öffentlichen Ehestand.

St. Cloud, den 1. Oktober 1687.

ch kann Euer Liebden doch dieses nicht verschweigen, daß der Hof jetzt so langweilig wird, daß man schier nicht mehr dabei dauern kann. Denn der König bildt sich ein, er seie gottsfürchtig, wenn er macht, daß man nur brav Langeweile hat und gequält ist. Seines Sohns Gemahlin läßt der König durch die alten Weiber, so um sie sein, so quälen, daß es unaussprechlich ist. Als zum Exempel: ihre Kinder seind krank, derowegen wäre die gute Fürstin gerne noch etlich Tag länger hier geblieben, um bei ihnen zu sein. Hierüber filzt man sie aus und sagt, sie wolle hierbleiben, um nicht bei dem König zu sein. Sagt sie dann, daß sie mit will, so machen die Weiber das Geschrei gehen, sie frage nichts nach ihren Kindern und hätte sie nicht lieb, — summa summarum: alles, was man tut, ist unrecht. Ich vor mein Teil kann nicht glauben, daß unserm Herrgott mit alter Weiber Lieb und Grittlichsein kann gedienet sein, und wenn das der Weg zum

Himmel ist, werde ich Mühe finden, hineinzukommen. Es ist eine elende Sach, wenn man seiner eigenen Räson nicht folgen und sich auf alles nur nach interessierten Pfaffen und alten Kurtisanen richten will; das macht den ehrlichen und aufrichtigen Leuten das Leben bitter sauer. Aber was hilfts; hiezu ist kein Rat. Ja, wenn Euer Liebden sehen sollten, wie alles nun zugeht, würden sie von Herzen drüber lachen. Die aber in dieser Tyrannei stecken, wie die arme Dauphine und ich, denen kommt die Sach wohl ridikül, aber doch wohl nicht so gar lächerlich vor.

An Frau von Harling
Versailles, den 18. November 1687.

ch hab Eure Besserung mit Freuden vernommen. Man kann sich nie vor unnütz in der Welt schätzen, wenn man all sein Leben so viel Guts darinnen getan hat wie mein lieb Jungfer Uffel. Und dann soll man wünschen zu leben, um seine guten Freunde nicht mit seinem Tod zu betrüben. Und warum soll Euch bange zu leben sein? Mit der Resignation in den Willen Gottes, so Ihr habt, kann Euch ja kein Unglück recht anfechten, und es ist doch noch besser leben als sterben, denn da kommt man doch nur zu bald an.

Man tut mir nun weder Guts noch Bös; Gott gebe, daß es nur so bleiben möge, so werde ich schon zufrieden sein. Meinen Harling[1] habe ich nun wieder seit sieben Tagen bei mir in frischer Gesundheit; mein Sohn und seine Leute können nicht genung rühmen, wie wohl er sich in der Schlacht gehalten. Ich hatte sehr vor ihn gebeten, daß er möchte befördert werden in seinem Regimente, aber die Gunst von Madame de Maintenon und ihre Rekommandation haben mehr gegolten, ohne Ruhm zu melden, als die meine.

---
[1] Neffe der Adressatin, den Liselotte als ihren Pagen aufgezogen hatte. Auf den guten Erfolg dieser ihrer Erziehung war sie stolz; sie kommt in ihren Briefen häufig darauf zurück.

Versailles, den 8. Januar 1688.

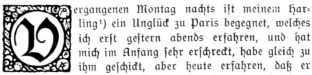ergangenen Montag nachts ist meinem Harling[1]) ein Unglück zu Paris begegnet, welches ich erst gestern abends erfahren, und hat mich im Anfang sehr erschreckt, habe gleich zu ihm geschickt, aber heute erfahren, daß er Gott sei Dank ganz außer Gefahr ist, habe euch auch seinen Unglücksfall nicht eher berichten wollen, bis ich eigentlich erfahren, in welchem Stand er ist und wie alles abgeloffen. Sein Unglück hat sich so zugetragen: vergangenen Montag nachts kam er aus der Stadt und wollte nach Haus, denn er logiert zu Paris bei meinem Oberstallmeister; er hat sich wegen der Kälte in einen ganz neuen Mantel eingewickelt; auf einmal fühlt er, daß man ihn von hinten in Arm nimmt und fest hält, sieht sich um und sieht zwei Kerls, so ihm seinen Mantel nehmen und der Dritte die Hände in seinen Sack stecken und ihm den Beutel nehmen will. Darauf zieht er den Degen aus und fährt auf die drei Kerls los; die ziehen ihre Degen auch aus und indem Harling einen verwundet, stoßen die andern zwei zu; einer verwundet ihn am Arm, der ander aber stößt ihn durch den Leib, hätten ihn auch vollends ermordet, wenn nicht ungefähr eine Kutsche daher gefahren wäre, welche die Schelmen hat weg laufen machen. Mein Leibbalbierer hat Harling verbunden und versichert mir gar sehr, daß kein Gefahr bei ihm seie und alles gar glücklich abgangen; hat sehr viel Blut verloren, welches ihn was schwach macht... Harling ist so beliebt hier, daß alle Menschen von dem Größten bis auf den geringsten ihn sehr beklagen; gestern sprach man von nichts anderst den ganzen Abend. Das ist alles was ich vor diesmal sagen kann, denn ich muß in die Kapell zum Abendgebet, so man alle Donnerstag hält und wo der König auch in geht, werde Gott vor meinen Harling bitten...

---

1) Der Neffe der Frau von Harling, damals einundzwanzig Jahre alt.

An die Herzogin Sophie
Versailles, den 26. Januar 1688.

Bei Hof trägt niemand kein Busentuch, aber die Koiffüren werden täglich höher. Der König hat heute an Tafel verzählt, daß ein Kerl so gewöhnlich die Leute koiffiert und Allart heißt, in England die Damens so hoch aufgesetzt hat, daß sie nicht mehr in ihrer Sänfte haben sitzen können, und alle Damens dort, um der französischen Mode zu folgen, haben ihre Sänften höher machen lassen.

An Frau von Harling
St. Cloud, den 13. April 1688.

Hiermit kommt der kleine Harling angestochen, wie Ihr es begehrt. Ich hab von seinem Offizierer vor zwei Monat Urlaub gefordert; länger darf er nicht ausbleiben. Ich zweifle nicht, daß Ihr gar content von ihm sein werdet, denn Verstand fehlt ihm gar nicht und hat gar ein gut, ehrlich, treu und aufrichtig Gemüt. Ich habe ihn recht lieb und wird mir schwer werden, die zwei Monat seiner zu missen. Jedoch so gönne ich Euch den Trost, ihn zu sehen, von Herzen, denn ich habe gar keine Schande von dieser meiner Zucht, denn er ist hier bei jedermann bekannt und beliebt. Er ist lobenswürdig insonderheit in dieser Zeit, da die Jugend hier allen abscheulichsten Lastern so erschrecklich ergeben ist, und ist es wohl was rares, daß er sich so hat erhalten können.

An die Herzogin Sophie
St. Cloud, den 14. April 1688.

Die gute Frau von Harling und ihr Mann haben begehrt, daß ich ihren Neveu schicken möge, um mit seinen Brüdern zu teilen, weil ihr Vater vergangen Jahr gestorben ist. Diese gute und sichere Gelegenheit habe ich nicht versäumen wollen, Euer Liebden ganz mein Herz zu entdecken, und alles zu sagen, was mich plaget, so ich der gewöhnlichen Post nicht vertrauen darf. Muß meiner herzlieben Tante also bekennen, daß ich eine Zeit her gar unlustig bin, ob ich mich dessen zwar so wenig merken lasse, als es mir immer möglich ist. Man hat mir vertrauet die rechte Ursache, weswegen der König den Ritter von Lothringen und den Marquis d'Effiat so wohl traktiert, nämlich weil sie ihm versprochen haben, daß sie Monsieur persuadieren wollen, daß er den König ganz untertänig bitten solle, der Montespan ihre Kinder[1]) mit den meinen zu verheiraten, als nämlich meine Tochter an den hinkenden Duc du Maine und meinen Sohn mit Madlle de Blois. Die Maintenon ist in diesem Falle ganz vor die Montespan, weil sie diese Bastarde erzogen und den hinkenden Buben so lieb hat als ihr eigen Kind. Nun denken Euer Liebden, wie mir dabei zumute muß sein, daß ich meine Tochter allein sollte so gar übel versorgt sehen, da doch ihre Schwestern[2]) so gut verheiratet sein. Sollte doch der Duc du Maine kein Kind von doppeltem Ehebruch sein und ein rechtmäßiger Prinz, so möcht ich ihn doch nicht zum Schwiegersohn, noch seine Schwester zur Schwiegertochter haben, denn er ist abscheulich häßlich und lahm und hat sonsten schlimme Qualitäten an sich, karg wie der Teufel und gar kein gut Gemüt. Seine Schwester hat wohl ein gut Gemüt, ist aber so erschrecklich kränklich und hat stets so blöde Augen, daß ich glaube, daß sie endlich blind wird werden. Und über dies alles seind sie Bastarde von doppeltem Ehebruch, wie schon gesagt, und Kinder von dem bösesten und verzweifeltsten Weibe, so die Erde tragen mag. Nun lasse ich Euer Liebden gedenken, wie sehr ich dieses wünschen kann. Was das ärgste ist: ich darf Monsieur von der Sache nicht recht

---

1) Die Bastarde des Königs von der Frau von Montespan. — Da der rechtmäßige Gemahl der letzteren noch lebte, so hätten nach französischem Gesetz ihre Kinder als die seinigen gelten müssen. 2) Die Kinder aus Monsieurs erster Ehe. Die eine hatte den König von Spanien geheiratet, die andere den Herzog von Savoyen.

heraus sprechen, denn er hat die schöne Gewohnheit an sich, wenn ich ihm ein Wort sage, solches gleich dem König anzutragen, viel dazuzusetzen und mir bei dem König hundert Händel anzumachen. Bin also in großen Nöten und weiß nicht, wie ich es anfangen soll, diesem Unglück zu entgehen. Unterdessen kann ich nicht lassen, mich innerlich zu quälen, und allemal, wenn ich diese Bastarde sehe, geht mir das Blut über. Auch lasse ich meine herzliebe Tante gedenken, wie es mich schmerzen muß, meinen einzigen Sohn und meine einzige Tochter als die Opfer von meinen ärgsten Feinden zu sehen, welche mir täglich alles üble antun und getan haben, ja gar die Ehre durch ihre falschen Diskurse haben abschneiden wollen. Denn man sagt, daß der d'Effiat Versprechung habe, Herzog zu werden, und der Ritter eine gar große Summe Gelds bekommen solle. Und unterdessen erhebt man sie in den Himmel durch hundert gute Traktementen; mich aber traktiert man schlecht und scheint es, daß man mir schier Gnade tut, daß man mich so hinleben läßt. Nun ich leider alle die Meinigen verloren, was kann mich in dieser Welt mehr berühren als Euer Liebden und meine armen Kinder; diese so zum Opfer vor meiner Feinde Grandeur aufgeben zu sehen, ist ja das schmerzlichste Ding, so man sein Leben empfinden könnte. Ja ich selber werde vielleicht über dieser Sache verbannt werden, denn spricht mir Monsieur ernstlich davon, so werde ich nicht unterlassen, ihm meine Meinung zu sagen, welche er dann dem König auf seine gewöhnliche Manier vorbringen wird, solches auch seinen Favoriten nicht verhehlen, welche es dann bei dem König (welchem sie nun ständig an den Ohren liegen) wohl für mich herumdrehen werden. Ja, sollte der König selber mir von der Sache reden, so werde ich ihm selber teutsch heraus bekennen, daß mir die Sach gar nicht ansteht, welches ihn dann ohne Zweifel sehr verdrießen wird, mit welchem Respekt ich auch diesen Abschlag drehen mag. Also mag ich mich nur gefaßt halten, daß mir hinfüro allerhand Widerwärtiges zufallen wird. Ich bitte Euer Lieb=

den tausendmal um Vergebung, daß ich Euer Liebden mit solchen langweiligen und widerlichen Diskursen unterhalte. Allein, meine herzliebe Tante, weil Euer Liebden mir so gar gnädig sein und kein Mensch hier ist, dem ich genung vertrauen darf, um mein Herzeleid zu klagen, so habe ich gedacht, daß Euer Liebden es nicht in Ungnade aufnehmen würden, daß ich durch diese so gar sichere Gelegenheit mein Herz erleichtere. Denn Harling ist mir gar getreu, wird gewiß diesen Brief in keine andern Hände als Euer Liebden ihre überantworten. Ich bitte, Euer Liebden sagen doch niemand nichts hiervon, als Onkel und der guten Frau von Harling und antworten mir auch nichts hierauf durch die Post, sondern nur durch meinen Harling, wenn er wieder zurückkommt. Was soll ich Euer Liebden nun noch weiter sagen; nichts gutes weiß ich, denn der Hof wird jetzt durch die kontinuierlichen Heucheleien so langweilig, daß man schier nicht mehr dauern kann. Und unterdessen daß man allen Menschen Mark und Bein ausmergelt, um sie (wie man sagt) zur Tugend und Gottesfurcht zu bringen, wählt der König die lasterhaftesten Leute von der Welt, um stets damit umzugehen als nämlich die Lothringer und den Effiat. Ich habe nicht erfahren können, ob der König die Maintenon geheiratet hat oder nicht; viele sagen, daß sie seine Frau seie und daß der Erzbischof von Paris sie zusammengeben habe im Beisein von des Königs Beichtvater und der Maintenon Bruder; andre aber sagen, es sei nicht wahr, und man kann unmöglich erfahren, was dran ist. Was aber gewiß ist, ist, daß der König nie vor keiner Maitresse die Passion gehabt hat, so er vor diese hat, und es ist etwas Wunderliches, zu sehen, wenn sie beisammen sein; wenn sie an einem Ort ist, kann er keine Viertelstund dauern, ohne sie ins Ohr zu sprechen und heimlich mit ihr zu reden, ob er zwar den ganzen Tag bei ihr gewesen ist. Sie ist ein böser Teufel, so von jedermann sehr gesucht und gefürchtet wird, aber wenig beliebt ist. Der guten Madame Dauphine, welche wohl die beste Prinzeß von der Welt ist und ein gut, aufrichtig Gemüt hat, der macht sie oft hundert Händel an, ob selbige zwar ihren besten Fleiß tut, sie zu gewinnen; hergegen aber hat das Weib den Dauphin ganz an sich gezogen, um sich noch desto mehr von aller Welt und insonderheit von der Dauphine fürchten zu machen. Das ist der Stand, in welchem der jetzige Hof nun ist.

An den Raugrafen Karl Ludwig
ihren Stiefbruder, damals in venetianischen Diensten.
St. Cloud, den 17. Mai 1688.

Herzallerlieb Carllutz, es ist schon etliche Tage, daß ich Euren werten Brief vom 23. April empfangen habe, unmöglich aber eher, als nun, darauf antworten können. Denn ich war eben zu Versailles, als ich ihn bekam, und weil wir einen ganzen Monat gewesen, ohne dort zu sein, habe ich so viel Visiten bekommen, auch mich wieder so fleißig in den Jagden eingestellt, daß ich keine Zeit vor mir selber habe haben können, um zu schreiben. Weil Ihr nun ohne Zweifel wieder in Griechenland sein werdet, wenn Ihr diesen Brief empfangen werdet, so bitte ich Euch, mein herzlieber Carllutz, berichtet mir doch, was Ihr all Schönes dort gesehen habt und sehen werdet, und ob noch viel Rest von der Antiquität dorten zu sehen ist und ob noch Gebäu instand sein, wodurch man sehen könnte, was die Städte vor diesen gewesen sein! Und weil ich nicht zweifle, daß so viel zu schreiben Euch gar viel wegen Eurer Hand inkommodieren würde, auch wegen Eurem Kommando wohl vielleicht keine Zeit haben möchtet, so befehlet nur einem von Euren Leuten, eine Relation zu machen, und schickt mir dieselbige. Denn ich gestehe, daß ich eine rechte Neugierde habe, um zu wissen, wie Athene und Korintho nun beschaffen sein.

Sollte man mir geben, was mir in der Pfalz gebühret, versichere ich Euch, daß ich keine Ruhe haben würde, bis daß Ihr dies auch empfinden möget. In allem, worin ich

Euch und Euern Geschwistern werde dienen können, werde ich mich nicht versäumen, denn ich habe Euch alle lieb, aber Ihr seid mir aber doch der Liebste von allen... Ach mein Gott, mein herzlieb Carllutz, ich gäbe wohl was Guts drum, daß wir noch in der Zeit wären, wie wir turnierten; und wenn ich dann wissen könnte, was ich nun weiß, würde mich Frankreich gewiß nicht zu sehen bekommen und dies mehr als aus einer Ursach. Aber ich will nicht reflektieren, würde sonsten heute gar zu launisch werden.

In diesem Augenblick kommt Monsieur und mein Sohn herein und wollen spazieren fahren, muß derowegen schließen. Adieu denn, mein herzallerlieb Carllutz! Ich embrassiere Euch von Herzen und versichere Euch, daß keine von Euren Schwestern Euch lieber hat, als ich, und daß ich bis in Tod Eure treue und affektionierte Freundin verbleiben werde.

An die Herzogin Sophie
St. Cloud, den 26. September 1688.

Euer Liebden sagen mir nicht, wie der Kurprinz[1] heißt und welchen Namen man ihm gegeben hat. Ich wollte, daß Ihro Liebden der Kurfürst seine Gevattern, als nämlich unsern König und den Kaiser vergleichen möchte; das würde mir besser gefallen als alle seine schönen Demanten, und das sollte eine Zeremonie sein, so mir sehr wohl gefallen sollte. Unterdessen ist unser Dauphin nun ein Kriegsmann worden und gestern nach der Armee verreist, Philippsburg zu belagern und einzunehmen. Er sagte zu mir, nach Philippsburg wolle er Mannheim und Frankental einnehmen und vor mein Interesse den Krieg führen. Ich antwortete aber: „Wenn Sie meinen Rat hören wollen, so gehen Sie nicht hin, denn ich gestehe Ihnen, daß ich nur Schmerz davon haben kann, zu sehen, daß man sich meines Namens bedient, um

---
[1] Der am 15. August 1688 geborene Kurprinz Friedrich Wilhelm, Enkel der Adressatin, deren Tochter Sophie Charlotte den Kurfürsten von Brandenburg, den späteren König Friedrich I. von Preußen, geheiratet hatte.

mein armes Heimatland zugrund zu richten." Und so haben wir einander Adieu gesagt.

Ihro Liebden die Kurfürstin¹) haben wohl groß recht, Euer Liebden dero Kurprinzen²) nach Hannover in der guten Frau von Harling Hände zu geben; an keinem Ort kann er erzogen werden, wo er gesunder und stärker könnte werden als da, und wir alle, so der Frau von Harling Zucht sein, seind dessen ein gut Exempel.

Fontainebleau, den 8. Oktober 1688.

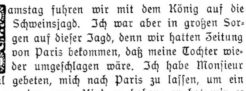amstag fuhren wir mit dem König auf die Schweinsjagd. Ich war aber in großen Sorgen auf dieser Jagd, denn wir hatten Zeitung von Paris bekommen, daß meine Tochter wieder umgeschlagen wäre. Ich habe Monsieur schon viermal gebeten, mich nach Paris zu lassen, um ein wenig Sorg vor das arme Kind zu haben; er hat mir es aber bisher nicht erlauben wollen, und das wegen einer Kabale, denn die Grancey, die sich in alles mischt, will mir einen Doktor geben, und den bin ich eben nicht willens von ihren Händen zu nehmen. Damit daß dieser Doktor doch möge von Monsieur genommen werden, tut man ihn zu meiner Tochter; also wenn mein Doktor weiß sagt, sagt dieser schwarz, und das arme Kind muß drüber leiden. Wäre ich aber zu Paris, würde ich examinieren, was am nützlichsten sein könnte, und mich an dem halten, ohne Parteilichkeit. Drum sticht man Monsieur in den Kopf, mir zu wehren, nach Paris zu gehen. Muß also meine einzige Tochter wegen der Kabalen Interesse hinrichten sehen, welches mich in der Seelen schmerzt, und kann nicht lassen, mein Herz bei mein herzlieb Tante auszuschütten. Jedoch hab ich mich nicht enthalten können, ein paar Wort zu sagen, welches Monsieur gar übel genommen. Kann also nichts tun als mein armes Kind Gott dem Allmächtigen zu befehlen.

1) von Brandenburg, Sophie Charlotte 2) Siehe Anmerkung S. 120.

Montags empfing ich noch gar schlimme Zeitung von meiner Tochter, welches mich denn nicht weniger Tränen vergießen machte; abends mußte ich ins Apartement mit roten Augen. Dienstags fuhren wir wieder mit dem König auf die Jagd, kamen erst nachts wieder; Mittwoch rennten wir wieder den Hirsch, aber meine Unlust verjagte ich gar nicht, wie Euer Liebden leicht gedenken können.

Ich wollte von Grund meiner Seelen, daß ich den armen raugräflichen Kindern dienen könnte. Ich wollte es von Herzen gern tun, allein was kann ich tun? Man erlaubt mir nicht, vor meine eigenen Kinder zu sorgen. Sie werden jetzt noch mehr zu beklagen sein, denn dieser elende Krieg kann ihnen wohl nichts nutzen und mir ebensowenig.

Daß meine Kinder niemand als mich fürchten, ist nur gar zu wahr, denn Monsieur will sich nie die Mühe geben, ihnen ein einzig Wort zu sagen; ihr Hofmeister und Hofmeisterin seind beide die albernsten und dümmsten Leute, so in der Welt mögen gefunden werden. Die Kinder fehlen gottlob nicht von Verstand und könnens nicht lassen, ihre Vorgestellten auszulachen, also muß ich wohl ihnen sagen, was sie tun oder lassen sollen. Sie fürchten mich also, allein sie haben mich doch lieb dabei, denn sie seind räsonnabel genung, um zu sehen, daß, was ich ihnen sage, vor ihr Bestes ist. Ich filze selten, aber wenn es sein muß, geb ichs dicht; das macht desto mehr Impression. Wenn sie meinem Rat folgen werden, werd ich nichts übles aus ihnen ziehen ohngeacht alle böse Exempel, so die armen Kinder stets vor sich sehen. Aber dies ist auch ein Text, welchen man mit Stillschweigen muß vorbeigehen; komme derowegen an die Koiffüren. Ich bin versichert, daß, wenn Euer Liebden sehen sollten, mit was Mühe und Sorgen sich die Weiber nun abscheulich machen, würden Euer Liebden von Herzen darüber lachen. Ich vor mein Teil kann dieser Maskeraden ganz nicht gewohnen, aber alle Tag setzt man sich höher auf; ich glaube, daß man endlich wird gezwungen sein, die Türen höher zu machen, denn sonsten wird man nicht mehr in den Kammern aus-

und eingehen können. Wenn die Weiber in Hauben sein, sehen sie eben aus wie die Melusine, so ich in einem alten Buch gemalt gesehen; mich deucht, ihr Schweif am Rock wird endlich auch zur Schlangen werden, wie jene. Wenn solches der Grancey widerführe, nähme michs kein Wunder, denn sie hat schon eine Schlangen= und Otternzunge, welche mich nur gar zu oft sticht. Es ist aber auch wohl einmal Zeit, daß ich diese lange Epistel endige.

Fontainebleau, den 10. November 1688.

Freitag ist mir die betrübte Zeitung von meines lieben Carllutz Tod[1]) kommen, welches mich denn in einen Stand gesetzt, wie Euer Liebden wohl leicht denken können, bin zwei= mal 24 Stund gewesen, ohne daß es in mei= nem Vermögen war, von Weinen aufzuhören, wie Euer Lieb= den beide Prinzen[2]) Euer Liebden werden vielleicht geschrie= ben haben, denn sie waren eben hier bei mir. Ob ich zwar jetzt nicht mehr so kontinuierlich weine wie die ersten Tage, so fühle ich doch eine innerliche Melancholie und Betrübnis, daß ich wohl spüre, daß ich den guten Carllutz noch nicht so bald ver= schmerzen werde. Und was noch meine Unlust vermehrt, ist, daß ich alle Tag hören muß, wie man sich präpariert, das gute Mannheim zu brennen und bombardieren, welches der Kurfürst, mein Herr Vater selig, mit solchem Fleiß hat bauen lassen; das macht mir das Herz bluten. Und man nimmt mir es noch hoch vor übel, daß ich traurig darüber bin. Wenn Euer Liebden an Monsieur wegen der übrigen armen raugräflichen Kinder schreiben wollen, können sie es wohl tun, Monsieur wird es nicht übel nehmen, allein es wird zu nichts nutzen, denn Monsieur wird es nicht aus seinem eigenen Beutel nehmen und ihnen schicken und von der Pfalz empfangen Jhro Liebden keinen Heller. Und ob er zwar den König gebeten, daß man in seinem Namen

---

1) Am 12. August war der Raugraf bei der Belagerung von Negroponte am Fieber gestorben, erst 30 Jahre alt. 2) Christian und Ernst August von Hannover.

huldigen möge, hat der König doch solches nicht gewollt, ist
auch nicht geschehen. Also bisher ist niemand Herr von der
Pfalz, als der König, zweifle aber sehr, daß Ihro Majestät
den raugräflichen Kindern was geben wollen, denn Barm=
herzigkeit ist nicht, was hier am meisten regiert.

Die zehn Tage, wie ich zu Paris krank war, hat der
König nicht nach mir fragen lassen; ich hab ihm geschrieben,
hat mir aber nicht geantwortet. Wie ich wieder herkommen,
war ich neugierig um zu wissen, was das bedeutet, ließ
derowegen unter der Hand nachforschen und erfuhr, daß der
König bös über mich seie wegen eines Diskurs, so ich mit
dem Herzog von Montausier gehalten. Den will ich Euer
Liebden verzählen: Monsieur de Montausier kam zu mir in
der Dauphine Kammer und sagte: „Madame, Monsieur le
Dauphin ist Euer Ritter, er erobert Euch Eure Güter und
Besitztümer." Erstlich antwortete ich nichts hierauf; her=
nach sagte er: „Es scheint mir, Madame, daß Ihr das, was
ich sage, sehr kühl aufnehmt." Ich antwortete: „Ja, mein
Herr, es ist wahr, daß ich Eure Worte kühl aufnehme, denn
Ihr sprecht von derjenigen Sache, von welcher ich am wenig=
sten gern sprechen höre, daß mein Name zum Verderb meines
Heimatlandes dient¹). Ich bin weit entfernt, darüber Freude
zu empfinden; ich bin sehr zornig darüber. Die Kunst zu
heucheln verstehe ich nicht, aber ich kann schweigen. Also
wenn man nicht will, daß ich sagen soll, was ich denke, so
ist es nicht nötig, mich sprechen zu machen." Dieses, wie man
mir sagt, hat der Alte gar übel gefunden und es an andere ver=
zählt, die es dem König gesagt, welcher es endlich auch gar
in Ungnaden aufgenommen. Aber ich kann nichts davor;
warum geht man auch so wunderlich mit mir um! Will

---

1) Damals tobte der Orleansche Krieg, den König Ludwig unter dem Vorwand
führte, die Pfalz für seine Schwägerin Liselotte zu erobern, obgleich diese selbst gar keinen
Anspruch auf das Land erhob. Die französischen Truppen verheerten die Länder am
Rhein, bis sie sie nach Louvois Befehl zur Wüste gemacht hatten; nicht nur die Ort=
schaften wurden verbrannt, sondern auch Fruchtfelder und Weinberge. Gegen die un=
glücklichen Bewohner wurden unerhörte Grausamkeiten verübt. Man zwang sie sogar
selbst beim Zerstörungswerk Hand anzulegen. Das Heidelberger Schloß zeigt noch
heute die Spuren jener Greuelzeit.

sein Herr Bruder die Augen nicht auftun, um zu sehen, wie
man uns das Unsrige nimmt, kann ich doch den meinigen
nicht wehren, die Wahrheit zu sehen und sich nichts weis
machen zu lassen.

Versailles, den 20. März 1689.

uer Liebden wissen wohl, daß ich nichts un=
gerners tue als lamentieren, und allebenwohl,
wenn man so traurig ist, als ich leider seit
einer langen Zeit her bin, kann man sich dessen
schwerlich enthalten, und wes das Herz voll ist,
geht der Mund leicht über. Mir kommt die Traurigkeit noch
schwerer an als andern, denn meine herzliebe Tante weiß
wohl, daß ich es nicht von Natur bin, allein wenn einen das
Unglück so auf allen Seiten überhäuft, kann man doch nicht
lassen, solches zu empfinden. Kaum hatte ich mich über des
armen Carllutz Tod ein wenig erholt, so ist das erschreck=
liche und erbärmliche Elend in der armen Pfalz angangen,
und was mich am meisten daran schmerzt, ist, daß man
sich meines Namens gebraucht, um die armen Leute ins
äußerste Unglück zu stürzen. Und wenn ich darüber schreie,
weiß man mirs gar großen Undank und man protzt mit mir
drüber. Sollte man mir aber das Leben darüber nehmen
wollen, so kann ich doch nicht lassen, zu bedauern und zu
beweinen, daß ich sozusagen meines Vaterlands Untergang
bin und über das alle des Kurfürsten, meines Herrn Vater
seligen Sorge und Mühe auf einmal so über einen Haufen
geworfen zu sehen an dem armen Mannheim. Ja ich habe
einen solchen Abscheu vor allem, so man abgesprengt hat,
daß alle Nacht, sobald ich ein wenig einschlafe, deucht mir,
ich sei zu Heidelberg oder zu Mannheim und sähe alle die
Verwüstung, und dann fahr ich im Schlaf auf und kann
in 2 ganzen Stunden nicht wieder einschlafen. Dann kommt
mir in Sinn, wie alles zu meiner Zeit war, in welchem
Stand es nun ist, ja in welchem Stand ich selber bin, und
dann kann ich mich des Flennens nicht enthalten. Was

mir noch schmerzlich ist, ist, daß der König just gewartet hat, um alles ins letzte Elend zu bringen, bis ich vor Heidelberg und Mannheim gebeten. Und noch dazu nimmt man übel, daß ich betrübt drüber bin, aber ich kanns wahrlich nicht lassen.

Ich habe auch wohl gedacht, daß unserer guten Königin in Spanien¹) Tod Euer Liebden zu Herzen gehen würde; ich kanns auch noch nicht verdauen, und ob ich zwar nach dem Exempel aller Jhro Majestät nahen und hohen Verwandten jetzt wieder bei allen Belustigungen bin, so komme ich doch eben so traurig wieder davon, als ich dazu gangen bin, und nichts kann mich divertieren von meiner Unlust . . .

Aber ich will Euer Liebden nicht länger mit meinen melancholischen Gedanken unterhalten und von was anders reden. Euer Liebden werden ohne Zweifel all wissen, daß der König in Engelland nicht mehr hier ist. Als ich von Jhro Majestät Abschied nahm, befahlen sie mir, Eure Liebden Dero Komplimente zu machen und zu sagen, daß er jetzt so viel zu tun hätte, daß er Euer Liebden unmöglich schreiben könnte. Wenn man den guten König sieht und spricht, jammert er einen zwar sehr, denn er scheint die Gutheit selber zu sein, allein es kann einen nicht Wunder nehmen, daß ihm widerfahren ist, was wir jetzt sehen²). Die Königin aber scheint viel Verstand zu haben und gefällt mir recht wohl. Der Prinz von Wales ist gar ein artig Kind, gleicht ganz an die Konterfei von dem verstorbenen König in Engelland, sehr lebhaft und hübsch von Gesicht. Wer die beiden Könige jetzt unterscheiden will, kann von dem Prinzen von Oranien sagen, daß er der König in Engelland ist, unserer aber ist der König aus Engelland.

P. S. Mit Euer Liebden gnädiger Erlaubnis rekommandiere ich mich gehorsamst an Onkel. Die Brandenburgischen Truppen haben die Franzosen ein wenig geputzt; was ich hierauf gedenke, läßt sich der Feder nicht vertrauen, Euer Liebden aber wohl leicht erraten.

---

1) Ihre älteste Stieftochter. Sie war am 12. Februar gestorben, vermutlich durch Gift. 2) König Jakob II. war von den Engländern abgesetzt worden, worauf diese seinen Schwiegersohn Wilhelm von Oranien auf den Thron berufen hatten

Versailles, den 14. April 1689.

Ob ich schon dem Kurfürsten zu Pfalz nichts übels gönne, so ist doch nicht, was mich schmerzt, daß man die arme Pfalz so übel zugerichtet hat, seitdem sie in seinen Händen ist, sondern was mich darin grollet, ist, daß man die armen Pfälzer in meinem Namen betrogen, daß die armen unschuldigen Leute aus Affektion vor den Kurfürst, unsern Herrn Vater selig, gemeint, sie könnten nicht besser tun, als sich willig ergeben, und daß sie mein sein würden und glücklicher leben als unter dem jetzigen Kurfürsten, weil ich noch von ihrer rechten Herren Geblüt bin, und daß sie sich nicht allein in dieser ihrer Hoffnung betrogen finden und ihre Affektion sehr übel belohnt sehen, sondern auch, daß sie in ein ewiges Elend und Misere dadurch geraten seind. Das schmerzt mich, daß ich es nicht verdauen kann. Hätte ich hier etwas, so mich sonsten erfreuen könnte, so würde ich vielleicht unangesehen alles Elends, so man erlebt, doch noch wohl etlichmal lustig sein können; aber eben dieselbigen Leute, so an meines armen Vaterlandes Unglück schuldig sein, verfolgen mich persönlich hier auch, und kein Tag vergeht, daß man nicht was neues Verdrießliches hat. Und mit diesen Leuten allen muß man sein Leben bis ans End zubringen. Und wenn sie einem nur sagen wollten, was sie wollen, könnte man sich danach richten; aber man sagt einem nichts, und alles, was man sagt und tut, findet man übel. Ich wollte lieber, daß man mich heimlich schlüg und daß ich danach quitt davon wäre, als daß man mich so zergt, wie man tut, denn das quält einem das Mark aus den Beinen und macht einem das Leben ganz verdrießlich. Ich habe noch was andres gemerkt, nämlich daß, wenn der König fürchtet, daß Monsieur könnte bös über ihn werden, als zum Exempel, wenn er seinem Bastard große Gouvernementen gibt und ihm nichts, wenn er willens ist, eine Bitte abzuschlagen, so Monsieur dem König getan, oder wie jetzt, wenn er ihn hier sitzen läßt, ohne ihm eine einzige Armee anzuvertrauen und kein Kommando gibt, und was dergleichen mehr sein mag, dann flattiert der König den Lothringern und allen meines Herrn Favoriten, mich aber traktiert er sehr übel und mit Verachtung, und weil Monsieur diese lieb hat und mich haßt, bezahlt man ihn auf diese Weise. Womit denn Monsieur sehr wohl zufrieden ist und weiter nichts begehrt. Es ist gewiß, daß ich als vor alles bezahle, und bezahle allein, denn allen andern, so um Monsieur sein, kommt es zu nutz. Aber ich will Euer Liebden nicht länger mit meinen Lamentationen verdrießlich fallen und von was anderm reden. Apropos daß Euer Liebden sagen, daß unser König in Engelland¹) Euer Liebden jammert und daß die Pfaffen alles verderben, wo sie Macht haben, so muß ich Euer Liebden ein schön Diktum schreiben, so ich heute gelernt habe und welches Euer Liebden gewiß besser divertieren wird als meine Klagen:

Der Prinz von Oranien beherrscht alles,
der Kardinal Fürstenberg entzweit alles,
der König von Frankreich beansprucht alles,
der Papst verweigert alles,
Spanien verliert alles,
Deutschland widersetzt sich allem,
die Jesuiten mischen sich in alles.
Wenn Gott nicht alles in Ordnung bringt,
wird alles der Teufel holen.

Die dieses gemacht haben, hatten ebenso gute Opinion von den Herren Jesuwittern als Euer Liebden.

St. Cloud, den 20. Mai 1689.

b zwar Euer Liebden mir versichern, daß meine Lamentationen denselben nicht unangenehm sein würden, weil es mich erleichtert, so weiß ich doch gar zu wohl, daß Dero Gnade gegen mir Euer Liebden nur diese Geduld giebt, denn sonsten ist wohl nichts langweiligeres in der Welt, als

---

¹) Der vertriebene König Jakob II.

lange Klagen anzuhören, und will ich mich dessen so viel hüten, als mir immer möglich sein wird. Doch kann ich nicht lassen, Euer Liebden zu gestehen, daß sie wohl groß recht haben, wenn sie glauben, daß ich wenig Freude in dieser Welt habe, welches mir noch desto schwerer vorkommt, da mein Humor gar nicht ist, mich umsonst zu quälen und grittlich zu sein. Aber so lustig als man auch von Natur sein mag, findet man doch gar wohl die Kunst hier, einem alle Lust zu vertreiben und recht traurig zu machen. Ich weiß, daß Euer Liebden Verstand genung haben, um alles nach Dero Sinn zu drehen, jedoch sollten Euer Liebden hier sein, und unser Leben bei nahem zu sehen, und ein wenig mit drin gemischt zu werden, so würden sie vielleicht sehen, daß es nicht so leicht ist, als sie es meinen, Monsieur vor mich in guten Humor zu bringen, denn wer dieses unterfangen wollte, muß sich gefaßt halten, mehr als ein Dutzend Feind auf den Hals zu jagen, welche einem in alles verfolgen schier, so lang als man lebt. Denn wer sich vor mich deklariert, dem giebt man kein Quartier bis ans Ende seines Lebens. . . .
Es würde mir nicht wohl anstehen, Euer Liebden nicht beizufallen, daß Monsieur der beste Herr von der Welt ist, allein so werden Euer Liebden mir doch wohl erlauben, nur zu sagen, daß Euer Liebden ihn zu wenig gesehen haben, um perfett davon zu judizieren, und daß ich wohl was Mehreres davon weiß, indem ich, wie das teutsche Sprichwort sagt, schier schon zwei Küchenbuben oder Simmern[1]) Salz mit ihm gefressen, ihn auch dermaßen examiniert, daß ich ihn jetzt wahrhaftig perfett kenne, und also vielleicht nur gar zu wohl weiß, was ich zu erwarten habe. Aber dieses seind gar zu langweilige Historien, will derowegen nur davon stillschweigen und von was anders reden. Wer sich trösten könnte, nicht allein unglücklich zu sein, würde großen Trost hier finden.

Euer Liebden sagen, daß man einem alles nehmen kann, ausgenommen ein fröhlichs Herz. Wie ich noch in Teutschland war, hätte ich es auch wohl so gemeint, seit ich aber in

---
1) Scheffel.

Frankreich bin, hab ich leider nur zu sehr erfahren, daß man einem dieses auch nehmen kann. Wenn die, so einen chagrinieren, unter einem seind und man nicht davon zu dependieren hat, kann man sich wohl mit Verachtung salvieren, wenn sie aber über einem Herr und Meister seind und man keinen Schritt in seinem Leben tun kann, ohne von ihnen zu dependieren, ist die Sach wohl nicht so leicht als man es sich einbilden könnte. Wenn meine Kinder in meiner Macht stünden, würden sie mir große Freude verursachen; aber wenn ich denke, daß meine Tochter schon mit solchen Leuten umringet ist, daß ich kein Wort vor ihr sagen darf, aus Furcht, daß man mir Händel machen möchte, und ich sehe, daß Monsieur fest im Sinne hat, den Marquis d'Effiat meinem Sohn vor Hofmeister zu geben, welcher mein ärgster Feind ist und mir meinen Sohn so sehr aufreizen wird, als er bisher schon Monsieur getan, muß ich gestehen, daß die Kinder mir mehr Kummer als Freuden geben. Der König hat Bethune nicht erlauben wollen, Polen zu verlassen und meines Sohns Hofmeister zu werden, fürchte also gar sehr, daß es obgedachter Marquis werden wird, welcher der ausschweifendste Kerl von der Welt ist, und insonderheit auf die schlimmste Art. Wird er meines Sohns Hofmeister, mag ich nur versichert sein, daß er ihn alles lehren wird, so am ärgsten in der Welt ist, welches mich denn wenig erfreuen wird[1]). Was meine Tochter anbelangt, so fürchte ich sowohl als Euer Liebden, daß der leidige Krieg wohl verhindern wird, daß sie den Kurprinzen zu Pfalz nicht bekommen mag. Jedoch so kann ich nicht unterlassen, solches zu wünschen, denn es mir ein rechter Trost sein würde, zu gedenken, daß Ihro Gnaden des Kurfürsten, meines Herrn Vater selig, Enkel wieder in der Pfalz regieren würden und meine Tochter keinen hinkenden Bastard zum Mann haben würde. Unsere raugräflichen Kinder seind wohl unglücklich, alles das ihrige so zu verlieren; hätte ich Geld, wollte ich ihnen von Grund meiner Seele gerne was schicken, aber Euer Liebden können sich

---

[1]) Diese Befürchtung erfüllte sich zum Glück nicht.

nicht einbilden, in welchem elenden Stand ich selber bin: ich hab nur hundert Pistolen monatlich; ich kann nie weniger als eine Pistole geben; in acht Tagen geht mein Geld in Obst, Briefe von der Post und Blumen drauf. Wenn mir der König was gibt, muß ich die alten Schulden bezahlen, und er gibt mir nichts, als zum Neujahr, und Monsieur nie keinen einzigen Heller; will ich die geringste Bagatelle kaufen, muß ichs entlehnen, also ist es mir ganz unmöglich, Präsenten zu geben. Sollte ich zwar Karl Moritz[1]) herkommen lassen und einen Abt aus ihm machen, wird er doch keine Benefiz bekommen, welche jetzt gar rar werden. Madame de Maintenon wird wohl niemand protegieren, so mir zugehört, darauf ist nichts zu hoffen; ihr Haß, welchen ich doch nie verdient, ist gar zu groß gegen mir, seitdem sie so in Gnaden, hat ja der König mir rund abgeschlagen, den Raugraf Carllutz in Diensten zu nehmen, wird wohl seinen Gebrüdern nicht gnädiger sein.

St. Cloud, den 5. Juni 1689.

Ob ich zwar nun wohl schon gewohnt sein sollte, das arme Vaterland in Brand zu wissen, indem ich seit langer Zeit her von nichts anders höre, so kann ich doch nicht lassen, allemal wenn man mir aufs neue einen Ort nennt, so verbrennt ist worden, solches zu bedauern und mit Schmerzen anzuhören. Es ist wohl eine große Barmherzigkeit von Euer Liebden, den armen Pfälzern Almosen zu geben. Letztmal hat mir Monsieur was gesagt, das mich recht in der Seele verdrossen hat und ich bisher nicht gewußt hatte, nämlich, daß der König alle Kontributionen in der Pfalz in meinem Namen aufgenommen; also werden die armen Leut meinen, ich hätte von ihrem Unglück profitiert und wäre an allem Ursach, und das betrübt mich recht von Herzen. Wollte Gott, daß es wahr wäre, daß man mir alles das Geld geben hätte, so man aus der armen Pfalz gezogen, und daß

---

[1]) Liselottens Stiefbruder. Er fand hernach bei Herzogin Sophie ein Unterkommen.

man mich damit gewähren ließe: die armen raugräflichen Kinder und die armen Pfälzer würden sich gewiß besser dabei befinden. Aber die Wahrheit ist, daß ich weder Heller noch Pfennig davon hab zu sehen bekommen ... Ich muß gestehen, seitdem ich sehe, daß die Pfaffen so gar unchristlich sein und überall nichts als Barbareien begehen machen oder auf wenigst nicht abwehren, wo sie es tun sollten, kann ich sie nicht mehr vertragen und seind mir alle ein solcher Abscheu worden, daß, ehe ich jemand von meinen Angehörigen sehen sollte, so ein Pfaff sein würde, mag ich ihn noch lieber sein Brot betteln sehen. Aber dies ist ein Text, bei welchem ich mich nicht lang aufhalten muß, denn sollte man es auf der Post lesen, würde man ohne Zweifel sagen, daß ich Dragoner vonnöten hätte, um mich zu bekehren, muß derowegen von was anders reden.

Ich habe mit Monsieur de Rebenac wegen der guten seligen Königin in Spanien[1]) Tod gesprochen; es ist nur gar zu wahr, daß sie ist in rohen Austern vergiftet worden. Unsere Dauphine ist wohl nicht vergiftet, aber sie wird je länger je baufälliger, und es ist mir todbang, daß es nicht lang währen wird. Im Anfang sagten die Doktoren, um ihre Cour zu machen an etliche alte Weiber, so ich nicht nennen mag, Euer Liebden aber wohl raten können, daß Madame la Dauphine hypochondrisch seie und sich nur einbildt, daß sie krank wäre. Damit haben sie das Übel so einfressen lassen, daß ich fürchte, daß nun schwerlich Rat wird zu finden sein. Nun sie aber ganz bettlägerig ist, müssen die Doktoren wohl gestehen, daß es eine rechte Krankheit ist; aber sie seind gar ignorant und wissen nichts als Purgieren, Aderlassen und Klistieren, und damit ist Madame la Dauphine nicht geholfen. Wenn uns Gott nicht sonderlich hilft, fürchte ich, daß wir erster Tagen etwas Abscheuliches noch hier erleben werden; es graust mir, dran zu gedenken, denn ich habe die gute Madame la Dauphine von Herzen lieb[2]).

---

[1]) Ihre Stieftochter Maria Luise, Gemahlin Karls II. von Spanien, gest. 12. Febr. 1689. Rebenac war französischer Gesandter in Spanien. [2]) Die Dauphine starb am 20. April des folgenden Jahres.

Versailles, den 24. Juli 1689.

aß Euer Liebden sagen, daß die Jungfern nun alle Fräulein sein wollen, das erinnert mich an Ihro Gnaden den Churfürsten selig, welcher, wie er sahe, daß die Neuburgischen Jungfern sich alle Fräulein nennen ließen, sagte er: sie wollen niemand nicht betrügen; wenn man sie Jungfern hieße, möchten sie es vielleicht nicht sein. Die rechten armen Fräulein, nämlich die raugräfischen, dauern mich wohl von Herzen, allein ich weiß keinen Rat vor die armen Kinder.

Daß Euer Liebden und Onkel sagen, daß ich ihnen einen Affront tue, wenn ich sage, daß ich alt bin, so würde ich mich vielleicht nicht so alt dünken, wenn ich mich auch divertieren dürfte, aber die Langeweile und der kontinuierliche Zwang machen einen älter in einem Jahr, als man sonsten in zehn wird, wenn man in Freiheit lebt und sich lustig macht . . .

Versailles, den 26. August 1689.

uer Liebden müssen wissen, daß meine widerwärtige Partei Monsieur in den Kopf gebracht hat, seinen Oberstallmeister zu meines Sohnes Hofmeister zu machen. Weil mir aber, mit ganz Frankreich, bewußt ist, daß dieser Mensch einer von den ehrvergessensten und ausschweifendsten Kerlen von der Welt ist, hab ich Monsieur gebeten, meinem Sohn einen anderen Hofmmeister zu geben, und meine Ursachen seind diese, daß es mir deucht, daß es meinem Sohn keine Ehre sein könnte, daß man meinen sollte, daß er des d'Effiat Mätresse sei, denn es ist gewiß, daß kein größerer Sodomit in Frankreich ist, als dieser, und daß es ein schlechter Anfang vor einen jungen Prinzen sei, mit den ärgsten Ausschweifungen von der Welt sein Leben anzufangen. Auf diesen Punkt hat Monsieur geantwortet, er müsse zwar gestehen, daß d'Effiat ausschweifend gewesen wäre und die Jungen lieb gehabt hätte, allein daß es schon viel Jahre wäre, daß er sich von diesem Laster korrigiert hätte. Ich sagte, daß noch gar wenig Jahre wäre, daß ein hübscher, junger Teutscher, so hier wäre, mir Entschuldigung gemacht, daß er nicht so oft zu mir käme, als er es wünschte, daß d'Effiat ihn zu sehr plagte, wenn er ins Palais Royal käme. Also wäre er nicht so lange Jahre korrigiert, als seine Freunde sagten. Aber gesetzt, daß er etlich Jahre gewesen wäre, ohne dies Laster zu vollziehen, glaubte ich nicht, daß man meinen einzigen Sohn müßte zur Prob geben, um zu sehen, ob der Herr Oberstallmeister seinen Pagen abgesagt hätte oder nicht, und derowegen von denen, so des d'Effiat Veränderung nicht wüßten, vor einen verdorbenen und verlorenen Menschen müßte angesehen sein; welches ihm eine schlechte Reputation geben würde. Daß es mir fremd vorkomme, daß ein Kerl, so fast vor zwei Jahren noch ohne einigen Respekt, noch vor Monsieur noch vor mich, einer von meinen Jungfern ein Kind angestellt und sie ins Haus hier ins Kindbett lassen kommen, auch noch seine Kammer im Palais Royal voller Huren und Buben hätte, meines Sohns Hofmeister sein sollte; welches meinem Sohn ein schlecht Exempel geben könnte; daß ich aber noch mehr Ursachen hätte, Monsieur zu bitten, diesem Menschen meinen Sohn nicht anzuvertrauen: daß er mein ärgster Feind seie, daß Monsieur sich noch wohl erinnern könnte, wie ich ihm vor seinen Augen überwiesen alles, was er auf mich gelogen hätte, daß er mich ja auf den Knieen vor Monsieur selber hätte deswegen um Verzeihung gebeten, daß also mir nichts in der Welt schmerzlicher sein könnte, als meinen einigen Sohn als Belohnung zu sehen von all dem Übel, so dieser gottlose Mensch mir zuwegen gebracht und mich um die Ehre durch seine Lügen bringen wollen und Monsieurs ewigen Haß auf mich ziehen, daß ich also nichts als Haß, auch von meinem Sohn, müßte gewärtig sein, wenn er einen solchen Hofmeister haben würde; daß Monsieur Herr und Meister seie und meinen Sohn in welche Hände er wollte geben könnte, allein daß d'Effiat sein Leben weder meine Approbation noch Zustimmung haben würde. Und wenn mein Unglück wollte, daß man meinem Sohn diesen Hofmeister gebe,

so müßte man nicht vor übel nehmen, daß ich mich bei der
ganzen Welt entschuldigte und zu erkennen gebe, daß es ohne
meinen Willen geschehen. Anfangs sagte Monsieur, Madame
de Maintenon hätte die Sach sehr approbiert und hätte den
König drin zustimmen machen; ich antwortete, das wäre ein
schlimm Zeichen vor Monsieur und meinen Sohn, denn weil
Jhro Majestät zugeben, daß er in diese Hände fiele, wäre es
ein Zeichen, daß er nichts mehr nach meinem Sohn fragte,
denn dem König alle des d'Effiat Laster so wohl bekannt
wären, daß er mir selber oft davon gesprochen hätte, wie es
auch in der Tat wahr ist, daß, was Madame de Maintenon
Approbation anginge, sollte Monsieur selbige in diesem Stück
für verdächtig halten, indem die Liebe, so sie vor Monsieur
du Maine hat, welchen sie erzogen und wie ihr eigen Kind
liebt, groß genung seie, um zu wünschen, daß er meinen Sohn
an Tugenden übertreffen würde, derowegen gar gern zu=
stimmen, daß d'Effiat meines Sohns Hofmeister seie, aber daß
dieses Monsieur eben die Augen öffnen sollte und weisen, wie
wenig dieser Hofmeister tüchtig vor seinen Sohn seie. Anfangs
als d'Effiat sahe, daß ich mich so sehr opponierte, sagte er,
er wollte es nicht sein, hernach aber gereute es ihn, und er
suchte die Sach mehr als nie. Monsieur hatte mir schon sagen
lassen, doch mit etwas Verdruß, daß d'Effiat nicht Hofmeister
sein wollte und nicht sein würde, weil er es nicht wollte,
aber die Sach wäre gar nicht meinetwegen zurückgangen.
Jch antwortete im Lachen, daß Monsieur mir die Mühe durch
dies Kompliment sparte, ihm zu danken, daß ich aber eine
solche Freude hätte, daß ich nicht würde lassen können, nicht
allein Monsieur, sondern auch d'Effiat selber davor zu dan=
ken. Ich war selbigen Abend wieder gutes Muts, und meinte,
es wäre alles gut; hernach aber schickte man mir Monsieur
seinen Beichtvater, und als ich nach Paris ging, sagte mir
die Comtesse de Beuvron[1], daß Monsieur ihr auch seinen
Kanzler geschickt, um mir eine Proposition vorzutragen; weil
aber leider all eins seind, so will ich sie Euer Liebden hier

---

1) Jhre Hofdame, geborene Theobon.

sagen und auch meine Antwort; doch der Unterschied von Bei=
den war, daß des Beichtvaters Kommission nicht so erschrecklich
hart war, als die von der Comtesse de Beuvron. Ob der gute
Jesuwit mir die Sach gemildert nach seinem Belieben, weiß ich
nicht. Monsieur ließ mir sagen: daß er ganz resolviert hätte,
den d'Effiat zum Hofmeister zu machen, ich möchte meinen
Konsens drin geben, oder nicht; derowegen würde ich wohl
tun, mich in der Sach zu ergeben, daß, wofern ich die Sach
gutwillig täte, wollte er mir eine Vollmacht geben, um drauf
zu schreiben, was ich nur begehrte, er wolle auch die Comtesse
de Beuvron wiedersehen, sie wohl traktieren und alles suchen,
was er tun könnte, mir zu gefallen. Sofern ich mich aber
auflehnen würde und sagen, daß die Sach wider mei=
nen Willen geschähe, so würde es nichts desto weniger
geschehen, aber der Unterschied würde sein, daß er mich mein
Leben unglücklich machen wollte, der Comtesse de Beuvron
verbieten, mich nie zu sehen, mir alles abschlagen, was ich
von ihm begehren möchte, mir allen Degout geben, so
immer möglich sein kann, allen Eklat machen, so mir zu=
wider sein könnte, und dadurch wohl erweisen, daß er
Herr in seinem Hause seie.... Seitdem hat der König
einen Hofmeister vor Monsieur le Duc de Bourgogne
gewählt, welches wohl einer von den tugendhaftesten Menschen
von der Welt ist[1]: derowegen hab ich an Jhro Majestät ge=
schrieben und gebeten, sie möchten doch auch eine Wahl vor
meinen Sohn tun, hat mir aber weder mit Worten noch Schrei=
ben geantwortet. Was aus diesem allen noch werden wird,
wird die Zeit lernen. Monsieur protzt ein wenig, aber ich tue
ganz wie gewöhnlich, und als wenn nichts vorgegangen wäre,
und bin so höflich, als mir immer möglich ist. Alle Tag
schickt man mir noch Leute, um mich zu persuadieren. Es
wundert mich, daß Monsieur nicht an Euer Liebden geschrieben,
um Dero Hülf auch zu ersuchen, aber ich glaube, er darf es
nicht tun, und daß Euer Liebden vielleicht werden gehört

---

[1] Fenelon, Erzbischof von Cambray, Verfasser des Telemaque, der den Herzog
von Bourgogne zu einem Muster von Tugendhaftigkeit erzog.

haben, daß man diesen d'Effiat auch beschuldigt, der verstorbenen Madame das Gift gegeben zu haben, so der Chevalier de Lorraine von Rom durch Morel geschickt hatte wie man sagt; welche Anklage, sie seie falsch oder wahr, doch noch ein schöner Ehrentitel ist, um ihm meinen Sohn zu vertrauen.

St. Cloud, den 21. September 1689.

amit Euer Liebden aber die Fortsetzung von dieser Historie wissen mögen, so habe ich mit dem König gesprochen. Ihro Majestät sagen, daß es lauter Lügen wären, daß man sagte, daß er d'Effiat zu seines Neveu Hofmeister haben wollte. Im Gegenteil, er hätte Monsieur ein ganz Jahr lang schon davon abgehalten. Worauf ich geantwortet, daß ich Ihro Majestät untertänig bäte, diese Güte noch vor meinen Sohn zu haben und ihm einen ehrlichen Mann auszusuchen und selbigen Monsieur proponieren; welches mir der König versprochen. Seiderdem hat man mir wieder aufs neue dräuen wollen; ich habe aber gesagt, daß ich mich nicht fürchte, hätte schier das Sprichwort angeführt: „Wer von Dräuen stirbt, den muß man (met verlöff met verlöff) mit Fürzen begraben." Ich habe ihnen zu verstehen gegeben, daß ich wohl wüßte, daß sie gelogen hätten. Seiderdem ist alles still, und unter der Hand hab ich erfahren, daß der König mir sein Versprechen hält und daß zu hoffen ist, daß mein Sohn einen andern Hofmeister bekommen wird. Gott gebe, daß man uns einen ehrlichen Mann geben mag! Bethune hat der König vonnöten und der kann es nicht sein, welches mir sehr leid ist. Denn ich bin persuadiert, daß, wenn er es gewesen wäre, hätte ich nicht zu fürchten gehabt, daß er mir meinen Sohn gegen mich würde gehässig machen.

<small>Hofmeister des Prinzen Philipp wurde sodann der Abbé Dubois, der spätere Kardinal. Seine Erziehung war jedoch nicht dazu angetan, den jungen Fürsten vor den am Hofe herrschenden Ausschweifungen zu bewahren. Und Liselotte erlebte den bittern Schmerz, daß ihr geliebter Sohn einer der schlimmsten Wüstlinge wurde, da er mit der von ihr ererbten deutschen Gründlichkeit das Lasterleben jener Tage auskostete.</small>

St. Cloud, den 30. Oktober 1689.

estern hat man mir was verzählt, so mich recht gerührt hat und habe es nicht ohne Tränen anhören können: nämlich, daß die armen Leute zu Mannheim sich alle wieder in ihre Keller retiriert haben und darinnen wohnen, als wie in Häusern, ja alle Tag Markt halten, als wenn die Stadt noch in vorigem Stand wäre. Und wenn ein Franzose nach Heidelberg kommt, gehen die armen Leute haufenweise zu ihm und fragen nach mir, fangen hernach an, von Jhro Gnaden dem Kurfürsten, meinem Herrn Vater, zu reden und von meinem Bruder selig, und weinen bittere Tränen; den jetzigen Kurfürsten[1]) aber haben sie nicht lieb.

Versailles, den 10. Dezember 1689.

ch glaube nicht, daß ein böserer Teufel in der Welt kann gefunden werden, als die Maintenon ist mit all ihrer Devotion und Heuchelei, befinde, daß sie das alte teutsche Sprichwort wohl wahr macht, nämlich: „Wo der Teufel nicht hinkommen kann, da schickt er ein alt Weib hin." Alles Unheil kommt von dieser Zott; ich vor mein Teil habe mich ihrer wohl gar nicht zu rühmen, und sie hat keine größere Freude, als wenn sie entweder der Dauphine oder mir was übles bei dem großen Mann anmachen kann. Ja, wenn Euer Liebden alles wissen sollten, wie es hergeht, würden sie solches vor unglaublich halten. Bis ich Euer Liebden aber völlig davon informieren kann, ist es wie ich glaube besser, daß ich von diesem Text stillschweige, nur das noch sage, daß es wohl zu wünschen wäre, daß sich das Weib um nichts als ihre Jungfern in dem Stift[2]) bekümmerte.

Mir scheint wohl bestimmt, alles zu verlieren, was ich von meinen Verwandten haben sollte: alles Land hat der König verbrennt, alles bar Geld hat Monsieur zu sich ge-

---

1) Philipp Wilhelm von Pfalz-Neuburg. 2) Das Stift St. Cyr, zur Erziehung adliger Mädchen, das die Maintenon gegründet hatte.

zogen, ohne mir weder Heller noch Pfenning davon zu geben. Dieses aber würde ich mich leicht getrösten, wenn man mich nur sonsten mit Frieden ließe und nicht plagte, wie man täglich tut. Das alte Weib will mit aller Gewalt, daß der große Mann seinen hinkenden Buben an meine Tochter geben sollte, und ohne mir die Sach zu proponieren, persuadiert sie den großen Mann, daß ich mein Leben nicht drin willigen werde, man plage mich denn so sehr, daß ich meine Ruhe dadurch erkaufen möchte; und das macht, daß man mir alle Tag neue Qual antut.

Versailles, den 8. Februar 1690.

ch fürchte, daß wir die Dauphine[1]) nicht lange behalten werden, welches mich in der Seelen schmerzen sollte, denn ich habe sie von Herzen lieb, und sie meritiert wohl, einen glücklicheren Stand zu haben als sie hat. Man bringt sie aus Traurigkeit ums Leben. Man tut alles, was man kann, um mich auch in selbigen Stand zu bringen, allein ich bin eine härtere Nuß als die Madame la Dauphine und ehe mich die alten Weiber werden aufgefressen haben, mögen sie wohl etliche Zähne verlieren. Ich habe große Sorge vor meine Gesundheit, um sie toll zu machen. Das alte Weib[2]) ist aufs wenigste ein Jahr fünfzehn, wo nicht zwanzig älter als ich, drum denke ich, daß wenn ich Geduld habe und nur vor meine Gesundheit sorge, werde ich das Vergnügen haben, sie vor mir in die andere Welt ziehen zu sehen.

Versailles, den 12. Juni 1690.

ittwoch nach dieser abscheulichen Zeremonie[3]) seind wir nach Marly, allwo wir bis Samstag geblieben. Dorten hätte mir zwar wohl die Betrübnis vergehen sollen, denn es gar das gewöhnliche Leben war: alle Kammern voll Spieler, nachmittags die Jagd, abends die Musik; allein wenn

---

[1]) Die Dauphine starb bald darauf. [2]) Die Maintenon. [3]) Begräbnis der Dauphine.

ich ja die Wahrheit bekennen soll, so hat mich dieses viel trauriger gemacht. Denn wie ich niemand dorten gefunden, so nach mir fragt, und ich gesehen, wie bald man hier die Toten vergißt, hat mich die arme Dauphine wieder aufs neue gejammert... Ich habe wohl gefürchtet, daß, wenn Euer Liebden wieder nach Hannover kommen würden, daß sie wieder traurig würden werden¹), denn alles, was einen an seinen Verlust erinnern kann, macht einen den Schmerzen aufs neue empfinden. Und nichts erinnert einen mehr, als die Örter, wo man die Leute, so einem lieb gewesen, am meisten gesehen. Wollt Gott, Euer Liebden könnten ein so hartes Gemüt haben und die Ihrigen so wenig lieben, als wie der große Mann, sein Sohn und sein Bruder. Denn sie betrüben sich um nichts, es mag ihnen auch sterben, wer da will. Ja es ist zu verwundern, wie hart diese Leute sein. Wenn sie es durch Kraft des Geistes täten, möchte man es ihnen vielleicht wohl noch Dank wissen und sie admirieren, allein das ist es gar nicht, denn solange sie das Spektakel vor Augen sehen, schreien sie, und sobald sie aus der Kammer sein, lachen sie wieder und denken hernach nimmer dran. Ich kann diesem Exempel nicht folgen, und ob man es schon für eine Schwäche hält, betrübt zu sein, so ist es doch auch ein Zeichen von einem guten Gemüte.

Versailles, den 30. Juli 1690.

Als der König von Engelland²) wieder in seiner Kutsche war und nach St. Germain fahren wollte, fand er einen von seinen Kammerdienern hundert Schritt vom Schloßtor, der brachte ihm die Zeitung, daß man in ganz Irland vor gewiß sagte, daß der Marschall von Schomberg in der Schlacht³) geblieben und der Prinz von Oranien⁴) an seinen

---

1) Der Sohn der Herzogin Sophie, Karl Philipp, war im Januar desselben Jahres im Türkenkriege gefallen. 2) Jakob II. Er hatte versucht, mit Hilfe Frankreichs und der katholischen Irländer England zurückzuerobern, war aber geschlagen worden. 3) Schlacht an der Boyne, 11. Juli 1690. Auf englischer Seite war der Marschall von Schomberg gefallen. 4) Nunmehriger König Wilhelm III. von England.

Wunden gestorben seie. Seitdem aber hat man erfahren, daß alles wahr ist, was man von dem armen Marschall von Schomberg gesagt, daß aber der Prinz nur gar wenig verwundet seie. Was aber diese Zeitung von seinem Tod vor eine Freude unter dem Pöbelvolk verursachet, ist unmöglich zu beschreiben, und ob man schon Quartier-Kommissäre geschickt hat, um ihre Raserei abzuwehren, ist es doch unmöglich gewesen. Sie haben zweimal 24 Stunden gerast, nichts getan als fressen und saufen, und alle Leute, so vorbeigingen, haben sie gezwungen zu trinken; sie haben Freudenfeuer gemacht und geschossen, Raketen ausgeworfen und Maskerade gemacht. Etliche haben ein Begräbnis zugericht und alle Vorbeigehenden zu des Prinzen von Oranien Begräbnis geladen; andere haben eine Figur von Stroh und Wachs gemacht, so sie den Prinzen von Oranien geheißen, und haben die ganze Nacht danach geschossen. Die Franziskanermönche haben auch ein groß Feuer vor ihr Kloster gemacht und seind herausgangen, haben einen Kreis gemacht und um ihr Feuer gesprungen und gesungen und getanzt. Ja, wenn ich Euer Liebden alle Narreteien verzählen sollte, so man zu Paris getan, müßte ich ein groß Buch schreiben. Aber was wunderlich ist, ist, daß unseres Königs Autorität, so absolut als sie auch ist, doch dieses nicht hat verwehren können, denn sobald jemand sagen wollte, daß dieses eine Narretei sei, ist man seines Lebens nicht sicher gewest.

<small>Nachdem die Herzogin eine Unterredung des Königs Jakob mit ihrem Chevalier d'honneur wörtlich wiedergegeben, in welcher der König eine nicht sehr geistreiche Schilderung seines Zusammenstoßes mit König Wilhelm III. gemacht, fährt sie fort:</small>

Durch diesen Diskurs sehen Euer Liebden, daß man uns den König in Irland nicht ausgewechselt hat und daß er eben derselbe ist, so er immer gewesen. Er jammert mich, und ich kann doch mein Lachen nicht halten, wenn ich ihn gar so albern sehe. Er ist froh, hier zu sein, und lacht immer.

Man sagt, daß der Prinz von Oranien Graf Meinhart[1]) alle seines Herrn Vaters Pensionen gegeben hat und

---

<small>1) Meinhart von Schomberg, Sohn des gefallenen Marschalls, Gemahl der Raugräfin Karoline.</small>

den Hosenbandorden, welches mir wegen unserer Karoline sehr lieb zu vernehmen gewesen. Man sagt auch, daß Graf Meinhart sich über die Maßen wohl gehalten hat und Ursach seie, daß der Prinz von Oranien die Schlacht in Irland gewonnen hätte.

St. Cloud, den 20. August 1690.

eil ich sehe, daß die hiesigen Narreteien Euer Liebden ein wenig divertieren, so schicke ich Euer Liebden hierbei alle Lieder, so jetzt gesungen werden, welches eben keine Ehrengedichte für unsern armen König in Engelland[1]) sein, und Euer Liebden werden dadurch sehen, daß, ob sie schon hier im Land den König lieb haben und den Prinzen von Oranien hassen, so ästimieren sie doch diesen letzten viel mehr als den ersten, wie es die Lieder ausweisen. Vergangenen Donnerstag haben wir den armen König und die Königin hier gehabt; die Königin war gar seriös, der König aber gar lustig. Ich weiß nicht, wer die Flatteurs müssen gewesen sein, so dieses Königs Verstand so sehr vor diesem müssen gelobet haben, denn soviel ich davon judizieren kann, so ist wenig darhinter. Je mehr man diesen König sieht und von dem Prinzen von Oranien reden höret, je mehr exkusiert man den Prinzen und sieht man, daß er ästimabel ist. Euer Liebden werden vielleicht denken, daß „alte Lieb nicht rost"[2]), aber es ist gewiß, daß ein Verstand, wie der seine ist, mir besser gefällt als ein schön Gesicht.

St. Cloud, den 23. August 1690.

b der große Mann schon viele Schlachten gewinnet, so ist er doch nicht weniger grittlig. Die alten Weiber machen ihm bang vor dem Teufel, damit sie ihn allein behalten mögen und er nach keiner jüngern sehen mag als sie sein. Und die gezwungene Gottsfurcht ist ja so gar gegen seine

---

1) Jakob II. 2) Wilhelm von Oranien war Liselottens Spielkamerad gewesen, als sie im Jahre 1659 bei ihrer Großmutter im Haag zu Besuch war.

Natur. Das macht ihn dann grittlig, und diejenigen müssens entgelten, die nichts davor können; dies aber ist nur unter uns geredt ...

St. Cloud, den 13. September 1690.

s ist gewiß, daß man die Religion und Gottesfurcht jetzt hier im Lande auf eine wunderliche Manier drehet; mir steht es gar nicht an und werde es schier bald machen als wie ein Engländer, so man Silding heißt: den fragte Wendt zu Fontainebleau vor etlich Jahren: „Seid Ihr Hugenotte, mein Herr?" Nein, sagte er. „Ihr seid also Katholik", sagte Wendt. Noch weniger, antwortete der Engländer. „Ah", sagte Wendt, „Ihr seid Lutheraner." Keineswegs, sagte Silding. „Aber was seid Ihr denn?" sagte Wendt. Ich will es Euch sagen, sagte der Engländer, ich habe so eine kleine Religion für mich besonders. — Also glaube ich, daß ich auch bald so eine kleine Religion für mich besonders haben werde. Der gute König Jakob würde besser getan haben, es auch also zu machen, als durch Bigotterie drei Königreiche zu verlieren...

Fontainebleau, den 20. Oktober 1690.

un ich den guten König Jakob[1]) besser hab kennen lernen, hab ich ihn recht lieb; es ist der beste Herr von der Welt. Er jammert mich von Grund meiner Seelen, denn er seufzt etlichemal so erbarmlich. Er hat mich auf Seit gezogen und sehr examiniert, ob es doch wahr seie, daß seine Frau Tochter, die Prinzeß von Oranien[2]), über sein Unglück so betrübt gewesen seie, daß sie nicht hätte tanzen wollen, wie Ihro Liebden die Kurfürstin von Brandenburg im Haag gewesen wäre, wie auch, ob es wahr, daß sie Euer Liebden

---

[1]) Jakob von England, der letzte König aus dem Hause Stuart, der nach seiner Vertreibung in Frankreich Zuflucht gefunden hatte. [2]) Die Königin Marie, die Gemahlin Wilhelms III. von Oranien, der an Jakobs II. Statt zum König von England berufen worden war.

geschrieben, daß es ihr lieb wäre, daß er nicht in Irland um=
kommen seie. Ich habe sehr versichert, daß es gar wahr wäre,
und es hat mich gedeucht, daß diese Versicherung dem armen
unglücklichen König ein wenig Trost gab.

Versailles, den 2. Februar 1691.

ir werden hier alle Tage devoter; es geht
ein Geschrei, ich weiß aber nicht, ob es wahr ist,
daß des Königs alt Zott solle allen Damens,
so rot antun¹), habe sagen lassen, daß sie
es nicht mehr tragen sollen. Die Mühe habe
ich verspart, daß man mir dies Kompliment macht. Hierin
setzt man die Gottesfurcht, aber dem Witwer²) eine andere
Frau zu geben, da will man nicht an . . .

Paris, den 29. März 1691.

s ist wohl ein groß Glück, daß meine herz=
liebe Tante nicht krank geworden ist, nachdem
Euer Liebden so zwei harte Stöß nacheinander
ausgestanden haben³). Mir war bitter angst
dabei. Gott der Allmächtige wolle Euer Liebden
erhalten und alle diese Schmerzen mit tausend Freuden er=
setzen. — Die Fürstin von Ostfriesland muß ein gut Gemüt
haben, und ich weiß es ihr rechten Dank, daß sie ihr Bestes
getan hat, Euer Liebden wieder zurecht zu bringen. Ich, die so
mancherlei Betrübnis schon in meinem Leben gehabt habe,
ich weiß nur gar zu wohl, was es ist, in einem Bett zu liegen
und vor Traurigkeit nicht schlafen können. Und was noch
am ärgsten ist, ist, daß wenn man ein wenig einschlum=
mert und darnach in dem Schlaf auffährt und sein Unglück
einem dann vor Augen kommt; das ist etwas Abscheuliches.

Ich bin wohl ganz von Euer Liebden Meinung (hätte
schier gesagt, von Euer Liebden Religion), daß es unchristlich
ist, seinen Nächsten zu plagen, aber allebenwohl so fangt man

---

1) sich schminken.   2) dem Dauphin Louis.   3) Zwei ihrer Söhne waren ge=
storben.

alle Gottesfurcht hier im Lande hiermit an, und ich habe große
Mühe, mich hieran zu gewöhnen. Der Witmann[1]) ist ein
Original, und ich glaube nicht, daß seinesgleichen von Un=
empfindlichkeit jemalen sei gesehen worden; wenn man es
nicht mit seinen Augen sähe, könnte man es unmöglich glau=
ben. Wem meine Tochter noch wird zuteil werden, mag der
liebe Gott wissen, allein mich deucht, daß man gar keinen
Sinn hat, dem Witwer wieder zu einer Gemahlin zu helfen,
ist mir derowegen leid, daß der römische König[2]) seine Tante
heiraten wird. Doch wollte ich lieber, daß meine Tochter
all ihr Leben Mademoiselle verbleiben möchte, als daß man
ihr einen überzwerchen Heirat zuwege brächte. Sie wächst
erschrecklich, ist schier größer als ich, ihre Figur wird nicht
uneben, sie hat eine hübsche Haut, aber alle Züge seind
häßlich: eine häßliche Nas, ein groß Maul, die Augen gezogen
und ein platt Gesicht . . .

St. Cloud, den 23. Juni 1691.

en guten König in Engelland[3]), den wir hier
haben, kann man wohl aus Mitleiden lieb
haben und wegen seiner eigenen Schuldigkeit
treu verbleiben, allein seine Person ist gar
nicht anziehend und ich bilde mir ein, daß
der Prinz von Oranien angenehmer ist und wohl tausend=
mal mehr Verstand hat. Ich glaube aber, daß er auch
etlich Mal wohl gewahr wird, daß eine Krone, ob sie zwar
schön glänzt, doch etlich Mal eine schwere Last ist und mehr als
einmal Kopfweh gibt. Wenn man meiner Stimme und Mei=
nung folgen wollte, würde gewiß niemand wegen seines
Glaubens geplagt werden und ein jeder leben, wie es ihm
am besten deucht. Denn ich habe nicht Eitelkeit genung,
um jemalen mir einzubilden, daß mich Gott der Allmäch=
tige in diese Welt gesandt hat, um aller Seelen Richter zu
sein und um zu wissen, wer selig werden kann oder nicht.
Ich weiß wohl, daß mir anbefohlen ist, mein Bestes zu tun,

---

1) Der Dauphin.   2) Kaiser Josef I.   3) Jakob II.

selig zu werden; aber zu sagen: diese seind selig und jene verdammt, das glaube ich nicht, daß das einem Menschen erlaubt ist, wer es auch sein mag, so zu urteilen. Ich glaube, daß die wohl leben, auch wohl sterben werden, und da laß ichs bei bewenden. Hätte es unser guter König Jakob so gemacht, wäre er vielleicht noch auf seinem Thron.

St. Cloud, den 8. Juli 1691.

nser guter König Jakob hier jammert mich wohl sehr. Er sollte mich noch viel mehr jammern, wenn er nicht so gottsfürchtig wäre und sein Unglück wie ein anderer Mensch empfinden könnte. Seit seinem letzten Unglück und seit er den Platz in Irland verloren, jammert er mich mehr als vorhin, lacht nicht mehr, wie er anfänglich tat, und seufzt oft; das schmerzt mich recht, wenn ich es sehe, denn es ist gewiß, daß wenn er Reflexion auf sein Unglück macht, so muß er erschrecklich leiden. Mir grauft es, wenn ich nur dran gedenke. Es geht dem König nicht, wie in der hl. Schrift stehet: „Die Gottesfurcht ist zu allen Dingen nutz und hat Verheißung dieses und jenes Lebens". Was seine Gottesfurcht in jenem Leben erhalten wird, — — in dieser aber ist es bisher schlecht bestellt.

Versailles, den 22. Juli 1691.

onsieur de Louvois[1]) ist sein Wassertrinken übel gelungen, man weiß aber nicht ob es das sauer oder süß Wasser ist, so ihm geschadt. Alle Doktoren und Balbierer, so ihn geöffnet haben, sagen und haben unterschrieben, daß er von einem erschrecklichen Gift gestorben ist. In einer kleinen Viertelstunde war er gesund und tot. Ich hatte

---

1) Kriegsminister Louvois. Er war mit aller Entschiedenheit gegen die Vermählung des Königs mit der Maintenon eingetreten, weil ihm der verhängnisvolle Einfluß der letzteren klar war. Bei einem Staatsrat, der in ihren Gemächern abgehalten wurde, nahm er ein Glas Wasser, worauf er in wenigen Minuten starb. Daß seine Feindin Maintenon bezichtigt wurde, ihn vergiftet zu haben, liegt nahe genug.

ihn eben eine halbe Stunde vor seinem Tod begegnet und
gesprochen; sahe wohl aus und hatte so gute Farbe, daß
ich zu ihm sagte, es schiene daß das Wasser von Forches ihm
gar wohl bekommen seie. Er wollte mich aus Höflichkeit in
meine Kammer begleiten. Allein ich sagte, daß der König
seiner warte; wollte es also nicht zugeben. Hätte ich ihn
gehen lassen, wäre er mir in meiner Kammer gestorben,
welches ein abscheulich Spektakel gewesen wäre. — Weil er
ja zu sterben hatte, hätte ich wünschen mögen, daß es vor
drei Jahren hätte geschehen können, welches der armen Pfalz
wohl bekommen wäre¹).

St. Cloud, den 10. August 1691.

ch vor mein Teil wollte lieber, daß eine alte
Zott²) verreckt wäre als er³). Denn nun wird
sie mächtiger sein als nie und ihre Bosheit je
mehr und mehr an Tag geben können. Und
weil sie mich erschrecklich haßt, wird es so
wohl über mich als über andere ausgehen. Jedoch so fasse
ich so guten Mut, als ich kann, und bedenke, daß ich nicht
von Drohungen sterben will, damit man mich nicht (met
verlöff met verlöff) mit Fürzen begraben möge, wie man
im Sprichwort sagt.

St. Cloud, den 23. August 1691.

ollte es wahr sein, daß Monsieur des Louvois
soll vergiftet worden sein, so glaube ich nicht,
daß es seiner Söhne Arbeit ist, so boshaft
als sie auch sein mögen. Glaube vielmehr, daß
ein Doktor das Stück getan einem alten Weib
zu Gefallen, dem Louvois großen Verdruß angetan und von
welcher er gar frei geredt hat, wie man sagt, als er Jhro
Majestät nach Mons geführt hat. Es schien nicht, daß sich
der König sehr inkommodiert befunden nach Louvois Tod; denn

---

1) Louvois war es gewesen, der den teuflischen Plan erdacht hatte, durch Verwüstung der Pfalz Frankreichs Ostgrenze sicherzustellen. 2) Die Maintenon. 3) Louvois.

ich habe ihn in langer Zeit nicht lustiger gesehen als er war
etliche Tage nach dieses Manns Tod.

Fontainebleau, den 18. September 1691.

ouvois ist nun so vergessen hier, daß man
nicht mehr dran denkt, ob er ist vergeben
worden oder nicht. Unser großer Mann hier
ist inkapabel, ein solches vorzunehmen. Ich
weiß und kenne Leute, so ihm offeriert haben,
den Prinzen von Oranien zu ermorden. Er hat es aber nie
zugeben wollen. Ich glaube aber gar wohl, daß sich noch viel
finden, so diesen indiskreten Eifer haben . . . Der König
[Jakob II.] und die Königin wollen hier keine Komödien nicht
sehen noch Musik hören. Das wird ihnen doch weder helfen
noch schaden. Ich glaube, daß, wenn sie unsern lieben Herr=
gott hätten vor seine Ehr sorgen lassen, ihn hübsch in
Ruhe nach ihres Herzens Wunsch angebetet und angerufen,
und im übrigen eher die Komödie angehört, als der Pfaffen
Diskurs und Kontroverse, wären sie jetzt ruhig in ihrem
Königreich¹). — Ich habe mir als eingebildt, daß wir unsers
Herrgotts Marionetten sein, denn man macht uns gehen hier
und daher, allerhand Rollen spielen. Und darnach fallen
wir auf einmal, und das Spiel ist aus. Der Tod ist
Hanswurst, der ein jedem seinen Stoß gibt und vom Theater
wegstößt.

Fontainebleau, den 14. Oktober 1691.

ch bin froh, daß Euer Liebden meiner Meinung
beifallen, daß wir unsers Herrgotts Mario=
netten sein. Gott lieben von ganzem Herzen
ohne ihn zu sehen, den Nächsten lieben, so uns
viel übels antut, sind zwei Punkte, so nicht

---

1) Die Engländer hatten den König verjagt, weil er aus seiner Hinneigung zum Katholizismus gar kein Hehl mehr machte. Seine Töchter aus erster Ehe waren an protestantische Fürsten vermählt, die älteste an Wilhelm III. von Oranien, die jüngere, später Königin Anna, an den Prinzen Georg von Dänemark. Als dem König aus seiner zweiten Ehe mit einer katholischen Prinzessin von Este ein Sohn geboren wurde und dadurch die Hoffnung der Engländer auf ein Aussterben der Stuarts dahin war, verjagten sie ihn und seine Familie und riefen seinen Schwiegersohn Wilhelm III. von Oranien auf den Thron.

gar leicht sein; Gott admirieren und fürchten wäre leichter,
und lieben wer uns Guts tut, so wäre die Sach besser, aber
so lang man hier in der Welt ist, muß man es so gut machen
als man kann und das übrige der Barmherzigkeit Gottes
heimstellen . . .

Versailles, den 10. Januar 1692.

Ob ich zwar die Augen so dick und verschwollen
habe, daß ich kaum draus sehen kann, in=
dem ich, um die Wahrheit zu bekennen, die
Torheit getan, die ganze Nacht zu flennen,
so will ich doch diese Freitagspost nicht vorbei=
gehen lassen, ohne Euer Liebden zu berichten, was mir gestern
unangenehmes begegnet ist, da ichs mich am allerwenigsten
versahe. Monsieur kam um halb vier herein und sagte
zu mir: „Madame, ich habe einen Auftrag vom König für
Euch, welcher Euch nicht allzu angenehm sein wird und Ihr
selbst sollt ihm heute Abend darauf antworten. Was der
König Euch zu wissen tut, ist, daß er und ich und mein
Sohn übereingekommen sind, Mademoiselle de Blois mit mei=
nem Sohn zu verheiraten, und daß Ihr nicht die Törin sein
werdet, sich dem zu widersetzen." Ich lasse Euer Liebden ge=
denken wie sehr mich dieses bestürzt hat und auch zugleich
betrübt. Abends nach acht ließ mich der König in sein Kabinett
holen und fragte mich, ob Monsieur mir die Proposition getan
und was ich dazu sagte? „Wenn Ew. Majestät und Mon=
sieur mir als Herr befehlen, wie Sie tun, so kann ich nichts
tun als gehorchen," sagte ich, denn ich habe mich erinnert,
was Euer Liebden mir vor diesem durch Harling auf diesen
Text geschrieben haben: daß, wenn man diesen Heirat mit Ge=
walt haben wolle, sollte ich mich drin ergeben. So ist es denn
nun geschehen; der König und ganze Hof seind heute her=
kommen in meine Kammer, um mich über diese schöne Sach
zu komplimentieren, und ich habe nicht länger warten wollen,
um Euer Liebden dieses (hätte schier gesagt mein Unglück) zu
berichten. Der Kopf tut mir so wehe, daß ich weiteres

nicht sagen kann als daß ich bin und bis in Tod ver=
bleibe . . .

Versailles, den 21. Februar 1692.

Man hat Euer Liebden übel berichtet, daß ich mich wegen der Hochzeit solle kindisch gestellt haben; ich bin leider in keinem Alter mehr, kindisch zu sein; was ich mich nun kindisch stellen sollte, müßte pure Torheit sein. Was meine Schwiegertochter anbelangt, so werde ich keine Mühe haben, mich an sie zu gewöhnen, denn wir werden nicht so oft beieinander sein, daß wir einander verdrießlich fallen möch= ten. Ihre Jahr und die meinen seind gar unterschiedlich; also werde ich meiner Tochter die Sorge lassen, Ihro Liebden zu divertieren; morgens und abends bonjour und bonsoir zu sagen, ist bald getan.

<small>Der Herzog von St. Simon erzählt: Monsieur, vom Chevalier de Lorraine über=
redet, habe seine Zustimmung zu dieser Heirat erteilt in der Hoffnung, daß sein Sohn
sich ihr widersetzen würde. Aber der Prinz, der erst siebzehn Jahre zählte, wurde von
des Königs majestätischem Gebaren eingeschüchtert; er blickte zu seinem Vater hinüber,
und als dieser ihm mit keinem Wort zu Hilfe kam, erwiderte er, weil sein Vater zu=
stimme, so tue er es auch. Da erschien seine Mutter am Eingang des Zimmers, wie
eine Löwin, der man ihr Junges raubt, und niemand wagte ihr von der Heirat zu
sprechen. Beim Abendessen weinte sie unaufhörlich. Als am andern Tag ihr Sohn
auf sie zuging, um ihr die Hand zu küssen, gab sie ihm eine schallende Ohrfeige, zum
Entsetzen des ganzen Hofes. Denen, die die Heirat angestiftet hatten, hat sie es nie
verziehen. Die Hauptschuldige war die Maintenon, die des Königs Bastarde erzogen
hatte und sie auf alle Weise förderte, um dadurch ihren eigenen Einfluß zu ver=
mehren.</small>

Paris, den 5. März 1692.

Gott sei Dank! Monsieur du Maines Heirat ist geschlossen¹), also dieser Stein mir einmal vom Herzen. Ich glaube, daß man des Königs alter Zott muß gesagt haben, was das Pöbelvolk zu Paris sagte, und daß ihr dieses wird bang gemacht haben. Sie sagten überlaut, daß es eine Schande wäre, daß der König seine Bastardtochter an einen rechten Prinzen vom Hause gäbe. Jedoch weil mein Sohn den Rang

<small>1) Dadurch war sie der Sorge enthoben, daß ihre Tochter dem Bastard du Maine
gegeben werden könnte.</small>

an seine Gemahlin gäbe, so wollten sie es geschehen lassen, doch mit Leid. Sollte aber das alte Weib sich unterstehen, meine Tochter an Monsieur du Maine zu geben, so wollten sie ihn ersticken, ehe die Heirat vollbracht würde sein. Und das alte Weib, so sie noch seine Hofmeisterin hießen, würde nicht sicher sein. Sobald als dies Geschrei erschollen, hat man die andere Heirat erfahren.¹) — Ich habe die guten Pariser recht lieb drum, daß sie sich so vor mich interessiert haben. —

Paris, den 11. Mai 1692.

on der teutschen Aufrichtigkeit halte ich mehr als von der magnificence, und ist mir recht leid zu vernehmen, daß solche sich verliert im Vaterlande. Es ist leicht zu erachten, wovon der Luxus die Treuherzigkeit verjagt; man kann nicht magnifik sein ohne Geld, und wenn man so sehr nach Geld fragt, wird man interessiert, und wenn man einmal interessiert wird, sucht man alle Mittel hervor, was zu bekommen, wodurch dann die Falschheit, Lügen und Betrügen einreißt, welches dann Treu, Glauben und Aufrichtigkeit ganz verjagt.

St. Cloud, den 22. Mai 1692.

n dieser Zeit, glaube ich, daß man wenig weiß was heilig ist oder nicht. Die halt ich vor die Heiligsten, so ihrem Nächsten am wenigsten Leid tun und gerecht sein in ihrem Wandel. Aber das finde ich bei den Devoten gar nicht, im Gegenteil, niemand hat einen verbitterteren Haß in der Welt, und wäre es wohl nicht schlimmer, in der Türken Hände zu fallen als in dieser unbarmherzigen Leute. Ich weiß, was es kostet und habe die Probe davon. Ich muß Euer Liebden gestehen, daß, ob solche Devoten zwar auch meine Nächsten sein, kann ich sie doch nicht lieben als mich selbst,

---

1) mit einer Enkelin des großen Condé.

und wenn ich mich examiniere, finde ich nur, daß ich die lieb habe, so mich lieb haben oder aufs wenigst mich nicht hassen. Halte es also vor eine schwere Sach, der hl. Schrift hierin zu folgen.

St. Cloud, den 31. Mai 1692.

Wie kommts daß Eure Liebden nicht mehr singen? Denn mich deucht, daß Euer Liebden vor diesem auf allen Reisen stets in der Kutsch sungen. Die Psalmen vergesse ich schier alle, die lutherischen Lieder aber kann ich noch brav singen und hab wenig vergessen ... Es fängt mir schier angst vor meinen Buben zu werden an, denn wie man sagt, so marschiert der König Wilhelm und will Namur zu Hilfe kommen, und mein Sohn ist in Monsieur Luxembourgs Armee, welche es wehren soll. Ich hoffe doch, daß die Belagerung nicht lang währen soll, denn der Schrecken ist schon groß in der Stadt; über die 50 Damens von Qualität seind zu Fuß mit ihren Kindern und Mägden ins Königs Lager geloffen; man hat sie kriegsgefangen genommen und in ein Kloster gesteckt. Mich deucht, diese Damens müssen entweder eine große Opinion von den französischen Soldaten haben oder mehr vor ihr Leben fürchten als vor ihre Ehre und Juwelen, denn die armen Damens haben alle ihre Diamanten mitgebracht. Sie seind von Soldaten gefangen worden, so auf die Beute ausgangen; sie haben aber einem jedem einen Taler versprochen, da haben sie sie mit Sack und Pack ins Königs Lager geführt, ohne ihnen einen Heller zu nehmen, haben also ihre Diamanten behalten.

Welcher Henker uns unsere alte Rumpompel[1]) hier wollte wegnehmen, sollte ich wohl vor einen ehrlichen Mann halten und gern vor ihn bitten, daß er möchte geadelt werden.

---

1) Die Maintenon.

St. Cloud, den 19. Juni 1692.

ch bin nicht eitel genung, zu glauben, daß ich gar viel wert seie; allein die Verachtung, so der König vor mich hat, ist so erschrecklich, daß ich ohne Einbildung wohl glauben kann, daß ich solche nicht meritire, insonderheit indem er mir Trotz bieten läßt von einem alten Weib, so all ihr Leben, ohne einigen Ruhm zu melden, ein ärgerlicher Leben geführt hat als ich. Aber meine Partei ist gefaßt; ich will hinfüro, wo mirs möglich ist, die Zeit nehmen wie sie kommt und nur vor meine Gesundheit sorgen, denn ob ich schon nicht jung mehr bin, so ist doch die alte Zott älter als ich, hoffe also, daß ich noch vor meinem End den Spaß haben werde, den alten Teufel bersten zu sehen. Man muß die rechte Wahrheit bekennen, unser guter König Jakob ist ein guter, ehrlicher Mensch, aber der einfältigste, den ich mein Leben gesehen, denn ein Kind von 7 Jahren würde keine so groben Fehler begehen als er. Die Gottesfurcht macht ihn nicht rasend, wie St. Paulus, aber sie macht ihn erschrecklich dumm. Es ist doch zu beklagen, daß er so viel Leute durch seine Unvorsichtigkeit ins Unglück gestürzt hat, so ihm treulich dienten.

Paris, den 3. Juli 1692.

ergangenen Dienstag haben wir hier die Zeitung bekommen, daß das Schloß von Namur[1] über ist. Ich fuhr eben selbigen Tag ins Arsenal, um dorten ein Häuschen zu sehen, worinnen viel artige indianische Sachen sein. Unsere Damens in meiner Kutsche riefen an etliche Kaufleute, daß Namur über seie; da hat sich das Pöbelvolk eingebildet, ich führe expreß herum, um diese Zeitung auszubreiten, sie sammelten sich um meine Kutsche und riefen: „Es lebe der König und Madame!" Andere haben dazu gesetzt, ich wäre in die Bastille gefahren und hätte selber

[1] Am 30. Juni sollte sich die Festung Namur ergeben.

die Stücke aus Freuden gelöst, hernach hätte ich in der Kirch von Notredame ein Bukett von allerhand Blumen der Jungfrau präsentiert, welches so schwer wäre gewesen, daß ich es selber nicht hätte tragen können. Ich schäme mich recht, daß man so viel Narreteien von mir verzählt; ich fürchte die Zeitungen, denn wenn diese Sottise nach Holland kommt, wird man mir brav die Meinung sagen[1]), welches ich doch wahrlich nicht verdient habe.

St. Cloud, den 7. August 1692.

he ich auf Euer Liebden gnädiges Schreiben von Linsburg vom 27. Juli anfange zu antworten, muß ich Euer Liebden doch verzählen, was ein großen Schrecken ich vergangenen Montag Abend ausgestanden, welcher sich doch Gott sei Dank endlich in Freuden verwandelt hat. Ich war schon ausgezogen und wollte mich eben zu Bette legen um zwölf, da hörte ich auf einmal Monsieur in meiner Vorkammer sprechen, und weil ich wohl wußte, daß er schon in seiner Kammer zu Bette gelegen war, merkte ich gleich, daß was vorgangen müßte sein, sprang derowegen eilends auf und lief Monsieur entgegen, um zu sehen, was es wäre. Er hielt einen offenen Brief in der Hand und sagte: „Erschrecken Sie nicht, Ihr Sohn ist verwundet, aber nur leicht; es ist eine furchtbare Schlacht in Flandern gewesen und die Infanterie des Königs hat diejenige des Prinzen von Oranien gänzlich geschlagen, aber es fehlt noch jeder genauere Bericht." Ich lasse Euer Liebden gedenken, in was Aengsten mich diese Zeitung setzte; ich blieb auf meinem Balkon und wartete bis schier um drei morgens, ob kein Kurier von meinem Sohn kommen möchte. Alle halbe Stunde kamen Kuriere an, einer brachte den Tod von Marquis von Bellefonds, ein anderer, daß Mr. de Turenne auf den Tod verwundet wäre, denn seine Mutter war hier; sie und seine Schwiegermutter, Madame de Vantadour, die ihn so lieb

---

1) Die holländischen Zeitungen brachten damals regelmäßig Berichte über den ihnen feindlichen Hof von Frankreich, worin viel Klatsch verbreitet wurde.

hatte als wenn er ihr leiblich Kind wäre, fingen an zu schreien, und wie sie just unter meiner Kammer logieren, konnte ich ihr Geschrei hören; außer daß sie mich von Herzen jammerten, so dachte ich als, daß ich vielleicht bald ebensoviel von meinem Sohn erfahren würde, habe also in diesen Sorgen dieselbe ganze Nacht zugebracht und nichts rechts von meinem Sohn erfahren können, als andern Tags nach dem Essen, da ein Edelmann ankommen, so sein Unterhofmeister gewesen und Labertiere heißt, der sagte uns, daß mein Sohn zwei Schuß bekommen, einer, so ihm den Mantel über den Schultern ganz zerhackt, ihn aber nicht gerührt, Gott sei Dank; der zweite Schuß ist im linken Arm. Er hat selber die Kugel herausgezogen, man hat ihm den Arm ganz aufgeschnitten und verbunden; hernach ist er wieder in den Ort, wo das Handgemenge war, und nicht weggangen, bis alles aus war.

Erstlich seind unsere Leute gewichen und die Engelländer und Holländer seind über Hecken und Graben herüber kommen und hatten schon 3 Stück weg, da kam Monsieur de Luxembourg mit dem Garderegiment, Prince de Conti, der Herzog und mein Sohn, die jagten die Husaren wieder zusammen, sprachen ihnen zu und führten sie selber gegen den Feind, welches den Soldaten ein solch Herz geben, daß sie alles durchgedrungen haben und den Feind so weit zurück ins flach Feld gejagt, daß die Unsrigen nicht allein ihre Stück wiederbekommen, sondern auch 7 vom Feind. Aber es seind auf beiden Seiten erschrecklich viel Leute geblieben, und viel von Qualität. Es hat gewähret von 9 morgens bis 8 abends und ist eine von den erschrecklichsten Schlachten, so man jemalen gesehen[1]).

Ich habe ihr, der Rumpompel, mit so vieler Höflichkeit zugesprochen, als sie zu mir kam, als es mir möglich war, und allemal wenn ich sie sehe, werde ich höflich mit ihr leben. Aber weiter kann ich nichts tun, und ihr in ihrem Vorzimmer aufzuwarten, wie die andern hier tun, hierzu

---

[1] Schlacht bei Steenkerken.

kann ich mich nicht resolvieren und werde es nie tun, der König oder Monsieur befehle mir es denn expreß. Was meines Sohnes Gemahlin anbelangt, so kann sie sich nicht über mich beklagen, denn ich leb wohl und höflich mit ihr, lieb aber kann ich sie mein Leben nicht haben, denn es ist das unangenehmste Mensch von der Welt, ganz schief von Wuchs, häßlich von Gesicht und unangenehm in allen ihrem Tun, und allebenwohl bildt sie sich ein, sie seie schön, putzt sich allezeit und ist voller Schminkpfläſterchen. Und wenn man denn das alles sieht und denkt, daß es nur ein Mausdreck¹) ist, muß ich gestehen, daß es ein wenig zu Herzen geht und daß man nicht ohne Effekt und Mühe sein Bestes tut. Euer Liebden ihre²) ist nur halb so schlimm als die unsere und über das noch angenehm und gut von Person, welches die unsere durchaus nicht ist. Also wohl kein Wunder, daß ich mehr Mühe habe, mich vor die unsrige zu zwingen, als Euer Liebden vor die ihrige.

St. Cloud, den 14. August 1692.

ch habe mich informiert, wie alt des großen Mannes Zott ist. Man sagt, sie seie nur sechsundfünfzig alt, und die meinen, daß sie es gar wohl wissen, andere aber sagen, sie seie just sechzig alt; aber mehr hat sie leider nicht. Es ist ihr so erschrecklich bang gewesen, zu sterben, ob sie zwar in keiner Gefahr war, daß sie in allen Kirchen hat vor sich bitten lassen, doch ohne sie zu nennen, man hat nur gesagt, man bete vor eine Person von Stand, so nützlich vor den Staat wäre; das bin ich aber nicht persuadiert ...

St. Cloud, den 18. September 1692.

ch muß Euer Liebden doch einen possierlichen Tod verzählen von einer Frauen, so vorgestern gestorben ist. Sie war im Kindsbett und unterhielt sich mit ihrer Wärterin; sie verzählte, wie sie etwas wohlfeils gekauft hätte, so die

---

¹) Nach dem Sprichwort „Der Mausdreck will alle Zeit unter dem Pfeffer sein" bezeichnet Liselotte oft die Unebenbürtigen. ²) Die Gemahlin des ältesten Sohnes der Herzogin Sophie, Tochter ihres Schwagers Georg Wilhelm und seiner Mätresse (späteren Gemahlin) Eleonore d'Olbreuse.

ander gern gehabt hätte; diese antwortete drauf: „hol dich der Teufel", und geht drauf aus der Kammer und läßt ungefähr die Tür offen. In demselben Haus logierte ein jung Mensch, so die Kur von Geißenmilch brauchte; die Geiß kommt los und läuft in der Frauen Kammer; zu den Füßen war der Vorhang vom Bett nicht zu; die Geiß mit ihren Hörnern macht ihn weiter auf und guckt ins Bett. Die Kindbetterin bildt sich ein, es seie der Teufel, den die Wärterin beschworen hat, erschrickt drüber so erschrecklich, daß sie in drei Stunden drüber gestorben ist. Dies ist eine schöne Historie vor die Neugierigen, so unsere Briefe aufmachen; da werden sie gar gelehrt von werden.

St. Cloud, den 23. September 1692.

enn der König eine Reise in Flandern und nach Namur täte und Tante eine Reise nach Brüssel: da könnten wir einander unterwegens ein Rendezvous geben. Und wenn ich unlustig bin, um mich zu trösten, baue ich solche Schlösser in der Luft und mache mir dergleichen Hoffnungen; das muntert mich denn ganz wieder auf.

Versailles, den 1. Januar 1693.

estern, ehe ich von Paris wegzog, schickte mir die Komtesse de Beuvron einen Brief, so ihr Balati geschrieben, woraus ich sehe, daß die Investitur vom Kurfürstentum[1] einmal zu End ist, worüber ich denn Euer Liebden hiermit meine Freude bezeuge und demütigst bitte, mein Kompliment auch hierüber an Onkel zu machen. Wir fangen dies Jahr wohl an; Gott gebe, daß es immer so durch erfolgen möge. Vor etlichen Tagen habe ich Euer Liebden gnädiges Schreiben vom 16. Dezember von Berlin empfangen[2]. Ich bin recht von Herzen froh, daß meine herzliebe Tante nun ein wenig Ver-

---

[1] Am 2. Dezember 1692 erfolgte die Belehnung des Hauses Hannover mit der Kurwürde. [2] Herzogin Sophie war nach Berlin gereist zum Besuch ihrer Tochter, der Kurfürstin, späteren Königin Sophie Charlotte.

gnügen hat. Was mir Euer Liebden sagen, daß man ihnen so
einen schönen Einzug getan, das hat mich recht erfreuet, denn
das ist ja noch recht teutsch. Ich habe Monsieur alle die
Pracht erzählt vom Berlinischen Hof; Ihro Liebden wurden
all seriös bei meinem Verzählen und, unter uns geredt,
ich glaube, es lief ein wenig Neid mit unter, daß der Kur=
fürst von Brandenburg prächtiger ist als er. Ihro Lieb=
den der Kurprinz[1]) muß ein gut Gedächtnis haben, daß er
Euer Liebden noch gekannt hat. Ich glaube, daß Euer
Liebden doch froh werden gewesen sein, diesen kleinen
Enkel zu sehen, und der guten Frau von Harling wird
es auch wohl eine Freude gewest sein, ihren lieben Kur=
prinz wieder zu sehen. Es wird ihm wohl sein Leben
wohl bekommen, daß er von deren Hand seine erste Zucht
empfangen, denn alle die, so die gute Frau von Harling
erzogen hat, seind nicht delikat. Bitte bei Ihro Liebden dem
Kurfürsten von Brandenburg demütigst meine Danksagung
vor sein Kompliment zu sagen. Wie mein herzlieb Tante
wohl bewußt ist, so meint es Liselotte gut, kann aber gar
keine Komplimente machen, und wie ich mein Leben ge=
wesen, so bin ich noch; Frankreich hat mich nicht poliert;
ich bin zu spät nein kommen.

P. S. Ich kann nicht lassen, Euer Liebden einen schönen
Dialog zu verzählen, so Monsieur und ich vergangen gehalten;
ich wollte, daß dieses Euer Liebden so von Herzen könnte
lachen machen, als meine zwei Kinder. Wir waren alle vier
abends allein hier im Kabinett nach dem Nachtessen, nämlich
Monsieur, ich, mein Sohn und meine Tochter. Monsieur,
so uns eben nicht vor eine gute Kompagnie hielte, mit
uns zu reden, ließ nach langem Stillschweigen einen großen
lauten Furz met Verlöff met Verlöff, drehte sich zu mir
und sagte: „Was ist das, Madame?" Ich drehte den Hintern
zu ihm, ließ einen streichen in selbigem Ton und sagte:
„Das, Monsieur". Mein Sohn sagte: „Wenn sichs nur darum

---
[1]) Der Sohn des Kurfürsten von Brandenburg, der spätere König Friedrich
Wilhelm I. Er war damals fünf Jahre alt.

handelt, dazu habe ich eben so viel Lust als Monsieur und
Madame", und ließ auch einen braven gehen. Damit fingen
wir alle an zu lachen und gingen alle aus dem Kabinett
heraus. Das seind fürstliche Konversationen, wie Euer Lieb=
den sehen, und sollte man neugierig sein noch, meine Briefe
aufzubrechen, so offeriere ich zum neuen Jahr dem, so der
erste diesen Brief vor Euer Liebden aufbrechen und lesen
sollte, diesen Weihrauch.

Versailles, den 18. Januar 1693.

ch bin froh, daß unsere knallende Konversation
Euer Liebden hat lachen machen. Mein Sohn
hat so viel Winde, daß er deren auf allerhand
Ton hat, derowegen nun auch auf der Flöten
spielt; ich glaube, daß, wenn er die Flöte
so wohl an den Hintern halten sollte als an das Maul, würde
es eben so musikalisch heraus kommen. Wollte Gott, meine
herzliebe Tante hätte bei dieser schönen Musik sein können, ich
wollte Euer Liebden ihre, wenn ich nur die Gnade hätte, Euer
Liebden zu sehen, gerne mit der Nasen aufgefischt haben,
sollten es auch nur Schleicher gewesen sein, welche doch ge=
wöhnlich nicht am besten vor die Nase sein ...

Paris, den 5. März 1693.

ch, die mein Leben keine Ambition gehabt habe
und nie nichts mehrers als Ruhe begehrt, kann
nicht begreifen, wie man sich nicht bei seinem
Stand behalten kann, wenn selbiger gut ist. Das
erweist wohl, daß niemand in dieser Welt glück=
lich sein kann, und wenn man es ist, hat man keine Ruhe, bis
es aufhört. Noch ein Sach, die ich nicht begreifen kann, ist,
daß man sich bekümmert, was man von uns in die Historien
setzen mag. Hätte ich ein Leben, wie ich es wünschte, wollte
ich mich wenig bekümmern, was man von mir schreiben möchte,
denn bei unsern Lebzeiten ist es wohl gewiß, daß man uns
flattiert, und nach dem Tod kann man doch nichts ändern,

wenn man was Böses will sagen. Zudem so kann alsdann einem weder was man übels sagt, schaden, noch das Gute nutzen; finde also, daß es eine große Eitelkeit ist, sich drum zu plagen. Ich bin froh, daß ich mich in Euer Liebden Meinung finde wegen des Verhängnisses. Ich kann nicht begreifen, wie man hieran zweifeln kann, wenn man etlich Jahre gelebt hat und die Welt kennen lernt. Hätte Ihro Gnaden unser Papa selig die Leute hier gekannt wie ich, hätte er wohl nicht zweifeln können, daß wenn sie Herr und Meister von der Pfalz sein würden, sie damit umgehen würden, wie sie es getan haben, denn unbarmherzigere Leute seind wohl nicht in der Welt.

St. Cloud, den 19. März 1693.

ch kann unmöglich predigen hören ohne zu schlafen, und eine Predigt ist ein recht Opium vor mich. Ich hatte einmal hier einen starken Husten und war drei Nächte gewesen, ohne ein Aug zuzutun. Da fiel mir ein, daß ich als in der Kirche schlaf, sobald ich predigen oder Nonnen singen höre. Fuhr derowegen in ein Kloster, wo man predigen sollte. Die Nonnen fingen aber kaum an zu singen, da schlief ich ein und schlief die drei Stund über, daß der Gottesdienst währte; welches mich ganz wieder erholte. Hieraus sehen Euer Liebden, daß ich nicht weniger den Segen habe, in der Kirch zu schlafen, als Euer Liebden und Ihro Gnaden, mein Herr Vater selig, gehabt hat.

Versailles, den 28. Juni 1693.

as den König nach Flandern geführt, weiß ich nicht; was ihn hergeführt, noch weniger. Daß er aber wieder hier ist, das weiß ich gar gewiß. Er ist viel freundlicher als er vor seiner Abreis war und redt jetzt oft mit mir. Wo mir aber diese Gnade herkommt, ist mir auch ganz unbewußt. — Monsieur fällt die Zeit blutslang zu Vitre. Wie

Monsieur in seiner Jugend gewesen, so seind Jhro Liebden noch. Und diesen Winter hat er noch für 200000 Gulden Chargen gekauft im Garde=Regiment, um junge Bürschchen zu be= lohnen, so ihn nicht in allen Ehren divertiert haben. Und hier= auf wird nichts gespart, welches das Verdrießlichste ist, denn sonsten würde ich wohl gar nichts danach fragen und von Herzen zu den Burschen sagen: „Friß Du die Erbsen, ich mag sie nicht."

Colombe, den 23. August 1693.

ch bitte Euer Liebden, sie wollen doch so gnädig sein und machen, daß Jhro Liebden der Kurfürst von Bayern erfahren mag, daß mein Sohn so sehr seine Freundlichkeit rühmt, denn es ist ge= wiß, daß man nicht freundlicher sein kann, als er gegen meinen Sohn ist. Von des Herzogs von Berwick Aktion[1]) spricht man hier gar nicht; mir kommts ganz ab= scheulich vor, daß man 1200 gebliebene Menschen vor nichts und einen kleinen Verlust hält, ein jedes von diesen hat doch entweder Vater, Mutter, Bruder, Weib oder Freunde, so es von Herzen beweinen. Alle, die die ihrigen verlieren, jammern mich, wer es auch sein mag. Der Krieg ist ein häßlich Ding, denn alle die, so man heute lobt, nimmt eine Stückkugel mor= gen weg und seind nichts mehr. Es ist mir wieder ganz angst bei der Sach, weil die zwei Armeen so nahe beisammen sein, fürchte sehr, es wird bald wieder an ein Treffen gehen. Euer Liebden haben wohl recht, zu sagen, daß, wen Gott be= wahren will, daß dem nichts geschehen kann; aber unser Herr= gott hat mir keinen Zettel noch Brief geben, daß er meinen Sohn und die mir lieb sein, bewahren will, also kann ich das bang sein nicht lassen. Ich sage Euer Liebden demütigsten Dank, daß sie sich so gnädig vor meinen Sohn interessieren; er hat die Kavallerie, da er General von ist, fünfmal ange=

---

1) Am 29. Juli 1693 hatten die Franzosen bei Neerwinden über den von den Engländern zum König gemachten Prinzen von Oranien gesiegt. Herzog von Berwick, ein natürlicher Sohn Jakobs II., für dessen Sache er auf Seiten der Franzosen focht, wurde in dieser Schlacht gefangen genommen.

führt und zwei Stund all das Feuer von den Stücken aus=
gestanden; hernach ist er in das Treffen erst gekommen; wohl
ein groß Wunder, daß er nicht geblieben ist. Wenn mein Sohn
nicht alle Jahr in Krieg ginge in seinem Alter, würde er sich
hier eine greuliche Verachtung auf den Hals laden und nicht
mehr angesehen werden.

Fontainebleau, den 10. Oktober 1693.

ie Herzogin¹) wird Euer Liebden sagen können,
welch ein böser und falscher Teufel die alte
Zott ist und wie es mein eSchuld nicht ist, daß
sie mich so erschrecklich haßt, indem ich allen
möglichsten Fleiß angewendet, wohl bei ihr dran
zu sein. Sie macht den König grausam, ob Ihro Majestät es
schon von sich selber nicht sein; und der König, der vor diesem
ganz traurig schien, wenn seine Truppen plünderten, gesteht
nun öffentlich, daß er das Sengen und Brennen selber befiehlt.
Und sie macht ihn hart und tyrannisch, daß er vor nichts
mehr Mitleiden hat. Euer Liebden können nicht glauben noch
ersinnen, wie boshaft dies alte Weib ist. Und das alles unter
dem Schein der Gottesfurcht und Demut.

Versailles, den 26. November 1693.

ie Blattern²) haben mich sehr markiert, aber doch
im geringsten nicht geändert, welches jedermann
wunder nimmt. Je älter ich werde, je häß=
licher muß ich wohl werden, aber mein Humor
und Gemüte können nicht mehr ändern.
Man haßt mich, weil man meint, daß ich nicht approbiere,
daß man den großen Mann so regiert, und daß man sich
einbildt, daß, weil ich aufrichtig bin, ich allein kapabel seie,
dem großen Mann einstmals die Augen zu öffnen und zu
sehen den Tort, so er sich durch die zu starke Liebe antut; drum
muß man mich von dem großen Mann abhalten.

1) Benedikte von Hannover, die längere Zeit in Frankreich gelebt hatte und
damals nach Hannover reiste. 2) Liselotte hatte die Kinderblattern durchgemacht, ein
Krankheit, die damals häufig bei Erwachsenen auftrat und infolge falscher Behandlung
oft einen bösartigen Verlauf nahm.

An Frau von Harling, geb. v. Uffeln
Versailles, den 16. Dezember 1693.

ch bin recht froh, daß mein Brief meiner lieben Jungfer Uffel einigen Trost geben; ich kann sonsten diese Kunst nicht wohl und habe mir als eingebildt, daß ich eine leidige Trösterin bin, die zu nichts helfen kann, denn wünschen ist zu nichts gut, sonsten würde meine liebe Frau von Harling schon längsten in vollkommener Gesundheit sein. Die meine ist Gott sei Dank all ziemlich gut, aber ich fange doch wohl schon an zu fühlen, daß ich alt werde und nicht mehr so viel Kräfte habe als ich in meinen jungen Jahren hatte. Ich werde auch wohl morgen oder übermorgen Großmutter sein, denn meines Sohns Gemahlin kommt jetzt in Kindsnöten. Weil ich morgen erst an meine Tante schreiben werde, wird, im Fall sie heute niederkommt, mein lieb Frau von Harling doch erfahren können, ob es ein „hei" oder ein „sei" ist, so sie wird an Tag gebracht haben. Mir ist es all eins, was es auch sein mag, denn ich kann mich unmöglich drin interessieren, unter uns geredt. Mein herzlieb Frau von Harling hat groß recht, zu glauben, daß die verwittibte Herzogin samt dero Prinzessinnen vergnügt zu Hannover[1]) sein; sie sagen, daß sie meinen, sie wären im Paradies. Wenn wünschen was gelten könnte, würde diese Herzogin gewiß nicht ohne mich zu Hannover sein und würde ich Onkel und Tante wohl von Herzen aufwarten, aber leider so glücklich werde ich wohl nimmer werden. Wer so erschrecklich ist tribuliert worden wie ich, ist an nichts Guts gewohnt und findet sich glücklich, wenn man nur nichts Böses hat. „Jan kam wohl ins Wams, er trok aber 14 Jahr an eine Mau"[2]), und ich ziehe schon 22 Jahr an die Mau, bin doch noch nicht ins Wams, glaube also, daß mich der Tod eher als ein Wams anziehen wird, ehe ich in Jan seines komme. Was

---

1) Benedikte, Witwe Johann Friedrichs von Hannover, die kurz zuvor aus Frankreich gekommen war.   2) Mau = Ärmel; trok = zog.

meinen Harling¹) anlangt, so ist zu hoffen, daß, wenn ihm Gott der Allmächtige Leben und Gesundheit läßt, er bald wird befördert werden. In diesem kleinen hiebei liegenden Zettelchen wird Monsieur Harling meine Antwort finden; glaube, daß er lachen wird, daß ich mich noch des alten Märchens vom Herrn Ollerjan erinnere. Alles was vor diesem geschehen, erinnere ich mich besser, als was täglich geschicht.

An den Oberstallmeister von Harling
Versailles, den 16. Dezember 1693.

Pourquoi me parlés vous françois, monf. de Harling? Croyés vous que je ne sache plus l'allemand? Nein, das habe ich noch nicht vergessen, werde also meine Danksagung vor sein Kompliment auf teutsch ablegen, und damit Ihr seht, daß ich ein besser Gedächtnis habe, als Ihr wohl meint, so sage ich: „Herr Ollerjan, Frau Schrettlin Margrettlin, herut ihr Dorchreckels, herut aus dem Samschläger, treckt den Därendecker an, nehmt den Emerlin, tut Waterquatschen drin, denn dat Rattenstert hat die Vielheit in Profoßhaus gebracht."²) Ich glaube nicht, daß ich hierin ein Wort verfehlt habe, ob ich es zwar nicht oft repetiere. Hieraus laß ich judizieren, ob ich mein Teutsch mag vergessen haben, mais pour que vous voyés que je puis aussi parler françois, je finirai en vous assurant de mon estime et de mon amitié.

An die Kurfürstin Sophie von Hannover
Versailles, den 30. Mai 1694.

Sollte der Frieden nicht bald kommen, wird es gewiß gar elend hergehen, denn wie es nun hier beschaffen ist, ist unaussprechlich und nicht glaublich, wenn man es nicht selber sähe. Ich glaube wahrhaftig, daß all das Sengen und

---

1) Den Neffen der Adressatin, Liselottens ehemaligen Pagen, der sich in den damaligen Kriegen als französischer Offizier auszeichnete. 2) Stelle aus einer alten Posse.

Brennen Unglück gebracht und daß man deswegen hier von allen Bataillen und Städten, so man gewinnt, nicht profitieren kann; Euer Liebden Vergleichung mit dem hiesigen Stand und dem Krebs ist gar just getroffen ... Ich bin ganz Euer Liebden Meinung: Die Komödie von Medée hat mir gar nicht gefallen und finde die von Corneille unvergleichlich schöner. Die Hunde seind die besten Leute, so ich in ganz Frankreich gefunden, habe deren auch allezeit vier bei und um mich.

Versailles, den 6. Juni 1694.

Seit kurzer Zeit habe ich erfahren, daß mein Leibkutscher mich bei Monsieur de la Reynier angeklagt hat, daß ich den Staat verachte, alles nach Teutschland schreibe und selber bald durchgehen werde. Ich habe ihn durch Wendt[1]) zur Red setzen lassen, warum er dieses getan. Er hat geantwortet, sein Beichtsvater hätte es ihm befohlen, weil man verspürt, daß ich noch Hugenott wäre. Gleich darnach ist der Kerl weggelofen. Ich kann nicht begreifen, da man mir ja durch meine geringen Bedienten hat schaden wollen, warum man mich nicht eher hat vergiften lassen. Ich glaube aber, daß, weil sie wissen, daß ich nicht viel nach dem Leben frage, haben sie mir durch ein Gefängnis vielleicht wollen das Leben schwerer machen und gemeint, daß, wenn mich meine eignen Bedienten anklagen würden, daß es gleich übel mit mir ablaufen würde.

Versailles, den 28. November 1694.

enn ich betrachte, daß Ihro Liebden die Kurfürstin von Brandenburg hinreist, wo es ihr beliebt, Häuser bauet, Musikanten hat, mit einem Wort: tut was ihr gefällt, finde ich, daß sie wohl tausend und tausendmal glücklicher ist, Kurfürstin in Brandenburg zu sein, als wenn sie hier

---

1) Hofjunker Liselottens.

Dauphine gewesen wäre¹), denn da hätte sie allzeit tun müssen, was andre wollen, nie ohne den König reisen, wenig Geld haben und nimmermehr ihre Verwandten sehen.

Versailles, den 16. Dezember 1694.

Wenn wahr ist, wie das Geschrei geht, so wird bald die Langeweil viel ärger werden, denn man sagt, man wird alle Opern und Komödien abschaffen, und daß die Sorbonne²) Order hat, hieran zu arbeiten. Ich bin versichert, daß dies ebenso wenig von Euer Liebden Schmack sein wird als vor mich, und was noch am wunderlichsten scheint, ist, daß man sich an solche unschuldige Sachen hängt und die verbietet, da doch alle abscheulichen Laster jetzt in Schwang gehen, als Mord durch Gift, Meuchelmorde und abscheuliche Sodomie, wo niemand gegen spricht, und alle Prediger predigen nur gegen die armen Komödien, so niemand Schaden tun und worinnen man die Laster gestraft und die Tugend belohnt sieht. Das ärgert mich erschrecklich. Es ist gar gewiß, daß unser König schlimme Spione³) in Teutschland hat, denn Ihre Majestät seind schier allzeit übel informiert, wie es dort zugeht. Die besten Spione behält man bei Hof, um viel unnötige Sachen zu erfahren.

Paris, den 23. Dezember 1694.

Wir hätten schier keine Komödien mehr gehabt; die Sorbonne, um dem König zu gefallen, hat sie wollen verbieten lassen. Der Erzbischof von Paris aber und Père de la Chaise sollen zu dem König gesagt haben, daß es zu gefährlich wäre, honette Divertissemente zu verdammen, weil es die Jugend zu mehr abscheulichen Lastern treiben würde. Also ist die

---

1) Eine Erinnerung an den früher von ihr gehegten Plan, die Tochter ihrer Tante dem Dauphin zu vermählen. 2) Die theologische Fakultät der Pariser Universität. 3) Man glaubte damals, ohne ein solches Spionagesystem nicht auskommen zu können. In einem späteren Brief erzählt sie: Zu Louvois Zeiten waren alle Tanz- und Fechtmeister engagiert, um alles an den deutschen Höfen zu spionieren.

Komödie gottlob geblieben, welches, wie man versichert, des großen Manns alte Hutzel[1]) greulich verdrießen solle, weil die Abschaffung von der Komödie von ihr veranstaltet war. Solang man die Komödien nicht ganz abschafft, werde ich immer nein gehen, man mag auch die Pfaffen in den Kanzeln so viel dagegen plärren machen, als man will. Wie man vor vierzehn Tagen gegen die Komödie predigte und sagte, daß es die Passionen animierte, drehte der König sich zu mir und sagte: „Er predigt nicht gegen mich, denn ich gehe nicht mehr in die Komödie, aber gegen Euch Andere, die Ihr sie liebt und besucht". Ich sagte: „Wenn ich die Komödie auch liebe und sie besuche, predigt Monsieur d'Agen doch nicht gegen mich, denn er spricht nur gegen die, deren Leidenschaften durch die Komödie erregt werden, und zu diesen gehöre ich nicht. Ich lasse mich unterhalten, und das ist keine Sünde". Der König schwieg mausstill.

Versailles, den 16. Januar 1695.

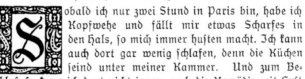obald ich nur zwei Stund in Paris bin, habe ich Kopfwehe und fällt mir etwas Scharfes in den Hals, so mich immer husten macht. Ich kann auch dort gar wenig schlafen, denn die Küchen seind unter meiner Kammer. Und zum Beschluß so kann ich dort nicht jagen, noch die Komödie mit Lust sehen. Denn erstlich, um in die Komödie zu gehen, so muß man ausfahren; und wenn man drin ist, kann mans nicht mit Lust sehen, denn das Theater ist immer so voller Zuseher, daß sie pele=mele mit den Komödianten stehen, welches gar unangenehm ist. Hernach auch so ist nichts Langweiligeres als die Abende zu Paris: Monsieur spielt an einer großen Tafel Landsknecht; mir ists nicht erlaubt, herbei zu nahen noch mich bei dem Spiel sehen zu lassen, denn Monsieur hat den Aberglauben, daß ich ihm Unglück bringe, wenn er mich sieht. Jedoch so will er haben, daß ich in derselben Kammer sein muß. Alle die alten Weiber, so nicht spielen, fallen mir

---

1) Die Maintenon.

über den Hals; die muß ich unterhalten. Das währt von 7 bis 10 und macht greulich gähnen. — Hier hergegen bin ich hübsch in Ruhen. Erlaubt es das Wetter, so gehe ich auf die Jagd; ist Komödie hier, so gehe ich nur eine Stege herunter, so bin ich im Saal; niemand ist auf dem Theater¹), also die Komödie comme il faut und kostet mir nichts. Ist Apartement, so höre ich die Musik, und nach der Musik bin ich nicht obligiert, alte Weiber zu unterhalten wie zu Paris.

Euer Liebden werden aus meinem Schreiben sehen, daß ich eben dieselben Gedanken habe wie Euer Liebden und glaube, daß die alte Zott die Komödien hat abschaffen wollen, damit ihres gewesenen Manns²) seine nicht mehr mögen gespielt werden.

Versailles, den 6. Februar 1695.

or zwei Tagen habe ich noch eine greuliche Bosheit von der alten Zott erfahren: vor zwei Jahren war Monsieur le Dauphin willens, meine Tochter zu heiraten und hat es der alten Kunkunkel gesagt; diese widersprach ihm nicht, denn sie fürchtete, er würde desto eher dem König davon sprechen, wie er es willens war; derowegen ließ sie die Prinzeß de Conti holen und ihre Vertraute, die Mademoiselle Choin, und befahl ihnen, Monsieur le Dauphin keine Ruhe zu lassen, bis er ihnen beiden versprochen, nicht mehr an diesen Heirat zu gedenken. Diese haben den guten Dauphin zwei Monat Nacht und Tag keine Ruhe gelassen, bis er es ihnen versprochen und auch gehalten. Da sehen Eure Liebden, was Obligation ich dieser Alten habe, daß sie nicht allein meinen Sohn besticht, einen schlimmen Heirat zu tun, sondern auch meiner Tochter Glück verwehrt, habe also wenig Schonung vor sie zu haben, und macht sie diesen Brief auf, wird sie nur ihre Wahrheiten drinnen finden, frag also gar

---

1) d. h. auf der Bühne. Es herrschte damals die Unsitte, daß Zuschauer sich auf die Bühne setzten, wodurch die Darsteller oft gehindert wurden. 2) Die Maintenon war mit dem Dichter Scarron verheiratet gewesen.

nichts darnach, denn sie kann mir nichts mehr üblers tun, als sie mir schon getan hat, und hoffe, daß sie davor in die Hölle wird fahren, wohin sie führen möge der Vater, der Sohn und der heilige Geist, — so endigte ein kleiner Kapuziner hier seine Predigt immer: „Ihr werdet in die Hölle fahren, wohin euch führen möge usw.; drum hab ich meinen Text auch damit geendiget vor die alte Zott . . .

Versailles, den 13. Februar 1695.

Welchen Herrn findt man in der Welt, so allein seine Gemahlin liebt und nicht was anderes, es seien Mätressen oder Buben, dabei hat? Sollten deswegen ihre Gemahlinnen auch so übel leben, könnte niemand sicher sein, daß die Kinder im Haus die rechten Erben wären. Weiß diese Herzogin[1]) nicht, daß der Weiber Ehre darin liegt, mit niemand als ihren Männern zu tun zu haben, und daß den Männern keine Schande ist, Mätressen zu haben, aber wohl, Hahnreie zu sein. — Euer Liebden können nicht glauben, wie plump und ungezogen alle Franzosen seit ein Jahr 12 oder 13 geworden. Es seind nicht 2 von den jungen Leuten von Qualität, so zu leben wissen, weder im Reden noch im Tun. Zwei gar differente Sachen seind hierin Ursach: nämlich die jetzige Devotion bei Hof und die Ausschweifungen mit den Männern. Denn die erste macht, daß Männer und Weiber nicht öffentlich mit einander reden dürfen, welches vor diesem die Kavaliere poliert hat. Und zweitens, so wollen sie durch der Buben Lieb niemand mehr gefallen als sich untereinander, da der Beste ist, so am liederlichsten, plumpsten und frech sein kann. Daran gewöhnen sie sich so sehr, daß niemand mehr zu leben weiß und ärger sein als die Bauern hinter dem Pflug. — Es ist eine große Ehre, in der Predigt an des Königs Seite zu sitzen, allein ich möchte gerne die Ehre einem andern lassen, denn Ihro Majestät wollen mir das Schlafen nicht erlauben. Sobald

---

1) Sophiens Schwiegertochter.

ich einschlaf, stößt mich der König mit dem Ellenbogen und macht mich wacker; kann also weder recht einschlafen noch recht wacker werden. Und das tut einem weh im Kopf.

An Raugräfin Luise
ihre Stiefschwester.
Paris, den 14. Mai 1695.

as Tanzen ist nun ganz aus der Mode überall. Hier in Frankreich, sobald Gesellschaften sind, tut man nichts als Landsknecht[1]) spielen. Das Spiel ist am meisten en vogue, aber die jungen Leute wollen nicht mehr tanzen. Aus zwei gar starken Ursachen spiel ich nicht. Die erste ist, daß ich kein Geld habe, und die zweite, daß ich das Spiel nicht liebe. Das Spielen ist hier greulich hoch und die Leute werden wie tolle Menschen, wenn sie spielen. Eines heult, das andere schlägt mit der Faust auf die Tafel, daß die ganze Kammer drüber zittert; der dritte lästert Gott, daß einem die Haare drüber zu Berg stehen — kurz alle sind wie verzweifelte Menschen, welche einem bang machen, sie nur anzusehen.

An die Kurfürstin Sophie
St. Cloud, den 15. September 1695.

ie Historie von St. Cyr[1]) ist ärger als in dem Buch[2]) steht und auch possierlicher. Die jungen Jungfern dort wurden in einander verliebt, und man ertappte sie, daß sie Wüstereien mit einander taten. Madame de Maintenon soll herzlich drüber geweint haben und alle Reliquien ausstellen haben lassen, um den Teufel der Unzucht zu vertreiben. Man schickte auch einen Prediger hin, gegen die Unzucht zu predigen. Dieser aber sagte selber so viel häßliche Sachen, daß die recht modesten Jungfern es nicht ausstehen konnten und aus

---

1) Ein Kartenspiel. 2) St. Cyr war eine Erziehungsanstalt für adelige Mädchen, eine Stiftung der Maintenon. 3) Ein Buch, das die Herzogin von ihrer Tante zugesandt erhalten hatte; es handelte von den Verhältnissen am französischen Hofe

der Kirch gingen, und die andern und Schuldigen kam das
Lachen so an, daß sie es nicht halten konnten.

An Raugräfin Luise
St. Cloud, den 17. September 1695.

ch weiß nicht, in welcher Gazette Ihr gesehen,
was mit meinem Sohn morgangen, aber es
war alles wahr, wie Ihr es drinnen gelesen
habt. Mich deucht, alle Gazetten, außer den
Parisern, sagen seit einiger Zeit alle ziem=
lich wahr. Ich gestehe, daß mein Sohn den Krieg sehr liebt,
und die, so ihn dort sehen, sagen, daß er es sich sehr angelegen
sein läßt und sein Handwerk wohl lernt, aber mir ist nicht
allezeit wohl bei der Sach; denn in dem Handwerk verliert
man oft Arm und Bein, wo nicht gar das Leben. Wäre die
Kampagne nicht zu End, hätten wir meinen Sohn nicht her
gekriegt. Es ist schon lang, daß das Schloß von Namur
über ist; wundert mich, daß Ihrs nicht eher als den 5.
erfahren. Ich weiß nun auch, daß keine Schlacht mehr vor=
gehen wird. Man kann wohl nicht leugnen, daß es eine ab=
scheuliche Sache um den Krieg ist.

An die Kurfürstin Sophie
Fontainebleau, den 27. September 1695.

s ist wahr, daß man dem armen Duc de Ville=
roy[1]) unrecht tut, mein Sohn hat mirs auch
gesagt, aber wenn sich die Franzosen einmal
einen Haß gegen jemand in Kopf stecken, gilt
weder Räson noch Regel bei ihnen. Alles muß
gesungen sein, was ihnen in Kopf kommt... Die Vergleichung,
so Euer Liebden mit dem Herzog Alba[2]) und Monsieur de
Louvois[3]) machen, ist gar richtig. Ich habe immer wohl ge=
sagt und gedacht, daß dergleichen Grausamkeiten nicht wohl

---

1) französischer Befehlshaber in den Niederlanden.   2) Der spanische Statthalter
der Niederlande.   3) Der frühere französische Kriegsminister, der die Pfalz ver=
wüstet hatte.

ausschlagen würden. Aber solang man noch von Louvois Kreaturen wird im Rat haben, werden dergleichen Sachen vorgehen.

An Raugräfin Luise
Fontainebleau, den 8. Oktober 1695.

Mich deucht, der Kurfürst zu Pfalz¹) täte besser, sein Geld an die armen, verderbten Pfälzer anzuwenden, als an Karnevalsvergnügungen; das wäre löblicher vor Gott und der Welt. Ihr redt mit mir von Euerm Gesicht, so Ihr altfränkisch heißt und denkt nicht, daß ich zehn Jahr älter bin als Ihr. Es kommt mir nicht zu, von Gesichtern zu reden, auch werde ich mein Leben niemand hassen oder lieben wegen der Schöne oder Häßlichkeit. Wir müssen so mit durchlaufen, wie es Gottes Wille gewesen, uns zu machen. Allein was mir allezeit an Euch gefallen wird, ist Eure Tugend, liebe Luise, und gutes Gemüte. Da sehe ich mehr nach, als schöne Gesichter, welche doch nicht lang schön bleiben. Die Kleider, so Euch Euer Schwager, der Herzog von Schomberg, geschickt, seind es Kleider oder Morgenröcke? Wie ich sehe, aus was Ihr mir hierauf sagt, merke ich wohl, daß man verpichter als nie in Teutschland auf die Mode ist. In meinem Sinn ist dies eine große Torheit.

An die Kurfürstin Sophie
Paris den 30. Oktober 1695.

Ich bin noch auf die Hannoverische Manier und gar nicht devot. Ich glaube, daß es ein groß Glück ist, wenn man es in der Tat sein kann wie ich glaube daß unsere Herzogin ist, und alles, was unmöglich scheint, glauben kann, als wenn man es sehen täte, auch sich mit dem vergnügen, und stets zu reden mit was man nie sicht und welches uns nie kein Antwort gibt; allein ich glaube auch, daß es eine

---
1) Johann Wilhelm von Pfalz-Neuburg.

gar elende Sache ist, sich anzustellen als wenn man devot wäre, und daß man es nicht ist. Denn sich Jahr und Tag zu langweiligen Sachen zu zwingen, ohne persuadiert sein, damit bringt man sein Leben liederlich zu. Ich bin nicht glücklich genung, einen so starken Glauben zu haben, um Berge zu versetzen, und bin zu aufrichtig, um mich anzustellen als wenn ich devot wäre ohne es zu sein. Derowegen begnüge ich mich nur, mich nicht gröblich gegen die Gebote zu versündigen und meinem Nächsten nichts zuleid zu tun. Gott den Allmächtigen, den admiriere ich, ohne ihn zu begreifen; ich lobe und preise ihn morgens und abends und laß ihn ferner walten und ergebe mich in seinen Willen, denn ohne das weiß ich wohl, daß nichts geschehen kann: da wissen Euer Liebden nun all meine Devotion . . .

Paris, den 6. November 1695.

So devot die Königin in Engelland auch sein mag, so hätte sie doch gerne ihr Königreich wieder und ihr Herr kanns besser entbehren; dieser König will nicht gestehen, daß er sein Königreich verloren, weilen er solches zu seinem Glauben hat bekehren wollen, denn ich habe ihn oft sagen hören, daß seine Meinung seie, daß man wohl tut, einen jeden auf seinem Glauben zu lassen. Der Prince de Galle[1]) ist gar artlich; ich glaube, er wird mit der Zeit viel Verstand haben, denn er hat große Lebhaftigkeit. Wenn wahr ist, was man von ihm verzählt, wird er wohl nicht bigott werden. Englische Nonnen hatten ihm eine Kapelle geschickt, welche gar artig gemacht war; sein Präzeptor, um ihm Lust zu beten zu machen, meinte, daß er es eher in dieser Puppenkapell tun würde, welche groß genung wäre, daß der Prinz nein gehen konnte. Der Prince de Galle aber, anstatt zu beten, nahm einen Stock und schlug die Kapell entzwei. Man wollt ihm zürnen; so sagt er: „Warum soll ich nicht hassen, was mich mein Königreich hat verlieren machen?"

---
1) Der Prinz von Wales, Sohn Jakobs II.

Diese Worte erschreckten so sehr die, so dabei stunden, daß man ihm kein Wort mehr sagte.

Paris, den 15. Januar 1696.

enn Euer Liebden katholisch wären und in die Kirch gehen müßten, würden sie es noch langweiliger finden, denn es ist nicht allein ganz keine Veränderung drinnen, sondern man hört auch immer nichts als Vokale singen, als a a a a e e e e o o o o i i i i, welches einen aus der Haut vor purer Ungeduld fahren macht. Nach der Mitternachtsmesse fressen, ist bei allen Katholischen der Brauch. Ich aber, wenn ich in den drei Mitternachtsmessen gewesen, bin ich des Knieens so müd, daß ich lieber schlafen gehe als esse, denn es währt hier von zehn Uhr an bis um eins nach Mitternacht. Hier meinen die Damen, daß sie ohne Vollsaufen nicht lustig sein können... Wenn die italienischen Komödianten gut sein, finde ich sie all possierlich. Euer Liebden sehen nun, daß die Komödie von Judith eben ist, wie ich sie Euer Liebden beschrieben. Diese Komödie hat hier zu Paris sehr reüssiert, aber bei Hof garnicht. Und wie die Pariser gesehen, daß sie bei Hof nicht gefallen, haben sie sie auch nicht mehr sehen wollen. Ich habe von Herzen lachen müssen, daß Euer Liebden sagen, daß, wenn unserm Herrgott die Judith nicht besser gefällt als Euer Liebden, daß sie gewiß in der Hölle sitzt.

Versailles, den 7. März 1696.

estern nahm Madame de Klenck[1]) Abschied von mir, wird bis Donnerstag oder aufs längst bis Samstag wieder weg, werde also mein herzlieb Tante alles sagen, wie es hier ist, will bei Monsieur anfangen: der hat nichts in der Welt im Kopf als seine jungen Kerls, um da ganze Nächte

---

1) Die Frau des hannöverschen Gesandten.

mit zu fressen, zu saufen, und gibt ihnen unerhörte Summen
Gelds, nichts kost ihm noch ist zu teuer vor die Bursch.
Unterdessen haben seine Kinder und ich kaum, was uns nötig
ist. Wenn ich Hemder und Leintücher vonnöten habe, muß
Jahr und Tag drum gebettelt werden, und in derselben
Zeit gibt er zehntausend Thaler an La Carte, um sein Weiß=
zeug in Flandern zu kaufen. Und weil er weiß, daß ich wohl
nicht ignorieren kann, wo alles Geld hinkommt, mißtraut
er mir deswegen und fürcht, daß ich möchte dem König
die Sach verzählen, welcher die Buben wegjagen möchte. Was
ich auch tun oder sagen mag, um zu weisen, daß ich sein Leben
nicht übel finde, so trauet er mir doch nicht und macht mir
alle Tage neue Händel bei dem König, sagt, ich hasse den
König; wird übel geredet, so sagt Monsieur zum König, ich
hätte es getan und lügt noch brav darzu, und oft gestehet
er mir selber alles übel, so er von mir geredt hat. Dadurch
entfernt er mir den König dermaßen, daß ich nie wohl bei
dem König stehen kann. Meine eigenen Kinder hetzt er
täglich gegen mich auf; meinem Sohn, damit er nicht merken
möge, wie wenig man vor ihn sorgt, läßt er immer alle
Ausschweifungen zu und erhält ihn darinen, ob ihn solches
zwar von dem König hassen macht. Wenn ich meinem Sohn
dann raten will, dem König besser zu gefallen und von den
Lastern abzustehen, lacht mich Monsieur mit meinem Sohn
aus, führen ein Leben zu Paris, daß es eine Schande ist.
Meines Sohns Inklinationen seind gut und könnte was Rechts
werden, wenn ihn Monsieur nicht verdürbe. Meine Tochter,
die steckt er zwar Gottlob in keine Ausschweifungen, und ich
muß die Wahrheit sagen, das Mädchen hat die geringste Nei=
gung nicht zur Galanterie, allein Monsieur läßt mich nicht
Meister über sie sein, führt sie immer, wo ich nicht bin, und
umringt sie mit solchem Lumpenzeug, daß es ein rechtes
Mirakel ist, daß sie nicht verdorben wird. Zudem so predigt
er ihr einen solchen Haß gegen die Teutschen ein, daß sie schier
selber bei mir nicht dauern kann, weilen ich eine Teutsche bin,
und das macht mich fürchten, daß es mit ihr gehen möge

wie mit meinem Sohn und daß sie sich erster Tagen wird
bereden lassen, den Bastard¹) zu nehmen. Vor den Leuten
macht Monsieur mir zwar gute Mienen, in der Tat aber
kann er mich nicht leiden. Sobald er von meinen Domestiken
sieht, es sei Manns- oder Weibsperson, daß sie sich an mich
attachiert, haßt er sie gleich und tut ihnen alles zuleid,
was er kann; die mich aber verachten, seind am besten bei
ihm dran. Nicht allein bei dem König, sondern auch bei
Monsieur le Dauphin und allen Menschen tut er, was er kann,
mich verhaßt zu machen. Wenn ich ihm dann sag: „Warum
wollen Sie mich verhaßt machen, Monsieur?", so antwortet
er nicht, schüttelt den Kopf und lacht. Unterdessen so tue
ich doch mein bestes und lebe höflich und mit großem Respekt
mit ihm und tue alles, was er will. Euer Liebden können
aber wohl glauben, daß mir dieses kein glückliches noch angenehmes Leben macht. Was die Maintenon anbelangt, so
ist sie dermaßen jaloux von ihrer Autorität, daß Monsieur
ihr einen rechten Gefallen tut, mich übel bei dem König anzutragen; sie hätte mich auch wohl gern etliche Mal gegen
Monsieur aufgerupft, denn sie hat mir oft sagen lassen, daß
Monsieur mich gar übel bei dem König anträgt, allein ich
habe geantwortet, daß ich hoffte, daß der König gerecht genung sein würde, um zu examinieren, was wahr sei oder nicht,
und weilen ich mein bestes tät, eine tadellose Konduite zu
haben, so könnte mir nicht bang sein, denn wenn man auf
mich lüge, müßten die, so lügen, die Schande haben, mit Lügen
zu bestehen. Wollte man mich aber ungehört verdammen,
müßte ich mich trösten, unglücklich, aber nicht schuldig zu
sein. Euer Liebden können nicht glauben, wie dies alte Weib
ein böser Teufel ist und wie sie sucht, die Leute gegen einander zu hetzen. Ob sie zwar jetzt höflicher mit mir lebt, ist
doch nicht zu glauben, daß sie mir jemalen einigen Dienst tun
wird, denn in der Tat haßt sie mich erschrecklich, und der
König tut blindlings alles, was sie will. Meines Sohns
Gemahlin ist ein widerliches Mensch, säuft sich alle Woch

1) Den Comte de Toulouse, Sohn der Montespan.

drei oder viermal sternsvoll, hat gar keine Inklination zu
mir; wenn ich an einem Ort bin, kann man kein Wort aus ihr
bekommen. Diesen Argwohn hat ihr die Maintenon ein=
gepflanzt. Im übrigen zieht mir der König alle Bastard
vor; soll man mit ihm irgends hin, müssen in der Prin=
zessinnen Namen die Damens geholt werden, sie seind bei allem
beteiligt, und ich muß alle Abend vor meinen Augen sehen, daß
Madame de Chartres¹) in Königs Kabinett geht, mir aber die
Tür vor der Nasen verschlossen wird. Ich habe Monsieur
meine Meinung davon gesagt, der ist aber gar froh, daß es
so ist, und weil der König sieht, daß, je weniger Werks er aus
mir macht, je lieber hats Monsieur, so muß ich als übel trak=
tiert werden. Ja der König weiß so wohl, daß es Monsieur
gefällt, mich zu verachten, daß, wenn sie übel mit einander
stehen, allezeit die Aussöhnung die ist, daß man den Buben,
so Monsieurs Favoriten sein, Gutes tut und mich übel trak=
tiert. Alles Silberzeug, so aus der Pfalz kommen, hat Monsieur
verschmelzt und verkauft und alles den Buben geben; täg=
lich kommen neue angestochen; alle seine Juwelen werden
verkauft und versetzt, Geld drauf gelehnt und den jungen
Leuten geben, also daß, da Gott vor seie, wenn Monsieur
heute zu sterben kommen sollte, muß ich morgen blos von
des Königs Gnaden leben und werde das Brot nicht finden.
Monsieur sagt überlaut und hat seiner Tochter und mir nicht
verhehlt, daß, weil er anfange alt zu werden, habe er keine
Zeit zu versäumen, wolle alles anwenden und nichts sparen,
um sich bis an sein End lustig zu machen, daß die, so
länger als er leben würden, zusehen mögen, wie sie ihre
Zeit zubringen, daß er sich selber lieber hätte als mich und
seine Kinder. Er praktiziert in der Tat so wie er es sagt.
Ja, wenn ich Eure Liebden alle Einzelheiten verzählen sollte,
müßte ich ein ganz Buch schreiben. Alles hier ist pur Interesse
und Falschheit, das macht das Leben sehr unangenehm.
Will man nicht mit Intrigen und Galanterien zu tun haben, so
muß man apart leben, welches auch langweilig genung ist.

¹) Ihre Schwiegertochter.

Um mir die traurigen Reflexionen aus dem Kopf zu bringen, jage ich, so viel ich kann, welches aber nicht länger wird dauern können, bis meine armen Pferde nicht mehr werden gehen können, denn Monsieur hat mir nie keine neuen gekauft und wird sie mir auch wohl nicht kaufen, der König hat sie mir bisher geben. Aber nun ist die Zeit schlimm, jedoch will ich mich nicht vor der Zeit plagen. Gar keine Lust kann man hier nicht haben, denn redt man frei, hat man täglich einen neuen Streit über den Hals, muß man sich aber zwingen, so ist keine Lust bei nichts. Die jungen Leute seind so brutal, daß man sie fürchten muß und nicht mit ihnen reden noch umgehen mag; die alten seind voller Politik und gehen nur mit einem um, nachdem sie sehen, daß einen der König ansieht. Aus diesem allen sehen Euer Liebden, daß es hier nicht zum besten zugeht; ich quäle mich aber nicht und nehme die Zeit wie sie kommt. Ich halte mich so ehrlich und wohl als ich kann; erfahre ich etwas, so schweig ich still und laß mir nichts merken und lebe gar einsam, denn, wie schon gesagt, nirgends ist nichts Angenehmes vor mich.

Marly, den 16. Mai 1696.

n meinem Sinn ist das der größte Beweis von Freundschaft, wenn man einem gemächlich zu leben gibt und nicht plagt. Es ist ein großer Irrtum in dieser Welt sich einzubilden, daß man ein Herz allein besitzen kann; ich gestehe zwar, daß es angenehmer wäre, wenn es sein könnte. Allein es ist ohne Exempel in der Welt, daß dieses lang hätte dauern können. Derowegen gar unnötig, was zu prätendieren, so nicht möglich ist.

Allein was gar möglich wäre, ist, daß man seiner Frauen keine Plage antut, sie nicht beschreiet und allen Menschen zuwider macht und allezeit einen innerlichen Haß erweist, auch wenn man ihr die besten Mienen macht und allezeit das Notwendige mangeln läßt, wenn man augenscheinlich andern die Hüll und die Fülle giebt und all der Frauen Gut dazu anwendt: das seind harte Stücker zu verdauen.¹)

Wie einfältig der große Mann in der Religion ist, ist nicht zu begreifen, denn sonsten ist er nicht einfältig. Es kommt aber daher, daß er nie nichts von Religionssachen noch die Bibel gelesen und nur vor sich hin glaubt, was man ihm von der Religion vorschwaßt. Drum auch, als er eine Mätresse hatte, die nicht devot war, war er es auch nicht, da er aber in eine verliebt geworden, so immer von Pönitenz spricht, glaubt er alles, was diese ihm sagt, auch so, daß der Beichtsvater und die Dame gar oft uneins sein, denn er glaubt ihr mehr, als dem Beichtsvater, will sich aber selber die Mühe nicht geben, nachzuforschen, welches eigentlich die Religion ist. Eines ist auch nicht zu leugnen: daß der große Mann bisher über die Maßen glücklich gewesen ist; ob dies Glück aber noch lang Bestand haben wird, soll uns die Zeit lehren.

Die Mettwürst, fürchte ich, werden nicht so wohl hierüberkommen als mein Tintefaß, denn das ist gar nicht verlockend, ich fürchte, sie werden sie mir auf der Douane fressen, welches mir gar leid sein sollte, denn ich möchte sie gerne selber auf Euer Liebden Gesundheit essen.

St. Cloud, den 24. Juni 1696.

an sagt auf Französisch im Sprichwort: „Die Tage folgen sich und keiner gleicht dem andern", welches wohl wahr ist, denn etliche seind langweilig, andere lustig, etliche gut, etliche gar bös. Gestern hatte ich einen gar

---

¹) An anderen Stellen schreibt Liselotte: „Männer wollen allezeit ihre Autorität erweisen, es seie in großen oder in kleinen Sachen, und denken nicht, daß das Leben angenehmer vor sie selber und vor die Weiber wäre, in guter Freundschaft zu leben als rechte gute Freunde. Man versteht sich nicht genung in dieser Welt einander glücklich zu machen, und das sollte man doch tun, weil leider das Menschenleben ja so kurz ist. — „Wenn die Menschen sich untereinander recht verstehen wollten, würde das Leben eben nicht so gar verdrießlich sein, als es ist. Das erweist mir aber just, daß ein Verhängnis ist, weil die Menschen, die doch wohl wissen, daß sie nur eine kurze Zeit zu leben haben, es nur zubringen, sich selbst und andere unglücklich zu machen, müssen also wohl einem andern Trieb als der Vernunft folgen."

langweiligen Tag und kam mir noch desto langweiliger vor, weil ich mich auf etwas Bessers gespitzt hatte. Ich war um halb sechs aufgestanden, um sechs Meilen von hier den Wolf zu jagen mit Monsieur le Dauphin, allein man suchte einen Wolf fünf ganzer Stunden und konnten keinen finden, saß die fünf Stunden in der Kalesch bei Monsieur le Dauphin, der kein Wort sagte, denn er will, daß man nie wissen soll, was er denkt. Ich konnte nicht schlafen, denn er sprach immer mit seinen Jägern, um ihnen noch zu befehlen, wo sie suchen sollten, gestehe also, daß mir in ewiger Zeit keine greulichere Langeweile ist zukommen. Ich habe wohl in meinem Sinn geschworen, nie auf die Wolfsjagd mehr zu gehen, ohne ein Buch im Sack zu haben, um zu lesen. Ich bin froh, daß Helmont wieder bei Euer Liebden ist, denn seine Philosophie wird Euer Liebden amüsieren und die Zeit vertreiben. Wie kann man begreifen, was man gar nicht wissen kann, denn niemand ist jemalen aus jener Welt gekommen, um zu sagen, wie es dort ist, und ehe man in diese Welt kommt, ist man ja nichts, möchte also wohl wissen, was vor Einbildungen der gute Helmont hierüber haben kann. Daß er aber immer zufrieden sein kann, ist eine schöne Kunst, welche ich von Herzen gerne lernen möchte. Eben dasselbige Buch, so Monsieur Helmont Euer Liebden von Sulzbach gebracht hat, vom Trost der Weisheit, hat er mir vor fünfundzwanzig Jahren zu Heidelberg geben, habe es noch und finde es auch schön; mich deucht, es ist rar, daß man etwas besser auf teutsch, als auf französisch schreibt.

Port Royal, den 2. August 1696.

Monsieur Helmonts Meinung will mir nicht recht in Kopf, denn ich kann nicht begreifen, was die Seele ist und wie sie in einen andern Leib kann kommen; nach meinem schlechten Sinn zu räsonnieren sollte ich eher glauben, daß alles zu Grunde geht, wenn wir sterben, und nichts von uns übrig bleibt, und jedes Element, wovon wir werden, seinen Teil

wieder zu sich nimmt, um wieder was anders zu machen, es
seie ein Baum oder Kraut oder sonst was, das wieder zur Nah=
rung der lebendigen Kreaturen dient. Die Gnade Gottes,
deucht mir, kann allein die Seele unsterblich glauben machen,
denn natürlicher Weise kommt es einem eben nicht in Kopf,
insonderheit, wenn man sieht, wie die Leute werden, wenn
sie einmal gestorben sein. Gott der Allmächtige ist so unbe=
greiflich, daß mir deucht, daß es seiner Allmacht zuwider und zu
kleinerlich ist, wenn wir ihn in den Schranken unserer Ord=
nung wollen einschließen. Wir Menschen, die Regeln haben,
können gut oder bös sein, nachdem wir die Regeln befolgen
oder dawider tun; aber wer kann dem Allmächtigen Gesetze
geben? Auch ein rechtes Zeichen, daß wir nicht begreifen
können, was Gottes Güte ist, ist, daß unser Glaube uns weist,
daß er zwei Menschen erstlich erschaffen, denen er gerad
einen Anstoß geben, um zu fehlen, denn was war es nötig,
einen Baum zu verbieten, hernach den Fluch auf alle die zu
setzen, so nicht gesündigt hatten, indem sie noch nicht geboren
waren? Nach unserer Rechnung geht das gerad gegen Güte
und Gerechtigkeit, indem die gestraft werden, so nichts davor
können und nicht gesündigt haben. Weiteres lehrt man uns,
daß Gott der Vater seinen einzigen Sohn vor uns geben hat;
das war ja nach unserer Rechnung auch nicht gerecht, denn der
Sohn hatte nie und konnte nicht sündigen; also deucht mich,
daß es ohnmöglich ist, zu begreifen, was Gott mit uns macht,
derowegen nur seine Allmacht zu admirieren ist, aber ohnmög=
lich von seiner Güte und Gerechtigkeit zu räsonnieren . . .
Ich habe die Freiheit genommen und Euer Liebden schon
letzmal meine Meinung über der Jünger Christi Frage wegen
des Blindgebornen gesagt, doch will dies noch hinzusetzen, daß
ich nicht finde, daß es ein Beweis ist, daß die Seele in einen
andern Leib gehet, denn weilen ja alle Juden und Christen
glauben, daß wir durch Adam seind verloren worden, so
unser aller Vater war, so haben die Jünger auch leicht
glauben können, daß man der leiblichen Väter Sünde trägt,
und also selbst als sündige Menschen gebären; aber unser

Herr Christus läugnet, daß er vorher, ehe er geboren worden, gesündigt hätte, denn er sagt, daß weder der Blindgeborne noch sein Vater gesündigt hätte, sondern daß es geschehen, daß die Werke Gottes gesehen werden möchten und seine Ehre gepriesen werde. Also zerschlägt unsers Herrn Christus Antwort Monsieur Helmonts Meinung. Ich bin wohl Eurer Liebden Meinung, daß diese Opinion ein schlechter Trost ist, denn man behält nur, wie man stirbt, aber man weiß nichts von Wiederleben. Ich finde es auch nicht zum Besten, daß man nichts weiß von seiner Jugend; ich wollte aber gerne vergessen, im Mutterleib gewesen zu sein, denn das sollte einen ekeln. Monsieur Helmonts Zufriedenheit und ruhig Gemüte das möchte ich gerne lernen.

Versailles, den 8. November 1696.

Ich muß Euer Liebden ein wenig von der zukünftigen Herzogin von Bourgund sprechen, welche endlich vergangenen Montag zu Fontainebleau angekommen ist. Wie sie ankam, empfing ich sie mit Lachen, denn ich dachte, ich müßte mich krank lachen: es war ein solches Gedränge, daß sie die arme Madame de Nemours und die Marschallin de la Mothe dermaßen stießen, daß sie beide eine ganze Kammer lang rücklingen auf uns zukamen und endlich auf Madame de Maintenon fielen. Hätte ich letzte nicht beim Arm erhalten, wären sie übereinander gefallen wie Karten. Es war recht possierlich. Was die Prinzeß anlangt, so sein Ihro Liebden eben nicht gar groß vor ihr Alter, hat aber gar eine artige und schmale Figur wie ein recht Püppchen; sie hat schöne blonde Haar und in großer Menge, schwarze Augen und Augenbrauen, und Augenlider gar lang und schön; die Haut gar glatt, aber nicht gar weiß; das Näschen weder hübsch noch häßlich; einen großen Mund und dicke Lefzen; mit einem Wort: ein recht österreichisch Maul und Kinn. Sie geht wohl, hat gute Mienen und Grazie in was sie tut, sehr seriös vor ein Kind von ihrem Alter und erschrecklich politisch, sie macht wenig Werks aus ihrem Großvater¹), sieht kaum meinen Sohn noch mich an, aber sobald sie Madame de Maintenon sieht, lacht sie sie an und geht mit offenen Armen zu ihr. Da sehen Euer Liebden, wie politisch sie schon ist. Sie speist nicht mit dem König, sondern ganz allein.

Alle Menschen werden jetzt wieder Kinder. Die Prinzeß d'Harcourt und andere spielten vorgestern Blindekuh mit der Prinzeß und Monsieur le Dauphin, Monsieur, Prinzeß de Conti, Prinz de Conti, meine zwei anderen Damens und ich; gestern spielten wir: Wie gefällt euch die Gesellschaft? Es war mir eben nicht leid, ein wenig zu rasen.

Paris, den 22. November 1696.

Der König hat nichts anderes mehr im Kopf als dieses Kind, kann nicht dauern ohne sie zu sehen, hat sie einsmals gar in den Rat kommen lassen. Dies Mädchen ist recht italienisch und politisch, als wenn sie dreißig Jahr alt wäre. Es ist hier ein Gesandter von ihrem Hof, so erster Stallmeister von ihrer Frau Mutter ist, kennt ihn also gar wohl; sie tut aber nicht, als wenn sie ihn kennt, sieht ihn kaum an und spricht nicht mit ihm, aus Furcht, daß es der König übel nehmen möge und glauben, daß sie noch an ihr Vaterland attachiert. Dies gefällt mir nicht, denn ein gut Naturell und Gemüte soll so seine eigenen Sentimenten nicht verbergen und vor keine Schande halten, seine Eltern und Vaterland zu lieben. Denn wer die nicht liebt, so einen erzeugt und erzogen haben, wird schwerlich Fremde recht lieben können.

Paris, den 25. November 1696.

Euer Liebden werden nun schon wissen, wie unsere kleine Braut ist empfangen worden und wie sie doch endlich den Rang als Herzogin von Bourgund bekommen, ob sie zwar den Namen noch nicht führt, sondern nur blos

---

1) Monsieur; die Prinzessin war das Kind seiner zweiten Tochter aus erster Ehe.

la princesse genennt wird. Da sie doch endlich vor mich gehen müssen, kann es ja nichts auf sich haben, ob es ein Jahr eher oder später ist, denn außer das Vorgehen hab ich doch keinen andern Vorzug gehabt, die Erste zu sein.[1]) Denn führte der König Damens nach Marly, wurden sie in der Bastard Namen eingeladen; hat man die Königin in Engelland empfangen, haben eben selbige bei dem König die Hausehre getan; cediere also diesen Platz ganz ohne Schmerzen.

Madame de Chartres und Madame la Duchesse haben eine große Auseinandersetzung mit dem König vergangene Woche gehabt; Madame de Chartres soll sich aber besser entschuldigt haben als ihre Schwester. Die regierende Dame hat doch die Generosität gehabt, ob sie zwar so große Ursachen hat, übel zufrieden von ihnen zu sein, ihnen eine Audienz bei dem König zu erwirken. Die Passion, so der Herr für dieses Weib hat, ist etwas unerhörtes; ganz Paris sagt, daß, sobald der Frieden würde gemacht sein, soll der Heirat deklariert werden und die Dame ihren Rang nehmen. Bin derowegen auch noch froh, die Erste nicht zu sein, denn aufs wenigst werde ich doch was Rechtem folgen und nicht obligiert sein, der Dame das Hemd und die Handschuhe zu präsentieren. Weilen es ja geschehen sollte, wollte ich, daß es schon geschehen wäre, denn alsdann würde alles wieder recht eine Form von einen Hof werden und nicht so separiert sein, wie alles nun ist. Die Zeit wird lehren, was draus werden wird.

Ich weiß nicht, ob die Herzogin von Bourgund glücklicher sein wird als Madame la Dauphine, la Grandduchesse und ich, denn wie wir ankamen, waren wir alle nacheinander wunders wie angesehen; man wurde unser aber bald müde. Wir hatten aber den Vorteil nicht, daß die, so am

---

1) Die Herzogin Liselotte von Orleans, des Königs Schwägerin, war seit dem Tode der Dauphine die erste Dame am Hofe. Als nun des Königs Enkel, der Herzog von Bourgund, sich vermählte, ging dessen Gemahlin vor. Hätte aber Ludwig seine Heirat mit der Maintenon veröffentlicht, so wäre diese nach dem Hofzeremoniell von den Fürstinnen bedient worden, namentlich beim Aufstehen, wo die vornehmste der Anwesenden ihr das Hemd zu reichen hatte.

besten dran sein, Sorg vor uns nehmen müßten, wie diese kleine Prinzeß; das mag wohl machen, daß ihre Gunst länger währen wird als die unsrige gewährt hat. Politischer, als die kleine Prinzeß ist, kann man unmöglich sein; ihr Herr Vater soll sie so erzogen haben. Von ihrer Frau Mutter[1]) hat sie es nicht; die hat ein besser und aufrichtiger Gemüte. Schön ist la Princesse gar nicht; ich finde sie aber nicht so abscheulich als die andern sie finden. Verstand hat sie; das ist gewiß und das sieht man ihr wohl an den Augen an.

Versailles, den 2. Januar 1697.

Ich erinnere mich noch wohl des Herzogs von Wolfenbüttel, so Prinzeß Christine gehabt hat, er hieß Albrecht Ferdinand, drehete die Augen so wunderlich herum und spielte Spielchen mit mir, wie ich zu Wolfenbüttel mit Euer Liebden war. Es ist auch derselbe, wo mir recht ist, so einmal so dolle Händel mit Herzog Anton Ulrich, seinem Herrn Bruder, angefangen hat. Ich kann nicht begreifen, wie daß von so zwei närrischen Leuten, wie dieser Herr und seine Gemahlin waren, so artige und gescheite Kinder haben kommen können. . . . Die Aurora Königsmarckin[2]) muß eine wunderliche Kreatur sein und ganz ohne Schamhaftigkeit, daß sie Burgemeister und Syndikus in einer Stadt zu Zeugen nimmt, wie sie einen Bastard[3]) auf die Welt bringt. Mich deucht, Teutschland wird ganz anders, als es zu meiner Zeit war, denn von solchen unverschämten Sachen habe ich nie gehört. . . Mich deucht, König Jakob hat vor diesem wohl vor geherzt und ferm gegolten, aber nie vor einen großen Verstand, denn ich erinnere mich, daß Madame de Fiennes mir als sagte vom verstorbenen König in Engelland[4]) und von diesem; „Der König von Engelland hat viel Geist und ist überaus angenehm, aber schwach, der Herzog von York[5]) hat Mut und Entschlossenheit, aber er hat

---

1) Liselottens Stieftochter. 2) Die Geliebte Augusts des Starken. 3) Das war Moritz von Sachsen, später ein berühmter Feldherr. 4) Karl II. 5) Jakob II., sein Bruder.

gar keinen Esprit und ist zum Sterben langweilig." Auch andere hier, so ihn gesehen, als er noch auf seinem Thron war, haben mir ebenso davon gesprochen. Allein Euer Liebden drehen die Sach so gar artig herum vor König Wilhelm, daß man recht meinen sollte, es wäre so, und der Verstand an der englischen Kron fest, wenn König Wilhelm nicht schon denselben Verstand als Prinz von Oranien erwiesen, so er jetzt als König von Engelland hat. Ich glaube, daß die Historien, so man nach unseren Zeiten von diesem Hof schreiben wird, artiger und zeitvertreiblicher als kein Roman sein werden; ich fürchte, unsere Nachkommen werden es nicht glauben können und nur vor Märchen halten... Ich erinnere mich nicht mehr, wo es in der hl. Schrift stehet, daß man altem Weibergeschwätz nicht glauben solle, aber bald werde ich Interesse haben, solches nicht mehr zu zitieren, denn ich fange auch an, nicht mehr jung zu sein. Der junge Herr von Obdam muß ein gut Gedächtnis haben, sich noch zu erinnern, mich in Holland gesehen zu haben, denn es ist nun 36 Jahr, daß ich mit Euer Liebden dort war. Ich wollte, daß dieser Herr schon hier wäre, denn es wäre ein Zeichen, daß es Friede wäre. Ich bin ihm verobligiert, daß er eine Reise expreß hierher tun will, mich zu sehen. Euer Liebden und ich haben den Vorteil, daß, weil wir nichts von den Staatssachen wissen, können wir davon sagen, was uns in Kopf kommt, da andere, die es wissen, gar nicht reden dürfen aus Furcht, den Staat zu verraten. Ich muß lachen, daß Euer Liebden sagen, daß die Pfaffen nur allein hier im Lande Komödie spielen wollen. Sollte ich die Schloßkirch zu Hannover nun sehen, würde ich sie nicht mehr kennen, nun sie Onkel so schön hat malen und vergülden lassen. Ihro Liebden haben wohl getan, den Pfaffen das Maul so zu stopfen, denn nichts ist verdrießlicher als ihr Plärren. Die lutherischen Lieder divertieren recht zu singen; dürfte ich sie hier singen, würde mir die Zeit bei weitem nicht so lang in der Kirch fallen...

Versailles, den 18. Januar 1697.

er König tut nichts, als was seine Zott will; haßt auch die, so er am meisten liebt, sobald sie will. Monsieur denkt an nichts, als was seiner Buben Bestes ist; frägt sonsten nach nichts. Alle andern seind auch falsch, und die Knechte und Bedientenpack seind schier überall Herr und Meister. Vor acht Tagen hat er noch 100000 Franken an einen mit Namen Contades geben, um Rubantels Kompagnie zu kaufen. Alle seine schönen Juwelen und Demanten werden Stück nach Stück verkauft. Unterdessen läßt man mich, ohne mir zu geben, was am notwendigsten ist. Mein Sohn machts nicht viel besser als Monsieur; gibt alles an seine Mätresse. Läßt sich auch von seinen Kammerdienern gouvernieren und wüstet so erschrecklich, daß ich fürchte, daß es ihm endlich das Leben kosten wird. Monsieur widerspricht ihm in nichts, damit er ihm auch nichts sagen möge. Monsieur le Dauphin mischt sich in nichts in der Welt, steckt all sein Leben bei der Prinzeß de Conti, welche er zwar auslacht, aber doch ebenso sehr von ihr gouverniert ist, als der Herr Vater von der Maintenon. Er ist verliebt von einer Komödiantin, die läßt er nach Meudon kommen und hat sie nachts bei sich. Tags läßt er im Garten arbeiten und sieht zu; abends ißt er um vier, denn er ißt nicht zu Mittag, sondern frühstückt nur. Um vier ißt er mit all den Kavaliers, so bei ihm seind; ist zwei Stund an Tafel und säuft sich voll. So bringt er sein Leben zu.

An Raugräfin Luise
Versailles, den 22. Januar 1697.

aß man einen Tag besser sein Unglück ertragen kann als den andern, ist gar gewiß und wahr; ich verspüre es auch. Aber doch gewöhnt man sich endlich dran, die Sachen nicht so gar mehr zu Herzen zu ziehen. Es ist eine verdrießliche

Sache, daß die Pfaffen machen, daß die Christen einander so zuwider sein müssen. Die drei christlichen Religionen, wenn man meinem Rat folgte, sollten sich vor eine halten und sich nicht informieren, was man drinnen glaubt, sondern nur, ob man nach dem Evangelium lebt, und dagegen predigen, wenn man übel lebt, aber die Christen untereinander heiraten lassen und in welche Kirch gehen, als sie wollen, ohne es übel zu finden; so würde mehr Einigkeit unter den Christen sein, als nun ist. — Ich kann meiner Tochter das mit Wahrheit nachsagen, daß sie ganz und gar keinen Hang zur Koketterie und Galanterie hat; auf diesem Artikel gibt sie mir gar keine Mühe und glaube, daß, wer sie auch bekommen mag, hierin nichts wird zu fürchten haben. Schön von Gesicht ist meine Tochter nicht, hat aber eine schöne Figur, gute Mienen und hübsche Haut und ist ein gut Gemüte.

An die Kurfürstin Sophie
Marly, 24. Januar 1697.

eine elfhundert Pistolen seind alle in Schulden gangen und in den kleinen Pensiönchen, so ich jährlich gebe. Ich mag lieber mein Geld an Leute geben, so sonst das liebe Brot nicht hätten, als es zu verspielen; Monsieur verspielt genung vor uns beide.

Versailles, den 10. Februar 1697.

ch kann nicht begreifen, daß ein größerer Spaß sein kann, als arme Leute aus Not zu retten; also wenn ich Geld habe, tue ich mein Bestes hierbei; es kommt aber selten. Sollten auch die guten Werke in jener Welt nichts verdienen, so hat man doch dessen schon die Belohnung in diesem Leben, indem sie einem Vergnügen geben und über andere Menschen setzen. Denn denen man Guts tun kann, über die ist man gar gewiß.

Versailles, den 3. Februar 1697.

ergangenen Mittwoch morgens und Dienstags spät seind zwei Brüder zu Paris gestorben, so Zwilling waren und einander glichen wie zwei Tropfen Wasser. Man hieß sie Messieurs de Bocquemar; der eine war Präsident des Parlaments, der ander Gardehauptmann und Gouverneur zu Bergen. Diese zwei Brüder haben einander so herzlich lieb gehabt, daß sie nicht ohne einander haben bleiben können, schliefen allzeit beisammen und konnten nicht lustig noch zufrieden sein, sie waren denn beisammen, auch so daß man versichert, daß, wie sich der Präsident geheirat hat, hätte er die erste Nacht nicht ohne seinen Bruder schlafen können, hat ihn mit ins Bett genommen. Wenn einer krank wurde, wurde der andere auch krank. Vergangen Jahr, als der eine in seinem Gouvernement zu Bergen, der ander aber zu Paris war, rührt den zu Paris der Schlag, in demselben Augenblick wurde der zu Bergen ohnmächtig und war gar lang, bis er wieder zu sich selber kam, und alle die Zeit bis sein Bruder wieder zurecht kam (denn man hat die Stunde observiert); endlich seind sie auf einen Tag krank worden von derselben Krankheit und sechs Stund nach einander gestorben; welches doch eine starke Sympathie ist. Sie waren zwischen 69 und 70 Jahren alt und haben all ihr Leben ganz einig gelebt und nur einen Willen gehabt. Ich habe sie oft gesehen: es waren zwei häßliche Kerls, sollen aber gar ehrliche Männer gewest sein . . .

Versailles, den 2. Mai 1697.

uer Liebden beklage ich wohl von Herzen, daß sie keinen bessern Zeitvertreib haben, als meine alten Brief zu überlesen. Solang Papa selig gelebet, werden Euer Liebden alle meine Briefe voll Zufriedenheit mit Monsieur sehen, denn ich wollte nicht, daß Ihro Gnaden erfahren möchten, wie es recht hier war, wollte es also in keinen Brief setzen. Wie

Euer Liebden aber selber herkommen, hab ich Euer Liebden nichts verhehlt. Ich habe Ihro Gnaden dem Kurfürsten selig alles verhehlt, weil man mir gesagt, daß, nachdem ich weggezogen, hätten Ihro Gnaden sich dermaßen zu Herzen genommen, daß ich so wider meinen Willen aus purem Gehorsam wäre herkommen, ob ich gleich persuadiert, daß ich nicht glücklich hier sein würde, daß es Ihro Gnaden ganz geängstiget hätte und traurig gemacht. Drum hab ich alles verhehlt so lang mir möglich gewesen. Zuletzt hat der Kurfürst doch alles (weiß aber nicht, durch wen) erfahren und mich brav ausgefilzt, daß ich es nicht geschrieben hätte. Als ich aber die Ursach deswegen recht gemeldt, haben sie meine Entschuldigung angenommen. Was den König anbelangt, so bin ich wohl oder übel mit ihm gestanden, nachdem es seine Mätressen gewollt; zu der Montespan Zeit war ich in Ungnaden, zur Ludre¹) Zeit wohl dran; als die Montespan wieder die Oberhand nahm, gings wieder übel, wie Fontanges kam, wohl, und seit das jetzige Weib regiert, allezeit übel. Ich versichere Euer Liebden aber, daß ich die Zeit sehr nehme wie sie kommt; ich kenne perfekt alle die, womit ich umgehe; ich weiß, was ich mich von ihnen zu versehen habe. Meine Partei ist also ganz gefaßt; suche nur meine Zeit soviel mir möglich ist in Ruhe hinzubringen. Und weilen ich verspürt, daß man hier keine Ruhe haben kann, man lebe denn einsam, so bin ichs auch.

Mich deucht, wir wissen zu viel und zu wenig, um recht glücklich zu sein. Denn man weiß genung, um mehr wissen zu wollen, aber nicht genung, um davon vergnügt sein zu können.

---

1) ehemalige Hofdame der ersten Gemahlin Monsieurs, dann zwei Jahre lang Mätresse des Königs.

An Raugräfin Luise
St. Cloud, den 15. Mai 1697.

Wer hätte wohl jemalen gedenken können, daß ich Euch aus Frankreich und Ihr mir aus Engelland schreiben würdet? Freilich geht es wunderlich in der Welt her. Ich weiß nicht, ob Ihr Euch noch der Jungfer Kolbin erinnert, so meine Hofmeisterin war; die pflegte als zu sagen: „Es geht nirgends wunderlicher her, als in der Welt" und hierin hatte sie groß recht. Ich kann nicht begreifen, wie es Leute geben kann, so ihre guten Freunde nicht lieb behalten; denn ich kann nie ändern; wenn ich einmal Freund bin, ist es vor mein Leben, es seie dann, daß man sich ganz und gar gegen mich ändere . . Um Gottes willen, liebe Luise, sagt mir doch nie, daß Ihr fürchtet, mir mit Euren Briefen beschwerlich zu fallen! Denn das seind Komplimenten, die mir unleidlich sein. Ihr wißt ja wohl, daß ich ganz natürlich bin. Wären mir Eure Briefe nicht angenehm, so würde ich ja nicht sagen, daß sie mirs sein, würde auch nicht exakt drauf antworten, wie ich tue. Schreibt man dann nur an seine guten Freunde und Verwandten, um etwas Artiges und Lustiges daher zu machen? Ich meine, es seie vielmehr, um zu erweisen, daß man fleißig an sie denkt und daß, weil man nicht mündlich mit ihnen reden kann, so erweist man doch den Willen, sein Vertrauen zu vollführen, indem man aufs Papier setzt, was der Mund nicht sagen kann; also ist man lustig, müssen die Briefe lustig sein, ist man traurig, desgleichen, damit unsere Freunde teilnehmen können an allem, was uns betrifft. Wenn Ihr wissen solltet, wie alles hier ist, sollte es Euch gar kein Wunder nehmen, daß ich nicht mehr lustig bin. Eine andere in meinem Platz, so nicht so aus dem Grund lustig gewesen wäre, würde vielleicht vor Kummer längst gestorben sein; ich aber werde nur dick und fett davon. Es ist nicht ohn, daß, wenn ich das Glück hätte, bei meiner Tante zu sein, so glaube ich, daß ich noch etlichmal recht lustig würde sein können; aber hierzu sehe ich leider gar keine Möglichkeit. Hier habe ich wenig Verkehr, lebe ganz apart wie ein Reichsstädtel, kann nicht sagen, daß ich über vier Freundinnen in ganz Frankreich habe. Meine Tante von Tarent hatte ich zwar sehr lieb, aber nichts in der Welt geht mir über meine Tante, die Kurfürstin... Meine Gesundheit ist nun nur gar zu perfekt, ich werde so dick wie ein Kugelreiter und gar keine menschliche Figur schier mehr. Alleweil läßt mich Monsieur holen, um spazieren zu fahren; kann also unmöglich diesen Brief so völlig wie den ersten beantworten, dies nur noch in Eil sagen, daß, was Ihr mir vom armen Carl Eduard selig[1]) geschrieben, mich dermaßen vor ihn betrübt und gejammert hat, daß mir die Tränen drüber in den Augen kommen sein. An Carllutz darf ich nicht denken, denn dessen Tod hab ich noch nicht verschmerzt. Adieu! Man treibt mich, um zu schließen; kann meinen Brief nicht überlesen. Entschuldiget die Fehler, liebe Luise und glaubt, daß ich Euch von Herzen lieb behalte!

An die Kurfürstin Sophie
St. Cloud, den 16. Mai 1697.

orgestern war ich zu Paris, denn das arme Kind Mlle de Chartres[2]) lag auf den Tod; man erwartete nur ihr End; jammerte mich recht, allein wie ich sah, daß ihre Frau Mutter keine Träne vergoß, ihr Großvater nur an Spielen dachte und deswegen zu Seissac[3]) ging, die Mutter sich eine brave Kolation von vier Schüsseln vorsetzen ließ, dachte ich, daß es eine Torheit an mir wäre, mich allein zu betrüben. Weilen ich aber das Spektakel ohne Mühe nicht ansehen konnte, setzte ich mich hübsch in Kutsch und fuhr wieder her.

---

1) Bruder der Adressatin, Halbbruder Liselottens. 2) ihre Enkelin, Töchterchen ihres Sohnes Philipp. 3) berüchtigter Spieler am französischen Hofe.

St. Cloud, den 6. Juni 1697.

ch lebe hier lieber allein und habe mich dero=
maßen an dies Leben gewöhnt, daß mir die Zeit
keinen Augenblick lang dabei fällt. Ich lese
bald Französisch, bald Teutsch, ich schreibe,
ich spiele mit meinen Hündchen, ich sehe
Kupferstiche, besehe meine Pitschiere, lege sie zurecht, finde
immer was zu tun. Gibt es mir keine Freude, so betrübts
mich auch nicht und macht doch ein ruhiges Leben. —
Wer sein Glück nicht in sich selbst finden kann, wird es un=
nötigerweise anderswo suchen.

An Raugräfin Luise
St. Cloud, den 19. Juli 1697.

erzliebe Luise, vergangenen Sonntag Abend bin
ich mit zwei von Euren lieben Briefen erfreuet
worden, vom 18. Juni und vom 25., habe
aber unmöglich eher als heute drauf ant=
worten können; denn weil ich noch gar
große Schmerzen an meinem Arm habe, kann ich unmög=
lich viel Briefe auf einmal schreiben. Die Umstände von
meinem Fall will ich Euch gar bald sagen; wir waren
zwei Stund gewest, ohne einen Wolf zu finden, gingen den
Schritt, einen anderen zu suchen; einer zu Pferd rennt von
ungefähr bei mir vorbei, das gibt meinem Pferde Unge=
stüm, es will folgen; ich halte es ein, es will sich auf=
bäumen, ich lasse die Zügel schießen und drehe die Hand,
um weiter zu reiten. Mein Pferd war auf einer kleinen
Höhe mit den hinteren Füßen auf das nasse Gras, die
zwei Hinterfüß glitzschen dem Pferd aus, es fällt sachte
auf die rechte Seite, ich finde just einen Stein, worauf mein
Ellenbogen mit der Spitze kommt, das verrenkt mir den
großen Knochen und setzt mir ihn mitten im Arm. Man
sucht des Königs Balbierer, den Arm wieder einzurichten,
selbigen fand man nicht, denn er hatte ein Hufeisen ver=
loren, war weit in ein Dorf geritten, sein Pferd beschla=

gen zu lassen. Ein Bauer sagt mir, sie hätten in seinem Dorf einen Balbierer, so die Arme wohl einrichte. Ich fuhr hin, in der Tat, dieser Bauer richtet meinen Arm wohl ein, und wäre in 14 Tagen geheilet gewesen, wenn die Hofbalbierer ihre Kunst nicht an mir versucht hätten, wovon ich glaube, daß ich lahm bleiben werde. Das einzig, das mich nur noch tröstet, daß ich die Finger genung rühren kann, um die Feder zu halten und zu schreiben; habe also nicht vonnöten, mich einiger anderen Hand zu gebrauchen..... Mich wird sehr verlangen zu vernehmen, daß Ihr glücklich in Holland werdet angekommen sein, denn das Meer ist ein Element, von welchem ich gar nichts halte. Seekrank sein geht wohl hin; denn wenn man zu Land ist, wird man nur desto gesunder hernach; aber Sturm auszustehen und nicht sicher zu sein, mit dem Leben davon zu kommen, das ist etwas Häßliches.

Daß Euch das Teutschland noch über andere Länder geht, liebe Luise, ist gar natürlich; was man gewohnt, gefällt einem immer besser als was fremd ist. Und das Vaterland steht uns Teutschen allezeit am Besten an ... Es ist ein schlimm Zeichen vor die Länder, wo man fragt, ob die, so sie heiraten können, reich sein; denn das weist, daß man wenig nach Tugend fragt. Ich glaube, daß Engelland nicht der einzige Ort ist, wo böse Ehen und wunderliche Männer sein; wer die nicht finden will, müßte die Welt räumen, und wer Lust zu heiraten hätte, müßte mich nicht konsultieren, denn ich bin nie vor den Ehestand.

An die Kurfürstin Sophie
Port Royal, den 18. September 1697.

Sollte der Zar[1]) ins Elend fallen, wird er nie Hungers sterben können, weil er vierzehn Handwerke kann. Der große Mann hier hat ihn sehr ausgelacht, daß er in Holland bei einem Zimmermann gearbeitet hat und die Schiffe helfen machen.

---
1) Peter der Große. Er hatte wiederholt Reisen nach Westeuropa gemacht, um selbst zu lernen und zur Ausbildung seines Volkes tüchtige Leute zu gewinnen.

Fontainebleau, den 9. Oktober 1697.

uer Liebden werden ersehen haben, welchen Tag wir hier die Zeitung von des Prinz Eugen Schlacht vernommen haben¹). Man sagt wohl mit Wahrheit „der Prophet gilt nichts in seinem Vaterlande". Wäre Prinz Eugen hier geblieben, wäre er nimmermehr ein so großer General geworden, denn hier plagten ihn alle jungen Leute und lachten ihn aus.

Paris, den 10. November 1697.

on allem was vorher aus der Pfalz kommen, da habe ich keinen Heller noch Pfennig davon zu sehen bekommen; will glauben, daß es hiermit ebenso gehen wird. Bekomme ich dann was, so werde ich desto froher sein, hätte es hoch vonnöten, denn ärmer an bar Geld als ich bin, kann man nicht sein. Wenn ich gefragt, ob denn, was aus der Pfalz käme, nicht mein seie, hat man geantwortet: ja, allein Monsieur seie Herr der Gütergemeinschaft, der könne sein Leben mit allem schalten und walten, wie es ihm beliebe, ohne daß ich was dargegen zu sagen könnte finden, käme er aber zum sterben, so müßte man auf sein Gut die Summe für mich wiederfinden. Dieses ist mir gar nicht tröstlich vorkommen, weil aber, was ich auch dagegen sagen möge, zu nichts nicht hilft, schweige ich und gehe meinen geraden Weg fort. Was aber das Verdrießlichste ist, ist, daß ich vor meinen Augen sehe, wie übel und an nichtswürdigen Leuten mein Geld angewendet wird.

---

1) Die Schlacht bei Zenta, in der die Österreicher unter Prinz Eugen die Türken besiegten. An anderen Orten sagt Liselotte:

„Seine — des Prinzen Eugen — Frau Mutter hatte gar keine Sorge vor ihn, ließ ihn herumlaufen wie einen Gassenjungen, wollte lieber ihr Geld verspielen als an ihren jüngsten Sohn wenden. So sind allgemein die Weiber hier im Lande.

Wie Prinz Eugenius noch jung war, war er gar nicht zu häßlich. — Eine gute Haltung hat er nie gehabt noch vornehmes Aussehen. Die Augen hat er nicht häßlich, aber die Nase verschändet sein Gesicht und daß er allzeit den Mund über zwei großen Zähnen aufhält, allzeit schmutzig ist, fette Haare hat, die er nie frisiert.

Wer Prinz Eugenius vom Gesicht gleicht, kann gewiß nicht schön sein. Er ist noch kleiner als sein ältester Bruder. Alle diese, außer Prinz Eugenius, haben wenig getaugt. Prinz Philipp, so der zweite Bruder war, war auch ein toll Hinkel. — Es

An Raugräfin Luise
Paris, den 10. November 1697.

erzallerliebe Luise, vergangenen Freitag habe ich Euern lieben Brief in dem Paket von Tante gefunden, vom 16./26. Oktober. Mein Arm ist nun so weit wieder wohl, daß ich ihn zwar wieder regen kann und drehen wie den andern, allein wo mir die Balbierer den Arm so verkältet haben, als nämlich oben in der Achsel, habe ich noch einen Wetterkalender, insonderheit wenn es regnen will, so lassen sich noch ein wenig Schmerzen empfinden, aber sonsten tut er mir gar nicht mehr wehe. Ich hoffe, daß das florentinische Öl, so mir bisher so wohl bekommen, mich ferner kurieren wird. Nun es überall Frieden ist, könnt es sich gar wohl zutragen, daß wir einander wieder zu sehen bekommen könnten. Man muß nie die Hoffnung verlieren. Wenn in der Tat sollte wahr werden, was vor ein paar Monat in Geschrei gangen, nämlich, daß meine Tochter Herzogin von Lothringen werden sollte, so könnte es sich ja leicht zutragen, daß wir einander Rendezvous zu Nancy geben könnten; zweifle gar nicht, liebe Luise, daß Ihr, Amelise und ich gar wohl miteinander zurecht kommen würden. Ihr werdet nun allbereits erfahren haben, wie daß der Frieden mit dem Kaiser und Reich nun auch geschlossen und unterschrieben ist. Es muß eine sonderliche Vermaledeiung auf den Generalfrieden sein, daß er schier nirgends mit Freuden ange-

---

waren auch zwei Schwestern. Die älteste war wie ein Scheusal von Figur und dabei eine Zwergin; hat bis an ihr Ende ein gottlos Leben geführt; ist mit einem Priester durchgangen. Er hieß Abbé de la Bourlie, ein toller Kerl. Sie haben sich zu Genf geheiratet und brav geschlagen. —

Die Mutter des Prinzen Eugen war Olympia Mancini, eine der Nichten Mazarins. Ludwig XIV. hatte, diese Italienerin trotz ihres geringen Standes heiraten wollen, aber Mazarin selbst hatte ihm abgeraten, worauf er sich mit Marie Therese, der Tochter Philipps IV. von Spanien, vermählt hatte. Die Mancini heiratete einen Grafen vom Hause Savoyen-Carignon, stand lange in Gunst beim Könige, mußte aber endlich das Land verlassen. Prinz Eugen, der häßliche Sohn jener schönen Frau, fand vor den Augen des Königs keine Gnade: „Dies Gesicht ist mir fatal!" Erst als er in österreichische Dienste trat, entfaltete sich seine Tüchtigkeit, und er gelangte bald zu hohem Ansehen.

nommen wird, ob er zwar schon so gar lang ist gewünschet
worden; denn der Pöbel zu Paris hat sich auch nicht drüber
erfreuen wollen, man hat sie schier dazu zwingen müssen. So
bald glaube ich nicht, daß der Krieg wieder angehen wird.
In Polen, glaube ich, wird auch kein großer Krieg werden;
denn man sagt, daß es nicht wohl dorten vor unsern Prinzen
Conti gehe; Ihro Liebden möchten wohl bald wieder herkom=
men, worin ich Ihro Liebden vor glücklicher schätzen würde,
als wenn er König in Polen würde, denn es ist ein schmutzig
und wild Land, und die großen Herren gar zu interessiert.
Wir haben den Kurfürsten von Sachsen zwei Jahr lang hier
gehabt, kenne also seine Stärke wohl, allein es ist wunderlich,
daß man davon in den Zeitungen spricht. Man könnte nicht so
viel vom Prinzen Conti sagen; denn ob er zwar länger
von Person als der Kurfürst ist, ist er doch gar schwach.

Das Tanzen ist was rares; glaube aber, daß es wieder
aufkommen wird; denn die zukünftige Herzogin von Bour=
gund tanzt über die Maßen wohl.

Versailles, den 5. Dezember 1697.

erzliebe Luise, gestern habe ich in meiner Tante
Paket Euer Schreiben gefunden, aber was mir
Tante von Onkels leider so gar elendem Zu=
stand berichtet, macht mich fürchten, daß Ihro
Liebden noch nicht recht außer Gefahr sein und
das setzt mich in rechte Sorgen[1]). Zu Euerm Wunsch vor Onkel
und Tante sage ich wohl von Grund meiner Seelen Amen.
Nach allem Ansehn wird der Friede nirgends große Freude
erwecken. Wenn wünschen was helfen könnte, würde alles
wohl anders hergehen, als man nun sieht. Ich weiß nicht,
ob es nicht besser für mich und vor meinen Sohn wäre,
daß er noch einige Kampagnen tun könnte; denn dies Land
ist greulich verführerisch vor junge Leute, und sie erwer=
ben mehr Ehre im Krieg, als hier nichts zu tun, als herum

---

[1]) Der Kurfürst von Hannover, Gemahl ihrer Tante Sophie, starb im Januar des folgenden Jahres.

zu schlendern und liederlich zu werden, wozu, unter uns geredt, mein Sohn nur gar zu viel Inklination hat und meint, weil er nur die Weiber lieb hat, und nicht von der anderen Ausschweifung ist, so jetzt gemeiner hier ist als in Italien, so meint er, man solle ihn noch dazu loben und Dank wissen; mir aber steht sein Leben gar nicht an.

Sobald ich Euer Schreiben gestern empfangen, bin ich gleich bei Monsieur zu Rat gangen, um zu sehen, ob nichts bei seiner Majestät dem König zu erhalten seie. Er hat mir aber leider platt herausgesagt, daß es der König nicht tun würde, denn er wolle von keiner Entschädigung sprechen hören, hat auch seinen Gesandten befohlen, eher den Frieden zu brechen, als von einer Entschädigung zu reden hören, darf also jetzt nichts davon reden. Allein schickt mir ein französisch Gesuch mit größeren Detail als dies teutsche ist, von Euren Prätensionen. Das will ich behalten, und wenn ich den König einmal in gutem Humor finden werde, will ich ihm in Lachen sagen, er sollte mir wohl wieder zurückgeben, was er meinen armen Raugräfinnen geschadt hätte, und das Gesuch weisen. Wer weiß, ob das nicht was nutzen wird? Was Monsieur anbelangt, so habe ich ihm platt heraus gesagt, daß er Euch noch schuldig seie. Er sagt, ich solle ihm ein Gesuch geben, er wolle es examieren, werde also einen Auszug aus Eurem Zettel ziehen, und solches Ihro Liebden geben und es stark an den Kanzler und meines Herrn Räte rekommandieren. Das ist alles, liebe Luise, was ich bei der Sache tun kann. Wollte Gott, alles stünde bei mir, so würdet Ihr bald in alles ein völlig Vergnügen haben; denn seid versichert, daß ich nie mein Interesse Eurer Freundschaft vorziehen werde. Die unser armes Vaterland so lange Jahre eingehabt, haben sich wohl dabei befunden; drum wollen sie nichts wieder davon geben von dem, so sie gezogen haben. Ich allezeit habe keinen Heller davon bekommen; was Monsieur auch in meinem Namen bekommen, da werde ich auch wenig von zu sehen bekommen. So seind die französischen Heiraten; die Männer seind allezeit Herr und Meister über alles, was ihren Weibern gehört; ich bins gewahr worden....

An die Kurfürstin Sophie
Versailles, den 12. Januar 1698.

an hört jetzt hier nichts als von Dieb und stehlen. Das Fest der heiligen Genoveva haben die Diebe zu Paris ein Stückchen angestellt: einer von diesen Burschen verkleidete sich als ein Pater von St. Genoveva, nahm eine Tafel mit einem Schreibzeug, setzte sich gerad vor die Kirchentür und sagte zu allen, so in die Kirch kommen: „Das Gedränge an der Sakristei ist zu groß, um das Meßgeld in Empfang zu nehmen, deshalb hat mir unser Abt befohlen, das Geld hier zu erheben." Jeder gab sein Geld, welches dieser falsche Priester hübsch aufschrieb; einer aber, so nicht recht eins um den Preis war, rief den Sakristan und fragte, warum die Messen jetzt so teuer wären? Der Sakristan antwortete, sie wären nicht teurer als gewöhnlich. Dieser wies den verkleideten Pfaffen; der Sakristan dachte wohl gleich, daß ein Schelmenstück dahinter sein müßte, wollte den verkleideten Priester arretieren, der pfiff, da kamen viel seiner Kameraden und halfen ihm durch, und liefen alle davon. Man konnte sie nicht fangen. Man las das Register von dem was er empfangen hatte und man fand achthundert Franken, womit sie durchgangen waren.

Versailles, den 2. Februar 1698.

ch glaube gar gewiß, daß mein Sohn mit dem dollen Leben, das er führt, ganze Nächte zu rasen und erst um acht morgens schlafen zu gehen, nicht lang wird leben können. Er sieht oft aus, als wenn man ihn aus dem Grab gezogen hätte; man bringt ihn gar gewiß ums Leben und sein Herr Vater will nichts dargegen sagen. Aber weilen, was ich auch hiervon sagen mag, zu nichts nicht hilft, so will ich nur davon still schweigen, muß nur das noch sagen, daß es wahr=

haftig schad ist, daß man meinen Sohn so in das Luderleben steckt, denn wenn man ihn an etwas besseres und rechtschaffneres gewöhnt hätte, würde er ganz ein andrer Mensch geworden sein. Er fehlt nicht von Verstand, ist nicht ignorant und hatte von Jugend auf alle Inklination zu dem was gut und löblich war und seinem Stand zukommt, allein seit er sein eigener Herr und Meister geworden und sich nichtswürdige Kerls an ihn gehängt haben und ihn mit so gar gemeinen Huren met Verlöff haben umgehen machen, ist er dermaßen geändert, daß man ihn nicht mehr kennt sowohl von Gesicht als von Humor, und bei so einem Leben nimmt er nicht mehr Lust in nichts; die Lust zur Musik, so eine Passion war, ist auch nicht mehr vorhanden, summa: man hat ihn ganz unleidlich gemacht, und fürchte sehr, daß er endlich gar das Leben drüber verlieren wird.

Versailles, den 16. März 1698.

onsieur ist mehr auf die Buben verpicht, als nie, nimmt Lakaien aus den Antichambren; alles was er in der Welt hat, vertut er auf diese Weise, er wird seine Kinder zu puren Bettlern machen; er denkt in der Welt an nichts als was auf dieses Leben angesehen ist. Mir ist er immer zuwider in allem, scheut mich immer; er läßt sich ganz und gar von den liederlichen Burschen regieren; alles in seinem und meinem Haus wird zu der Burschen Profit verkauft. Es ist eine rechte Schande, wie es zugeht. Meinen Sohn haben die Favoriten von Monsieur ganz eingenommen, er liebt die Weiber, und sie seind seine Kuppler, schmarotzen, fressen und saufen mit ihm und stecken ihn in ein solch Luderleben, daß er nicht wieder heraus kann kommen, und weilen er weiß, daß ich sein Leben nicht approbiere, so scheut er mich und hat mich ganz und gar nicht lieb; Monsieur ist froh, daß er seine Favoriten lieb hat und mich nicht, leidet also alles von meinem Sohn. Meines Sohns Gemahlin hat ihren Mann nicht lieb; wenn er nur von ihr ist, ist sie schon zufrieden, stimmen also hierin gar wohl überein, sie denkt nur an ihre Brüder und Schwestern. So geht es hier zu; da können Euer Liebden gedenken, was ein angenehm Leben man führt.

Versailles, den 4. Mai 1698.

Das geschieht manchen hier, daß die Devotion ihnen den Hirnkasten verdrehet. Man sieht aber wohl, daß die Herren Pfaffen nur ihren Scherz mit der Religion haben und alles für Histörchen halten, weil sie es so verzählen. Wenn ein Mensch des andern Teufel ist, kann man wohl sagen, daß die Pfaffen die ärgsten Teufel seind. Vor diesem sagte man im Sprichwort: „Wo der Teufel nicht hinkommen kann, da schickt er ein alt Weib", hier in Frankreich könnte man sagen: „Wo das alt Weib nicht hin kann, da schickt sie Pfaffen". Denn man hat mich versichert, daß in jede Pfarrei zu Paris Pfaffen von dem alten Weib hingesetzt seind, um ihr alles zuzutragen, was in ganz Paris vorgeht. Etliche Pfarreien haben sich dagegen gesetzt und haben die Spione nicht annehmen wollen. Der König ist ärger als nie gegen die Reformierten verpicht; so lang das alte Weib regieren wird, kann es nicht anders sein, denn das ist der einzige Weg, wodurch sie den Eifer von ihrer hohen Devotion erweist. Hätten die Reformierten eine gute Resolution gefaßt und wären kommen und hätten dem Weib ein paar Millionen offeriert, ihr dabei bang gemacht, daß es ihr übel gehen möchte, wo sie nicht vor sie wäre, so bin ich überzeugt, daß man sie alle in Ruhe würde gelassen haben, denn das Weib ist furchtsam.

Wenn ich allemal die Stirn runzeln wollte, wenn ich hier sehe, was mir nicht gefällt, so würde ich fingers= dicke Runzeln jetzt haben. Was das Lachen betrifft, so muß es noch ein Rest von dem Lachen von meiner Jugend sein, denn nun lach ich selten.

Euer Liebden werden wohl von einer berühmten Kurtisane hier gehört haben, so man vor diesem Ninon hieß, jetzt heißt man sie Mademoiselle de Lenclos. Sie soll gar viel Verstand haben, alle Hofleute seind immer bei ihr wegen ihrer angenehmen Konversation.

Es ist zu bewundern, wie meine Tochter schon so gewohnt ist, Braut[1]) zu sein; sie spricht über alles, was sie zu Nancy will machen lassen, als wenn sie all ihr Leben geheirat wäre gewesen. Hieran sehen Euer Liebden, daß meiner Kinder Humor gar nicht wie der meine ist, denn wie Euer Liebden wissen, so ist der heilige Ehestand mir nie so angenehm vorkommen, daß ich mir dessen eine große Freude gemacht hätte. Gott gebe, daß ihr diese Freude nicht möge versalzen werden. Euer Liebden haben groß recht, Madame de Maintenon meritiert mit Recht den Namen Allmächtige, denn sie ist wohl die Allmächtige hier im Land. Mein Leben werde ich nicht glauben, daß ihre Heirat wird deklariert werden, ich sehe es denn mit meinen Augen. Sie dürfens nicht tun, wenn sie es schon gerne wollten; die Pariser seind gar zu sehr dagegen; das Weib wäre ihres Lebens nicht mehr sicher, wenn das geschehen sollte. Wie wir vergangenes Jahr zu Fontainebleau waren, hat man an der neuen Brücke ganze Plakate dagegen angeschlagen und gedrohet; das hat auch gleich alles Geschrei von dieser Deklaration schweigen machen ...

St. Cloud, den 18. Mai 1698.

eit Mlle. de Lenclos alt ist, lebt sie gar wohl. Mein Sohn ist gar ihr guter Freund; sie hat ihn sehr lieb. Ich wollte, daß er sie öfter besuchte und mehr mit ihr umginge als mit seinen guten Freunden; sie würde ihm bessere und noblere Sentimenten geben als die, so ihm seine guten Freunde inspirieren. Sie soll auch gar modest in ihren Manieren und Reden sein, welches mein Sohn gar nicht ist.

Bei Hof hört man kein Wort von den Reformierten

---

1) Die Tochter Liselottens war mit dem Herzog Leopold von Lothringen verlobt worden.

sprechen. Hätte man diese Verfolgung getan, wie ich vor 26 Jahren noch zu Heidelberg war, hätten mich Euer Liebden wohl nie persuadieren können, katholisch zu werden. Alles übel geschieht, weil man hier nie nachdenkt, sondern alles glaubt, was Mönche und böse alte Weiber sagen, auch gar ignorant in allem ist. Das bekommt manchen ehrlichen Menschen übel[1]). Die „Allmächtige" fürchtet die Pariser so sehr, daß sie nicht in ihrer eigenen Kutsch durch Paris darf fahren. Wir begegneten sie gestern, es waren Leibgarden verkleidet um ihre Kutsch, so des Königs seine war. Wenn die Weiber von der Halle sie ertappen könnten, würde sie in Stücke gerissen werden, so verhaßt ist sie.

Port Royal, den 28. Mai 1698.

ch habe gar nichts neues erfahren, doch eine schöne Historie hat mein Sohn verzehlt, so er vom Marschall de Catinat gehört hat. Ein Kloster war im währenden Krieg geplündert worden; der Marschall de Catinat ging selber hin, das Unheil zu steuern. Er sah auf einmal den Pfaffen vom Kloster daher reiten mit einem großen Mantel, der hatte eine ganz nackende Nonne vor sich zu Pferd. Wie er den Marschall sah, wollte er seinen Mantel zurückwerfen, um den Hut abziehen zu können; wie er den Mantel aufschlug, sah man ihn ganz nackend zu Pferd sitzen, und hielt die Nonne so vor sich; hinter ihnen her kam die Äbtissin; der Marschall fragte sie, ob man ihr Gewalt getan hätte? Da machte sie eine schöne Reverenz und sagte: Ja, mein Herr, dreißig Mal. Hinter der kam eine hinkende Nonne, die rief im Hinken, ohne daß man sie fragte: und ich drei Mal, mein Herr, und ich dreimal, und ich dreimal . . .

---

[1]) Über die französischen Weiber, die a la Maintenon leben, schreibt Liselotte: „Sobald sie alt genug werden, keine Liebhaber mehr zu haben, werden sie devot, oder aufs wenigste stellen sie sich, als wenn sie es wären. Alsdann aber werden sie gewöhnlich gar gefährlich, denn sie werden neidisch und können niemand mehr leiden.

An Raugräfin Luise
St. Cloud, den 17. Juni 1698.

Ich wünsch den Tod nicht und scheu ihn auch nicht; ohne den Heidelberger Katechismus kann man wohl lernen, sich nicht zu sehr an die Welt zu attachieren, insonderheit hier im Land, da alles so voller Falschheit, Neid und Bosheit ist und alle Laster so unerhört im Schwang gehen. Allein weil sterben ganz wider die Natur ist, kann mans doch nicht wünschen, ob man gleich die Welt nicht liebt. Hier an diesem großen Hof habe ich mich schier zum Einsiedler gemacht und es seind gar wenig Leute hier im Land, mit welchen ich oft umgehe, bin auch ganze lange Tage ganz allein in meinem Kabinett, worinnen ich mich mit lesen und schreiben beschäftige. Kommt jemand, mich zu sehen, sehe ich sie einen Augenblick, rede vom Wetter oder Zeitungen, dann wieder in meine Einsamkeit. Viermal die Woche habe ich Schreibtag, Montag nach Savoyen, Mittwoch nach Modena, Donnerstag und Sonntag schreibe ich große, mächtige Briefe an meine Tante nach Hannover, von 6 bis 8 fahre ich mit Monsieur und unseren Damen spazieren. Dreimal die Woch fahre ich nach Paris und alle Tag schreibe ich an meine Freundinnen, so dort sein; ein oder zweimal die Woch jage ich. So geht meine Zeit hin. — Ist es möglich, daß die Pfarrer so albern zu Frankfurt sein, Komödien vor Sünde zu halten? Ihre Ambition, über die Menschen regieren zu wollen, ist viel eine größere Sünde, als ein unschuldig Spektakel zu sehen, so einem einen Augenblick lachen macht; so Possen kann ich allen Pfaffen nicht verzeihen. Adieu, herzliebe Luise! Ich habe noch drei Brief zu schreiben, muß derowegen schließen, versichere Euch doch noch, daß ich Euch von Herzen lieb behalte.

Marly, den 4. Juli 1698.

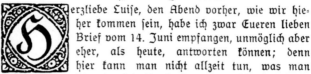erzliebe Luise, den Abend vorher, wie wir hie=
her kommen sein, habe ich zwar Eueren lieben
Brief vom 14. Juni empfangen, unmöglich aber
eher, als heute, antworten können; denn
hier kann man nicht allzeit tun, was man
gern wollte. Die, so sich die Sachen hier nicht so schwer
einbilden, als sie in der Tat sein, meinen, der König und
der Hof seien noch, wie sie vor diesem gewesen, aber alles
ist leider dermaßen geändert, daß, wer seit der Königin Tod
vom Hof weggewesen wäre und nun wieder herkäme, würde
meinen, er komme in eine ganz andere Welt. Hierauf wäre
noch viel zu sagen, aber es ist der Feder nicht zu vertrauen;
denn alle Briefe werden gelesen und wieder zugepitschiert.
Meine Tante pflegt zu sagen: „Einer ist des andern Teufel
in dieser Welt" und das ist wohl wahr. Wir wissen wohl,
daß alles von Gott kommt und seine Allmacht von Ewigkeit
her resolviert, wie die Sachen sein sollen, weil der Allmächtige
uns aber nicht mit ihm in Rat genommen, so läßt er uns auch
nicht wissen, warum alles geschieht; müssen uns also nur
seinem heiligen Willen ergeben. Ich zweifle gar nicht, daß
Carl Moritz¹) manche Dispute mit Helmont haben wird
zu Hannover. Ich wünsche Carl Moritz alles Guts und
langes Leben, allein ich zweifle, daß er mit aller
seiner Gelehrtigkeit mir jemalen so lieb werden kann,
als mein lieber Carllutz selig mir war ... Mir gebührts
nicht, nach anderen Leuten zu sehen, ob sie häßlich oder schön
sein, nachdem mich der Allmächtige so gar häßlich hat sein
lassen; aber ich bin jetzt in einem Alter, wo man sichs desto
leichter zu getrösten haben kann, indem, wenn ich schon schön
gewesen wäre, müßte ich doch jetzt schon häßlich geworden
sein, geht also mit einem hin. Freilich halte ich mehr von
innerlicher als äußerlicher Schönheit. .... Ich habe Euch
schon letztesmal meine Meinung geschrieben über die Pfarrer
und Pfaffen, so die Komödien verbieten, sage also weiter

---
1) Karl Moritz, der letzte der Raugrafen.

nichts drauf, als nur, daß, wenn die Herren ein wenig weiter, als ihre Nase, sehen wollten, würden sie begreifen, daß der gemeinen Leute Geld an den Komödien nicht übel ange=
legt ist. Erstlich seind die Komödianten arme Teufel, so ihr Leben dadurch gewinnen; zum andern, so macht die Komödie Freude, Freude gibt Gesundheit, Gesundheit Stärke, Stärke macht besser arbeiten, also sollten sie es mehr gebieten als verbieten.

An Raugräfin Amalie Elisabeth
Port Royal, den 22. August 1698.

Herzallerliebe Amelise, vergangenen Montag habe ich Euren lieben Brief vom 12. dieses Monats zu recht empfangen, aber unmöglich andern Tags, ob es schon der Posttag war, drauf ant= worten können. Ich hatte zu stark geweint ge= habt; denn vergangenen Montag ist zu Versailles auf einen Stutz eine von meinen gar guten Freundinnen am Schlag gestorben, sie hieß Prinzessin d'Espinoi. Es war eine Dame, die große Meriten hatte, gar guten Verstand, eine Politesse, so über die Maßen war, und das beste Gemüte von der Welt; sie dachte an nichts, als ihren Freunden und Ver= wandten zu dienen; sie war von gar guter Gesellschaft . . . Wenn man schon schön ist, währt es doch nicht, und ein schön Gesicht ändert bald, allein ein gut Gemüt ist zu allen Zeiten gut. Ihr müßt meiner sehr vergessen haben, wenn Ihr mich nicht mit unter den Häßlichen rechnet; ich bin es all mein Tag gewesen und noch ärger hier durch die Blattern worden. Zudem so ist meine Figur monströs in Dicke, ich bin so viereckt wie ein Würfel, meine Haut ist rötlich mit gelb vermischt; ich fange an, grau zu werden, habe ganz ver= mischte Haare schon, meine Stirn und Augen seind sehr runze= lig, meine Nase ist ebenso schief, als sie gewesen, aber durch die Kinderblattern sehr verziert, sowohl als beide Backen; ich habe die Backen platt, große Kinnbacken, die Zähn verschlissen, das Maul auch ein wenig verändert, indem es größer und runzeliger geworden. So ist meine schöne Figur bestellt.

An die Kurfürstin Sophie

Fontainebleau, den 22. Oktober 1698.

ein Gott, wie erzieht man in meinem Sinn die Duchesse de Bourgogne so bitter übel; das Kind jammert mich drüber. Man läßt ihr alles zu; in voller Tafel fängt sie an zu singen, tanzt auf ihrem Stuhl, tut als wenn sie grüßt, macht abscheuliche Grimassen, zerreißt in den Schüsseln die Hühner und Feldhühner mit der Faust, steckt Finger in die Saucen, summa, ungezogener kann man nicht sein. Und die hinter Ihrer Liebden stehen, rufen: „Ach, wie anmutig sie ist, wie hübsch!" Ihren Schwiegervater[1]) traktiert sie ohne Respekt und duzt ihn; da meint er, er seie in Faveur und ist herzlich froh drüber. Mit dem König soll sie noch familiärer sein.

Paris, den 16. November 1698.

aß Monsieur die Toilette verschmolzen, ist nicht so sehr zu verwundern, denn sie war sein. Allein alles, was von Heidelberg von Silbergeschirr kommen, und allerhand Silberzeug, womit mein Kabinett geziert war und recht hübsch aussah, das hat er mir einen Tag all wider mein inständig Bitten weggerafft, verschmolzen und alles Geld davon in seinen Beutel geschoben, hat mir kein einzig arm Kistchen gelassen, meine Lappen drin zu tun.

1) Den Dauphin.

Versailles, den 11. Januari 1699.

In dulci jubilo ho ho, nun singet und seid froh ho ho, unsers Herzens Wohohone liegt in praesepio ho ho, und leuchtet als die Sohohone, matris in gremio ho ho, alpha es et o ho, alpha es et o.

Wo Euer Liebden dies heute nicht gesungen haben, so bin ich doch versichert, daß die Pauken und Trompeter es Euer Liebden vorgespielt haben; weilen es heute Neujahrstag bei Euer Liebden ist, wünsche Euer Liebden also alles Glück und Vergnügen, so sie sich selbsten wünschen und begehren mögen.

Versailles, den 8. März 1699.

Gestern sprach man an Tafel von der Duchesse de Lesdiguières, welche wohl einen wunderlichen Humor hat. Den ganzen Tag tut sie nichts in der Welt als Kaffee oder Tee trinken; sie liest, schreibt, noch arbeitet, noch spielt nie. Wenn sie Kaffee nimmt, müssen ihre Kammerweiber und sie selber auf türkisch gekleidt sein; nimmt sie Tee, so müssen, die es bringen, auf indisch gekleidt sein. Die Kammerweiber weinen oft die bittern Tränen, daß sie sich zwei- oder dreimal des Tags anderst antun müssen. Kommt jemand, die Dame zu besuchen, findt man in einer Antichambre viele Pagen, Lakaien, Edelleute; dann kommt man an eine Tür, so verschlossen ist, da klopft man an, da kommt ein großer mächtiger Mohr mit einem silbernen Turban und großem Säbel an der Seit, macht die Tür auf, läßt die Dame oder Kavalier, wer es sein mag, hinein, aber ganz allein. Der führt durch eine große Kammer zu einer zweiten Tür, die auch verschlossen; die macht der zweite Mohr auf und riegelt die Tür, wie der erste getan, nach den Leuten zu. Die dritte Kammer da geht es ebenso her. In der vierten findt man zwei Kammerdiener, die führen zu der fünften Kammer; da findt man die Herzogin muttersallein. Alle die Konterfeis, so sie in ihrer Kammer hat, seind ihre Kutschpferd, so sie hat malen lassen. Die läßt sie alle Morgen eins nach dem andern in ihrem Hof herumführen und sieht sie durchs Fenster mit einer Brill, denn sie sieht nicht wohl. In ihrer Kammer hat sie auch das Konklave in Gemälden auf eine Manier, wie man es noch nicht gesehen: der Papst und alle die Kardinäle seind Mohren. In ihrem Garten, welcher gar schön ist, darin stehet eine marmorne Säule mit einem Epitaph von einer Katz, so ihr gestorben und welche sie sehr lieb gehabt hat. Wenn ihr Sohn sie sehen will, muß er erst Audienz fordern und ihres Sohns Frau auch; wenn sie sechs oder sieben mal hingeschickt haben, ob sie sie sehen können, läßt sie sie kommen, aber mit eben denselben Zeremonien als wenns Fremde wären.

St. Cloud, den 14. Juni 1699.

om Erzbischof von Cambray[1]) sagt man nun nichts mehr. Es ist mir recht leid, daß er den Roman von Telemach nicht will drucken lassen, denn es ist ein recht artig und schön Buch, ich habe es im Manuskript gelesen. Gott gebe, daß die Instruktionen so in diesem Buche sind, dem Herzog von Bourgund Impression geben mögen, denn wenn er sie befolgt, wird er mit der Zeit ein großer König werden.

Wenn der König in Spanien[2]) sterben sollte, würde wohl gar gewiß der Krieg kommen. Allein ich kann Euer Liebden mit Wahrheit sagen, daß man hier nicht froh drüber sein würde, denn man ist des Kriegs unerhört müde... Die meisten von den Hugenotten, so weggezogen, seind Leute von den Provinzen, so einfältig erzogen worden. Ich glaube, man schämt sich zu sagen, wie man mit den armen Reformierten umgeht, denn man hört hier nichts davon; die Intendanten machen es oft schlimmer als es ihnen befohlen wird.

1) Fenelon. 2) Karl II. starb im November 1700. Nach seinem Tode brach der spanische Erbfolgekrieg aus.

Marly, den 2. Juli 1699.

estern besuchte ich alle Favoriten; ich ging zur Duchesse de Bourgogne und von da zur Maintenon. Die fand ich königlich; sie saß an Tafel in einem großen Armstuhl; der Herzog von Bourbon, seine Tochter u. a. aßen mit ihr und saßen auf Taburetten. Man tat mir die Gnade und brachte mir auch ein Taburett[1]); ich versicherte aber, daß ich nicht müde war. Ich biß mich auf die Zunge, hätte schier gelacht. Diese Zeit ist verschieden von der, da der König mich bitten kam, zu erlauben, daß Madame Scarron mit mir nur einmal essen möchte, nur um Monsieur du Maine, so ein Kind war, sein Essen zu schneiden. Solche Reflexionen machen sehr moralisieren. Wenn der König im Garten spazieren geht, sitzt die Dame in einer Sänfte, so man auf vier Räder gesetzt hat, und vier Kerl ziehen sie. Und der König geht wie ihr Lakai nebenher und jedermann folgt zu Fuß. Alles kommt mir hier vor wie die verkehrte Welt; finde hier nichts schön als den Ort.

Port royal, den 23. Juli 1699.

orin ich Monseigneur[2]) nicht glücklich find, ist daß er eigentlich in nichts große Lust nimmt, er jagt schier allezeit, ist eben so kontent, drei oder vier Stund Schritt zu reiten und keinem Menschen ein einziges Wort zu sagen, als die schönste Jagd zu tun. Sollte dieser Herr zur Regierung kommen, würde es nicht hergehen, wie Euer Liebden meinen, denn er ist kapabel, böse Impressionen von den Leuten zu nehmen, wenn die, womit er stets umgeht, übel von den Leuten reden;

---

1) Zum Verständnis dieser Szene sei bemerkt, daß der Armstuhl nur Personen vom höchsten Range gegeben wurde, während Geringere sich mit dem Taburett begnügen mußten. An dieser Etikettenfrage, die damals sehr ernst genommen wurde, scheiterten häufig genug Besuche unter Fürstlichkeiten. — Daß man der Schwägerin des Königs, die bis zur kürzlich erfolgten Vermählung des Herzogs von Burgund die erste Dame des Hofes gewesen, ein Taburett anbot, war nach damaligen Begriffen eine große Unverschämtheit. 2) Der Dauphin Louis, geb. 1661, gest. 1711. Über ihn schreibt Liselotte zwanzig Jahre später an Karoline von Wales die beiden folgenden Briefe.

und die, so seine besten Freunde sein, seind keine guten Gemüter. Zudem so ist dieser Dauphin auch nicht ohne Furcht; die Heuchler werden sich also wohl an ihn machen, wenn er einmal König sein wird, und werden also vielleicht noch mehr als nie im Kredit sein. Ich kann nicht glauben, daß man unter seiner Regierung glücklicher als unter seines Herrn Vaters seiner sein wird, denn ich sehe nicht, daß er mehr Ästime vor ehrliche und aufrichtige Leute hat als vor falsche und verlogene, wie die meisten sein ... Die Herzogin von Bourgund kann unmöglich ihr Leben müde werden, denn man läßt sie alles tun, was sie will; bald fährt sie in einem Karren, dann reit sie auf einem Esel, rennt die ganze Nacht allein herum im Garten, summa: was ihr nur in Kopf kommt, das tut sie. Es ist gewiß, daß sie viel Verstand hat; sie fürchtet mich, drum ist sie so höflich mit mir, denn ich habe sie ein paar Mal dichte beschieden, indem sie mich auslachen wollte, nun darf sie es nicht mehr vor mir tun.

Paris, den 18. Januar 1719.

er erste Dauphin war nicht zu beschreiben; kein Mensch hat ihn recht gekannt. Er war auch wohl das wunderlichste und unbegreiflichste Wesen von der Welt; meinte man ihn gut, fand man ihn bös, meinte man ihn bös, fand man ihn wieder sehr gut. Er hat nichts recht geliebt noch recht gehaßt, war doch boshaft, und seine größte Lust war, Verdruß anzutun, und wenn er doch hernach einem einen Gefallen tun konnte, tat er es bereitwillig. Man konnte nicht sagen, daß er bös war; man konnte nicht sagen, daß er Verstand hatte. Dumm war er auch nicht; kein Mensch in der Welt konnte besser das Lächerliche herausfinden, sowohl was ihn selber als andere angehen konnte. Er erzählte possierlich was er wollte, bemerkte alles, fürchtete in der Welt nichts mehr, als König zu werden, nicht zu sehr aus Besorgnis vor seinen Herrn Vater als auch Furcht zu regieren; war erschrecklich faul, konnte einen ganzen langen Tag auf einem

Lotterbett oder in einem Armstuhl sitzen, den Stock gegen die Schuhe schlagen und kein Wort sagen. Sein Leben hat er seine Meinung auf nichts sagen wollen. Wenn er aber in einem Jahre einmal sprach, sprach er wohl und in noblen Ausdrücken. Etlichemal hätte man geschworen, er wäre die Einfalt selber, wenn man ihn reden hörte; an einem andern Tag sprach er mit solchem Verstand, daß es zu bewundern war. Etlichemal meinte man, er wäre der beste Herr von der Welt; ein andermal tat er alles, was er erdenken konnte, einen zu plagen und Verdrießlichkeiten anzutun.

Er hieß seine Söhne nicht „mein Sohn", sondern: Monsieur le Duc de Bourgogne, Monsieur le Duc d'Anjou, Monsieur le Duc de Berry, und sie hießen ihn Monseigneur.

St. Cloud, den 25. August 1719.

ch kann nicht leiden, daß man mich an den Hintern rührt, denn es macht mich so toll, daß ich nicht mehr weiß, was ich tue. Hätte dem Dauphin schier eine brave Maulschelle gegeben, denn er hatte die schlimme Gewohnheit, aus Possen, wenn man sich setzte, einem die Faust mit ausgestrecktem Daumen unter den Hintern zu stellen. Ich bat ihn um Gottes willen, die Possen bleiben zu lassen, das Spiel mißfiel mir zu sehr und machte mich so bös, daß ich nicht gut davor sein konnte, ihm eine brave Maulschelle zu geben, das eher getan als gedacht sein würde. Da hat er mich mit in Frieden gelassen.

An die Kurfürstin Sophie
Port Royal, den 26. Juli 1699.

s ist gewiß, daß, wenn Monsieur nicht schwach wäre und sich von den bösen Leuten, so ihm lieb und wert sein, alles weismachen ließe, würde er der beste Herr von der Welt sein, ist also mehr zu bejammern als zu hassen, wenn er einem was zu übels tut. Mein Sohn hat sehr viel Verstand, und ich bin versichert, daß seine Konversation Euer Liebden nicht mißfallen sollte; er weiß viel, hat ein gut Gedächtnis, und was er weiß, bringt er gar nicht pedantisch vor; hat alle noblen Expressionen; aber sein Gemüt ist nicht genung erhoben, er geht lieber mit gemeinen Leuten, mit Malern und Musikanten um, als mit etwas Rechts, und meint, er müsse alles tun, was er junge Leute tun sieht, ob es zwar gegen sein Temperament und Humor ist, bildt sich ein, zehnmal stärker zu sein, als er ist. Ich fürcht, er wird sich hiemit einmal ums Leben bringen; er folgt nie keinem guten Rat, allezeit dem schlimmen; er kennt die Tugend wohl, meint aber, es seie artig, solches zu verachten und die Laster zu approbieren. Er ist gut und nicht boshaft, wird mit Willen niemand nichts zu leid tun, allein er hat wenig Naturell . . . Er arbeitet jetzt stark vor Euer Liebden, macht eine Fabel vor Euer Liebden, denn alles, was er malt, muß all historisch sein. Er nimmt als den Vorwand, in der Frühe nach Paris malen zu gehen, aber, unter uns geredt, es ist ein jung Mädchen von 16 Jahren, so recht artig ist, eine Komödiantin, da ist unser Kavalier sehr verliebt von, die läßt er zu sich kommen. Wenn er ihr Gesichtchen in seine Antigone malt, wird sie gewiß hübsch werden. Ich habe es noch nicht gesehen; nimmt er aber dies Gesicht und setzts in sein Gemälde, will ichs Euer Liebden schreiben.

Ich gestehe, daß ich lieber wollte, daß die Seelenwanderung wahr wäre als die Hölle, oder daß unsere Seele sterblich wäre, das kann ich am wenigsten leiden und leider so ist hierzu mehr Aussicht, als zu den zwei andern. Ich glaube, daß der, so das Buch gemacht, daß keine Hölle seie, es aus Barmherzigkeit getan, die Sünder zu trösten. Daß nicht zwei Ewigkeiten sein können, ist wohl gewiß, allein man kann in der heiligen Schrift „von Ewigkeit zu Ewigkeit" gesagt haben, um die Ewigkeit desto fester einzuprägen. Geister habe ich große Mühe zu glauben, denn wäre etwas, so uns unbekannt und sich doch weisen könnte, würde man mehr Gewißheit davon haben

können, denn gewöhnlich erscheinen die Geister nur aber=
gläubischen Leuten, Trunkenen und Betrübten, so mit der
Milz geplagt sein; auf das, was die sagen, kann kein Grund
gesetzt werden. Examiniert man weiter, findt man Betrug,
Dieberei oder Galanterie.

An Raugräfin Amalie Elisabeth
Marly, den 7. August 1699.

erzliebe Amelise, vorgestern, wie ich eben in
Kutsch saß, um herzukommen, empfing ich Euer
Schreiben vom 20. Juli. Gestern fuhr ich
mit dem König auf eine Revue von seiner
Leibgard, heute stehle ich sozusagen eine
Stund um zu schreiben; denn ich bin schon zu St. Ger=
main gewesen, habe dort von den englischen königlichen Per=
sonen Abschied genommen, denn meine Reise nach Bar, welche
so oft angefangen und wieder eingestellt worden, wird end=
lich einmal vollzogen werden, es sei denn, daß seit jetzt
und bis Sonntag über acht Tag noch ein Verhindernis da=
zwischen kommen möge, so man jetzt nicht vorsehen kann...
Mein Gott, liebe Amelise, Ihr müßt Euch selber gar nicht mehr
gleichen, wie Ihr ein Kind waret, wenn Ihr der Königin,
unserer Frau Großmutter, gleicht. Ich erinnere mich ihrer
noch, als wenn ich sie heute gesehen hätte; allein sie hatte
ein ganz ander Gesicht als Ihr, wie Ihr ein Kind waret,
denn da hattet Ihr blunde Haar, ein breit Gesicht und
schöne Farben; die Königin in Böhmen aber hatte schwarze
Haar, ein lang Gesicht, stracke Nas, summa, ganz ein ander
Art von Gesicht. Der Kurfürst, unser Herr Vater selig,
glich der Königin, seiner Frau Mutter, viel. Gezwungen=
heit ist Contrainte und nicht Affektation, aber das rechte
Wort hiervon auf teutsch weiß ich nicht. Habt Ihr niemand
von der Fruchtbringenden Gesellschaft zu Frankfurt, den
mans fragen könnte? Es kann auch nicht Steifigkeit
sein, denn viel affektierte Leute halten sich nicht steif, son=
dern drehen sich und wispeln den ganzen Leib, ohne Auf=

hören. Ich kann nicht begreifen, wie es möglich sein kann, mehr als eine Sprach zu reden und neben seiner Muttersprach zu behalten ..... Das Saufen ist gar gemein bei die Weiber hier in Frankreich, und Madame de Mazarin hat eine Tochter hinterlassen, so es auch meisterlich kann, die Marquise de Richelieu. Hiermit ist Euer Schreiben durchaus beantwortet, und weil ich heute schon, außer diesem, vier große Brief geschrieben, ist mir die Hand ein wenig müde, muß derowegen schließen. Embrassiert Luise von meinetwegen und seid versichert, daß ich Euch alle Beide recht lieb habe.

An die Kurfürstin Sophie
Fontainebleau, den 23. September 1699.

ie armen Reformierten seind zu beklagen, nicht in Sicherheit zu sein zu Kopenhagen, nachdem sie gemeint, ihre Zuflucht gefunden zu haben. Die sich in Teutschland gesetzt, werden das Französische gemein machen. Monsieur Colbert soll gesagt haben, daß viel Untertanen der Könige und Fürsten Reichtum seie, wollte deswegen, daß alles sich heiraten sollte und Kinder kriegen: also werden diese neuen Untertanen der teutschen Kurfürsten und Fürsten Reichtum werden.

An Raugräfin Amalie Elisabeth
Fontainebleau, den 1. Oktober 1699.

s wär ein Glück für ganz Europa, wenn die Königin in Spanien ein Kind bekommen könnte; Bub oder Mädchen, alles wäre gut, wenns nur ein Kind wäre und leben bliebe. Man muß kein Prophet sein, um zu sehen, daß es Krieg geben muß, wenn der König in Spanien ohne Erben sterben sollte[1]. Denn man weiß ja wohl, daß alle hohen Häupter, so diese Erbfolge beanspruchen, keiner dem andern weichen wird, also wohl durch den Krieg wird müssen ausgemacht werden ...

---
[1] Im Jahre 1701 begann der spanische Erbfolgekrieg.

An Raugräfin Luise

Fontainebleau, den 1. Oktober 1699.

erzliebe Luise, dieser Ort hier ist der, wo ich am wenigsten zum Schreiben gelangen kann, wegen der vielen Jagden, Komödien, und Apartements. Von meiner traurigen Reise, so ich nach Bar habe tun sollen und welche zurückgangen, will ich nichts mehr sagen, als daß ich Euch, liebe Luise, sehr obligiert bin, so sehr Anteil drinnen genommen zu haben. Weil der König nicht hat erlauben wollen, daß man ein Mittel finden möge, der Zeremonie zu entgehen, so darin bestand, daß der Herzog von Lothringen prätendiert, einen Armstuhl vor Monsieur und mir zu haben, weil der Kaiser ihm selbigen gibt. Der König aber antwortete hierauf, daß der Kaiser ein Zeremoniell habe und der König ein anderes, als zum Exempel, der Kaiser gibt den Kardinälen Armstühle; die dürfen hier nie vor dem König sitzen. Der König hat des Herzogs Vorfahren zum Exempel angezogen, so hier gewesen, und nie keinen Armstuhl verlangt haben; ob der alte Herzog von Lothringen zwar des verstorbenen Monsieur[1]) sein leiblicher Schwager war, hat er doch weder vor Monsieur noch seiner leiblichen Schwester nie nichts als ein Taburett gehabt. Monsieur will wohl einen Lehnstuhl geben und der König willigt darein, aber der Herzog prätendiert, wie ein Kurfürst traktiert zu werden, und das will der König nicht zugeben. Monsieur hat proponiert, daß mans machen sollte, wie bei dem König von Engelland, der prätendiert uns keinen Stuhl zu geben, wir aber prätendieren, einen vor ihm zu haben; derowegen setzt er sich nur, wenn wir da sein, auf ein Taburett. So wollten wir es auch machen; das hat aber der König durchaus nicht leiden wollen, und wir haben nicht nach Bar gewollt, um mit Gewalt unserem Herzog einen Schimpf anzutun, also die Reise gebrochen worden. Da wißt Ihr nun recht den Grund

---

1) Gaston d'Orleans, Bruder Ludwigs XIII.

von der Sachen ... Ich würde froh gewest sein, wenn ich Carl Moritz¹) gesehen hätte. Wenn er es aber gemacht hätte, wie ich höre, daß er es nun zu Berlin macht, würden wir nicht lang gut Freund geblieben sein und ich würde brav gezürnt haben. Denn wie man mir berichtet, so säuft er sich alle Tage blind voll und bringt dann einen Haufen toll Zeug bei Ihro Liebden der Kurfürstin von Brandenburg vor; das ist doch eine rechte Schande. Wenn ich glauben könnte, daß ein ernstlicher Verweis ihn korrigieren könnte, wollte ich ihm schreiben. Das macht mich meinen lieben Carllutz noch mehr vermissen; denn der stellte so nichts Ungereimts an. Von wem hat er das Saufen? Denn Papa selig trank ja sein Leben nicht. Es verdrießt, daß der einzige Sohn, so von meinem Herrn Vater selig überbleibt, ein Vollsäufer sein sollte. Um Gottes Willen, tut doch Euer Bestes, Carl Moritz zu korrigieren! Meine Tochter ist gar glücklich mit ihrem Herzog²), er tut ihr, was er ihr an den Augen ansehen kann, sie haben einander beide vom Grund ihrer Seelen lieb.

Ich kann die Torheit nicht begreifen, so die Leute haben, nach Rom zu ziehen. Denn was vor eine Lust kann es sein, einen Haufen Pfaffen in den Kirchen herum zu laufen zu sehen? Deswegen ginge ich nicht von meinem Tisch zum Fenster, will geschweigen nach Rom.

An die Kurfürstin Sophie
Fontainebleau, den 10. Oktober 1699.

uer Liebden haben recht zu sagen, daß man hier nichts von der Qual redt, so man den armen Reformierten antut; man hört kein einzig Wort davon. Auf was Euer Liebden weiter hiervon sagen, können Euer Liebden wohl gedenken, daß ich nichts sagen darf; die Gedanken aber seind zollfrei. Ich glaube doch, daß, wenn König Wilhelm sich bei den Friedenstraktaten der Sach ein wenig mehr angenom=

---

1) Ihren Halbbruder, den letzten Raugrafen. 2) Herzog Leopold von Lothringen

men hätte, wäre es nicht auf eine solche Extremität kommen, denn man wollte den Frieden mit aller Gewalt haben, und hätte er die Konditionen gesetzt, aufzuhören, die Reformierten zu plagen, so wäre es geschehen.

Kein einziges von allen meinen Konterfeis gleicht mir so wohl; mein Fett hat sich gar übel plaziert, muß mir also wohl übel anstehen: ich habe einen abscheulichen, met Verlöff, Hintern, Bauch und Hüften und gar breite Achseln, Hals und Brüste sehr platt, bin also, die Wahrheit zu bekennen, gar eine wüste, häßliche Figur. Habe aber das Glück, gar nichts darnach zu fragen. Denn ich begehre nicht, daß jemand verliebt von mir sein solle, und ich bin persuadiert, daß die, so meine guten Freunde seind, nur mein Gemüte, und nicht meine Figur betrachten werden.

Es ist gar gewiß, daß Monsieur Leibnitz perfekt gut französisch schreibt; möchte wissen, ob er auch den Akzent so perfekt hat, wie die Art zu reden.

Mir kommt die neue Mode recht schön vor, denn die abscheuliche hohe Koiffüre konnte ich nicht vertragen. Es ist rar, daß eine so gar schöne Person, wie unsere liebe Kurfürstin von Brandenburg ist, so wenig nach ihrem putzen fragt und sich so geschwind kleidet . . . So lieb als ich unsern Herzog von Lothringen auch haben mag, so gestehe ich doch, daß ich dem König kein Unrecht hab geben können, und däucht mir, daß unser Herzog besser tät, weniger an seinen Rang zu gedenken und suchen, dem König zu gefallen; denn der Rang ist eine Chimäre, aber des Königs Gnaden zu gewinnen, damit ihm nichts Wunderliches in seinem Herzogtum widerfährt, das ist solide und viel nötiger.

P. S. In diesem Augenblick erfahre ich, daß Madame de Maintenons beste Freundin, die Montchevreuil, gestorben ist. Nun ist ein bös Weib weniger in der Welt; Gott bekehre alle, so es noch ein, und nehme sie in sein Paradeis. Amen.

Paris, den 16. Dezember 1600.

ingt man zu Hannover denn im Advent die Lieder nicht mehr, so man vor diesem jung? Denn zu meiner Zeit ging kein Advent vorbei ohne das Lied „Nun kommt der Heiden Heiland"; was mir aber allezeit am wunderlichsten vorkam, war, wenn wir dies folgende Gesetz sungen:

„Nicht von Mannsblut noch vom Fleisch,
allein von dem heiligen Geist
ist Gotts Wort worden ein Mensch
und blüht ein Frucht Weibes Fleisch."

Das hat mir das ganze Lied behalten machen. Ich erinnere mich mehr von was ich in meiner Kindheit gehört und gesehen, als was vor zehn Jahren vorgangen. Mich deucht, bei den Lutherischen ist es etwas Rares, Musik in der Kirch zu haben, und zu meiner Zeit war keine, wir sungen all zusammen, wie Euer Liebden in ihrer Kirch tun. Mich deucht, es divertiert mehr, wenn man selber mit singt, als die schönste Musik. Wenn die Engel im Himmel die Macht haben, menschliche Stimmen und Figuren an sich zu nehmen, so ist es ihnen leicht, wohl zu singen, allein ich zweifle, daß sich unser Herrgott viel an der Musik amüsiert.

An den Raugrafen Carl Moritz
ihren Stiefbruder.

Versailles, den 12. Januar 1700.

erzlieb Carl Moritz, Ihr werdet finden, daß ich was spät auf Euer Schreiben vom 11. November 1699 antworte, und könntet Ihr jetzt mit Wahrheit klagen, wie man gewöhnlich nur durch Redensart sagt, daß schier ein Säkulo verflossen, daß ich Euch nicht geantwortet habe. Aber es ist meine Schuld nicht, denn es ist eben gewesen, als wenn mir der Teufel zum Possen Verhindernisse geschickt hätte und ist mir eben mit gangen wie in der Comédie des facheur:

ein Verhindernis ist nicht so geschwind verschwunden, so hat sich ein andres dargestellt. Ich schreibe Euch heute, ob ich zwar drei guter Stunden den Wolf gejagt habe, also, wenn ich wollte, wohl wieder eine gute Entschuldigung hätte. Ich will aber nicht länger aufschieben, auf Euer Schreiben zu antworten. Sobald ich weiß, daß Ihr, lieber Carl Moritz, das liebe Teutsche nicht veracht und auch persuadiert seid, daß ich es nicht tue, so könnt Ihr mir nur schreiben, wie es Euch am gemächlichsten ist, und es ist wahr, daß das Französische kürzer ist, als das Teutsche. Es freut mich, lieb Carl Moritz, daß meine wohlmeinenden Ermahnungen so wohl von Euch seind aufgenommen worden. Engelrein sein fordert man nicht von Euch, noch nichts Unmögliches, sondern nur, daß, in was bei Euch stehet, Ihr des guten Verstands gebrauchet, so Gott der Allmächtige Euch verliehen, um Euch eine gute und keine böse Reputation zu etablieren, wie ich hoffe, daß Ihr tun werdet und ich allezeit mit Freuden von Euch vernehmen werde. Denn wir seind einander ja nahe genung, um daß Euch nichts begegnen kann, worinnen ich nicht auch teilnehme, und seid versichert, lieb Carl Moritz, daß, ob ich Euch zwar seit Eurer Kindheit nicht gesehen, daß ich Euch doch noch als recht lieb habe! Zum neuen Jahr wünsche ich Euch alles, was Euer Herz begehrt.   Elisabeth Charlotte.

An die Kurfürstin Sophie
Versailles, den 14. Januar 1700.

ch habe von Herzen lachen müssen, daß Euer Liebden sagen, daß der König von seinem alten Schatten[1]) nicht seie verhindert worden, von gutem Humor zu sein. Freilich ist die Influenz von diesem Schatten groß, und weilen der König die Sonn zum Sinnenbild hat, kann man die Alte wohl eine Sonnenfinsternis heißen, denn sie verdunkelt diese Sonne hier mehr als die Sonne vergangen Jahr gewesen; der

---
1) Die Maintenon.

Flecken von der rechten Sonnenfinsternis vergeht in ein paar Stunden, dieser Flecken aber wird währen so lange die Alte leben wird.

An Raugräfin Amalie Elisabeth
Marly, den 21. Januar 1700.

Herzliebe Amelise, ob ich zwar hier wenig Zeit zu schreiben habe, so will ich doch heute auf Euren lieben Brief vom 20. Dezember 1699 — 10. Januar 1700 —[1]) antworten, denn wenn man einmal ins Aufschieben kommt, kann man nicht mehr zum Schreiben gelangen und kommt als etwas dazwischen. Bald werdet Ihr nicht mehr den alten Stil datieren, denn wie ich vernehme, so wird ganz Teutschland den neuen den 1. März annehmen ... Es ist gar kein Märchen, daß der König von Marokko die Prinzeß de Conti zur Königin begehrt, aber der König hat es rund abgeschlagen. Die Prinzeß de Conti ist gar schön gewesen, ehe sie die Blattern gehabt, seither aber ist sie verändert, doch noch einen perfekt schönen Wuchs und gar hohe Haltung, tanzt überaus wohl. Ich habe keinen einzigen Kupferstich von der Prinzeß de Conti gesehen, so ihr gleicht.

Daß man nach Rom geht, Antiquitäten zu sehen, wie mein Vetter, der Landgraf von Kassel, das kann ich wohl begreifen, aber nicht, daß man all das Pfaffenwerk sehen will; nichts ist langweiliger. Viel seind vielleicht auch hin, die 30000 galanten Damen zu sehen, aber wer von dem Zeug Neugier hat, mag nur nach Frankreich kommen, da wird er ebensoviel finden. Wer seine Sünde recht bereuen will, hat nicht nötig, nach Rom zu rennen; in der Kammer ist die Reue ebensogut. In Frankreich fragt man nicht viel nach Rom, noch nach dem Papst; man ist persuadiert, daß, wie auch wahr, man wohl ohne ihn selig werden kann.

---
1) 1700 nahm auch das protestantische Deutschland den gregorianischen Kalender an, der in Frankreich und den meisten andern Ländern schon Ende des sechzehnten Jahrhunderts den julianischen abgelöst hatte.

An die Kurfürstin Sophie
Versailles, den 24. Januar 1700.

adame de Maintenon hat so wenig Scheu, zu weisen, daß sie mich haßt, daß sie einmal öffentlich zu einer Dame sagte: „Ich weiß an Ihnen keinen andern Fehler, als daß Sie Madame lieben." Ich versichere aber Euer Liebden, daß dieser Frauen Haß mich gar nicht quält; will der König mich ihretwegen hassen und verachten, so ist es eine Schwachheit von ihm, denn gegen den König habe ich nie nichts getan, um seinen Haß zu haben. Mißfällt ihm aber meine Person, so ist es ein Unglück, aber kein Verbrechen; muß michs also getrösten und hoffen, daß wieder einmal eine Zeit kommen wird, da er mich durch andere Augen ansehen wird als seiner alten Dame ihre. Denn zu der Fontange Zeiten, auch wie ich ein Jahr in der Montespan Gnade stund, da fand mich der König nicht so unangenehm als nun und hatte mich gern bei sich. Will also nicht verzweifeln und nur immer meinen geraden Weg fortgehen.

Hannover muß unerhört verändert sein, seit ich dorten gewesen, denn zu meiner Zeit spielte man die Komödien in dem Saal bei Tante Lisbeths Kammer und bei der Kapell; das Theater war nicht gar groß. Nun aber muß das Schloß magnifik sein, daß Euer Liebden beide absonderliche Säl haben vor die Komödien und die Opern.

Nun muß ich Euer Liebden auch verzählen, wie es zu Marly abgangen. Donnerstag gleich nach dem Nachtessen setzte sich der König im Salon, so vor den Ball präpariert war; da kam die Duchesse de Bourgogne recht artig mastiert als Flora mit lauter seidenen Blumen, welches ihr recht artig stund. Sie hatte bei sich viele Damen, denen es aber, die Wahrheit zu bekennen, nicht so wohl stund als ihr. Die andern Floren waren die Duchesse de Sully, die ist was kurz und dick, Comtesse d'Ayen u. a. Wie alle die Masken ihren Platz genommen hatten, hörte man Pauken schlagen und sah auf einmal einen Sarmaten kommen, dem folgte ein Kamel mit einem Mohren, der die Pauken schlug: dem folgten die Amazonen. Des Königs Pagen seind sehr adrett in Voltigieren und Fechten. Wie dieser Aufzug den Abtritt genommen, tanzte man Menuetts in großer Menge. Etliche Zeit hernach gingen die drei Prinzen sich auch maskieren und tanzten:

"Willst Du mit nach Rompelskirchen,
Willst Du mit, so komm" usw.

Andern tags, als Freitag, fuhr ich um halb zehn nach Paris, kam um halb zwölf dort an, ging mit Monsieur in die Meß und von da fuhren wir nach St. Eustache, die Glock aus der Tauf zu heben. Ich hätte schier überlaut gelacht, denn man hatte die Glocke mit einem Blumenkranz umwickelt und oben ein Brokat drum gehängt. Ich sagte zu Monsieur: "Die Glocke ist auch als Flora verkleidet"; sie glich der Duchesse de Sully wie zwei Tropfen Wasser. Am Knüpfel hingen goldene Strick mit goldenen Quasten, die gab man uns in die Hand, wir mußten dreimal ziehen, um die Glock läuten zu machen. Unter uns: es ist eine possierliche Zeremonie. Die Kirch war ganz voller Leute, so diese schönen Zeremonien sehen kamen; hernach lief all der Pöbel hin und läutete; sie meinen, es bewahre sie vor dem Donner. Ein Dieb wurde ertappt, der wollte einen Degen von einem Offizier stehlen, das machte ein unerhört Geras in der Kirch.

Versailles, den 11. Februar 1700.

Ich habe auch ein gar groß Liederbuch. Die gute große Mademoiselle[1]) hat mir es vor ihrem Tod gegeben. Das amüsiert sehr. An des verstorbenen Monsieur seinem Hof da waren viel, so Verstand hatten und possierliche Lieder machten. Es seind Leute zu Paris, so zehn oder zwölf große Bände von den alten Liedern haben und gar fleißig be-

---

1) Die Nichte Ludwigs XIII., Tochter Gastons, des verstorbenen Monsieur, des Bruders Ludwigs XIII.

wahren. In Frankreich kann man alle Zeiten durch die Lieder erkennen, denn alles wird gesungen. Dadurch kann man die Historien vom ganzen Hof besser lernen als in den Historienbüchern; denn da flattiert man nur, aber in den Liedern singen sie, wie es in der Tat hergeht. Und wie man durch die Medaillen die römischen Historien beweist, so kann man hier im Land durch die Lieder die rechte Wahrheit erfahren. Seind also nicht so unnützlich als man meint.

Marly, den 6. Mai 1700.

Monsieur hat Gottlob das Fieber verlassen; Ihro Liebden seind aber noch ganz matt und recht melancholisch, nimmt Lust in nichts. Ich glaube, wo die Traurigkeit herkommt: Ihro Liebden sehen wohl, daß das vergangene Leben kein gut mehr tun will und all sein Absehen, Tun und Lassen war nur hierauf gericht, nichts andres gefällt ihm, will doch auch nicht gern sterben, sieht aber wohl, daß das Leben und was er pflegt zu tun nicht mehr angehen kann. Das macht Ihro Liebden ganz betrübt, und die Betrübnis hindert, daß die Kräfte nicht recht wiederkommen können; bin also recht in Sorgen vor Monsieur.

Mein Sohn hat so ein stark Genie vor alles was zur Malerei gehört, daß er zum Zeichnen nie keine Hilf nimmt, reißt alles nach der Natur und lebendigen Figuren ab. Coypel, so sein Meister gewesen, sagt, daß alle Maler sich freuen sollen, daß mein Sohn ein großer Herr seie, denn wäre er ein gemeiner Kerl, würde er sie alle übertreffen. Er kann alles reißen, was ihm in Kopf kommt, hat die Ideen stark und stellt die Posituren leicht, so schwer sie auch sein mögen.

Ich kann nicht begreifen, wie man sich hat einbilden können, daß einige Gottesfurcht und Devotion in dem hohen Lied Salomonis stecken könnte; man kanns ja nur lesen, um zu sehen, daß es Possen sein von einem Verliebten. Das erquickte der Herren Jesuwitter zu Regensburg das Herz, zwei Jungen zu sehen, die sich verliebt von einander stellten. Ich lese jetzt den Prediger Salomonis, finde es ein schön Buch, allein mich wundert, daß man es unter die Bücher von der Bibel getan, denn man sieht klar draus, daß Salomon keine andere Welt geglaubt hat.

Die gute Jungfer Kolb[1]) betrog ich oft in meinen jungen Jahren mit nachts zu essen, allein wir aßen nicht so delikate Sachen, als wie Schokolade, Kaffee und Tee, sondern wir fraßen einen guten Krautsalat mit Speck. Ich erinnere mich, daß man einmal in meiner Kammer zu Heidelberg eine Tür verändert und derowegen mein und der Kolbin Bett in die Kammer tat, so vor meiner Jungfern Kammer war. Die Kolbin hatte mir verboten, nachts in der Jungfern Kammer zu gehen; ich versprach, nicht über die Schwelle zu kommen, sie sollte sich nur zu Bett begeben, ich könnte noch nicht schlafen, wollte die Sterne noch ein wenig am Fenster betrachten. Die Kolbin wollte mir nicht trauen, blieb immer in ihrem Nachttuch sitzen; ich sagte, sie jammerte mich, sie sollte sich doch zu Bett legen und den Vorhang aufmachen, so könnte sie mich ja sehen. Das tat sie. Sobald sie im Bett war, machten die Jungfern ihre Tür auf und setzten den Teller mit dem Specksalat auf die Schwell. Ich tat als wenn mein Schnupftuch gefallen wäre, hub damit den Teller auf und ging stracks ans Fenster. Kaum hatte ich drei gute Maulvoll geschluckt, so schießt man auf einmal das Stück los, so auf der Altane vor meinem Fenster war, denn es war ein Brand in der Stadt angangen. Die Kolbin, so das Feuer unerhört fürchtet, springt aus dem Bett; ich, aus Furcht, ertappt zu werden, werfe meine Serviette mitsamt dem silbernen Teller mit Salat zum Fenster naus, hatte also nichts mehr, das Maul abzuwischen. Indem höre ich die hölzerne Stiege heraufgehen, das war der Kurfürst, unser Papa selig, der kam in meine Kammer, zu sehen, wo der Brand war. Wie er mich so mit dem fetten Maul und Kinn sah, fing er an zu schwören: „Sakrament, Liselotte, ich glaub, Ihr schmiert Euch etwas auf das Gesicht." Ich sagte:

---
[1]) Liselottens ehemalige Hofmeisterin.

„Es ist nur Mundpomade, die ich wegen der gespaltenen Lefzen geschmiert habe." Papa sagte: „Ihr seid schmutzig." Da kam mir das Lachen an; Papa und alle, so bei ihm waren, meinten, ich wäre närrisch worden, so zu lachen. Die Raugräfin kam auch herauf und ging durch meiner Jungfern Kammer, kam daher und sagte: „Ah, wie riechts in der Jungfern Kammer nach Speckfalat." Da merkte der Kurfürst den Possen und sagte: „Das ist denn Eure Mund= pomade, Liselotte." Wie ich sah, daß der Kurfürst in guter Laune war, gestund ich die Sache und verzählte den ganzen Handel, wie ich die Hofmeisterin betrogen hätte. Der Kur= fürst selig lachte nur drüber, aber die Kolbin hat mirs lang nicht verziehen. Dies ist eine alte Geschichte, sage sie nur, um Euer Liebden zu erweisen, daß ich den Spaß wohl kenne, so man in der Jugend hat, etwas nachts gegen der Hof= meisterin Willen zu essen.

St. Cloud, den 20. Mai 1700.

ch muß Euer Liebden etwas Schönes verzählen, so mein Sohn uns an Tafel verzählt hat; näm= lich etwas, so sie in Flandern gefunden haben an einem Kirchenfenster, wo das Opfer ge= malt war vom Isaak. Dieser war auf einen Altar gebunden. Abraham hatte eine lange Muskete am Backen, seinen Sohn zu erschießen. Gott der Vater war in den Wolken gemalt; der gab ein Zeichen an ein klein Engelchen, welches Abraham auf dem Kopf saß. Das Engel= chen pißte Abraham auf die Musketenpfann, daß das Rohr nicht losgehen konnte. So wurde Isaak salviert.

Port Royal, den 21. September 1700.

ch sehe mit Freuden, daß Euer Liebden gleich nach der Post gefragt haben, wie sie zu Wesel ankommen sein... Man sagt hier, der Kur= prinz von Brandenburg werde Statthalter von Holland an König Wilhelms Platz wer= den und daß ihn der Kurfürst, sein Herr Vater, deswegen zu König Wilhelm geschickt hat. Ich kann gar leicht begreifen, daß Euer Liebden diesen Enkel lieber haben als die andern, deren Pfeffer so mit Mausdreck vermischt ist. Mein Gott, weilen Euer Liebden ja ganz inkognito sein und die Wappen von den Kutschen getan, könnte es nicht möglich sein, daß sie vollends ein Röndchen nach Maubuisson tun möchten? Denn ich kann unmöglich an die Grenze. Mein Leben ist auch wahrlich gar zu gezwungen; aber ich habe mein Leben dieses nicht härter empfunden als eben nun. Mich deucht, ich müßte auskneifen und zu Euer Liebden laufen, so schwer ich auch bin. Dies wird mir Fontainebleau selber traurig vorkommen machen, wenn ich bedenke, daß ich nur bei denen werde sein müssen, so mich hassen, und die, so ich gewiß weiß so mir gnädig sein, nicht sehen darf, ob sie zwar nahe sein. Ich schreibe, mein herzlieb Tante, dieses nicht mit trockenen Augen. Madame sein ist ein elendes Handwerk; hätte ichs, wie die Chargen hier im Land, verkaufen können, hätte ichs längst feil getragen.

Wir haben hier gar wenig Neues. Der König hat den Duc d'Estrees in die Bastille setzen lassen. Er hatte einen großen Brief vor etlichen Wochen an den König geschrieben, worinnen er versprochen, sein liederliches Leben aufzugeben; dieses ungeacht hat er sich mit seinen eigenen Lakaien sternsvoll gesoffen und haben Häuser in Paris angezündt. Sich vollsaufen und allerhand Unverschämtheiten zu tun, das ist das feine Benehmen von den jungen Leuten von Qualität jetziger Zeit; aber mit raisonnablen Leuten können sie kein zwei Wort reden. Nichts ist brutaler als die jungen Leute jetzt sein.

An Raugräfin Amalie Elisabeth
Fontainebleau, den 7. November 1700.

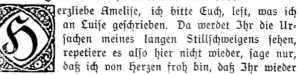erzliebe Amelise, ich bitte Euch, lest, was ich an Luise geschrieben. Da werdet Ihr die Ursachen meines langen Stillschweigens sehen, repetiere es also hier nicht wieder, sage nur, daß ich von Herzen froh bin, daß Ihr wieder

gesund seid, und meine Dorfkirbe¹) Euch angenehm gewesen. Aber ich schäme mich, daß Luise und Ihr so viel Werks davon macht, denn es ist ja nur eine Bagatelle, und mehr um drüber zu lachen als vor ein Präsent zu halten; habe Euch nur weisen wollen, wie man hier arbeitet, und mit einem auch mein Bärenkatzenaffengesicht²) schicken, um zu sehen, ob Ihr es noch kennen würdet, und auch um mich in Euerm Sack zu tragen, damit Ihr desto fleißiger an mich allebeide denken möget.

Carl Moritz hat mir geschrieben und ein groß Kompliment gemacht, daß ich nach ihm gefragt und vor ihn in Sorgen gewesen. Ich habe ihm geantwortet, werde aber den Brief an Monsieur Spanheim schicken, wird also geschwinder nach Berlin kommen, als wenn ich es an Euch nach Frankfurt schickte.

An die Kurfürstin Sophie
Fontainebleau, den 10. November 1700.

Heute werde ich Euer Liebden eine große Zeitung berichten, so gestern morgens ankommen; aber man hat es all längst vorgesehen, nämlich: des Königs in Spanien Tod³). Die Königin soll krank vor Betrübnis sein. Der König ist den 1. dieses Monds um 3 Uhr nachmittags gestorben. Man hat unserm König die Copie vom Testament geschickt. Der Herzog von Anjou⁴) ist zum Erben erwählt; und es soll gleich ein spanischer Grande die Post genommen haben mit dem Testament im Original, ums dem Herzog von Anjou zu bringen und ihn zum König zu fordern. Und im Fall der König den Herzog von Anjou abschlägt, hat selbiger Grande Order, gleich nach Wien zu gehen, die Kron Spanien dem Kaiser zu offerieren.

---

1) Kirbe ist Kirchweih, auch ein zu diesem Anlaß gemachtes Geschenk. 2) Liselotte hatte ein Schächtelchen machen lassen, auf welchem sie selbst sich als „dicke alte Pagode" hatte darstellen lassen. 3) Karl II. 4) Der zweite Enkel Ludwigs XIV., der spätere König Philipp V. von Spanien.

Fontainebleau, den 13. November 1700.

estern sagte immer eins dem andern ins Ohr: "der König hat die spanische Krone für den Herzog von Anjou angenommen; aber sagts nicht weiter!" Ich schwieg stille; aber wie ich den Herzog von Anjou auf der Jagd in einem engen Weg hinter mir hörte, hielt ich still und sagte: "Geh zu, großer König! Geruhe Eure Majestät vorzugehen!" Ich wollte, daß Euer Liebden gesehen hätten, wie verwundert das gute Kind war, daß ich es wußte; sein Brüderchen, der Herzog von Berry[1]), wollte sich krank drüber lachen. Er, der Duc d'Anjou, sieht recht einem König in Spanien gleich, lacht selten und ist allezeit in der Gravität. Man sagt, daß der König ihm vorgestern heimlich hätte sagen lassen, daß er König wäre; er solle sichs aber nicht merken lassen. Er spielte eben in seiner Kammer L'hombre, er konnte aber nicht halten, sagte zwar kein Wort, sprang aber in die Höhe, setzte sich aber gleich wieder mit der ersten Gravität, als wenn er nichts wüßte. Dieser junge König hat zwar nicht so viel Lebhaftigkeit als sein jüngstes Brüderchen, auch nicht so viel Verstand, er hat aber sonsten über die Maßen gute Qualitäten, ein gutes Gemüte, generös (welches wenig von seinem Hause sein), wahrhaft, denn vor alles in der Welt wird er keine Lügen sagen, man kann keinen größeren Abscheu vor Lügen haben, als er hat; er wird auch von Parole sein, er ist barmherzig, er hat Courage, summa, es ist ein rechter, tugendhafter Herr, der gar nichts bös an sich hat; wäre er ein gemeiner Edelmann, würde man sagen können, daß er ein rechter ehrlicher Mensch ist, und ich glaube, daß die um ihn sein werden, glücklich sein werden. Ich glaube, er wird so stark werden als der König in Polen[2]), denn schon vor einem Jahr konnte ihm der stärkste Mann hier die Faust nicht biegen; er sieht recht österreichisch aus, hat immer den Mund offen; ich sags ihm hundertmal; wenn mans ihm sagt,

---

1) Der Herzog Charles de Berry, viezehnjähriger Bruder des Duc d'Anjou.
2) August der Starke von Sachsen, König von Polen.

tut er den Mund zu, denn er ist sehr fügsam; sobald er sich aber wieder vergißt, hält er den Mund wieder offen; er redt gar wenig, außer mit mir, denn ich lasse ihm keine Ruhe, plag ihn immer; er hat eine grobe Stimme und spricht sehr langsam; ich mache ihn auch etlich Mal lachen. Ich habe ihn lieber als den Herzog von Bourgund¹), denn er ist gut und nicht so übelnehmerisch, wie der Herzog von Bourgund, sieht auch besser aus. Aber wen ich von Herzen lieb habe, als wenn er mein Kind wäre, das ist der Herzog von Berry²), das ist ein artig Kind, immer lustig, und plaudert ins Gelach hinein recht possierlich.

Paris, den 18. November 1700.

Dienstag morgens ließ der König den guten Herzog von Anjou holen in sein Kabinet und sagte ihm: „Ihr seid König von Spanien!" ließ gleich den spanischen Gesandten mit allen Spaniern, so hier im Land sein, herein kommen. Die fielen ihrem König zu Füßen und küßten ihm die Hand alle nach einander und stellten sich hinter ihren König. Hernach führte unser König den jungen König in Spanien in den Salon, wo der ganze Hof war, und sagte: „Meine Herren, begrüßen Sie hier den König von Spanien!" Da wurde gleich ein Freudengeschrei und jedermann trat herzu und küßte dem jungen König die Hand. Hernach sagte unser König: „Gehen wir in die Messe, Gott Dank zu sagen!" gab dem jungen König gleich die rechte Hand und gingen miteinander in die Meß; und der König machte ihn neben sich an der rechten Seite auf seinem Betstuhl knien. Nachmittags fuhr der junge König nach Meudon, seinen Herrn Vater³) zu besuchen, so dort ist. Der ging ihm bis in die Antichambre entgegen. Er war eben im Garten gewesen und vermutete nicht, daß sein Sohn, der König in

---

1) Der Herzog Louis de Bourgogne, achtzehnjähriger (ältester) Bruder des Duc d'Anjou. 2) Der Herzog Charles de Berry, vierzehnjähriger Bruder des Duc d'Anjou.
3) Der Dauphin Louis.

Spanien, so bald kommen würde, war also außer Atem, wie er
ankam, sagte: „Ich sehe man soll nichts verschwören; denn
ich hätte wohl geschworen, daß ich mich niemals außer Atem
laufen würde, meinem Sohn zu begegnen, und doch bin ich
jetzt außer Atem." Der gute junge König war ganz außer
Fassung, sich als ein fremder König von seinem Herrn Vater
traktiert zu sehen, welcher ihm im Wegfahren das Geleit
bis an seine Kutsche gab. Gestern Morgen hat Monseigneur
seinem Herrn Sohn, dem König, die Visite wiedergeben.

Versailles, den 20. Dezember 1700.

eute morgen ist der Herr von Loo zu mir kom=
men. Er hat mir die Umstände von Helmonts[1])
Tod erzählt, sagt, daß er nicht gar lang vor
seinem Tode einem Fräulein von Merode[2]) aus
einem Kloster geholfen hätte und ihr machen
einen Unteramtmann in einem Dorf heiraten, hätte ihr
hernach seine Philosophie gelernt. Und wie er gefühlt, daß
er nahe bei seinem Tod wäre, hätte er diese Dame kommen
lassen, um ihr seinen Geist zu geben, hätte ihr gesagt, ihren
Mund auf den seinen zu tun, hat ihr damit ins Maul gehaucht
und gesagt: „Ich erlasse Euch meinen Geist," hätte sich darauf
gewendet und wäre gleich gestorben. Die Dame aber glaube
jetzt fest, sie hätte Helmonts Geist in sich. Mich deucht, daß,
wenn man von den Gedanken judizieren sollte, so ist unser
Geist mehr in unserm Kopf, als im Leib, also deucht mir, daß,
um einen Geist zu empfangen, man eher das Ohr als den Mund
darreichen sollte. Denn käme der Geist in den Magen, könnte
man ihn wohl wieder durch die natürlichen Winde fortschicken,

---

1) Der Philosoph, dessen Lehre von der Seelenwanderung die Herzogin viel
beschäftigt hatte: „Wenn unser Herrgott wie ein Mensch wäre, könnte man glauben
wie Helmont, daß, um sich die Mühe nicht zu geben, neue Seelen zu schaffen, der All=
mächtige sich der schon gebrauchten Seelen bedienen möchte. Ich glaube aber, daß
dieses der Allmacht des Allerhöchsten zu nahe geredet sein würde und daß, was gött=
lich ist, ohne Mühe schaffen kann." „Wenn Gott ihn abstrafen sollte, weil er nicht in
die Kirche beten geht, wäre es eben, als wenn ein König einen treuen Untertanen
bestrafen wollte, weil er nicht bei ihm bettelt und alle Tage ein Kompliment macht;
da halte ich den Allmächtigen zu vernünftig für." 2) Seine Nichte.

also zu fürchten, daß des guten Monsieur Helmonts Geist in ein heimlich Gemach gefahren ist, anstatt bei der Madame Merode zu bleiben.

Der Kaiser[1]) hatte keine Zeit verloren, hatte den Beicht= vater vom König in Spanien selig gewonnen, welcher diesen König ein Testament zu Gunsten des Erzherzogs[2]) hatte unterschreiben machen. Meinte also, seine Sache ganz sicher zu haben und es wäre auch gewesen, wenn der Beichtsvater den König in Spanien nicht verlassen hätte. Dieser Mönch aber wollte erweisen, wie wohl er sein Handwerk wußte, ging zum Kardinal de Portocarrero und sagte zu ihm, er könnte dem König nun als Erzbischof von Toledo die Absolution geben, denn er hätte Ihro Majestät Seel in einen Stand gesetzt, daß er selig abscheiden könnte. Der Kardinal antwortete, weil dem also seie, hätte der Beichtsvater nichts mehr bei dem König zu tun; sollte ihn also gewähren lassen; ging damit zum König und sagte platt heraus, er könnte Ihro Majestät die Absolution nicht geben. Der König fragte, weswegen. Der Kardinal sagte: „Weil Euer Majestät Dero rechtmäßigen Erben Unrecht tun und einen erwählen, Ihr Königreich zu lassen, dem es nicht mit Recht zukommt, als nämlich dem Erzherzog. Euer Majestät Reich gehört mit Recht dem Dauphin und seinen Söhnen[3])". Der König sagte: „Es ist wahr, daß ich ein Testament vor den Erzherzog unterschrieben habe. Ich kanns aber nicht mehr ändern, denn ich bin in keinem Stand, ein anderes zu machen." Der Kardinal sagte, er hätte eines ganz fertig im Sack. Der König sollte es nur unterschreiben, wenn er es ihm würde vorgelesen haben. Tat es gleich und der König unterschrieb es. Da gab er ihm die Absolution und ließ den Beichtsvater nicht mehr ins Königs Kammer. So ist es hergangen. Da sehen Euer Liebden wohl, daß es des Kaisers Schuld nicht gewesen, denn der Kaiser konnte nicht erraten, daß der Beichtsvater sich als ein Dummkopf würde vom Kardinal Portocarrero überlisten lassen. Es war ein

---

1) Leopold I. 2) Karl, der spätere deutsche Kaiser. 3) Das war erlogen. Ludwig XIV. hatte Verzicht leisten müssen, als er die spanische Prinzessin heiratete.

Dominikaner. Ich glaube, daß, wenn es ein Jesuit gewesen wäre, hätte er sich nicht so leicht überlisten lassen.

Seit wir von der Tafel sein, bin ich als an einem Fenster gestanden, um auf die Schrittschuhe zu glitschen sehen. Sie haben brave Purzelbäume gemacht; ich weiß nicht, wie sie sich den Hals nicht brechen.

Versailles, den 2. Januar 1701.

Ich bin als persuadiert (aber vielleicht flattiere ich mir auch), daß der König mich nicht haßt und mehr mit mir umginge, wenn das alte Weib es nicht hinderte. Aber er hat mich auch nicht lieb genung, mich nicht ihrem Haß aufzuopfern. Er hat mir doch tausend Pistolen zum neuen Jahr geschickt, welches wohl zu Paß kam, wenn ich die anderen Jahre nicht so gar zurück gewesen wäre und Gold hätte lehnen müssen. Aber ich hab doch schon über die tausend Pistolen Schulden gezahlt. Dies Jahr werde ich, ob Gott will, alles zum End bringen. Ich weiß nicht, ob Euer Liebden wissen, daß der Papst den Kaiser ermahnt, keinen Krieg anzufangen in der Christenheit. Wenn der Kaiser den Krieg nicht ausführen kann, ist dies ein guter Vorwand, mit Ehren aus dem Handel zu kommen. Der Kaiser hat den Papst bitten lassen, den König in Spanien vor keinen König zu deklarieren und ihm die Investitur von Neapel und Sizilien abzuschlagen. Der Papst hat aber geantwortet, der König in Spanien seie rechtmäßiger Erb zur Kron und von allen Königreichen von Spanien davor erkannt und vom Volk berufen; könne ihn also anders nicht als vor einen rechtmäßigen König in Spanien deklarieren. Hier meint man festiglich, daß es Krieg wird werden, und alles rüstet sich dazu. Ich glaube, daß es König Wilhelm nicht leid sein wird, seine Engelländer zu beschäftigen, damit sie ihn desto mehr in Ruhe lassen.

Versailles, den 23. Januar 1701.

Man hat mir gestern etwas neues im Vertrauen gesagt; ich habe es Mühe zu glauben, aber ich gäbe wohl etwas Guts drum, daß es wahr wäre. Es geht ein Geschrei zu Paris, daß die „Allmächtige" ihren Ehemann verkauft und Geld vom Kaiser nimmt. Das wäre gar zu artig, wenns wahr wäre. Daß dieselbe Person Millionen aus dem Elsaß zieht und den ganzen Adel dort schindt, das ist gewiß, und auch, daß sie hier von allen Händen nimmt. Aber was am artigsten ist, ist, daß sie tut als wenn sie nichts hätte, und wenn ihr Mann ihr Geld geben will, so sagt sie: „O nein, behaltets selber, Ihr habts vonnöten, ich habe genung zu leben." Da meint er, niemand in der Welt fragt weniger nach Geld als seine Frau und admiriert ihre Moderation, da doch kein interessierterer Mensch in der Welt ist. Das divertiert mich recht. Ich kann nicht begreifen, was das alte Weib, so doch keine Kinder hat, mit alle den Millionen tun will, so sie gesammelt hat. Aber das geht mich nichts an. Sie hat ihren Haß gegen mich wohl in meiner Krankheit erwiesen: ganz Frankreich vom König bis auf den Geringsten seind zu mir kommen und haben nach mir gefragt; sie allein hat eine Ausnahme gemacht und nicht einmal fragen lassen, wie ich mich befinde. Diese Ungnad hat mich gar nicht verhindert zu genesen und befinde mich gar wohl dabei; es ist mir lieber, daß der alten Hutzel Haß gegen mich währt als das Fieber; dieses wäre mir viel schädlicher.

Hier hört man jetzt auch nichts anderes als von Krieg und Kriegsgeschrei, fürchte also sehr, daß es Krieg wird werden. Breton hat mir von Berlin geschrieben, daß die Krönung in Preußen nicht so bald wird geschehen können, weil das Eis die Bagagen aufgehalten. Ich bin persuadiert, daß ein Kurfürst[1], so reicher ist als alle königlichen Hoheiten und mehr Land und Leute hat, sich wohl mit seinem Titel

---

[1] Friedrich III. von Brandenburg, der sich am 18. Januar 1701 zum König von Preußen krönte und als solcher Friedrich I. hieß.

vergnügen könnte und alles, was nur Wörter sein, vor Chimäre halten, insonderheit, wenn diese Wörter mehr Zwang als Freiheit mit sich bringen. Aber wie Euer Lieb= den mir diesen König beschreiben, so liebt er den Glanz und den Zwang, weil er die Zeremonien liebt; wundert mich also nicht, daß er gern König hat sein wollen. Und wie Euer Liebden gar recht sagen, man wirds bald gewohnt werden.

Marly, den 10. Februar 1701.

Gestern bin ich mit Euer Liebden gnädigem Schreiben vom 31. Januar erfreut worden, als ich eben aus der Kirch kam und man mir die Stirn mit Aschen beschmieret hatte. Ich sagte, daß ichs nicht vonnöten gehabt hätte, indem es nur vor die bestimmt seie, so durch ihre Zerstreuungen ver= gessen könnten im Karneval, daß sie sterblich seien. Weil ich aber meinen Karneval die ersten Tage zugebracht habe mit Kranksein und die letzten mit die Langeweile zu haben, übel getanzte Menuetts zu sehen, also hätte die Lust vom Karneval mich gar nicht verhindert, an meine Sterblichkeit zu gedenken. Hätte auch eine Milz, so mich genung und nur zu viel daran gemahnt. Aber wegen des Brauchs habe ich doch der Aschen= schmiererei folgen müssen ... Mich deucht, das Kanonisieren ist eine unnötige Ausgabe, denn seind die Leute im Himmel, glaube ich, daß unser Herrgott und sie wenig danach fragen, ob man Zeremonien macht, um sie vor Heilige zu erklären oder nicht, seind sie aber in der Hölle, können sie nicht vor Heilige passieren. Also wie man es auch nehmen mag, so ist das Kanonisieren gar ein unnötiger Unkosten. Ich meinte, der Zar hätte mehr Courage als ein anderer, bin sehr verwun= dert aus des Allart Brief zu sehen, daß er so gar bären= häuterisch davon gegangen ist; brutal und Poltron zugleich zu sein, das ist zu viel. Ich hätte gemeint, der Zar hätte aufs wenigst soviel in Holland und Teutschland lernen können, zu wissen, daß es eine Grausamkeit ist, seine Leute zu köpfen. Ich bin wie Euer Liebden, ich kann den Zar auch nicht mehr leiden, hielt nur viel auf ihn, weil ich meinte, daß er ein gut Gemüt hätte, aber er muß wie ein wild Tier geworden sein.

St. Cloud, den 24. März 1701.

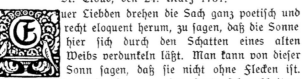uer Liebden drehen die Sach ganz poetisch und recht eloquent herum, zu sagen, daß die Sonne hier sich durch den Schatten eines alten Weibs verdunkeln läßt. Man kann von dieser Sonn sagen, daß sie nicht ohne Flecken ist. Man profitiert etlichmal von großer Leute Schwachheiten; des großen Manns seine aber machen mein Unglück. Der großen Könige Pracht und Reputation gemahnt mich an die Maschine von der Oper: wenn man sie von weitem sieht, ist nichts Größeres und Schöneres, geht man aber hinter die Kulissen und besieht bei Nahem alle Schnüre und Hölzer, so die Maschine gehen machen, ist oft nichts Gröberes noch Häßlicheres.

Es ist recht billig, wie Euer Liebden sagen, daß wir Menschen einer des andern Fehler vertragen müssen; auch versichere ich Euer Liebden, daß ich manche vertrag. Es wäre nur zu wünschen, daß die, deren Schwachheit ich vertrage, die meine auch vertragen wollten; Euer Liebden seind die einige, die mir diese Gnade tut.

Versailles, den 17. April 1701.

uer Liebden sehen nun wohl, daß ich kein Unrecht hatte, wenn ich Euer Liebden versicherte, daß sie samt Dero Herren Söhnen zur Kron Engelland berufen wären.¹) Man sagt, daß die Prinzeß von Dänemark erschrecklich säuft und sich den Leib so verbrennt hat, daß sie nie keine Kinder bekommen kann, also wird sie wohl bald sterben müssen²). König

---

1) Kurfürstin Sophie war die Enkelin Jakobs I. von England. Lieselotte kam für die englische Thronfolge nur deshalb nicht in Frage, weil sie katholisch geworden war. 2) Prinzessin Anna, die zweite Tochter Jakobs II. — Sie starb im Jahre 1711, ohne Kinder zu hinterlassen.

Wilhelm ist auch kränklich genung, um nicht lang zu leben. Also können Euer Liebden wohl bald Dero Großherrnvaters Thron besitzen. Alsdann werde ich mich von Herzen drüber erfreuen, denn ich gönne es Euer Liebden lieber als mir selber und meinen Kindern, denn ich habe meine herzliebe Tante lieber. Alsdann werde ich Euer Liebden ein lang und breit Kompliment machen und es überall mit „E. M." bespicken. Aber nun werde ich Euer Liebden noch kein Kompliment machen, denn sie seind nur was sie vorhin waren, nämlich die würdigste Person von der Welt, eine große Königin zu sein. Ich erfreue mich nun, daß ich hier und katholisch bin, damit ich Euer Liebden kein Hindernis an der Kron sein kann. —

St. Cloud, den 9. Juni 1701.

s schreibt Euer Liebden die unglücklichste von allen Kreaturen; der Schlag hat Monsieur gestern abend gerührt um zehn abend. Er liegt in den letzten Zügen und ich ins größte Unglück von der Welt bleibe doch bis in Tod Euer Liebden treue Bas und Dienerin Elisabeth Charlotte.

Versailles, den 12. Juni 1701.

Nun ich von meinem ersten Schrecken ein wenig ersetzet bin, kann ich nirgends besser Trost in meinem Unglück suchen als bei Euer Liebden, welche sein, was mir in der Welt am liebsten ist. Ich will also meiner herzlieben Tante alles verzählen. Vergangenen Mittwoch morgens war Monsieur selig noch ganz frisch und gesund, fuhr nach Marly, aß dort perfekt wohl zu Mittag mit dem König. Nach dem Essen fuhren Ihro Liebden nach St. Germain, kamen abends um sechs wieder ganz lustig, verzählte uns, wie viel Taburetts er bei der Königin in Engelland gesehen. Gegen neun sollte ich zu Nacht essen, konnte aber nicht essen, denn ich hatte noch vier Stund das Fieber gehabt. Monsieur selig sagte zu mir: „Ich

gehe essen und mache es nicht, wie Ihr, denn ich habe großen
Hunger," geht damit an die Tafel. Eine halbe Stund hernach
höre ich ein Geras, sehe Madame de Vantadour bleich wie der
Tod in meine Kammer kommen; die sagt: „Monsieur befindet
sich übel." Ich lauf gleich in Ihro Liebden Kammer; er
kannte mich zwar wohl, konnte aber nicht reden, daß man es
verstehen konnte. So viel konnte ich nur hören: „Ihr seid
krank, geht nur!" Man hat Ihro Liebden dreimal zur Ader ge=
lassen, elf Unzen Brechmittel geben, Wasser von Schaff=
hausen, englische Tropfen zwei Flaschen voll, aber nichts hat
geholfen. Gegen sechs morgens hat es sich ganz zum End ge=
drehet. Da hat man mich aus der Kammer mit Gewalt ge=
schleppt, war wie ohnmächtig. Man legte mich zu Bett, ich
konnte aber nicht im Bett bleiben, stund auf, und wie ich in
Freud und Leid allezeit an Euer Liebden gedenke, so war
auch mein erster Gedanke, an Euer Liebden zu schreiben; ich
weiß aber nicht, was ich Euer Liebden gesagt habe. Nach=
dem ich Euer Liebden Brief weggeschickt, kam der König zu
mir, war auch sehr bewegt, tat doch seinen möglichen Fleiß,
mir Trost einzusprechen, erwies mir viel Gnade. Madame de
Maintenon war auch sehr gerührt und sprach mir zu. Der
König fuhr weg. Um zwölf verschied Monsieur. Ich setzte
mich gleich in die Kutsche und fuhr her. Der König schickte
Monsieur le Premier, um zu fragen, wie ich mich befinde.
Der Schrecken hatte mir das Fieber vertrieben. Madame de
Maintenon ließ mir durch meinen Sohn sagen, daß es jetzt
die rechte Zeit wäre, mich mit dem König zu versöhnen.
Hierauf habe ich meine Reflexionen gemacht und mich er=
innert, wie oft Euer Liebden mir geraten, zu suchen,
mich mit dieser Dame selbst zu versöhnen; derowegen habe
ich den Duc de Noailles gebeten, dieser Dame von meinet=
wegen zu sagen, daß ich so gerührt wäre von aller Freund=
schaft, so sie mir in meinem Unglück bezeugt, daß ich sie
bäte, doch die Mühe zu nehmen, zu mir zu kommen, denn ich
dürfte nicht ausgehen. Dieses hat sie gestern um sechs getan.
Ich habe ihr gleich wiederholt, wie kontent ich von ihr wäre

und begehre ihre Freundschaft, habe ihr auch gestanden, daß ich übel zufrieden mit ihr gewesen, weil ich gemeint, daß sie mir des Königs Gnaden entzogen und mich gehaßt hätte, daß ich es auch von Madame la Dauphine erfahren, wolle aber gerne alles vergessen, wenn sie nur meine Freundin sein wollte. Hierauf hat sie mir viel schöne und eloquente Sachen gesagt und ihre Freundschaft versprochen und wir haben uns embrassiert. Hernach habe ich ihr gesagt, es wäre nicht genung, daß sie mir entboten, daß der König mir ungnädig wäre; sie müßte mir auch sagen, wie ich wieder in Gnade kommen könnte. Darauf hat sie mir geraten, ganz offenherzig mit dem König zu sprechen, selber gestehen, daß ich sie gehaßt hätte, weil ich gemeint, daß sie mir böse Dienste bei dem König täte, auch warum ich bös über den König gewesen.

Diesen Rat habe ich gefolgt, und wie mir Monsieur gesagt hatte, daß der König auch bös wäre, daß ich Euer Liebden zu offenherzig schreibe, so habe ich auch diesen Artikel traktiert und gesagt, daß Euer Liebden die Person von der Welt wären, an welcher ich am meisten attachiert wäre, daß ich Euer Liebden mein Herz zu allen Zeiten öffnete und daß, so lang Ihro Majestät mir Dero Gnaden erzeigt, hätte ichs Euer Liebden gerühmt, da Ihro Majestät mich übel traktiert, hätte ich Euer Liebden geklagt und könnte nie anders vor Euer Liebden sein. Der König sagte, er wüßte nichts von meinen Briefen, hätte keinen gesehen, es wäre nur eine Einbildung von Monsieur gewesen. Er finde nicht übel, daß ich Euer Liebden als eine Mutter ehrte und liebte; aber Euer Liebden haßten ihn. Ich sagte, Euer Liebden admirierten allezeit seine großen Qualitäten, allein wenn es Ihro Majestät beliebte, würden sie auch von Euer Liebden geliebet werden. Nachdem ich Ihro Majestät alles ausgelegt und klar gewiesen, daß, so übel sie mich auch traktiert, ich sie doch jederzeit respektiert und geliebet hätte, ja allezeit große Freude gehabt, wenn sie mich nur bei sich leiden wollen, da hat mich der König embrassiert, gebeten, das Vergangene zu vergessen, und hat mir seine Gnade versprochen, lachte auch, wie ich ganz natürlich zu ihm sagte: „Wenn ich Euch nicht geliebt hätte, hätte ich Madame de Maintenon nicht so gehaßt, von der ich glaubte, daß sie mir Eure Gnade entzöge." Endlich hat sich alles gar gnädig geendet. Ich habe zu Ihro Majestät gesagt, daß, wie dies der einzige Trost in meinem Unglück wäre, so könnte ich nicht lassen, Euer Liebden solches heute zu berichten, welches Ihro Majestät approbiert haben. Heute werde ich noch einen betrübten Tag haben, denn um drei wird der König wieder hereinkommen, um Monsieur selig Testament zu öffen, welches mich greulich jammern und schmerzen wird.

Versailles, den 26. Juni 1701.

ach vielen Sorgen und Ängsten, kein Schreiben von Euer Liebden zu empfangen, bin ich endlich vorgestern nachts um elf mit drei Eurer Liebden gnädige Schreiben erfreuet worden, welches mir die einzige gute Nacht gegeben, so ich seit meinem großen Unglück gehabt habe. Denn der greuliche Schrecken, in welchen mich Monsieurs selig Zufall und so gar schleuniger Tod gesetzt, hat eine solche starke Impression bei mir getan, daß, sobald ich einschlafen will, kommt mir dieses Spektakel wieder vor die Augen und fahre abscheulich in meinem Bett auf, kann keine zwei Stund nacheinander schlafen. Allein die Freude, Euer Liebden gnädig Schreiben empfangen zu haben und zu sehen, daß sie Gott sei Dank wohlauf sein und mir noch immer gnädig, hat mir eine solche Ruhe verursachet, daß ich von eins bis sechs morgens geschlafen habe. Ich hatte es auch wohl vonnöten, um mir ein wenig Kräfte zu geben, den gestrigen Tag auszustehen. Ich habe den König und die Königin in Engelland in Zeremonien empfangen müssen mit einer dollen Tracht: ein weißleinen Stirnband, darüber eine Kappe, so unter dem Hals zugebunden wird, über die Kappe eine Haube, über die Haube ein leinen Tuch wie ein Schleier, so auf beide Achseln angeheftet wird wie ein Flormantel und schleppt

7 Ellen lang. Am Leib hatte ich einen langen schwarztuchenen Rock mit langen Ärmeln bis auf die Faust, zwei handbreit hoch Hermelin auf den Ärmeln und vom Hals an bis auf die Erden Hermelin von gleicher Breite wie auf den Ärmeln, von schwarzem Krepp einen Gürtel, der vorn bis auf die Erden geht, und ein Schweif am Rock auch von 7 Ellen lang. In diesem Aufzug hat man mich in eine ganz schwarze Kammer, auch das Parkett bedeckt und die Fenster überhängt, in ein schwarz Bett gelegt, den Schweif überall überdeckt, daß man den Hermelin gesehen. Ein großer Leuchter mit zwölf brennenden Lichtern war in der Kammer angezündet, und zehn oder zwölf auf dem Kamin. Alle meine Bedienten, groß und klein, in langen Trauermänteln, ein Stück vierzig oder fünfzig Damens in Flormänteln. Das alles sah sehr abscheulich aus.

Versailles, den 30. Juni 1701.

Euer Liebden wissen nun schon, daß der König Sorg vor mich will haben. Monsieur hat sieben Millionen und eine halbe Schulden hinterlassen. Reich werde ich wohl nie sein; Gott gebe nur, daß ich auskommen kann. Ich glaube, daß es mir vorteilhafter gewesen wäre, selber gestorben zu sein, als was mir widerfahren. Monsieur hat den Tod wohl gefühlt; zwölf Stunden lang hat man ihn gar unnötig martyrisiert mit Brechmitteln, Aderlassen, Schröpfen und hunderterlei Sachen, allerhand Klistieren. Er hat den Verstand nur einen Augenblick vor seinem Tod verloren, kannte jedermann, konnte aber mit großer Mühe reden, denn die Unterlefze war Ihrer Liebden selig ganz abgefallen und geschwollen. Vorher, ehe Ihro Liebden in dies unglücklich Akzident fielen, waren sie frisch, gesund und lustig, aßen an Tafel mit großem Appetit, lachten und schwätzten, drum, wie er anfing zu lallen, meinten die Damens anfangs, es wäre Dexiererei, war aber leider nur gar zu großer Ernst. Wenn man in jener Welt wissen könnte, was in dieser vorgeht, glaube ich, daß Ihro Liebden Monsieur selig sehr zufrieden mit mir würden sein, denn in den Kisten habe ich alle Briefe, so die Buben ihm geschrieben, aufgesucht und ungelesen verbrennt, damit es nicht in andere Hand kommen möchte.

Versailles, den 7. Juli 1701.

aß Monsieur meiner nicht in seinem Testament gedacht, ist kein Wunder, es kann nicht sein. In diesem Land kann der Mann der Frau nichts vermachen, noch die Frau dem Mann; was er ihr aber bei Leben gibt, ist ihr eigen. Aber Monsieur hats lieber an die geben wollen, die ihn divertiert haben, denn man findt, daß drei junge Bursch allein des Jahrs jeder hunderttausend Taler eingezogen haben. Ins Königs Gnade hätte mich Monsieur wohl nicht rekommandiert, denn er wünschte nicht, daß ich drinnen sein möchte. Euer Liebden können wohl gedenken, daß ich meinen möglichsten Fleiß tun werde, mich ins Königs Gnaden und Madame de Maintenons Freundschaft zu erhalten. Allein wer kann versichern, daß dieses Bestand haben mag! Denn Euer Liebden können wohl denken, daß mein Sohn und ich je mehr werden beneidet werden, je mehr der König uns Gnade tut, und daß man an großen Höfen, wie dieses ist, die Kunst zu entzweien nur gar zu wohl weiß. Dieses alles wohl überwogen, macht gar keine gute Hoffnung vor mein zukünftiges Leben ... Ich gestehe wohl, daß mich Monsieur oft geplagt und bekümmert hat, aber das war nur aus Schwachheit, und zu sehr sich denen zu ergeben, so zu seinen Späßen und Freuden halfen. Der König hat mir selber gestanden, daß Ihro Liebden selig mir in den letzten Zeiten nicht mehr so viele böse Dienste geleistet haben, als vor ein paar Jahren, im Gegenteil, daß sie kontent von mir schienen zu sein, und das hat mich desto mehr gejammert. Auch daß, ob er zwar kaum reden konnt in seinem Fall, wie ich ihn fragte: „Wie fühlt Ihr Euch jetzt, Monsieur?" sagte er: „Ein wenig besser," aber mit größter Mühe sagte er danach:

„und Jhr?" Ich sagte: „Ihr denkt nicht an mich, denkt an
Euch, und ich werde mich wohl befinden." Er sagte: „Hier
habt Ihr . . ." wies mir den Puls, um „das Fieber" zu
sagen, das er nicht aussprechen konnte, sagte danach ziem=
lich deutlich: „geht weg"! Und wenn man ihm was geben
wollt, so er nicht nehmen wollt, sagte man: „Madame will
es", so nahm ers gleich. Das hat mir doch sein Vertrauen
gewiesen, mich also unerhört gejammert. Und das kommt
mir als wieder vor Augen, denn, wie ich Euer Liebden oft
geschrieben und gesagt, so habe ich doch den armen Herrn
nie gehaßt, sondern lieb gehabt, so ungerecht Ihro Liebden
oft vor mich gewesen sein¹).

Das dreitägige Fieber hat mich verlassen. Ich glaube,
ich habe mich mit Kirschenessen kuriert. Denn man hatte mir
die Kirschen verboten; man brachte mir aber von St. Cloud
einen Korb voll schöner Kirschen, die habe ich heimlich ge=
fressen und seitdem das Fieber nicht wieder bekommen. Ich
finde die glücklich, so in Komödien gehen, das ist mir nun
vor zwei Jahr verboten.

Der König in Preußen führt ein wunderlich Leben. Es
ist unerhört, daß man um zwei nach Mitternacht aufstehet;
wenns die Mönche tun, haben sie doch ihre Schlafstunden
wieder, seine Leute werden das nicht ausstehen können, denn
sie müssen ja erst eine Stund nach dem König schlafen
gehen und wohl eine Stund vor Ihro Majestät aufstehen,
also nur drei Stund zu schlafen haben. Dabei kann man
nicht leben. Sein ganzer Hof wird närrisch werden, wo das
lang währt. Des Königs Briefe an Euer Liebden sind
ebenso kurz als sein Schlaf.

---

1) An Karoline von Wales schrieb Liselotte viele Jahre später: „Meinen Herrn
habe ich in den drei letzten Jahren ganz gewonnen, mit ihm selber über seine Schwach=
heiten zu lachen, und alles ohne Zorn ins Scherzhafte zu drehen. Er hat nicht mehr
gelitten, daß man mich bei ihm verleumdet und angetragen hat, hatte ein recht Ver=
trauen zu mir, nahm allezeit meine Partei. Aber vorher habe ich erschrecklich gelitten.
Ich war recht im Zug, glücklich zu sein, wie mir unser Herr Gott den armen Herrn
genommen hat, und alle Sorg und Mühe, so ich dreißig Jahre lang genommen, um
glücklich zu werden, habe ich in einem Augenblick verschwinden sehen."

An Raugräfin Luise
Versailles, den 15. Juli 1701.

erzliebe Luise, heute ist es erst acht Tag, daß mich das Fieber verlassen hat; habe nach meinem Unglück noch 18 Anfälle vom Fieber bekommen, hoffte schier, daß mein elendes Leben einmal endigen würde. Es ist aber Gottes Wille nicht gewesen, bin ohne Heilmittel kuriert. Es ist mir aber noch eine gar große Mattigkeit geblieben und Schwachheit in den Schenkeln, welches mir gar spanisch vorkommt; denn niemand am Hof ist, so besser gehen konnte als ich. Aber nun wirds wohl mit aus sein; denn in meinem Alter kommt man selten wieder zu Kräften.

Der König tut mir viel Gnaden seit meinem Unglück; von seinen Gnaden werde ich hinfüro bloß leben müssen. Weil aber lamentieren meine Sach ganz und gar nicht ist, so will ich hiervon schweigen, nur das sagen, daß es mir des Jahrs an 80000 Franken fehlen wird, daß mein Haus nicht haben kann, was nötig, will geschweigen, daß was zu meiner Lust oder Vergnügen überbleiben sollte. Daher seht Ihr, wie glücklich ich hinfüro sein werde. Aber genung von diesen verdrießlichen Sachen; denn davon zu reden macht nur traurig und hilft zu nichts.

Es seien hierbei einige Angaben über die finanzielle Lage Liselottens gemacht. Da der König die französischen Adligen planmäßig zum Hofdienst heranzog, so mußte eine große Anzahl Stellen für sie geschaffen werden; die Glieder des königlichen Hauses waren also umringt von einer Menge reichbesoldeter Hofbeamten, Liselotte allein von über hundert Personen! Infolgedessen verschlang ihr Hofhalt enorme Summen. Diese vom König ausgezahlten Gelder gingen jedoch an die Intendanten, und Liselotte, die kein Privatvermögen besaß und deren pfälzische Einkünfte in den Taschen ihres Gemahls verschwanden, war für ihre persönlichen Bedürfnisse zum Teil auf gelegentliche Geschenke des Königs angewiesen und daher in ständiger Geldnot.

Die Hofbeamten besaßen weitgehende Rechte, an
denen nichts gestrichen werden konnte. Sogar Kleider
und Wäsche, ja selbst das Silbergeschirr der Herrschaft
ging zur festgesetzten Zeit an sie über. Die Stellen
wurden verkauft und galten als gute Gelegenheit, sich
zu bereichern und Einfluß zu gewinnen. Man kann
also nicht behaupten, daß Liselotte persönlich großen
Nutzen von den für ihre Hofhaltung ausgesetzten Gel=
dern gehabt hätte.

An die Kurfürstin Sophie
Versailles, den 21. Juli 1701.

Madame de Maintenon kontinuiert, gar freundlich
zu sein, bin sehr kontent von ihr; kontinuiert
sie, wie sie nun tut, so werde ich gewiß ihre
Freundin bleiben. Und ich bin in keinem Alter,
daß mir die Zeit lang bei ihr und dem König
fallen könnte, wie der Herzogin von Burgund, die nur an
Singen und Springen denken kann ... Ich grüble mir schier
das Hirn aus, um zu erraten, woher es kommt, daß die
Maintenon sich auf einmal so zu mir gewendt hat. Denn
es ist gewiß, daß kurz vor meines Herrn Tod sie noch einen
abscheulichen Haß gegen mich getragen, und auf einen Stutz
ändert sie, ohne daß ich an sie gedenke. Aber wie ich ge=
sehen, daß sie sich zu mir gewendt, habe ich die Sach nicht
negligiert, sondern gleich Freundschaft mit ihr gemacht. Je
mehr ich aber nachdenke, was sie hierzu gebracht hat, je
weniger kann ichs finden. Denn eine Sach ist gewiß: daß
dies Weib nichts tut ohne Nachdenken noch umsonst.
Etlichmal bilde ich mir ein, weil sie eine so große Passion
vor die Duchesse de Bourgogne hat und diese, wie das Geschrei
geht, ihrer sehr müde geworden ist und nicht mehr bei dem
König dauern kann, weil ihr bei diesen betagten Leuten
die Zeit zu lang fällt: daß die Dame mich gewählt, um
der Duchesse de Bourgogne Eifersucht zu geben, denn sie
ist von einem eifersüchtigen Humor, und sie dadurch wieder
zu sich zu ziehen. Oder ob sie gefürchtet, daß, weil Mon=

sieur mir nun keine bösen Dienste bei dem König tun kann, daß sich der König wieder an mich gewohnen könnte, und daß, wenn sie meine Freundin nicht wäre, ich kapabel sein sollte, dem König die Augen zu öffnen, sie derowegen lieber selber meine Freundin vorher werden, mich also im Zaum zu halten, oder ob sie sonsten ein ander Absehen hat und meint, mich eher fällen zu können, wenn sie mich besser in den Klauen haben kann, oder was es sein mag, denn es ist gar gewiß, daß etwas dahinter stecken muß. Denn es ist nicht natürlich, daß ein Mensch in einer Stund ändert, wie sie getan hat. Also muß ich als in acht nehmen, was ich tue und rede, und kann auf nichts sicheres bauen. Wie es noch mit meinen Affairen gehen wird, weiß ich nicht, aber es ist gewiß, daß ich schlecht versorgt werde sein, ja gar nicht meinem Stande gemäß werde leben können, wo der König mir nicht hilft. Denn es fehlen 80000 Franken, daß mein Haushalt nicht bezahlt werden kann. Also sehen Euer Liebden wohl, daß ich nie ein angenehmes Leben werde führen können. Der arme Monsieur selig hat übel gehaust und gar nicht vor mich gesorgt, denn er hätte es wohl in seinem Leben tun können, aber nicht im Testament; er hat es aber lieber unter seine Buben ausgeteilt, so ihn doch nicht so lieb hatten, als ich.

Marly, den 28. Juli 1701.

ar lustig kann ich ohnmöglich sein, aber ich tue meinen möglichen Fleiß, nicht ganz melancholisch zu sein. Kurpfalz will mir kein Geld mehr geben; das verkleinert mein Einkommen noch von 2 Mal 100000 Franken. Es wird schlecht bei mir hergehen; denn zu glauben, daß der König in jetziger Kriegszeit so gar große Summen geben sollte, das ist schwer zu glauben. Wollte Gott, man hätte mich viel zu fragen und ich hätte viel, würde in diesem Fall die Fragen gar nicht lästig finden. Es würde mir viel angenehmer gewesen sein, wenn ich ohne den König genung gehabt hätte, zu leben, denn alsdann würde ich dem König nicht zur Last gewesen sein, und hätte er mir sonsten Gnaden und Präsente geben, würde ichs mit Lust haben anwenden können. Aber wie es nun ist, bin ich leider wie eine Bettelfrau dem König auf dem Hals; das ist recht betrübt... Ich fragte einstmals an Herrn Salmond[1]), wie es käme, daß in der heiligen Schrift stehet, daß die Menschen nach Gottes Ebenbild geschaffen seien und die Menschen doch gar so unperfekt wären? Er antwortete, daß Gott den Menschen perfekt geschaffen hätte, aber, daß er die Perfektion in seinem Fall verloren hätte. Ich sagte, weil der Mensch denn so perfekt war, wie hat er fehlen und fallen können? Herr Salmond sagte: das ist durch Anstiftung des Satans geschehen. Ich sagte: Dem Teufel glauben, war doch keine Perfektion. Da sagte er nur: solchen Sachen muß man nicht zu weit nachgrübeln. Dabei blieb es.

Versailles, den 4. September 1701.

er gute König Jakob wird sich durch seine unermessene Gottsfurcht noch ums Leben bringen. Vorgestern hat er noch so lang gekniet und gebetet, daß Ihro Majestät platt ohnmächtig davon geworden sein und so von sich selber war, daß man meinte, er würde sterben.

Am 16. September 1701 starb der König zu St. Germain. Am 24. schreibt die Herzogin über ihn an ihre Tante: Ich bilde mir ein, man hat etwas ohne des Königs Jakobs selig Wissen in Engelland getan. Denn der gute König war gar nicht verlogen, und hat mir allezeit gesagt, er hätte Glaubensfreiheit in seinem Königreich geben, approbierte auch nicht, was man hier wegen der Religion tat. Kann also nicht begreifen, womit er sich so verhaßt gemacht hatte, es seie dann, daß man unter seinem Namen was getan, so Ihro Majestät nicht befohlen hatten.

[1]) Ehemaliger Lehrer Liselottens. Diese schreibt etwas später über dasselbe Thema: „Ich war so ein klein Kind nicht, wie mich Herr Salmond instruiert hat, ich ging in mein sechzehntes Jahr, konnte also wohl nachdenken. Wenn wir den Teufel nehmen, wie man ihn im Hiob sieht, so scheint es, als wenn er unseres Herrgotts Hofnarr wäre und nicht von Gott gehaßt, denn er konversiert freundlich mit ihm. Dies lauft aber dem zuwider, wie die Geistlichen sagen: daß des Teufels größte Pein in der Verdammnis seie, Gott den Allmächtigen nie zu sehen. Sollten sich also besser mit der heiligen Schrift vergleichen."

Fontainebleau, den 28. September 1701.

ch kann nicht begreifen, wie Papa selig mir meinen Heiratskontrakt hat unterschreiben machen, denn niemalen ist einer erbärmlicher gemacht worden und just um mich zu einer Bettlerin zu machen. Ihro Gnaden selig müssen die französischen Sachen nicht verstanden haben; es wäre sonst unmöglich gewesen, daß sie diesen Kontrakt nicht hätten ändern machen. Was mich noch mehr drinnen wundert, ist die Prinzeß Palatine[1]), der doch die Sach gar nicht unbewußt war. Aber ich will Euer Liebden mit meinen Lamentationen nicht verdrießlich fallen.

Fontainebleau, den 15. Oktober 1701.

äre mein Heiratskontrakt nur schlechtweg gewesen wie alle andern, so man hier macht, so wäre es gut vor mich. Man hat aber expreß Klauseln nein gesetzt, so gewöhnlich nicht sind, damit ich nichts bekommen möge. Drum judiziere ich, daß Papa selig die Sach nicht müsse verstanden haben, mich eine solche Sache unterschreiben zu machen; aber Papa selig hatte mich auf dem Hals, war bang, ich möchte ein alt Jüngferchen werden, hat mich also fortgeschafft so geschwind er gekonnt hat. Das hat so sein sollen, war mein Verhängnis, muß es wohl weiter ausführen, wie es versehen ist.

Es ist mir wohl von Herzen leid, daß die gute Frau von Harling so gar krank ist; jammert mich recht, denn ich habe sie lieb und bin ihr verobligiert vor alle Sorgen und Mühe, so die gute Frau in meiner Kindheit vor mich gehabt hat.

1) Anna Gonzaga.

An Raugräfin Amalie Elisabeth
Fontainebleau, den 4. November 1701.

eint Ihr, liebe Amelise, daß ich die Bibel nicht mehr lese, weil ich hier bin? Ich lese alle Morgen 3 Kapitel. Ihr müßt nicht meinen, daß die französischen Katholischen so albern sein wie die teutschen Katholischen; es ist ganz eine andere Sach mit, schier als wenns eine andere Religion wäre. Es liest hier die Heilige Schrift, wer will; man ist auch nicht obligiert an Bagatellen und abgeschmackte Mirakel zu glauben. Man hält hier den Papst nicht vor unfehlbar; wie er Monsieur de Lavardin zu Rom exkommunizierte, hat man hier nur drüber gelacht. Man betet ihn nicht an, man hält nichts auf Wallfahrten und hundert dergleichen, worinnen man im Land ganz different von den teutschen Katholischen ist, wie auch von den Spaniern und Italienern.

Ich komme aber wieder auf das, was Ihr von der Melancholei sagt. Es ist nur gar zu wahr, daß die Traurigkeit zu nichts nutz ist; allein es stehet nicht allezeit bei uns, lustig oder traurig zu sein, und es ist schwer, lustig zu sein, wenn man sein Leben einsam zubringen muß, nichts hat, so einen eigentlich erfreuen kann, und in der Tat manche traurige Sachen auf dem Hals hat. Die Lust runzelt ebensosehr als der Kummer, und wenn man oft in die Sonn und in den Wind geht, runzelt man unfehlbar. Das Lachen runzelt ebensosehr als das Weinen. Ich versichere Euch, liebe Amelise, daß ich ganz und gar keine Ambition habe und nichts weniger wünschte, als Königin[1]) zu sein. Je höher man ist, je gezwungener muß man leben, und wäre die Stelle von Madame eine Charge, so man verkaufen könnte, hätte ich es längst gar wohlfeil weggeben, will geschweigen denn, daß ich eine Königin zu sein wünschen sollte. Die Prinzeß

---

1) Von England. Liselotte hätte, wenn sie nicht katholisch geworden wäre, als Urenkelin Jakobs I. Ansprüche auf den englischen Thron machen können.

von Savoyen kommt nicht unschuldig zum Königreich¹); sie ist ja von dem rechten Stoff, da man die Königinnen von macht, und von Vater- und Mutterseite nichts an ihr zu tadeln. Sie ist Monsieurs selig Enkel, aber die meine nicht, wie Ihr wohl wißt; aber das gute Kind schreibt mir mit solcher Liebe, als wenn sie in der Tat mein Enkel wäre. Das kommt, weil ihre Frau Mutter²) kaum zwei Jahr alt war, wie ich nach Frankreich kam, wußte also nichts von ihrer eignen Frau Mutter, hat mich also so lieb bekommen, als wenn sie mein leiblich Kind wäre. Ich habe die gute Herzogin auch von Herzen lieb und mache keinen großen Unterschied unter meinen Kindern und Ihro Liebden. Die hat ihrer Frau Tochter, der Königin, dieses eingeprägt, daß sie mich lieb haben solle.

An die Kurfürstin Sophie
Versailles, den 17. November 1701.

Man hatte das gute Kind, die Königin, nicht gewarnt, daß man alle ihre Leute wegschicken wolle; wie das arme Kind morgens aufstand, fand sie lauter abscheuliche, häßliche und alte Weiber anstatt ihrer Leute. Da fing sie an zu schreien und wollte mit ihren Leuten wieder weg. Der gute König, der sie schon herzlich lieb hat, meinte, das könnte geschehen, und wie er auch noch ein wenig kindisch ist, weinte er auch und meinte, seine Gemahlin würde weg³). Man hat ihn aber getröstet und gesagt, wie es nicht sein könnte, weilen der Heirat vollzogen wäre. Die Königin, wie man mir es beschreibt, hat sich eben gestellt wie ich, wie man mir Madame Trelon⁴) anstatt der guten Frau von Harling gab. Man hat es hier gar übel gefunden; ich habe aber zum König gesagt, daß man vielmehr nur drüber lachen sollte und froh sein, daß die Königin so ein gut Ge-

---

1) König Philipp V. von Spanien, der Enkel Ludwigs XIV., hatte sich am 2. November 1701 mit Maria Luise Gabriele von Savoyen vermählt, der Stiefenkelin Liselottens. 2) Die jüngste Stieftochter Liselottens. 3) Der König Philipp von Spanien (vgl. die Anmerkung zu vorigem Brief) war 18 Jahre alt. 4) Madame Trelon, Liselottens Hofmeisterin von 1663 an, nachdem Frau von Harling geheiratet hatte.

müt hat. Die Hofdamen, so diese Königin bei sich hat, seind böse Stücker. Die Königin bat, man möchte ihr doch auf französisch zu essen geben, denn sie könnte die spanischen Gerichte nicht essen, so befahl der König, man sollte der Königin durch seine französischen Köche zurichten lassen. Wie das die Damen sahen, ließen sie der Königin auf spanisch zurichten, trugen ihr nur diese Schüsseln auf und ließen die französischen stehen. Der König wurde bös drüber, verbot den spanischen Köchen zu kochen und ließ ganz auf französisch zurichten. Wie das die Damen sahen, nahmen sie die Suppen, gossen alle Brühe davon, sagten, das könnte ihre Kleider verderben, und brachten der Königin die Suppe ohne Brühe; desgleichen taten sie mit dem Ragout. Die großen Schüsseln Gebratenes, als Hammelschlegel oder Nierenbraten, wollten sie nicht anrühren, sagten, ihre Hände wären zu delikat, solche Schüsseln zu tragen. Vom anderen Gebratenen rissen sie drei Hühner heraus mit den Händen, legtens auf einen Teller und brachtens der Königin so. Bösere Menschen, als die sein, solle man nicht finden können, und abscheulich häßlich dabei.

Versailles, den 4. Dezember 1701.

on einer Eiderdunen=Decke habe ich mein Leben nichts gehört; was mich recht warm im Bett hält, seind sechs kleine Hündcher, so um mich herum liegen; keine Decke hält so warm, als die guten Hündcher.

Die kleine Königin in Spanien ist nun gewöhnt und hat sich ganz ergeben; das gute Kind jammert mich. Sie schreibt mir so oft und so freundlich, daß ich sie ganz lieb drüber habe. Madame de Bracciano, so man jetzt la princesse des Ursins heißt, wird camarera majore verbleiben; der König in Spanien soll über die Maßen viel von ihr halten. Es ist ein wunderlich Amt, das sie hat: sie muß den König, wenn er bei der Königin schlafen kommt, seinen Nachtrock auß= und antun, morgens und abends, und ihm seinen Degen und Kammerpott nachtragen; die junge Königin lacht drüber und beschreibt die Etiketten des Hofs recht possierlich.

An Raugräfin Luise
Versailles, den 10. Dezember 1701.

as den Wunsch anbelangt, daß Gott mir schicken möge, was meine zeitliche und ewige Wohlfahrt anbelangt, so bin ich Euch gar sehr davor verobligiert, aber in dieser Welt erwarte ich gar keiner Wohlfahrt mehr, bin zu alt, etwas zu genießen können. Was die ewige anbelangt, so hoffe ich, daß, weilen ich Gott treulich anrufe, mein Bestes tue, nach seinen Geboten zu leben und ihm ohne Aberglauben zu dienen, daß nach vielen Trübsalen, so er mir in diesem Leben zugeschickt, meine Sünde genung hat büßen machen und das Vertrauen, so ich habe auf den Verdienst unsers Herrn Jesu Christi, mich nach diesem Leben in den Himmel bringen wird. Bin also weder vor diese noch jene Welt in Sorgen.

Meinen Heiratskontrakt hat man so elend aufgesetzt, als wenn ich eine Bürgerstochter wäre; kann nicht begreifen, wie Ihro Gnaden der Kurfürst selig mich selbigen hat unterschreiben machen. Aber mein Haus ist so groß, daß, ob der König mir zwar 250000 Franken Pensionen gibt und man mein Heiratsgut und alles dabei rechnet, so fehlt es noch an noch einmal so viel, als der König mir gibt, um mich nach meinem Stand gemäß zu unterhalten, und das, weil auf allen Chargen Gerechtigkeiten seind, alle erkauft sein und ich also nichts abstreichen kann, auch hier im Land alles so teuer und außer Preis ist. Es ist also gar weit gefehlt, daß ich die pfälzischen Gelder frei und zu Spielgeld, sozusagen, haben sollte; ich muß sie haben, meinen Stand zu erhalten, und werde nichts davon apart zu legen haben. Die Doktoren der Rechte machens denn eben auch, wie ich sehe, als die von der Medizin.

An die Kurfürstin Sophie
Marly, den 15. Dezember 1701.

ch fragte einmal jemand Raisonnables, warum man in allen Schriften unsern König immer lobte; man antwortete mir, man hätte den Buchdruckern expreß anbefohlen, kein Buch zu drucken, wo des Königs Lob nicht in stund; man täte es wegen des Königs Untertanen. Denn wie die Franzosen gewöhnlich viel lesen, und in den Provinzen lesen sie alles was von Paris kommt, und des Königs Lob gibt ihnen Verehrung und Respekt vor dem König, wie sie haben sollen; deswegen geschiehts und nicht des Königs wegen, welcher es nie sieht noch hört, seit Ihro Majestät in keine Oper mehr geht.

Versailles, den 29. Dezember 1701.

ch bin gewiß, daß Euer Liebden nicht so viele Runzeln haben als ich. Mir kommts, daß ich so oft und manche Jahre bin auf der Jagd von der Sonnen verbrennt worden. Aber ich frage ganz und gar nichts danach, bin nie schön gewesen, habe also nicht viel verloren. Und ich sehe, daß die, so ich vor diesem so schön gesehen habe, jetzt ebenso häßlich sein als ich: Madame de la Valliere kann kein Seelenmensch mehr kennen, Madame de Montespan hat ihre ganze Haut als wenn die Kinder Künste mit Papier machen und es klein zusammenlegen, denn ihr ganz Gesicht ist ganz voller kleiner Runzeln an einander, daß es zu verwundern ist. Ihre schönen Haar seind schneeweiß und das ganze Gesicht ist rot, also gar nicht schön mehr. Ich bin also ganz getröstet, nie gehabt zu haben, was doch so geschwind vergeht. Euer Liebden haben Schönheiten, so nie vergehen, nämlich Dero großer Verstand und Lebhaftigkeit, Dero Generosität und Güte, Dero Beständigkeit vor diejenigen, so sie einmal gnädig gewesen; auch macht dieses, daß man sich dermaßen an Euer Liebden attachiert, daß man Euer Liebden bis an sein End ganz leibeigen ergeben verbleibt.

An Raugräfin Amalie Elisabeth

Versailles, den 23. Dezember 1701.

ir haben wenig neues itzunder hier bei Hof, aber von Paris hört man gar wunderliche Geschichten. Ein Bürgersmädchen, so ziemlich reich war, und von vierzehn Jahren, wurde von einem jungen Menschen angeführt und wurde schwanger. Sie war schlau genung, die Sach zu verhehlen und heimlich niederzukommen, bekam einen Sohn; den trug sie gleich ins Findelhaus, als wenns ihr Kind nicht wär, zeichnete es aber, um es mit der Zeit wieder zu kennen können. Ein paar Jahr hatte sie große Sorg vor das Kind und gab ihm alles, was ihm nötig war. In der Zeit wird ein reicher Kaufmann von Paris verliebt von dies Mensch und heiratet sie. Sie, die wie schon gesagt, schlau war, dachte, daß, wenn sie ins Findellhaus gehen sollte, daß es ihrem Mann einen Argwohn geben möchte, insonderheit wenn sie Geld hinträge; resolviert sich auf einen Stutz, nicht mehr hinzugehen. Sie lebt so zwanzig Jahr mit ihrem Mann, welcher ihr all sein Gut gibt, und stirbt. Sie hatte eine große Inklination vor ihres Manns ersten Ladenknecht; er hatte sie auch lieb; sie heirat ihn diesen Sommer. Wie ihr Mann ausgezogen bei ihr war, wird sie auf einmal gewahr, daß er das Zeichen am Leib hat, so sie ihrem Sohn gemacht. Sie erschrickt, läßt sich aber nichts merken, läuft ins Findelhaus und fragt, wo der Jung hinkommen seie, so sie zu ihnen getan. Sie sagen, er hätte Inklination gehabt, wie er anfangen, groß zu werden, um ein Kaufmann zu werden; er hätte das Wesen gelernt und wäre in den Laden von einem reichen Kaufmann gangen, nannten ihr darauf ihren ersten Mann. Da konnte die Frau nicht mehr zweifeln, daß ihr zweiter Mann nicht ihr Sohn wäre. Sie lief gleich zu ihrem Beichtsvater und gestund ihm den ganzen Handel. Der Beichtsvater sagte, sie sollte die Sach heimlich halten, nicht mehr bei ihrem Mann schlafen, bis die Sach in der Sorbonne vorgetragen würde sein. Man

weiß noch eigentlich nicht, was die Sorbonne drüber verfügt
hat; erfahre ich es, werde ichs Euch schreiben.

An die Kurfürstin Sophie
Versailles, den 8. Januar 1702.

Ich hüte mich, so viel ich kann, melancholisch zu werden, suche immer was zu schaffen, um nicht an das Vergangene noch Zukünftige zu gedenken... Euer Liebden haben wohl groß recht, daß die Welt wie ein Garten ist, wo allerhand Kräuter in sein, gut und bös; Unkraut vergeht wohl so leicht als das gute Gewächs, allein es kommt geschwinder wieder. Die Jungfer Kolb pflegte als zu sagen: „Alle Tag was neues und selten was guts."

Warum wollen Euer Liebden einhalten, was Ihnen in die Feder kommt, denn Euer Liebden sprechen ja nur an Dero Liselotte, so mit Freuden liest alles, was Euer Liebden schreiben. Wenn ich kein Teutsch mehr schriebe, würde ich mein Teutsch durchaus vergessen, und das wäre mir leid, schreibe Euer Liebden derowegen immer in unsrer Muttersprach. Hätte meine Tante, die Frau Äbtissin von Maubuisson, öfter Teutsch geschrieben, würden Ihro Liebden dero Teutsch nicht so bald verlernt haben. Sie schreibt gar eine schöne Hand auf französisch; allein sie orthographiert nicht wohl und vergißt gar oft die Wörter; sie hat doch noch große Lebhaftigkeit und schreibt recht possierlich.

Versailles, den 12. Januar 1702.

Was macht, daß ich die lutherischen Lieder nicht vergesse, ist, daß ich sie alle Jahr mit der Frau von Ratsamhausen singe, wenn sie hier ist, also mein Gedächtnis leider nicht so gut als Euer Liebden wohl meinen. Ich glaube nicht, daß es dem König in Spanien möglich sein wird, die Inquisition abzuschaffen; die Mönche, insonderheit die Domini=

taner, seind gar zu gefährlich. Der König wäre seines Lebens nicht sicher, wo er sie attakiert.

Den 19. Februar 1702.

ätte man meinem Rat hier gefolgt, so hätte man eher gesucht, gute Christen zu machen als Katholische, und mehr die Sitten zu korrigieren als den Glauben, welcher sich niemalen zwingen läßt, und ich glaube, wenn man das getan hätte, wäre alles jetzt besser als es ist, und mehr Geld im Land. — Ob hier zwar keine Sklaven sein, so ist doch der König so absolut, daß niemand ohne Ihro Majestät Urlaub von seinen Untertanen aus dem Land darf, was es auch sei.

An Raugräfin Luise
Versailles, den 12. März 1702.

er guten Frau von Harling Tod ist mir recht zu Herzen gangen. Es macht mich ganz traurig, und ob der guten Frauen zwar wohl geschehen, indem sie niemals recht hätte genesen können und nur gelitten hätte, so ist es doch allezeit betrübt, gute Freunde zu verlieren. Ich glaube, daß es Ihro Majestät der Königin in Preußen[1]) auch wird leid gewesen sein, denn die gute Frau hatte sie auch sowohl als mich erzogen. Die Umstände von der guten Frauen Tod weiß ich nicht. Ich bitte, sagt mirs doch!... Die verfluchten Pfaffen zu Rom haben mir meinen Prozeß ganz verlieren machen, aber die Sentenz ist, gottlob, so doll aufgesetzt, daß man versichert, daß man sie vor Null kann passieren machen; also hält man hier die Sach noch nicht zum End. Ich aber werde das End von dem Prozeß wohl mein Leben nicht sehen. In Gottes Namen! Wenns meinen Kindern nur zugut kommt, bin ich schon zufrieden.

---

1) Sophie Charlotte. Auch deren Sohn, König Friedrich Wilhelm I. von Preußen, ist von Frau von Harling, Liselottens ehemaliger Erzieherin, aufgezogen worden.

An Raugräfin Amalie Elisabeth
Meudon, den 8. April 1702.

Herzliebe Amelise, vor ein Tag oder zehn habe ich Euer liebes Schreiben vom 19. März zu recht empfangen; erfreuet mich, daraus zu sehen, daß mein Schreiben Euch angenehm gewesen... Zu meiner Zeit war der Adel zu Hannover nicht so stolz und gaben den Reichsgrafen alle die Ehre, so ihnen gebührt. Seither hat sich denn das geändert? Sagt man jetzt im Teutschen „hoffenherzig", wie Ihr es schreibt? Zu meiner Zeit sagte man „offenherzig". Ihr tröstet mich recht, mich zu versichern, daß ich mein Teutsch noch nicht ganz vergessen habe. Ich rede aber jetzt so selten, daß ich fürchte, daß ichs bald vergessen werde; jedoch so hoffe ich noch auf die Frau von Rotzenhausen¹), so nun bald herkommen wird und mit welcher ich allzeit teutsch spreche... Ich werde gar kein übriges Geld heraus bekommen von der päpstlichen Sentenz. Die verfluchten Pfaffen haben sich durch den Großherzog²) mit Geld bestechen lassen; ich habe aber meine Partei gefaßt und bin der Sachen ganz getröstet. Monsieur hat wider meinen Willen den Prozeß nach Rom geschickt. Ich wollte, daß die Reichsfürsten es judizieren sollten; das wollte Monsieur nicht. Man hofft noch hier, daß mein Sohn einstmals wieder zu diesen Prätensionen gelangen wird können; das geht mich aber nichts an, werde alsdann längst verfault sein, bekümmere mich also weiter nicht hierüber.

An die Kurfürstin Sophie
Versailles, den 20. April 1702.

Ich schenkte gestern Madame de Chauteauthiers³) einen schönen Papagei, der plaudert unerhört. Ich wollte hören, was er sagen kann, ließ ihn in meine Kammer; meine Hunde wurden jalour, und einer, so Mione heißt, wollt ihn

---

1) Eleonore von Rathsamhausen, geb. von Denningen, Liselottens Hofdame, von ihr scherzend „die Rotzenhäuserin" genannt. 2) Cosimo III. von Toskana, dessen Tochter den damaligen pfälzischen Kurprinzen Johann Wilhelm geheiratet hatte. 3) Eine der Damen Liselottens.

anbellen; der Papagei sagte als „gib Pfötchen". Ich wollte, daß Euer Liebden hätten sehen können, wie verwundert Mione war, den Vogel sprechen zu hören: sie hörte auf zu bellen, sah ihn stark an, hernach mich; wie er fortfuhr zu reden, erschrak die Mione wie ein Mensch, lief davon und versteckte sich unter das Lotterbett; da fing der Papagei überlaut an zu lachen. Das macht mich an Herrn Leibnitz gedenken, daß Euer Liebden sagen, daß er behauptet, daß die Tiere Verstand haben, keine Maschine seien, wie es Descartes hat behaupten wollen, und ihre Seelen unsterblich seien. In jener Welt werde ich mich sehr erfreuen, nicht allein Verwandte und gute Freunde wiederfinden zu können, sondern auch alle meine Tiercher. Wäre aber wohl attrappiert, wenns bedeuten sollte, daß meine Seele so sterblich als die ihrige werden sollte, und daß wir allzusammen nichts mehr sein sollten; will lieber das andere glauben, denn es ist viel tröstlicher.

An Raugräfin Luise
Versailles, den 22. April 1702.

Herzliebe Luise, es seind schon etliche Tage verflossen, daß ich Euer Schreiben vom 6. April zu recht empfangen, habe aber unmöglich eher, als nun, drauf antworten können, wegen dem Osterfest, allwo man hier den ganzen Tag in den Kirchen sein muß; und die Tage nach den Festtagen, gestehe ich, daß ich, um mir der Langeweil ein wenig zu ersetzen, so ich in den Kirchen ausgestanden mit allem dem (unter uns gesagt) lateinischen Geplärr, so habe ich mir das schöne Wetter ein wenig zunutz gemacht und bin nach Trianon spazieren gefahren, welches wohl der schönste Garten ist, so man mit Augen sehen kann.

König Wilhelms Tod[1] hat mich recht gejammert. Leonore[2] hat mir einen augsburgischen Kalender geschickt vergangenen

---
1) Wilhelm von Oranien, König von England, war am 19. März gestorben.
2) Frau von Rathsamhausen.

Herbst, so auf dies Jahr gerichtet ist; darin stehet klar dieses
Königs Tod mit diesen Worten NB ♂ ♄ ☉ den 20. März 1702¹):
„Ein Potentat reist in das Grab,
Des tun sich andre freuen;
So gehts, wenn einer danket ab
Und machet Platz dem neuen."
Ich kann leicht gedenken, wie alle Alliierten sich über
König Wilhelms Tod werden betrübet haben ... Man
hört von nichts als Krieg und Kriegsgeschrei. Man sieht
überall Leute, so Abschied nehmen. Der Hof wird bald
sehr leer sein; das ist aber meine geringste Bekümmernis,
denn es geht mir keine Gesellschaft dran ab, denn ich bin
den ganzen langen Tag allein in meinem Kabinett und die
Zeit wird mir nicht lang, finde die Tage zu kurz, habe viel
Blumen vor meinem Fenster, viel Hündcher, so ich recht lieb
habe, gegrabene Steincher, viel Bücher; damit kann ich mich
gar wohl amüsieren und damit geschicht weder Gott noch der
Welt Verdruß. Eine von meinen schönsten Hündinnen ist
im Kindbett hier in meinem Kabinett.

An die Kurfürstin Sophie
Versailles, den 7. Mai 1702.

ergangenen Freitag führte mich der König
in seiner Kalesch auf die Hirschjagd; ich
hatte es hoch vonnöten, denn ich hatte
das Herz noch greulich schwer, mein armes
Mionchen verloren zu haben. Es hat mich
gestern noch recht geschmerzt, wie ich von Marly kam,
alle ihre Schwestern zu sehen, so mir ohne sie entgegen=
kamen. Sie fehlt mir überhaupt im Bett, in der Promenade;
morgens bei der Toilette lag sie immer auf meinem Schoß, und
wenn ich schrieb, saß sie hinter mir auf dem Sessel. Sie war
allzeit bei mir und das schönste Tierchen von der Welt, ein kurz
Gesichtchen und große schöne Augen voller Feuer und Verstand.

---
1) Die vor dem Datum stehenden Zeichen bedeuten Mars, Sartun, Sonne. Aus der Stellung der Gestirne prophezeiten die Astrologen die Zukunft.

Aber Euer Liebden werden gedenken, Liselotte ist närrisch geworden mit ihrem Hund, aber meine herzliebe Tante, ich kanns nicht lassen, ich muß Euer Liebden alles Gute und Böse sagen, also haben Euer Liebden auch den Verlust meiner armen Mione wissen müssen und wie sehr es mir zu Herzen gangen ... Ich habe heute ein Schreiben von meines Bruders Gemahlin[1]) empfangen; die ist sehr devot und macht mir eine lange Predigt, wie daß der Tod nicht zu scheuen seie, zitiert das Evangelium Sankt Johannes Kap. 8, Vers 51 und die Epistel Sankt Paulus an die Thessalonicher Kap. 5, Vers 13. Ich bin weit von solcher Perfektion, ich muß es gestehen, und der starke Glaube ist leider meine Sache gar nicht; ich sage „leider", weil ich sehe, daß es glücklich macht, und ich halte vor ein groß Glück, weil man ja sterben muß, persuadiert sein zu können, daß man nach dem Tod viel glücklicher als vorher sein kann und also mit Freuden stirbt. Ich bin so grob, daß ich gestehen muß, daß ich ohne meine Sinne nichts Angenehmes begreifen kann, und es will mir nicht in Kopf, wie ich ohne meine Augen was Schönes sehen kann, noch ohne meine Ohren was Angenehmes hören, noch ohne Kopf denken, und das hindert sehr meine Freude zum Sterben. Ich kanns nicht leugnen, bin in dem Fall weit von meinem Bruder selig, so den Vorschmack des ewigen Lebens empfunden. Das seind Gnaden, so unser Herrgott wenig Leuten verleiht; ich bin aber zu unwürdig von diesem allem zu reden, werde derowegen von was anderst sprechen ... Um mich wegen meiner Mione zu trösten, habe ich gleich an Herrn von Leibnitz Meinung gedacht. Es ist wohl gewiß, daß unser Herrgott alles wohlmachen wird und man ihm wohl alles heimstellen muß, denn man stelle es ihm heim oder nicht, so wird doch alles nach seinem Willen geschehen.

Wollte Gott, ich könnte Euer Liebden Schritt in Dero Promenade zählen, sollte ich auch drüber schwitzen, Euer Liebden mit meinem dicken Bauch und, met Verlöff, dicken

---
[1]) Die Witwe des Kurfürsten Karl, Wilhelmine Ernestine von Dänemark.

Hintern zu folgen, so wollte ich doch mit Freuden Euer
Liebden nachtrotteln und kann nichts in der Welt erdenken,
so mir in diesem Leben noch einige Freude geben könnte,
als meiner herzlieben Tante aufzuwarten.

An Raugräfin Luise
Versailles, den 12. Mai 1702.

Herzliebe Luise, heute morgen bin ich mit Eurem lieben Brief vom 4. dieses Monds erfreuet worden ... Ich muß lachen, daß es Euch freuet, daß ich von dem lateinischen Geplärr nicht eingenommen bin. Außer blutseinfältigen Leuten sonsten läßt sich niemand davon einnehmen; man geht nur an solche Orte, den Pöbel nicht zu skandalisieren, aber sonsten macht niemand groß Werk draus. Von dem Zeugs aber gar befreiet zu sein, ist unmöglich; mein Beruf und kindlicher Gehorsam haben mich hergebracht; hier muß ich leben und sterben und mein Verhängnis völlig erfüllen. Meinem Gott diene ich, wie ichs kann und verstehe, laß ihn im übrigen walten. Hier erfährt man wohl die Zeitungen, wenn sie gut sein, aber selten, wenn sie bös sein, und ich möchte doch gern alles wissen. Die Kommissäre, die zu Rom meinen Prozeß unter Handen gehabt, haben 50000 Taler bekommen. Abbé Thessut hat die Quittungen im Original gesehen. Wie ers dem Papst sagte, antwortete der Papst: „Beklagt mich, daß ich mit solchen gottlosen und falschen bösen Leuten umzugehen habe, die das Recht um Geld beugen!" Aber das Unrecht zu ersetzen, da sprach er nicht von. Der Abbé de Thessut ist viel betrübter um die Sach als ich; denn sobald ich gesehen, daß Monsieur die Sach nach Rom geschickt, habe ich sie vor verloren gehalten, also meine Partei so wohl gefaßt, daß ich gar nicht drüber erschrocken, wie die Zeitung angekommen ist.

Ich danke Euch sehr vor die Vers, so ihr mir geschickt habt. Ich finde es artig und nicht so schlimm, wie Ihr es findt; im Gegenteil, es ist possierlich gegeben. Solltet

Ihr noch mehr dergleichen Pasquille bekommen, bitte ich, sie mir zu schicken. Hier haben wir nun ganz und gar nichts Neues und, um wie die Hinderson zu sprechen, kann man sagen, daß alles nun gar schlappjes ist.

An die Kurfürstin Sophie

Marly, den 6. Juli 1702.

Man meint, daß es in Flandern wohl eine Schlacht geben dürfte, denn die zwei Armeen stehen in Präsenz und ist nur ein kleiner Morast, so sie separiert; in Italien möchte es auch wohl bald was geben. Es ist wohl eine abscheuliche Sache, daß die armen Menschen, deren Ziel zu leben so gar kurz ist, mit solchem Eifer sich bemühen, einander noch das Ziel zu verkürzen und einander umbringen, als wenns nur Mücken wären. Apropos von Mücken: die verfluchten Schnaken lassen mich hier keine Stund schlafen; sie zerbeißen mich, daß ich bin als wenn ich wieder die Kinderblattern hätte. Wir seind auch sehr mit Wespen geplagt; es geht kein Tag vorbei, daß nicht jemand gestochen wird. Vor etlich Tagen war ein greulich Gelächter: eine von den Wespen war einer Dame unter den Rock geflogen; die Dame lief als wenn sie närrisch wäre, denn die Wespe stach sie oben am Schenkel, sie hob den Rock auf, lief herum und rief: „Ah, macht die Augen zu und nehmt sie weg!" Das kam schön heraus.

Neues weiß ich jetzt ganz und gar nichts und wenn ichs gleich wüßte, dürfte ich es nicht sagen, denn man hat mich gewarnt, daß die, so meine Briefe lesen, gar wunderliche Kommentare drüber machen, um mir Händel bei dem König anzumachen. Wenn mir der König die Gnade täte und mich drüber zur Rede setzte, wollte ich mich gar wohl verantworten, und ich wollte, daß man mich mit dem immer lachenden Ministerchen[1]) konfrontieren wollte; ich bin gewiß, daß er

---

1) Torcy, der die Post unter sich hatte. Es war damals üblich, auch die Privatkorrespondenzen auf Staatsgefährlichkeit zu untersuchen.

mir mit seinen falschen Auslegungen nicht unter die Augen stehen dürfte. Ich bitte den Herrn Ausleger der teutschen Schriften, dieses treulich zu übersetzen, damit der Minister meine Meinung recht wissen möge; und erfahre ich weiter dergleichen, werde ich ihnen die Mühe nicht geben, dem König ferner davon zu sprechen, denn ich werde selber eine Audienz begehren und Ihre Majestät fragen, ob sie befohlen, meine Briefe alle zu öffnen und Kommentare drüber zu machen. Denn was ich schreibe, kann von jedermann gelesen werden, wenn mans nur ohne Lügen und Falschheit überbringt. Ich weiß nicht, warum dies Männchen so gegen mich verpicht ist, ich habe ihm mein Leben nichts zuleid getan und sollte meinen, daß bei jetzigen wichtigen Affairen er etwas Notwendigeres würde zu schaffen haben, als meinen Briefen an meine nächsten Verwandten nachzugrübeln, um mir schaden zu wollen.

An Raugräfin Amalie Elisabeth
Versailles, den 22. Juli 1702.

erzliebe Amelise, von meiner gehabten Krankheit will ich gar nichts weiter sagen; denn ich bin, Gottlob, nun in vollkommener Gesundheit und habe vorgestern Euren lieben Brief vom 13. dieses Monds zu recht empfangen. Daß mir Carl Moritz[1]) Tod zu Herzen gangen und leid gewesen, wie auch, daß ich Euch und Luise von Herzen drüber beklage, davor meritiere ich ganz und gar keine Danksagung; es ist nur meine Schuldigkeit. Ihr tut gar christlich und wohl, Euch in den Willen Gottes zu ergeben; denn sich viel dawider zu sperren, hilft zu nichts, als sich selber krank zu machen. Daß Weibsleute, so gewöhnlich all ziemlich unglücklich, nichts nach dem Sterben fragen, wundert mich nicht; aber daß Carl Moritz so gern gestorben, nimmt mich Wunder. Wenn

---

1) Raugraf Karl Moritz, ihr Stiefbruder.

Carl Moritz selig den Wein nicht so sehr geliebt hätte, wäre er ein perfekter Philosoph gewesen. Er hats aber teuer genung bezahlt, denn ich bin sicher, daß das Saufen sein Leben verkürzt hat. Daß er nicht ohne Trinken sein konnte, erwies, wie seine Leber verhitzt und verbrennt war. Ich wollte, daß er mir sein gut Gedächtnis hätte vermachen können; das hätte ich hier hoch vonnöten. Ich weiß wohl, warum man Carl Eduard[1]) nicht so wohl hat leiden können und lieb haben als Carl Moritz. Er war zu tockmausisch und wollte sein Leben seine Meinung über nichts sagen; ich habe mein Leben nicht aus ihm kriegen können, was er haßte oder liebte, was ihm gefällt oder mißfällt. Ich sagte ihm tausendmal: „Sagt mir, was Ihr gern tut, was Ihr gern habt." Da machte er nur eine Reverenz, lachte höhnisch, aber sonst konnte ich nichts aus ihm kriegen; das ist langweilig und macht ungeduldig auf die Länge, habe ihn also bei weitem nicht so lieb haben können als Carllutz. An den kann ich nicht gedenken, ohne daß mir die Tränen noch in die Augen kommen. Man mag sich auch zu Unglück präparieren, wie man will, so empfindet man doch, wanns kommt; insonderheit wann man so gar nahe Verwandten verliert, so rührt sich das Geblüt. Wäre der französische Hof noch wie vor diesem, da man hier zu leben konnte lernen! Aber nun aber, da niemand mehr weiß, was Politesse ist, außer der König und Monseigneur[2]), da alle jungen Leute an nichts als pure, abscheuliche Ausschweifungen gedenken, da man die am artigsten findet, so am plumpsten sein, da wollte ich niemand raten, seine Kinder beizuschicken; denn anstatt daß sie was Guts sollten lernen, werden sie lauter Untugenden lernen. Also habt Ihr wohl groß recht, übel zu finden, daß die Teutschen ihre Kinder itzunder in Frankreich schicken wollen. Die seind gewiß allezeit zu ästimiren, die ihr Gut und Blut vors Vaterland geben. Ich wollte, daß wir Beide Mannsleute wären und

---

1) Raugraf Carl Eduard, 1690 gegen die Türken gefallen.   2) Der Dauphin.

im Krieg; aber dies ist wohl ein unnötiger Wunsch, man kanns aber oft nicht lassen¹).

Versailles, den 18. August 1702.

erzliebe Amelise, durch den letzten Brief, so ich an Luise geschrieben, werdet Ihr, wo sie ihn Euch gewiesen, ersehen, wie schwerlich man zum Schreiben hier gelangen kann; deswegen habe ich auch nicht eher auf Euer Schreiben vom 3. antworten können. Es ist kein Wunder, wenn man selten französisch spricht, daß man etlichmal einen Buchstaben vor den andern setzt. Ich halte mein Versprechen, Euch Euer Französisch zu korrigieren, aber Ihr und Luise korrigiert meine teutschen Phrasen nicht, welche doch, wie ich glaube, der Korrektion oft vonnöten haben. Denn ich rede selten teutsch und verspüre wohl, daß es mir nicht mehr so leicht ankommt, wie vor diesem; also wenn man mir nicht hilft, werde ichs gewiß vergessen. Denn ob ich zwar alle Tage in der teutschen Bibel lese, einen Psalm und ein Kapitel im alten und eines im neuen Testament, so tut es doch nicht, als wenn man täglich spricht. Bei der Rotzenhäuserin kann ich auch nicht recht reden lernen, denn sie redet selber bitter übel teutsch; ich lerns ihr eher, als sies mir. Es ist sich nicht zu schämen, daß man eine fremde Sprache nicht recht kann; die muß man geherzt reden, um korrigiert zu werden, so lernt mans desto besser. Mich wundert, da jetzt in Teutschland jedermann französisch reden und schreiben will, daß sie nicht besser die Orthographie in Acht nehmen. Wie kommts, daß Ihr ein französisch Fräulein habt? Denn das seind gewöhnlich gar schlechte Edelleute, so gar nicht mit unserm deutschen Adel zu vergleichen sein, denn

---

1) An anderer Stelle: Es ist mir all mein Leben leid gewesen, ein Weibsmensch zu sein, und Kurfürst zu werden, wäre mir, die Wahrheit zu gestehen, besser angestanden als Madame zu sein. Aber weil es Gottes Wille nicht gewesen, ist es unnötig, dran zu gedenken. Das Land hätte ich nicht geschunden, wie dieser Kurfürst tut, und alle Religionen hätte ich wohl in Ruhe gelassen. Ich wollte lieber Kurfürst sein als König in England.

wenn hier ein Bürger eine Charge eines Sekretärs des Königs kauft, paffiert er gleich vor einen Edelmann, und zudem so nehmen sie nie die Mißheiraten in Acht, sondern heiraten allerhand Bürgersmädcher, auch wohl gar Bäuerinnen, wenn sie nur Geld haben, seind also oft mit allerhand Handwerksleuten verschwägert. Der gemeine Adel ist hier selbst gar wenig geachtet.

An die Kurfürstin Sophie
Meudon, den 14. Dezember 1702.

an sagt im Sprichwort: „Die Tage folgen sich und gleichen sich nicht", — so ists des Königs Truppen dies Jahr gangen. Die französischen Truppen seind, wie man sie anführt; haben sie Häupter, denen sie vertrauen, so seind sie wie Leuen, seind sie aber bei Generälen, so verzagt sein und die in der ersten Furie nichts wagen, so werden sie auch gleich verzagt.

Versailles, den 22. Dezember 1702.

an hört immer von den Divertissementen vom Wolfenbüttelschen Hof; finde, daß sie recht wohl tun, sich dorten immer lustig zu machen. Wenn man sich so mit Lust in Acht hält, verspürt man das Alter nicht, so herbei kommt. Hier will man noch nicht meinen, daß die Holländer den Krieg begehren; Kurpfalz solle gar übel gegen Frankfurt inkliniert sein. Ich kenne die Franzosen, sie mögen wohl über ihren König bös sein, aber alle ihre Bosheit geht nur, Lieder gegen Ihro Majestät zu singen, im übrigen aber werden sie lieber alle Hunger sterben als ihrem König Geld mangeln zu lassen; es sind also mehr Mittel hier als man meint.

<small>Diese Bemerkung bezieht sich auf die ungünstige Lage im spanischen Erbfolgekrieg, in dem die berühmten Feldherren Marlborugh und Prinz Eugen über die Franzosen und die ihnen verbündeten Bayern eine Schlacht nach der andern gewannen. Frankreich, das sich durch die Protestantenverfolgungen seiner besten Bürger beraubt hatte, kam durch diesen Krieg an den Rand des Abgrunds.</small>

Versailles, den 4. Januar 1705.

ie Monsieur de Crequi von seiner Gesandtschaft von Rom kam, hatte er den Leib von einem heiligen mitgebracht, um an eine Kirch oder Kloster zu verehren. Solche Reliquien, wenns der Leib vom Heiligen ganz ist, werden mit großen Zeremonien abgeholt, denn ein Bischof ganz pontifikalisch gekleidet hebt den Leib aus der Kiste, um ihn ins Reliquienkästchen von der Kirch zu tun. Wie alles fertig war, holte man die Kist und man machte sie mit gewöhnlichen Zeremonien auf. Wie der Bischof aber heraus zog was in der Kist war, fand sich nichts in der Kist als große Brat- und Cervelatwürste von Boulogne, denn man hatte von ungefähr eine Kist vor die andere genommen. Es wurd gleich ein Gelächter, wie man die Bratwürste so gravitätisch heraus ziehen sah, und der Bischof ging gar beschämt weg.

Versailles, den 21. Januar 1705.

ch habe mein Leben kein bös Kindbett gehabt, allein es ist leicht zu begreifen, daß man in was klein aus dem Leib geht, weniger Schmerzen muß haben als was groß ist. Es ist längst, daß ich vor solch Ungemach sicher bin, und nach meiner Tochter Kindbett habe ich kein Gefahr dazu ausgestanden, denn Monsieur hat gar bald hernach lit à part gemacht, und der Handel gefiel mir nicht genung, Monsieur selig zu bitten, wieder in mein Bett zu kommen. Wenn Ihro Liebden in meinem Bett schliefen, mußte ich so auf dem Bord liegen, daß ich etlichmal im Schlaf aus dem Bett gefallen bin, denn Ihro Liebden konnten nicht leiden, daß man ihn anrührte, und wenns mir ungefähr im Schlaf geschah, daß ich einen Fuß ausstreckte und ihn anrührte, so machte er mich wacker und filzte mich eine halbe Stund; ich war also herzlich froh, wie Ihro Liebden von sich selber die Partei nahmen, in der Kammer zu schlafen und mich ruhig in meinem Bett liegen

267

zu lassen, ohne Furcht, nachts gefilzt zu werden oder aus dem Bett zu fallen.

Versailles, den 1. Februar 1703.

as Volk hier ist noch sehr abergläubisch; die Devoten stellen sich, als wenn sie es wären, und seind es nicht; die andern schweigen still davon.... Es soll ein unerhörter großer Reichtum zu Loretto sein. Ich sehe aber nicht, wozu das gut ist, denn die Maria, unsers Herrn Christus Mutter, hat ja im Himmel nichts vonnöten, hat auch gar den Reichtum in dieser Welt wohl entbehren können, denn sie hat arm gelebt und ist arm gestorben. Und warum will man denn, daß sie in jener Welt, wo sie keinen Reichtum mehr vonnöten hat, interessiert solle geworden sein und nichts ohne Präsente tun? Das kostet den großen Herren viel und ist eine unnötige Sache, also in meinem Sinn übel erdacht. Nichts in der Welt kann mich mehr erfreuen, als Euer Liebden gnädige Schreiben; was sollen Euer Liebden mir sagen, als was täglich vorgeht; die Philosophie verstehe ich nicht, die Theologie noch weniger, Staatssachen da weiß ich ebenso wenig von; Euer Liebden müssen sich also wohl nach meiner Schwachheit richten und nur sagen, was ich wissen und verstehen kann. Also um Gottes willen Euer Liebden verschonen mich mit den Diskursen, denn sonsten dürft ich Euer Liebden nicht mehr schreiben und müßte in Fürchten stehen, daß Euer Liebden auch sagen möchte: die alberne Liselotte, was Lappereien und langweilige Sachen plaudert sie mir daher, sie täte besser, zu schweigen.

An Raugräfin Luise
Versailles, den 8. April 1703.

er Krieg muß die pfälzische Luft geändert haben, und das viele Brennen; denn zu meiner Zeit waren unterschiedliche Leute zu Heidelberg, zu Mannheim, auch im Gebirg hinter Kloster Neuburg, so über hundert Jahr alt waren.

Ich fand einen Mann bei dem Kloster Neuburg, so noch ins Holz ging und hundert und zehn Jahr alt war; zu Mannheim war ein Mann von hundert und zwei Jahr und seine Frau war hundert Jahr alt; bei Meisenheim hat mein Bruder mir gesagt, daß er einen Bauer gesehen, so hundert und vierundzwanzig Jahr alt war; also seht Ihr wohl, daß man vor diesem viel dergleichen Exempel gehabt hat.

An die Kurfürstin Sophie
15. April 1703.

u meiner Zeit waren die Braut und Bräutigam auf keinen Bänken, stunden grad vor dem Pfarrer. Die Heiraten, so mit Lachen anfangen, seind nicht allezeit die glücklichsten. Wir meinten uns aber krank zu lachen, wie Monsieur le Dauphin mit Madame la Dauphine zu Chalons zusammen geben ward: die große Mademoiselle war auf Staffeln, der Fuß glitschte Ihrer Liebden und sie fiel auf den Kardinal de Bouillon, der sie zusammengeben wollte; der Kardinal fiel auf Monsieur le Dauphin und Madame la Dauphine, die wären auch gefallen, wenn der König nicht die Arm ausgestreckt hätte und alle gehalten. Sie fielen recht wie Karten. Damals war ich noch dünn und leicht; ich fühlte, daß Mademoiselle auf mich fallen wollte, sprung vier Staffeln auf einmal herunter, drum fiel sie auf den Kardinal. Daß der Bräutigam bei der Hochzeitpredigt geschlafen, kann ich ihm wohl verzeihen, denn das kann man selten lassen. Es ist auch desto besser vor die Braut, daß er keine Ruhe mehr von Nöten gehabt hat und geschlafen, ehe er nach Bett gangen.

18. Mai 1703.

eine Hündchen bemühen sich mehr, mir zu gefallen, als Euer Liebden meinen, denn sie seind jalour von einander; also erdenkt ein jedes was, um besser dran zu sein: Rachille setzt sich gewöhnlich hinter mich auf meinen

Stuhl, Titti legt sich neben mir auf die Tafel, wo ich schreibe;
Mille Millette legt sich unter meinen Rock auf die Füße;
Charmion, ihre Mutter, schreit, bis man ihr einen Stuhl
neben mir setzt, worauf sie liegt; Charmante liegt auf der
andern Seite auf meinem Rock; Stabdille sitzt auf einem Stuhl
gegen mir über und macht mir ein Gesicht, und die Charmille
liegt unter meinem Arm; und so seind sie schier den ganzen
Tag. Ich muß lachen, daß Euer Liebden meine Hündcher
vor räsonnabler halten als die Pietisten. Ich zweifle, daß man
innerlich eine Freude haben kann, so nicht äußerlich scheint,
denn mich deucht, daß die Augen es gleich an Tag geben.
Sollte es aber wahr sein, daß viel Schläge sie erfreuen kön=
nen, so können sie leicht mehr Freude haben als andere Leute,
denn das kann man eher bekommen als was guts. ...

Euer Liebden seind mir gar zu gnädig, glauben zu wollen,
daß ich Verstand hätte, allein ich fürchte, daß Euer Liebden
Gnade vor mich sie gar zu vorteilhaft von mir judizieren
macht. Wenn ich auch gleich ein wenig Verstand gehabt
hätte, wäre er mir durch so manchen Verdruß und Zwang,
so ich hier ausgestanden, verschlissen, und auch wegen meiner
so großen Einsamkeit, welche alles verrostet. Aber wenn
mir nur noch Verstand genung bleiben kann, Euer Liebden
zu gefallen, bin ich schon mit zufrieden. ..

     Versailles, den 11. November 1703.

ch habe nach dem Essen einen Kaufmann ge=
sprochen, so sehr gereist hat und ganz Egypten,
Persien, Judäa durchzogen, wo er so schöne
Sachen von verzählt, daß, wenn ich nicht an
Euer Liebden zu schreiben gehabt hätte, glaube
ich, daß ich ihm den ganzen Tag zugehört hätte. Er sagt, im
Nil wären vierfüßige Tier, so der Krokodilen Feinde wären;
wenn aber, wie es dort bräuchlich, die Männer über den Nil
schwimmen, setzen diese Tiere ihnen nach und reißen ihnen
ihre sieben Sachen ab, sonsten fressen sie nichts von den Men=
schen. Er sagt auch, er hätte in Egypten fliegende Tier ge=

sehen mit Menschengesichtern, hätte eines erschossen; ein Araber, so bei ihm war, da er dies tat, sagte zu ihm, er sollte das Tier nicht anrühren, es wär sehr giftig und böse. Er hat auch ein Obst gessen zwischen Damaskus und Jerusalem, so ihn verhindert, einig ander Obst mehr zu schlucken; er kanns wohl kauen, aber nicht schlucken; hat auch eine gekrönte Schlang gesehen, so man in dem Land vor einen Teufel hält und vor den Asmodi, welchen der Engel, so des jungen Tobias Gefährte war, in Egypten verbannt hat. Er hat noch mehr dergleichen schöne Histörcher, so alle in sein Buch kommen werden, welches er mir dedizieren will.

Versailles, den 18. Dezember 1705.

ch hatte wohl vorher gesagt, daß meine Heirat zu nichts dienen würde, Euer Liebden aber und Ihro Gnaden der Kurfürst, mein Herr Vater, haben mir nicht glauben wollen. Man muß dem König meine Gesellschaft greulich zuwider gemacht haben, denn er darf keinen Augenblick mit mir umgehen; zu Marly erlauben Ihro Majestät wohl, daß ich ihr auf die Jagd folge, denn da setzt sich ein jedes gleich in seine Kalesche apart; aber der König hat hier zweimal gejagt, ohne mich mitzunehmen, weil ich von hier aus in seiner Kutsch mit ihm fahren müßte. Erstlich hat mich diese Verachtung, ich muß es gestehen, ein wenig geschmerzt, ich habe aber nun meine Partei gefaßt und will mich nicht mehr über nichts quälen ... Ich habe unsern König[1]) und Königin[2]) von Spanien zu lieb, daß ich einen andern König in Spanien heißen sollte, und wie die heilige Schrift sagt: wer die Braut hat, der ist der Bräutigam, also, weil ja unser König in Spanien ist und dort als König von den Völkern erkannt wird, muß er ja wohl der rechte König sein und der Erzherzog nicht. Seine guten Qualitäten sonst bestreite ich ihm nicht; ich glaube, daß er Verstand hat, artig und schön ist; ich wünsche ihm, daß er die Türken

---

[1]) Philipp von Anjou, der noch jugendliche Enkel Ludwigs XIV. [2]) Ihre Stieftenkelin, Prinzessin von Savoyen.

verjagen und Kaiser von ganz Asien möchte werden, aber
daß ganz Spanien unserm jungen König bleibe möge.

An Raugräfin Amalie Elisabeth
Versailles, den 30. März 1704.

ch habe das gute Werk, die Fasten zu halten,
nicht getan; ich kann das Fischessen nicht ver=
tragen, und bin ich gar wohl persuadiert, daß
man bessere Werke tun kann, als seinen
Magen verderben mit zuviel Fischessen...
Weil ich aber die Ehre habe, den König in Polen[1]) zu kennen,
jammert er mich; aber das kann niemand leugnen, daß er
eine große Torheit getan, sich zum König in Polen zu machen;
da konnt man wohl mit Wahrheit sagen: „Hoffart kommt vor
dem Fall". Aber um die Wahrheit zu bekennen, so deucht
mich, daß es nun so doll in Teutschland zugeht, als wenn die
Teutschen keine Teutschen mehr wären, und wie ich davon
höre, kenne ich nichts mehr und alles muß unerhört geän=
dert sein.

Man leidet mehr um die Menschen, als vor die Selig=
keit, weil Menschen lieben sich zu unsrer Schwachheit schickt,
die Seligkeit aber eine solch unbegreifliche Sache ist, daß es
schwerlich ins Menschen Herz kommen kann. Ich bin nicht
kokett von meiner Natur, das kann man mir wohl Zeugnis
geben; aber ich begreif, was die menschliche Schwach=
heit vermag, und beklag die, so in solch Unglück fallen,
mehr, als ich sie verdamme. Die Prediger sagen auf den
Kanzeln, was sie sagen müssen, aber nicht allemal, was sie
denken oder wissen. Ich gestehe, daß das Zeitliche nicht viel
wert ist, aber das Ewige und Himmlische ist schwer zu ver=
stehen, und halte ich es vor eine pure Gnade Gottes, wen
der Allmächtige erleuchtet, das Himmlische zu verstehen und
die Seligkeit dazu zu erlangen. Ich glaube, man muß Gott
fleißig drum bitten, hernach aber auch sich nicht viel quälen,
was andere tun. Ein jeder hat in dieser Welt seine Plag.

---
1) August der Starke.

Gott weiß allein, warum er alles verordnet hat und wie er jedem seine Zeit und Stund gesetzt hat; dem ergieb ich alles.

An die Kurfürstin Sophie
Versailles, den 21. April 1704.

Ich meinte, Herrenhausen wäre Euer Liebden Wittum, und daß man dort nichts tun könnte ohne Dero Befehl. Ich habe jetzt gar kein Haus mehr als mein Wittum, das alte Schloß von Montargis; das ist aber drei oder vier Tagreis von hier. Ginge ich dorthin, ließe man mich stecken, und müßte in dem Schloß gar ein langweiliges Leben wie eine Landdame führen; das stehet mir nicht an, will lieber hier fort schlendern, ob ich zwar nicht in das Allerheilige komme, noch von den Auserwählten bin.

Ich habe mich amüsiert, eine von meinen Hündinnen ins Kindbett kommen zu sehen; sie hat in einer halben Stund zwei Junge schon bekommen; Monsieur Titti, so noch nicht 25 Mond alt ist, hat nun schon 32 Kinder, und dies alles ohne daß man ihm beim Zusammengeben gesagt: „Seid fruchtbar und mehret euch" . . .

Marly, den 26. April 1704.

Heute Morgen haben wir schon einen Hirsch gefangen. Es ist das schönste Wetter von der Welt, und man kann nichts angenehmeres erdenken als der Tiergarten, wo wir jagen. Heute morgen war es nicht zu warm, denn es ging ein kühl Lüftchen; der Wald ist voller Schlüsselblumen und Violen, das macht die Luft wohl riechen mit dem Geruch vom frischen Laub. Das ganze Holz ist voller Nachtigallen; verfehlt man die Fährte, wie es heute geschehen, und hört weder Hund noch Jagdhörner, hat man doch diese angenehme Musik, welche desto süßer lautet, indem man das große Gerase von Hunden und Jagdhörnern gehört hat.

An Raugräfin Amalie Elisabeth
Versailles, den 29. April 1704.

Seid Ihr denn so einfältig, daß Ihr meint, daß die Katholischen keinen rechten Grund des Christentums haben? Glaubt mir, liebe Amelise, der Christen Grund ist bei allen christlichen Religionen derselbe. Was den Unterschied anlangt, ist nur Pfaffengezänk, so die ehrlichen Leute nie angeht; aber was uns angeht, ist, wohl und christlich zu leben, barmherzig zu sein und uns der Charität und Tugend befleißen. Darauf sollen sich die Herren Prediger befleißen, dieses den Christen einzuprägen und nicht nachzugrübeln auf allen Punkten, wie sie verstanden werden; aber das würde deren Herren Autorität mindern. Darum legen sie sich nur auf dieses und nicht aufs vornehmste und notwendigste.

Die Lenor[1]) ist da bei mir und bittet mich, ich solle Euch, liebe Amelis, sagen, sie bitt Euch, nicht zu andächtig zu sein; denn sie wolle mit Euch auf einem Wagen nach Himmel fahren. Aus diesem Text seht Ihr wohl, daß ihr Humor nicht geändert ist.

An die Kurfürstin Sophie
Versailles, den Himmelfahrtstag, 1. Mai 1704.

Heute haben wir einen heiligen Tag wie Euer Liebden, und müssen diesen Nachmittag in die Vesper, welches eine langweilige Sach ist. Euer Liebden werden heute auch singen: „Allein Gott in der Höh sei Ehr und Dank für seine Gna ha ha de, daß nun forthin und nimmermehr uns scha ha den ka ha hann kein Scha ha hade" (so hat mans als zu meiner Zeit gesungen), „ein Wohlgefallen Gott an uns hat, nun ist groß Fried ohn Unterlaß" (das weiß ich nicht, wo der ist), „all Fehd hat nun ein

---
1) von Rathsamhausen.

En he hende" (mich deucht aber, es seie überall noch Fehd genung). Bei den Reformierten und Lutherischen seind die Feiertage nicht so langweilig als bei den Katholischen, denn erstlich, so währt es bei den ersten nicht so lang, und zum andern, so verstehet man, was man sagt und kann mitsingen; das vertreibt die Zeit, aber mit dem lateinischen Geplärr ist kein Rat und es währt dazu bitter lang. Das Gesetz des Allerhöchsten wird übel befolgt, denn mich deucht, daß sich die Menschen nie mehr gehaßt haben als nun. Es ist doch eine elende Sache, daß der Menschen Leben so kurz ist und anstatt daß sie allen ihren Verstand gebrauchen sollten, sich die Zeit zunutz zu machen, um glücklich und mit Lust zu leben, so denkt man an nichts als sich selber und andern das Leben sauer und verdrießlich zu machen. Das ist übel bedacht und gar nicht nach Gottes Gebot; jedoch weil in allen Sachen ein Verhängnis ist, muß unser Herrgott es doch wohl so haben wollen, sonsten ging es anderst... Wenn ich die Romane lange und an einem Stück lesen müßte, würden sie mir beschwerlich fallen; ich lese aber nur ein Blatt drei oder vier, wenn ich met Verlöff auf dem Kackstuhl morgens und abends sitze, so amüsierts mich und ist weder mühsam noch langweilig so.

Marly, den 10. Juli 1704.

In den Sevennen müssen sie nicht recht reformiert sein, denn bei den Reformierten hält man ja auf keine Inspirationen, wie diese Leute tun. Ich habe vor etlichen Tagen mit einem Edelmann gesprochen, so aus dem Land, ist auch reformiert gewesen, der beschreibt mir die Revoltisten recht wie Quäkers; er war bei ihnen und sprach ihnen zu, sich dem König zu ergeben; sie warens alle wohl gesinnt, aber auf einmal kam ein Mädchen daher geloffen von elf oder zwölf Jahren, das rief: „Ich habe eine Inspiration, traut nicht oder Ihr werdet sehr betrogen werden"; damit wurden sie gleich andern Sinns und wollten den Edelmann umbringen, ist mit Mühe aus ihren Händen kommen. Das junge Mäd-

chen war eine Pfarrerstochter. Sie haben aber auch keine
rechten Pfarrherrn nicht, sondern aus allerhand Handwerks=
leuten tritt einer herfür und predigt.

Fontainebleau, den 8. Oktober 1704.

ch sehe wohl, daß Euer Liebden Papas selig
Opinion sein und auch glauben, daß es besser
in der Welt zugehen würde, wenn die Welt
von den drei Scharlatanen würde befreiet sein:
den Pfaffen, Doktoren und Advokaten. Ich
glaube nicht, daß es der wahren Religion Schuld ist, daß
alles übel geht, sondern nur derer, die die Religion zum Vor=
wand nehmen, nur ihrer Politik zu folgen. Ich muß lachen,
daß Euer Liebden schier so eine lange Litanei haben, von
dem was die Religion übels gestift, als St. Paulus eine
macht von denen, so durch den Glauben gerecht geworden sein.
Womit Euer Liebden schließen, ist mit unseres Herrn Christi
eigenen Worten, denn er sagt, daß Gott lieben von ganzem
Herzen und ganzer Seelen, darin bestehet das Gesetz und die
Propheten, muß also wohl die rechte Religion sein . . .
Ich kann weder Tee noch Schokolade noch Kaffee trinken;
all das fremd Zeug ist mir zuwider: den Schokolad find ich
zu süß, Kaffee kommt mir vor wie Ruß und das Tee wie
eine halbe Medizin, summa ich kann in diesem Stück wie in
vielen andern gar nicht à la Mode sein.

Versailles, den 26. Oktober 1704.

ie Prinzeß von Ansbach[1]) jammert mich, denn
ich weiß, wie einem bei so Sachen zumute ist.
Wenn man jemand persuadieren will, muß man
wahre Sachen sagen und keine so albernen
Possen vorbringen als wie die, daß der Papst

---

[1]) Karoline von Ansbach wurde damals im katholischen Glauben unterrichtet,
da sie den Erzherzog Karl, den späteren Kaiser Karl VI., heiraten sollte. Sie konnte
sich jedoch nicht zum Übertritt entschließen, verzichtete auf den Bewerber und heiratete
später den hannöverschen Kurprinzen Georg (König Georg II. von England), den Enkel
der Kurfürstin Sophie. Liselotte trat später, als Karoline Prinzessin von Wales ge=
worden war, mit ihr in eifrige Korrespondenz.

der Antichrist sei; ein böser Christ mag er wohl sein, aber kein Antichrist. Euer Liebden werden dieser Prinzeß schon wohl alle Skrupel benehmen.

Es sollte mir wohl angestanden haben, nach meinem Putz zu fragen, denn ich bin ja all mein Leben häßlich gewesen, drum habe ich keine Lust nehmen können, mein Bärenkatzenaffengesicht im Spiegel zu betrachten, also kein Wunder, daß ich mich nicht oft betracht habe. Aber jung und schön sein und nicht Lust haben, sich im Spiegel zu sehen, wie die Prinzeß von Ansbach, das ist was extraordinäres.

Versailles, den 16. November 1704.

Euer Liebden sagen, daß unser Herrgott die Änderung in allem liebt, diese Antwort gab der König von Siam an unseres Königs Gesandten: als diese den obgemeldten König drängten, ein Christ zu werden und katholisch, sagte er: „Ich glaube, daß Eures Königs Religion gut ist, allein wenn Gott wollte nur durch eine Religion gedient sein, so würde er nur eine in die Welt gesetzt haben, weilen aber so vielerlei sein, ist es ein Zeichen, daß Gott auf so viel Art will gedienet sein; also tut Euer König wohl, bei seiner Religion zu bleiben, und ich bei der meinen; und um zu weisen, wie Gott die Verschiedenheit liebt, mag man nur sehen, wie alles in der Natur different ist." Hierauf hat man eben nicht recht gewußt, was zu antworten ist. — Eine Sach, so mich als Wunder nimmt, ist, daß, wenn unser Herr Christus vom Jüngsten Gericht spricht, er nur sagt: „Ich bin nackend gewesen und ihr habt mich nicht gekleidt, ich bin durstig gewesen und ihr habt mich nicht getränkt, hungrig und ihr habt mich nicht gespeiset", aber nirgends sagt er: „Ihr habt nicht an mich geglaubt, wie ihr tun solltet", also scheint es wohl, daß wohlzutun das vornehmste ist, um selig zu werden, das übrige ist Pfaffengezänk . . .

Versailles, den 30. November 1704.

Das schöne Wetter ist nun vorbei, man sieht nichts mehr als Nebel und Regen. Anstatt spazieren werden Euer Liebden nun heute singen:

„Nun kommt der Heiden Heiland,
der Jungfrauen Kind erkannt,
daß sich wundert alle Welt,
Gott solch Geburt ihm bestellt."

Nach dem Essen werde ich gewiß ein Stündchen heute schlafen, denn man predigt heute und alle Sonntag bis Weihnachten den ganzen Advent durch. Die Briefe werden leider nur zu sehr examiniert, sonsten würde ich Euer Liebden auch manche Sachen sagen, so Euer Liebden mehr divertieren würde, als was ich sonsten daher kleckse .. Hier meint man, wenn man dem Zar nur durch das Hinterteil gleiche, sei man schon ein Heros, läßt aber oft den Kopf und Herz vom Zar zurück. Von Prinz Eugen aber sag ich das nicht, man weiß wohl, daß dieser Kopf und Herz gut hat.

Marly, den 14. Dezember 1704.

Hier seind die Schönheiten über die Maßen rar; diese Mode, schön zu sein, kommt ganz ab. Die Damen helfen auch dazu; denn mit ihrem Ohrenweißen und Haar an den Schläfen stark zu ziehen sehen sie alle aus wie die weißen Kanincher, die man bei den Ohren hält, daß sie einem nicht entwischen, und machen sich in meinem Sinn recht häßlich mit. Die Faulheit, so sie nun auch haben, den ganzen Tag ungeschnürt zu gehen, macht ihnen dicke Leiber, daß sie keine Taille mehr haben; also weder von Leib noch von Gesicht sieht man nichts schönes.

<small>Wenig später schreibt Liselotte über die Damen: „Sie sehen alle aus, als wenn sie aus dem Tollhause kämen. Wenn sie es mit Fleiß täten, um sich abscheulich zu machen, könnte es nicht ärger sein. Mich wundert nicht mehr, daß die Mannsleute die Weiber verachten; die Weiber sind jetzt gar zu verächtliche Kreaturen mit ihrer Tracht, ihrem Saufen und ihrem Tabak, welches sie gräßlich stinkend macht."</small>

An Raugräfin Amalie Elisabeth
Marly, den 28. Januar 1705.

Herzliebe Amelise, es muß mir gangen sein wie Monsieur Jourdain, so unwissend Prosa macht[1]), wofern ich einen philosophischen Brief geschrieben habe. Frau de Bregie, so viel Verstand hatte und vor dreizehn Jahren gestorben, pflegte als zu sagen: „Wir siegen über das in uns, was schwächer ist als wir, aber das, was stärker ist, das überwindet uns", und sonsten, sagte sie, hätte sie nichts gesehen, aber die Eigenlieb macht die Menschen glauben, sie hätten über Affekte und Passionen triumphiert. Ich sehe wohl, Ihr wollet Gottes Angesicht schauen, weil Ihr so demütig seid und glauben wollt machen, daß Ihr viel Schwachheiten habt. Ueber andere Leute zu lachen ist oft sehr apropos, man giebts einem aber dichte wieder. Weil Ihr aber findt, daß alles in der Welt auslachenswert ist, ist Euere Philosophie von Demokrits Sekte. Ich bin wohl Euerer Meinung, liebe Amelise, daß alles, was zu Gottes Ehre geschehen soll, seriös muß sein, aber alles in der Welt ist zu Gottes Ehre, auf unsere Weis zu reden, denn nach der Gottheit zu nehmen, so kann man Gott nicht ehren; denn die Menschen seind zu schwach und gering gegen Gott, um ihn ehren zu können; aber nach unsrer Art zu reden, müssen wir unserm Herrgott wohl Menschentugenden geben. Also kann man sagen, daß alles, Gutes und Böses, zu Gottes Ehre gereicht; denn wie er die Bösen straft, so gegen ihn sündigen, daraus entstehet seine Gerechtigkeit; was Guts geschicht, kommt von ihm und erweist seine Güte, also geschicht nichts, als zur Ehre Gottes. Wer kann mit Lust lachen, tut wohl zu lachen, aber es muß nicht gezwungen sein, sonst stehts übel.

Was Ihr vom Karneval zitiert, habe ich gelesen; ich wußte aber nicht mehr, wo ich es gelesen hatte; denn ich

---

[1]) bezieht sich auf eine Stelle in Molieres Lustspiel „Le bourgeois gentilhomme".

habe ein gar schlecht Gedächtnis. Hier wäre man nicht
so difficil, und die Kavaliere trinken sowohl mit der Kam=
mermagd als ihrem Fräulein, wenn sie nur kokett ist. Saufen
haben sie auch gern; aber die Wahrheit zu bekennen, so seind
es nicht Mägde, so sich hier vollsaufen, sondern Leute von
gar großer Qualität.

An die Kurfürstin Sophie
Am 1. Februar 1705 war die Königin Sophie Charlotte von Preußen, die
Tochter der Adressatin, erst 36 Jahre alt, zu Herrenhausen bei Hannover gestorben.

Marly, den 19. Februar 1705.

Dieser lieben seligen Königin End, wie auch die
Ursach dessen erweist wohl, daß einem jeden
sein Ziel und Art von sterben bestimmt ist.
sonsten würde so eine verständige Königin sich
nicht geweigert haben, sich nach einem so
schweren Fall Ader zu lassen oder aufs wenigst Trank ein=
zunehmen. Diese liebe Königin muß ein Vorgefühl von Ihro
Majestät selig Tod gehabt haben, wie vielen andern auch be=
gegnet ist ... Weil ja dies Unglück hat sein müssen, ist es
wohl eine große Gnade von Gott, daß der lieben Königin
keine Bangigkeit vor dem Sterben ankommen ist und so gar
mutig in jene Welt gezogen ist.

An Raugräfin Luise
Marly, den 19. Februar 1705.

Herzliebe Luise, vergangenen Dienstag habe ich
erst Euer liebes Schreiben vom 6. dieses Monds
empfangen. Es ist ein Elend, wie man mit den
Briefen umgeht. Zu Monsieur de Louvois Zei=
ten las man alle Briefe sowohl als nun, aber
man lieferte sie doch zu rechter Zeit. Nun aber das Krötel,
der Torcy, die Post hat, zergt es einen unerhört mit den
Briefen und ich habe mein Leben keine größere Ungeduld
gehabt, Briefe von Hannover zu haben als nun; denn es

ist mir gar zu bitter angst vor meine Tante, die Frau Kur=
fürstin, in diesem Unglück, so Ihrer Liebden begegnet ist.

An die Kurfürstin Sophie
Versailles, den 9. April 1705.

Wir seind nun in den Tagen, worinnen man so
unerhört in den Kirchen stecken muß; heute
bin ich schon fünf gute Stund drinnen ge=
wesen, sollte noch wieder ins Salve, aber ich
hätte Euer Liebden nicht auf Dero gnädiges
Schreiben antworten können, wenn ich noch dort hingangen
wäre. Wie ich aus der großen Meß gekommen, bin ich mit
zwei Euer Liebden gnädigen Schreiben erfreuet; Gott der All=
mächtige hat mich also schon wieder bezahlt vor die Lange=
weil, so ich in seinem Dienst ausgestanden ... Nun wer=
den Euer Liebden auch singen:

> O Mensch, bewein dein Sünden groß,
> Darum Christus seines Vaters Schoß
> Äußert und kam auf Erden.
> Von einer Jungfrau rein und zart
> Für uns er hier geboren ward,
> Er wollt der Mittler werden.
>
> Den Toten er das Leben gab
> Und legt dabei all Krankheit ab,
> Bis sich die Zeit herdrange,
> Daß er für uns geopfert würd,
> Trug unserer Sünden schwere Bürd
> Wohl an dem Kreuze lange.

Von diesem gar langen Lied kann ich noch wohl aufs
wenigst ein halb Dutzend Gesetz und die Melodie noch perfekt.
Es ist doch angenehmer, wenn man selber mitsingen kann,
als wenn man ein Geplärr hören muß in einer Sprach, so
man gar nicht verstehet; das ist eine widerliche Sache, in=
sonderheit wenns drei Stund währt ...

An Raugräfin Amalie Elisabeth
Marly, den 18. April 1705.

Daß Ihr nicht simulieren könnt, liebe Amelise, da könnte ich wohl sagen: "Ich erkenne mein Blut". Das habe ich auch nie lernen können, ob es mir zwar wohl hoch nötig gewest wäre in diesem Land, da man gar wenig Aufrichtigkeit findt. Was mich hier an Freundschaft zu machen verhindert, ist, daß man schier keine mit jemand hier haben kann, daß man nicht gleich sage, man seie verliebt in Euch oder Ihr seid verliebt in jemand. Das hat mich allen Umgang brechen machen und habe gar keine Freunde mehr, bringe mein Leben einsam, ziemlich langweilig, aber doch in Ruhe zu.

Marly, den 16. Mai 1705.

Es ist kein Kartäuser[1]), so ein stiller und einsamer Leben führt als ich. Ich glaube, ich werde endlich das Reden verlernen. Jedoch werde ich nun hinfüro ein wenig mehr reden; die Frau von Rotzenhausen[2]) kommt heute abend oder morgen an, mit der überlege ich noch wohl die alten Geschichten unserer Jugend. Ich will Euch wohl mein Leben hier sagen: Alle Tag, außer Sonntag und Donnerstag, stehe ich um 9 auf, hernach kniee ich nieder und verrichte mein Gebet und lese meinen Psalm und Kapitel in der Bibel. Hernach wasch ich mich, so sauber ich kann; nachdem schelle ich, dann kommen meine Kammerweiber und ziehen mich an, um 3/4 auf 11 bin ich angetan; dann lese ich oder schreib. Um 12 gehe ich in die Meß, welche keine halbe Stunde währt; nach der Meß rede ich mit meinen oder andren Damen. Um 1 präzis geht man zur Tafel. Gleich von der Tafel gehe ich in meiner Kammer eine Viertelstund auf und ab, danach setze ich mich an meine Tafel und schreibe. Bis um 1/27 laß ich meine Damen holen, gehe eine Stund oder anderthalb

---

1) Die Kartäusermönche sind zu Einsamkeit und Schweigen verpflichtet. 2) Eleonore von Rathsamhausen.

spazieren, dann wieder in meine Kammer bis zum Nachteſſen.
Iſt das nicht eine rechte Einſiedelei? Etlichmal fahr ich
auf die Jagd, das währt eine Stund, zwei aufs höchſt, dann
wieder in meine Kammer. Auf der Jagd bin ich ganz allein
in einer Kaleſch, ſchlaf oft ein, wenn die Jagd nicht zum
beſten geht. Man ißt um 10 zu Nacht, um ³/₄ auf 11 geht
man von Tafel. Dann ziehe ich meine Uhren auf, tue mein
Sackzeug in einen Korb, ziehe mich aus. Um 12 gehe ich
wieder, wo ich morgens hingehe, leſe dort und dann zu
Bett. Das iſt mein ganz Leben, welches eben nicht gar
luſtig iſt. Solange es währen wird, werde ich Euch allezeit
recht lieb behalten.

An die Kurfürſtin Sophie
Verſailles, den 24. Mai 1705.

an kann ſagen von des Graf Rappachs
Tropfen, wie in dem lutheriſchen Lied ſtehet:
„Vor den Tod kein Kraut gewachſen iſt, mein
guter Chriſt, alles was lebet, ſterblich iſt."
Man ſagt hier, daß der Kaiſer[1], nachdem er
seine Sakramente empfangen, die Doktoren gefragt hätte,
ob ſie keine Hilf mehr wüßten, und als ſie ſolches mit „nein"
beantwortet, hätten Ihro Majeſtät alle Dero Muſikanten
kommen laſſen und hätten geiſtliche Hymnen geſungen und
wären ſo im Singen geſtorben. Ich glaube nicht, daß die
Pfaffen bei dem jetzigen Kaiſer ſo viel Kredit werden haben,
wie bei dem verſtorbenen... Man muß bekennen, daß
der König in Preußen[2] wohl generös iſt, ſeiner Gemahlin[3]
Leute alle ſo wohl zu verſorgen; das ſieht man wenig ſonſt.
Weil Berlin und Charlottenburg ſo nahe ſein, wird es viel=
leicht mit der Zeit nur eine Stadt werden.

---

1) Leopold I. 2) König Friedrich I. 3) Seiner im Februar verſtorbenen
Gemahlin Sophie Charlotte.

Versailles, den 7. Juni 1705.

Was anlangt, daß sie fürchten, ich möchte Euer Liebden schreiben was man sagt, so kostet es ja nur das Wort „schreibts nicht", denn der König kann nicht sagen, daß ich jemalen was gegen sein Verbot getan, und werde es auch nie tun. Das ist es aber nicht; es ist, um denen zu gefallen, so mich nicht leiden können; da sitzt der Has im Pfeffer. Ich versichere Euer Liebden, daß meine Einsamkeit mir gar nicht verdrießlich ist.

An Raugräfin Amalie Elisabeth
Versailles, den 18. Juni 1705.

erzliebe Amelise, Ihr tut gar wohl, mir fleißig zu schreiben. Es ist nicht allezeit nötig, was neues noch artiges zu sagen; wenn es kommt, ist es desto besser; aber wenn ich nur weiß, daß Ihr gesund seid und wie Ihr lebt, bin ich schon zufrieden. Man hat mich nie gefilzt[1]), in der Kirch zu schlafen; habe mirs also so stark angewöhnt, daß ich es nicht wieder abgewöhnen kann. Wenn man morgens predigt, schlafe ich nicht, aber nachmittags kann ich es ohnmöglich lassen. In den Komödien schlaf ich nie, aber gar oft in der Oper. Ich glaube, daß der Teufel wenig dran denkt, ob ich in der Kirch schlaf oder nicht; denn Schlafen ist eine indifferente Sach, welche keine Sünde, sondern nur eine menschliche Schwachheit ist. Wir sehen wenig Prediger, so die Kunst haben, unsere Passionen zu dämpfen; seind sie stark, so werden sie unser Meister, seind sie schwach, werden wir Meister. Aber die Herren Prädikanten tun nichts davon, noch dazu, sie seind Menschen eben wie wir und haben genung mit sich selber zu tun. Wenn Ihr predigen wollt, versprech ich Euch, in Eurer Predigt nicht zu schlafen, und weil Ihr eine lustige Christin seid, so hoffte ich, Ihr würdet auch

---
1) gescholten. — Am Heidelberger Hofe war man in kirchlichen Dingen sehr tolerant gewesen.

den Himmelsweg mit Geigen behenken. Dieses Gebot
ist nicht schlimm, von einem fröhlichen Geist erfüllt zu sein.
Man sieht in diesem Land so viel Lustige als Traurige boshaf=
tig, also darauf gar nicht zu bauen ist. Unser Herrgott gibt das
Temperament, um lustig und traurig zu sein, aber hernach
so tut die Zeit und das Alter auch viel dazu. Ich bin viel
lustiger gewesen, wie ich jung war, als nun. Nun bin
ich schier alles müd.

An die Kurfürstin Sophie
Marly, den 2. August 1705.

Madame la Duchesse de Bourgogne[1]) muß wieder
gesund sein, denn sie war gestern mit dem
König auf der Jagd. Ich sehe sie alle Tag,
aber in 14 Tagen sagt sie kaum ein einzig
Wort, macht nur Referenzen und sieht mich
über die Achsel an; aber meine Partei ist hierin gefaßt, es be=
kümmert mich gar nicht, denn es tut ihr mehr Schaden als mir,
denn sie erweist dadurch, daß sie ein ungezogen Kind ist. Man
weiß nicht mehr, wer man ist; wenn der König spazieren geht,
setzt jedermann den Hut auf; geht die Duchesse de Bourgogne
spazieren, hat sie allezeit eine Dame unter dem Arm, die an=
dern gehen neben ihr her, man sieht also nicht, wer sie ist.
Im Salon hier und in der Galerie zu Trianon sitzen alle
Mannsleut vor Monsieur Dauphin und der Duchesse de Bour=
gogne; etliche liegen der Länge nach auf den Kanapeen. Ich
habe recht Mühe, mich an die Konfusion zu gewöhnen, es ist
mir unbeschreiblich, wie alles nun ist und gleicht gar keinem
Hof mehr; man weiß wahrlich nicht mehr, was es ist. Das
alles soll Lust heißen und man sieht doch niemand lustig
und man verspürt mehr Bosheit als Lust.

---
1) Die zweite Dauphine.

Versailles, den 29. Oktober 1705.

as Jahr ist noch nicht um bei den neuen und jungen Eheleuten[1]), wir müssen sehen, ob sie hier des Bischofs von Paris Weingarten gewinnen werden, bisher ist er noch nicht gefordert worden. Ich weiß nicht, ob Euer Liebden wissen, daß man zu Paris sagt, daß, wenn zwei neue Eheleute das ganze Jahr, seit sie geheiratet sein, zubringen können ohne daß es einen von beiden einen Augenblick gereuet, geheirat zu sein, und daß sie nicht ein Augenblick aufhören zu lieben, so können sie des Erzbischofs von Paris Weingarten fordern und solle ihnen gegeben werden; aber bisher hat sichs noch nicht gefunden. Gott gebe, daß Euer Liebden Enkel es verdienen möge und daß es noch lange Jahre bei ihnen dauern mag ...

An Raugräfin Luise
Marly, den 5. November 1705.

erzliebe Luise, Ihr wißt all längst die Ursach, warum ich Euch nicht Sonntags schreiben kann, werde es also nicht wiederholen... Der Prinzessinnen Heirat wird selten aus Liebe geschehen, sondern nur durch Räson, und dazu tut Schönheit nichts; Tugend und Verstand seind gut genung dazu. Das währt länger, als die Schönheit, welche vergänglich ist und bald verschleißt... Ich kenne meine Tante[2]), sie hat Herz wie ein Mannsmensch, so Courage hat; nichts erschreckt sie leicht. Ich habe sie einmal zu Kloppenburg aus einem Brand im Nachtsrock salvieren sehen, da die Flammen schon von allen Seiten in die Kammer schlugen; sie war grob schwanger und erschrak gar nicht, lachte nur. Noch ein andermal hatten wir neue Pferd an einer Kalesch; die gingen mit uns durch und räderten den Kutscher; Onkel sprang von der Kalesch und hielt die Pferd; meine Tante war

---

1) Der Enkel der Kurfürstin Sophie, Kurprinz Georg August, der spätere Prinz von Wales und König Georg II. von England, und seine Gemahlin Karoline von Ansbach. 2) die Kurfürstin Sophie von Hannover.

auch damals nicht erschrocken, obschon große Gefahr vorhanden. Glaubt nicht, daß die, so viel von Gottesfurcht reden, seien die frömmsten! Von Devotion reden ist nicht nötig, wenn man nur christlich lebt. Zudem so ist die wahre Devotion eine Gnade von Gott, die er nicht allen Menschen gibt; man muß also die mehr beklagen, als verdammen, so es nicht haben. Die wahre Devotion sieht man aus den christlichen Werken mehr als aus den Worten.

An Raugräfin Amalie Elisabeth
Versailles, den 26. November 1705.

Es passiert hier nicht viel mehr Neues als zu Hannover, und mein Leben habe ich diesen Hof nicht stiller gesehen als er nun ist ... Es seind wenig Leute ganz ohne Religion, aber ein jeder hat die seine auf seinen Schlag und wie er glauben oder begreifen kann. Unser Herrgott läßt alle Menschen mit so unterschiedlichen Humoren geboren werden, daß es ohnmöglich ist, daß eins wie das ander denken kann. Dem er eine pure Devotion ohne Heuchelei verleihet, das halte ich vor Gnaden Gottes, so über des Menschen Macht gehen, denn es steht nicht bei uns, zu tun, was wir wollten oder sollten, sondern nur denen Gott die Gnade gibt; das Wünschen stehet nur bei uns. Aber, liebe Amelise, ich kann mich nicht genung verwundern, daß Ihr und Luise so chokiert seid, wenn jemand vexiert und sich nicht devot stellt. Unser Hof zu Heidelberg muß sehr nach meinem Abzug verändert sein; denn unser Papa selig hat ja allezeit vexiert mit allen Religionen, nur im Scherz, um sich zu divertieren, wie unsere liebe Kurfürstin auch tut.

Versailles, den 3. Dezember 1705.

Herzliebe Amelise, vergangenen Samstag habe ich Euer Schreiben vom 19. November zu recht empfangen, aber wie Ihr wohl wißt, so kann ich unmöglich gleich Sonntags drauf antworten. Sagt man jetzt in Teutschland: ein bar Tagen?

zu meiner Zeit sagte man: ein paar Tagen. Ich bin Euch sehr verobligiert, vor meine Gesundheit zu sorgen. Ich bin, Gottlob, gar nicht kränklich und glaube, daß ich meine Gesundheit erhalte, weilen ich nie nichts brauche und weder aus Vorsicht aderlasse noch purgiere, wie andere tun, so nicht gesunder sein als ich . . . Wo seid Ihr und Luise denn gestocken, daß Ihr die Welt so wenig kennt? Mich deucht, man darf eben nicht lang an Hof sein, ohne sie bald zu kennen; aber wer alle die hassen wollt, so die jungen Kerls lieben, würde hier keine sechs Menschen lieben können oder aufs wenigst nicht hassen. Es seind deren allerhand Gattungen, es seind, die die Weiber wie den Tod hassen und nichts als Mannsleute lieben können; andere lieben Männer und Weiber; andere lieben nur Kinder von zehn, elf Jahren, andere junge Kerls von siebzehn bis fünfundzwanzig Jahren und deren seind am meisten; andere Wüstlinge sein, so weder Männer noch Weiber lieben und sich allein divertieren, deren ist die Menge nicht so groß als der andern. Es seind auch, so mit allerhand Wollust treiben, Vieh und Menschen, was ihnen vorkommt. Ich kenne einen Menschen hier, so sich berühmt hat, mit allem zu tun gehabt haben, bis auf Kröten; seit ich es weiß, kann ich den Kerl ohne Abscheu nicht ansehen. Er war in meines Herrn selig Diensten, und ein rechter böser Mensch, hatte gar keinen Verstand. Da seht Ihr, liebe Amelise, daß die Welt noch schlimmer ist als Ihr nie gemeint habt . . . Ich habe von Herzen gelacht, daß Ihr, liebe Amelise, sagt, daß Ihr noch lieber heiraten wollt, als sonsten was begehen. Nach Gottes Gesetz ist es freilich viel besser, allein menschlich davon zu gedenken, wie viel andere tun, so gibt der Heirat mehr Ärger; denn es ist vor sein Leben, daß man sich heirat; die Koketten aber, wenn sie einen müd sein, so nehmen sie einen andern, das ist ihnen leichter. Aber wer die Tugend im Herzen hat, wie Ihr, liebe Amelise, kann das Übel nicht begreifen, welches eine Gnade Gottes ist. Adieu! Ich behalte Euch allezeit von Herzen lieb.

          Elisabeth Charlotte.

Versailles, den 17. Dezember 1705.

erzliebe Amelise, Eurer Schwester Schreiben habe ich acht Tag nach dem Eurigen empfangen, antwortete auf beide heute. Alles was unsern Herrgott betrifft, darüber läßt sich nicht scherzen; was aber seine Diener betrifft, die Menschen sein wie wir und etlich Mal noch mehr Schwachheiten haben als andere, da, glaube ich, ist wohl erlaubt über zu lachen, wenn es auch nur wäre, sie von ihren Fehlern zu korrigieren. Die Herren Prediger sind gewöhnlich nicht sehr zeitvertreiblich. Mich deucht, man verliert den Respekt vor den Geistlichen, wenn man sie so nahe und oft sieht; aber es ist gewiß, daß es Leute wie andere seind. Gott gebe, liebe Amelise, daß ich in der Gnade Gottes stehen möge! Ich fürchte aber, ich sei von den lauen Leuten, so Gott ausspeien will; denn ich tue weder Gutes noch Böses. Unser Herr Vater hat alles wohlgetan, was einem Regenten zukommt; aber er liebte die Predigten bei weitem nicht so sehr, als Ihr und Luise. Ich gestehe, daß es billiger und besser ist, nie als mit Respekt und Ehrerbietung von Religion und Himmel zu reden; allein ich glaube, wenn nur aus lustigem Humor und nicht aus Bosheit oder Verachtung der Religion einem einiger Scherz entfährt, daß es eben keine Todsünde ist und daß es schier übler getan ist, übles von seinem Nächsten zu sagen, als mit Religionssachen Possen zu treiben. Denn wenn man mit Religionssachen Possen treibt, — macht mans zu grob, ist es nur schlimm vor sich selber; was aber den Nächsten betrifft, das macht Eindruck; man glaubts und nimmt dem Nächsten die Ehre, welches doch in allen Religionen so hoch verboten ist und das zweite große Gebot in sich hält. Aber ich glaube, daß in allen Sachen ein Unterschied muß gemacht werden, daß man über den Nächsten lachen kann, wenn es nicht gegen die Ehre geht.

Versailles, 25. Februar 1706.

nser Karneval ist nun vorbei. Habe mich den letzten Tag noch maskieren müssen in meinen alten Tagen. Alle meine Maskerade war ein grüner Taffet, den habe ich auf einen Stock mit einer Gabel binden lassen und eine große Rose von rosa Band drauf; der Taffet war offen vom Kopf an bis unter den Magen. In diesen Taffet bin ich neingeschlossen mit meinen Kleidern, habe es um den Hals gebunden und den Stock in die Hand genommen. Man sah keine Figur nicht, und wegen der Höhe schien ich schmal; es hat mich also kein Mensch kennen können. Den König machte ich ganz ungeduldig, denn allemal, sobald er mich ansah, beugte ich den Stock, das schien als wenn man ihm eine Reverenz machte. Der König wurde endlich ganz ungeduldig und sagte zu der Duchesse de Bourgogne: „Wer ist nur diese große Maske, die mich jeden Augenblick grüßt?" Sie lachte und sagte ihm endlich: „Das ist Madame." Ich meinte, der König würde sich krank über meine Maskerade lachen.

Versailles, den 4. März 1706.

anzt man gar nicht mehr teutsche Tänze in Teutschland, daß man jetzt drüber lacht? Ich finde keine Torheit im Lustigmachen; denn das ist gesund. Die Torheit ist im Traurigsein; denn das macht krank und ist zu nichts nutz. Mein Fuß ist noch nicht recht heil; läßt sich noch fühlen. Ich liebe das französische Tanzen gar nicht; ein ewig Menuett ist mir unleidlich, habe also meinen Karneval zugebracht wie den Karfreitag, mit Schreiben, Lesen und Korbmachen[1]). Komödien aber sehe ich gern, deren habe ich keine einzige verfehlt; etliche waren gut, andere schlimm.

An allen Enden hört man von geschwinden Todes-

---

[1]) Die Herstellung von Körbchen war damals als weibliche Handarbeit in Mode gekommen.

fallen. Bis die Reihe an mich kommt, werde ich Euch, liebe Amelise, von Herzen lieb behalten.

An die Kurfürstin Sophie
Versailles, den 30. Mai 1706.

an hat wahrlich jetzt Trost vonnöten, denn unglücklichere Zeiten, als nun sein, habe ich nicht erlebet in den 35 Jahren, daß ich nun in Frankreich bin. Es geht kein Tag vorbei, daß man nicht eine neue und böse Zeitung bekommt... Prinz Louis[1]) hat nicht nötig, sich viel zu rühren, Mylord Marlborough rührt sich genung vor sie beide, und leider nur zu viel. Die an Hexerei glauben, werden meinen, er hätte einen Pakt mit dem Teufel gemacht, um so unerhört glücklich zu sein, wie er ist.

Wie erbärmlich und unglücklich es vor Barcelona vor unsern König in Spanien[2]) geändert, wissen Euer Liebden schon, werde also weiter nichts davon sagen. Ich weiß nicht, womit man den Erzherzog behängt[3]), aber er ist glücklich, denn nach allem Anschein hätte die Sach nicht so vor ihn sprechen sollen. Seine besten Reliquien seind die Engländer und Holländer[4]).

Versailles, den 10. Juni 1706.

olche Revolutionen, als seit zwanzig Jahren vorgehen, seind unerhört; die Königreiche von Engelland und Spanien ändern so schleunig als wenns nur Komödien wären. Ich glaube, daß, wenn die Nachkommen unsere Zeitgeschichte lesen werden, werden sie es vor Romane halten und gar nicht glauben können.

---

1) Ludwig von Baden, kaiserlicher Feldherr. 2) Philipp V., der damals geschlagen war und von Barcelona fliehen mußte, aber später sein Reich doch zurückgewann. 3) Erzherzog Karl, der spätere deutsche Kaiser Karl VI., damals siegreich gegen Philipp von Spanien. 4) Karls Verbündete. Sie hatten am 23. Mai die Franzosen bei Ramillies gründlich geschlagen.

Versailles, den 1. August 1706.

s ist viel die Mode hier, sich über die Luft zu beklagen; die Prinzeß de Conti mag gar nicht mehr gehen, geht nie spazieren, Madame d'Orleans auch nicht, und brauchen allezeit Purgieren, Aderlassen, Sauerbrunnen, Bad, und was noch am rarsten ist, sie rufen alle über meine Gesundheit. Ich sag ihnen alle Tag, daß, wenn ich wie sie leben sollte, würde ich nicht allein kränker werden wie sie, sondern auch, daß ich gesund bin, weil ich nichts brauch¹) und oft in die Luft gehe und mich bewege. Das wollen sie gar nicht glauben.

Versailles, den 16. September 1706.

ch bin recht in der Seelen betrübt, denn just der Tag, da Euer Liebden mir letzt geschrieben, ist wohl unglücklich vor mich, und dieses, weil der Marschall de Marsin und die übrigen Generale meinem Sohn nicht haben glauben wollen, welcher mit seiner Armee aus den Linien den Feind attakieren wollen, aber Marschall de Marsin noch keiner von den anderen Generalen hat dazu eingestimmt und haben Order gewiesen, daß sie es nicht tun dürften. Also hat mein Sohn unglücklicherweise ihrem verfluchten Rat folgen müssen. Die Feinde haben die Verschanzung attakiert, wo Monsieur de la Feuillade vergessen hatte, den Ort zu befestigen, weil er sich auf zwei Flüsse verlassen, so da fließen, hat aber nicht nachgedacht, daß das Wasser bei der Hitze trocknet. Die Feinde seind durchs Wasser kommen, 35000 Mann gegen 8000, seind also durchgebrochen und haben Turin entsetzt. Mein Sohn hat sich so lang gewehrt, als er gekonnt hat, und ist an zwei Orten verwundt; hat einen Musketenschuß in der Hüfte und einen am linken Arm zwischen dem Ellenbogen und

---

1) d. h. keine Medikamente, namentlich vorbeugende Mittel, die damals üblich waren. Sie sagt darüber: Ich billige, daß man Heilmittel braucht, wenn man krank ist; aber ehe ich krank bin, bringt man mich nicht dazu.

der Fauſt. Sein Balbierer hat mir geſchrieben und verſichert, daß gar keine Gefahr dabei iſt. Der Marſchall de Marſin hat ſeinen böſen Rat mit dem Leben bezahlt, denn er iſt umkommen. Man ſieht heute mehr als nie, daß, wenn man meinen Sohn hätte gewähren laſſen, daß es beſſer wäre hergangen[1]).

Verſailles, den 29. September 1706.

Ich werde Euer Liebden meines Sohnes Zuſtand erſt morgen berichten, hier aber nur ſagen, was ich durch die Poſt nicht ſagen kann: wie elend es nun hier iſt. Die Hälfte von Geldern, ſo man empfängt, iſt in Papiergeld; will man Geld davor haben, muß man den fünften Teil davon verlieren. Das geht hoch auf die Länge; alſo hört man überall nichts als Klagen und Lamentieren. Den König muß ich doch noch loben, er behält eine große Standhaftigkeit in ſeinem Unglück. Spanien und Frankreich gehen durch zwei alter Weiber Geiz zuſchanden: in Spanien durch der Prinzeß des Urſins Geiz, die, um alles zu ziehen, alle ſpaniſchen Granden gegen den König gehetzt, und hier die Maintenon, ſo durch ihren Geiz dem König übel dienen macht, indem ſie denen nur beiſtehet, ſo ihr Geld geben. So ſehr ſie mich auch haßt und von dem König abzieht, ſo lebt er doch höflich mit mir, welches zu verwundern iſt, denn er ſagt mir alle Abend an Tafel noch ein paar Wort, welches allen denen, ſo den Haß wiſſen, ſo dies alte Weib und ihre Zucht, die Ducheſſe de Bourgogne, gegen mir haben, wunder nimmt.

Verſailles, den 1. November 1706.

Die alte Maintenon iſt abſcheulich gehaßt; wie ſie vor ein paar Monat, wie wir zu Meudon waren, nach Notredame fuhr, ſcholten ſie die alten Weiber und riefen ihr überlaut allerhand wüſte Namen nach. Man ſagt, ſie ſage, alles

---

[1]) In der Schlacht bei Turin, am 7. September 1706, wurde der junge Herzog von Orleans vom Prinzen Eugen geschlagen und sein ganzes Heer vernichtet. Das war ein schwerer Schlag für Ludwig XIV.

Unglück in Frankreich komme, weil der König ihren Heirat nicht deklariert; und daß sie stark treibt, als Königin anerkannt zu werden. Sollte es wahr sein, daß, wie etliche meinen, die stinkende Mademoiselle Choin geheiratet hat¹), so wird dieser Heirat gewiß mit einem deklariert werden. Das wird einen schönen königlichen Hof geben; es ist eben, als wenn alles närrisch hier würde. Warum das alte Weib je mehr und mehr gegen mich ist, ist, daß sie meint, daß ich sie auslachen würde und den König verhindern, die Narretei zu tun, sie vor Königin zu deklarieren, und die Furcht kann ich ihr nicht benehmen. Sie soll dem Herzog von Burgund Versprechung gemacht haben, teil in der Regierung zu haben und daß man ihm seinen lieben Erzbischof von Cambray²) wieder zu ihm tun wolle. Was aus diesem allen werden soll, wird die Zeit lehren.

An Raugräfin Amalie Elisabeth
Versailles, 3. Februar 1707.

Ich esse das ganze Jahr durch zu Mittag muttersallein, eile mich so viel möglich; denn es ist verdrießlich, allein zu essen und zwanzig Kerls um sich haben, so einem ins Maul sehen und alle Bissen zählen; esse derohalben in weniger Zeit als eine halbe Stund. Nachts esse ich mit dem König; da sind wir fünf oder sechs an Tafel; jedes ißt vor sich weg wie in einem Kloster, ohne ein Wort zu sagen als ein paar Wort heimlich an seinen Nachbar.

An die Kurfürstin Sophie
Versailles, den 10. Februar 1707.

Euer Liebden seind von jedermann gerespektiert und geliebet und wissen noch, was Hof ist, welches schier überall vergessen wird; die Grandeur ist Ihnen natürlich, denn Sie haben kein Mischmasch in sich und Dero Hof ist perfekt

---
1) Den Dauphin, ihren Liebhaber. 2) Seinen früheren Erzieher Fenelon.

wohl reguliert. Hier weiß man gar nicht mehr, was Hof ist, alles ist vermischt, man weiß selber kaum, wer man ist.

Gott lasse Euer Liebden viel Freude an dem Prinzen¹) erleben und mehr, als Euer Liebden an seinem Herrn Vater²) haben, denn aus allen seinen Manieren scheints, daß er einen wunderlichen Kopf muß haben. Ich wünsche, daß Euer Liebden noch dieses Prinzen Heirat und Kinder erleben mögen, dann werden Sie sagen können: „mein Sohn, sage Deinem Sohn, daß der Sohn seines Sohnes weint". Auf der Berlinischen Seite werden Euer Liebden vielleicht zu End des Jahres Uraltmutter werden, denn weil der Kronprinz³) und die Kronprinzessin einander so lieb haben, werden Ihro Liebden auch wohl bald schwanger werden.

Ich kann mich nicht gewöhnen zu denken, daß Ihro Liebden Kurfürst von Braunschweig⁴), dessen Geburt und Kindheit ich mich erinnere als wenns heute wäre, jetzt Großherrvater ist. Ich bin just acht Jahr älter als Ihro Liebden der Kurfürst, denn ich bin vom 27. Mai 1652 und der Kurfürst vom 28. Mai 1660. Ich erinnere mich, daß ich alle Menschen sehr in Sorgen vor Euer Liebden sah, und ich lief in Euer Liebden Kammer und legte mich platt vor die Tür, um zu hören, was man in der Kammer sagte. Kurz hernach suchte mich die Frau von Harling, und führte mich, wo Euer Liebden waren. Hinter einem Schirm badete man den Prinzen; ich sahe überall herum, mich deucht, ich sehe ihn noch.

König Augustus⁵) muß sehr unbeständig in seiner Liebe sein; es wundert mich aber nicht, daß er so ein frech Tier wie die Gräfin Cosel ist müde geworden . . . Ich glaube, König Augustus hat das Hirn von vielem Saufen ein wenig verruckt. Sein wunderlicher Humor wundert mich gar nicht, denn C. A. Haxthausen⁶) hat mir oft mit Tränen geklagt, daß er fürchte, gar keine Ehr von seiner Zucht zu haben, denn sein Prinz hätte den wunderlichsten und dollsten

---

1) An dem Prinzen Friedrich Ludwig, geb. 1707, ihrem Urenkel. 2) Kurprinz Georg (II.) August, Enkel Sophiens. 3) Friedrich Wilhelm I. 4) Vater des Kurprinzen, der spätere König Georg I. von England. 5) August der Starke von Polen. 6) Christian August von Haxthausen, ehemaliger Erzieher Augusts des Starken.

Humor, so er sein Leben gesehen, und wäre dabei ein Heuch=
ler, denn er könnte sich recht wohl stellen, und seinen
Humor verbergen, welches noch am schlimmsten ist.

An Raugräfin Amalie Elisabeth
Versailles, d. 14. April 1707.

Es ist nur zu wahr, daß man nicht sicher schreiben
kann und daß alle Brief gesehen werden; das
macht, daß ich allezeit so gezwungen reden
muß . . . Ich trinke weder Tee, Schokolade
noch Kaffee, bin persuadiert, daß alle die frem=
den Sachen nicht gesund sind, schmecken mir auch gar nicht.

Ich wollte, daß Ihr des Krösus Reichtum hättet; bin
persuadiert, daß Ihr ihn wohl anwenden würdet und besser als
manche, so es haben. Das ist philosophisch, sich mit wenigem zu
gnügen, aber mehr schadt nicht.

Meines Sohns Rang kann in alten Büchern nicht recht
beschrieben sein worden; denn in ewiger Zeit hat man keinen
Neveu vom König in Frankreich gesehen. Ich weiß nicht, ob
geistliche Bücher im Englischen angenehmer sein, aber in
Teutsch und Französisch finde ich sie alle so bitter lang=
weilig, außer die Bibel, die ich nie müde werde, aber alle
anderen schläfern mich ein.

An die Kurfürstin Sophie
Versailles, den 17. April um 5 abends 1707.

Wir kommen jetzt aus der Kirch wo wir seit
halb 3 sein und heute morgen hat es schon
bei 3 halb Stund gewährt. Es soll in wäh=
render Predigt gedonnert haben; ich habe
es aber nicht gehört, soll doch zwei große
Schlag getan haben, aber ein süßer Schlaf hat mich verhin=
dert, solches zu hören. Zu sehen, wie alles nun grün ist und
das Wetter warm, kann man singen wie die Buben auf
dem Berg zu Heidelberg früh:

"Stru, stru, stroh, der Sommer der ist do,
Wir sind nun in der Fasten,
Da leeren die Bauern die Kasten.
Wenn die Bauern die Kasten leeren,
Woll uns Gott ein gut Jahr bescheren.
Stru, stru, Stroh, der Sommer, der ist do".
das seind schöne Vers, wovon die Vorwitzigen, so unsere Briefe lesen, gar viel lernen und gelehrt werden werden.

Marly, den 22. Mai 1707.

Ich tat starke Exerzitien, welches mir allezeit wohl bekommt, und man jagt an dem schönsten Ort von der Welt, denn der Tiergarten hier ist wie ein rechter schöner Garten; es seind mehr als zehn oder zwölf Alleen, die wie ein recht Gewölb sein und Stern drinnen von sechs oder acht Alleen. Alle Hecken, so nun in voller Blüt sein, parfümieren die ganze Luft, und die Nachtigallen und andere Vögel singen so schön, daß man sichs in dem Ort wohl getrösten kann.

Ich weiß nicht, was man Prinzeß Elisabeth[1]) hat zu Bamberg in ihrer Abschwörung lesen machen; mir las man nur etwas vor, wozu ich ja oder nein sagen mußte, welches ich auch recht nach meinem Sinn getan und ein paar Mal "nein" gesagt, wo man wollte, daß ich "ja" sagen sollte, es ging aber doch durch, mußte in mich selber drüber lachen. Gegen der Eltern Verdammung habe ich so hoch protestiert, daß nichts davon bei mir ist gesprochen worden. Ich hörte genau zu und antwortete ganz nach meinem Sinn; das hat aber Prinzeß Elisabeth nicht tun können, weil sie lesen mußte. Ohne Herzklopfen können solche Spektakel nicht vorgehen. Die Königin Christine[2]) war frech, drum kam ihr dieses wie eine Posse vor.

---

1) Elisabeth Christine von Braunschweig-Wolfenbüttel, die im Jahre 1708 den Erzherzog Karl, später Kaiser Karl VI., heiratete. Sie war die Mutter der Kaiserin Maria Theresia, deren Gemahl Franz Stephan von Lothringen-Toskana ein Enkel Liselottens war. 2) Christine von Schweden, die Tochter und Nachfolgerin Gustav Adolfs, eine sehr begabte aber verkehrt erzogene Fürstin, die zugunsten ihres Vetters auf den Thron verzichtete, katholisch wurde und ihre letzten Jahre in Italien verbrachte.

Ich kenne Geistliche hier, so des Herrn Leibnitz Meinung sein und glauben, daß der Tiere Seele in die andere Welt geht. Das wollte ich, denn es sollte mir nicht übel gefallen, alle meine Hündcher wieder zu finden in jener Welt; wenn ich das glauben könnte, würde mich ihr Tod weniger schmerzen.

Marly den 21. Juli 1707 um 5 morgens.

a sitze ich im Hemd und schreib Euer Liebden; in dieser Stund kann man nicht fürchten, daß einen die Visiten überfallen. Die Hitze ist hier so groß, daß die allerältsten nicht sagen können, daß sie dergleichen erlebt; man hört von nichts als von Hund und Pferd, so tot niederfallen, und die Arbeitsleute werden ohnmächtig und verschmachten schier im Feld, die Jäger werden auch ohnmächtig und fallen dahin wie Mucken. Gestern war ein jeder in seiner Kammer im Hemd bis um sieben abends; man muß alle Augenblick von Hemder ändern, in einem Tag habe ich acht Hemder geändert, sie waren als wenn man einen ins Wasser getaucht hätte. An Tafel tut man nichts als wischen; es ist gar zu arg. Sollte es wärmer in Spanien sein, muß mein Sohn mit seiner Armee verschmelzen und verschmachten. Man hört auch überall nichts als von Kranken. Sonsten haben wir ganz und gar nichts neues.

Versailles, Samstag, den 28. Januar 1708 um 8 abends.

eit Glock drei bin ich wieder hier; vor dem Essen aber habe ich eine gute Stund im Garten spaziert, denn es war heute wohl das schönste Wetter von der Welt. Die Sonne war so heiß, alle Blumen seind schon in Knöpfen in den Beeten zu Marly; das Geisblatt ist schon ganz grün und in den Obstgärten seind Mandeln und Pfirsich in voller Blüt. Gestern aß der König einen Pfannenkuchen voll kleiner Champignons, so man hier im Land

Mousserons heißt und welche man vorher sein Leben nicht eher gesehen als im März oder gar im April; sie kommen in derselben Zeit wie die Morcheln.

Königin zu sein könnte mich nicht vergnügen; das königliche Leben ist zu gezwungen, um Freude geben zu können. Um recht vergnügt zu leben, muß man erst Geld genung haben, guten Freunden beizustehen, und zum andern: hingehen zu können, wo man will, ohne Zeremonien und Zwang; so kann man vergnügt leben.

Ich glaube, daß Louvois[1]) in jener Welt wegen der Pfalz brennt; er war greulich grausam, nichts konnte ihn jammern. Mich deucht, Villars[2]) könnte sich wohl begnügen mit was er schon aus Teutschland geholt, denn niemand in Frankreich ist reicher als er. Es ist ein großer Fehler an Heroen, eigennützig zu sein; mich deucht, es nimmt heute oder morgen ein schlimm End, denn es macht gewöhnlich Ungerechtigkeiten, so kein Glück bringen. Also glaub ich nicht, daß Mylord Marlborough[3]) ein gutes Ende nimmt.

Versailles, den 5. April 1708.

äre ich noch zu Heidelberg, würde ich nun singen: „Nun freut euch, liebe Christen gemein, / Und laßt uns fröhlich singen, / Daß wir getrost und all in ein / Mit Lust und Liebe springen. / Was er an uns verheißen hat / Durch seine große Wundertat, / Gar teur hat ers erworben.

Denn ich komme jetzt eben vom heiligen Abendmahl. Ich fürchte aber, wenn ich springen sollte, würde ich die Kammer einfallen machen, denn ich bin eine schwere War.

Von unserm jungen König in England[4]) wissen wir noch gar nicht, wo er hinkommen ist. Es wäre mir von Herzen

---

1) Der frühere französische Kriegsminister. 2) Ein französischer Feldherr, der sich bei den Feldzügen in Deutschland auf jede Art bereichert hatte. 3) Der berühmte englische Feldherr, der ebenfalls wegen Geldgier berüchtigt war. 4) Jakob Stuart, Sohn des verstorbenen Königs Jakob II., versuchte im Frühjahr 1708 mit Hilfe einer französischen Flotte England zurückzuerobern. Er hatte einen Aufstand des Volkes zu seinen Gunsten erhofft, jedoch vergebens.

leid, wenn er in Unglück kommen sollte. Ich habe lachen müssen, daß Euer Liebden den König in Engelland den König in partibus heißen, wie die Bischöfe; aber er ist doch wahrlich der rechte Erb. Es wäre mir herzlich leid, wenn er sollte gefangen werden; es wäre etwas Abscheuliches, wenn die Königin Anna ihren leiblichen Bruder sollte hinrichten lassen.

Wenn Prinz Eugen¹) nicht geändert ist, werden Euer Liebden ein kurz aufgeschnupftes Näschen, ziemlich langes Kinn und so kurze Oberlefzen sehen, daß er den Mund allezeit ein wenig offen hat und zwei breite, doch weiße Zähne sehen läßt, ist nicht gar groß, schmal von Wuchs und hatte zu meiner Zeit, wie er hier war, schwarze, platte Haare. Ich glaube aber, daß er nun die Perücke trägt. Er hat Verstand; man hat ihn nicht sehr geacht, er war gar jung und man meinte, daß nichts anderst als ein Abt aus ihm werden sollte. Dieser Eckstein ist schon auf viele gefallen und hat sie zermarmelt. Ich bin froh, daß mein Sohn sich nicht an ihm zu stoßen hat dies Jahr.

Marly, den 29. April 1708.

ch weiß nun so gewiß, wo unser König von England ist, daß ich gestern eine halbe Stunde bei Ihro Majestät zugebracht habe. Ich habe nie begreifen können, warum man so gar öffentlich von dem Anschlag²) gesprochen hat. Ich darf aber durch die Post meine Gedanken nicht sagen, aber wunder hat es mich nicht genommen, denn alles ist nun unbegreiflich, sowohl was bei Hof als was im Rat vorgeht. Von diesem allem ist die Ursach leicht zu raten. Das erinnert mich an das alte teutsche Sprichwort:

Wo die Soldaten sieden und braten
Und die Geistlichen zum Kriege raten

---

1) Eugen von Savoyen, der berühmte „Prinz Eugen", der in österreichischen Diensten Lorbeeren geerntet hatte.   2) Das Unternehmen war daran gescheitert, daß König Ludwig XIV. den Truppen, die er Jakob Stuart mitgab, die Landung nicht gestattete. Kurfürstin Sophie schrieb darüber, der König habe den Kronprätendenten in den April geschickt.

Und die Weiber haben das Regiment,
Da findt man selten ein gut End.

Ich kann auch noch wohl reformierte Psalmen auswendig, aber nicht so viel als lutherische Lieder. Das, so Euer Liebden singen, fängt an:

Wie nach einer Wasserquelle
Ein Hirsch schreiet mit Begier,
Also auch mein arme Seele
Ruft und schreit Herr Gott zu dir,
Nach dir lebendigen Gott
Sie dürst und Verlangen hat.
Ach wann soll es denn geschehen,
Daß ich dein Antlitz mag sehen.

Fontainebleau, den 27. Juni 1708.

ch admiriere oft, wie man zu unseres Herrn Christi Zeiten so gar wenig neugierig gewesen; daß man unsern Herrn Christum nicht viel gefragt hat, ist gar recht, das gab der Respekt nicht zu, aber den Lazarus, dem man keinen Respekt schuldig war, den hätte man brav von jener Welt examinieren sollen. Wäre mein Bruder vom Tod erstanden, ich würde ihn gewiß nicht ungefragt gelassen haben, und dieses nur in der Intension, Gott dem Allmächtigen besser dienen zu können. Aber hiermit geht der Schlaf, ich muß ein klein Nickerlein tun. — Nun bin ich wieder wacker und werde nicht mehr schlafen, es hat kein halb Stündchen gewährt; es hat mich gedurst, ich habe ein gut Trunk Bier auf Euer Liebden Gesundheit getan.

Versailles, den 20. September 1708.

ch kann Euer Liebden leider gar nichts artiges berichten, denn daß das alte Weib[1] boshafter ist als nie und ihren Zögling, die Herzogin von Burgund[2], in ihrer Bosheit und Falschheit erzieht. Sie macht die Duchesse de Bourgogne mit

---

[1] Die Maintenon. [2] Marie Adelaide von Savoyen, die zweite Dauphine.

großen Kappen, um betrübt und devot zu scheinen, in alle
großen Messen laufen. Da tut sie, als wenn sie weint und
Fasttage hält, und nachts haben wir sie sehen mit ihren
Damen durch die Fenster Schmausereien halten und sich
brav lustig machen. Sie kann 2 Bouteillen puren Wein aus=
saufen, ohne daß man es ihr ansieht, und ist so kokett, daß sie
ihrem eigenen Hofjunker nachläuft. Da sehen Euer Liebden, wie
falsch alles hier ist. Das alte Weib macht dem König weis,
daß ihresgleichen nicht ist in Gottesfurcht und Tugend, und
das glaubt der gute König heilig. Alle Tag tut sie mir
Brüstereien; läßt mir ans Königs Tafel die Schüsseln, wovon
ich essen will, vor der Nase wegnehmen; wenn ich zu
ihr gehe, sieht sie mich über eine Achsel an und sagt mir
nichts, oder lacht mich aus mit ihren Damen. Das be=
stellt die Alte expreß, hofft, ich würde bös werden und mich
hinreißen lassen, damit man sagen möge, man könne nicht
mit mir leben und mich nach Montargis schicken. Aber ich merk
den Possen, lach also nur über alles was sie anfangen, und
beklag mich nicht, sage kein Wort. Aber die Wahrheit zu
bekennen, so führ ich ein elend Leben hier, aber meine
Partei ist gefaßt, ich laß alles gehen, wie es geht und
amüsiere mich so gut ich kann, denke: die Alte ist nicht un=
sterblich und alles ändert in der Welt. Sie werden mich
von hier nicht wegkriegen als durch den Tod. Das macht
sie verzweifeln vor Bosheit. Niemals ist jemand so abso=
lut gewesen als die Maintenon ist, aber wie sie ignorant ist
und nichts als das Bürgerleben verstehet und doch über
alles regieren will, drum geht alles so überzwerch. Das Weib
ist abscheulich gehaßt zu Paris, sie darf sich dort nicht öffent=
lich weisen, ich glaube, man würde sie steinigen.

Versailles, den 10. Januar 1709.

s ist eine solche grimmige Kälte, daß es nicht
auszusprechen ist. Ich sitze bei einem großen
Feuer, habe einen Schirm vor den Türen, so
zu sein, einen Zobel auf dem Hals, einen
Bärensack auf meinen Füßen, und allebenwohl

zittere ich vor Kälte und kann kaum die Feder halten. Mein Tag des Lebens habe ich keinen solchen rauhen Winter erlebt wie dieser; der Wein erfriert in den Bouteillen. In Teutschland habe ich einen solchen Winter nicht erlebt ... Freilich habe ich Ursach, vor die schönen Medaillen zu danken, denn Euer Liebden können sich nicht einbilden, welch ein groß Amüsement es vor mich ist, bringe den ganzen Tag mit zu, wie auch mit meinen antiken Medaillen. — Vergangenen Montag habe ich mir noch von des Königs Neujahrsgeschenk 150 gekauft, habe jetzt ein Kabinett von goldnen Medaillen, eine Reihe von allen Kaisern von Julius Cäsar an bis auf Heraklius, da nichts an fehlt. Unter diesen seind gar rare Stücker, so der König selber nicht hat. Ich habe dieses alles sehr wohlfeil bekommen, 260 nur vor das Gewicht; habe jetzt 410 goldne Medaillen beisammen.

An Raugräfin Amalie Elisabeth
Versailles, den 19. Januar 1709.

Ihr machts in Euerm Brief, liebe Amelise, wie die Koketten, die allezeit vor häßlich schelten, was sie am hübschesten haben, damit man sie loben mag. So macht Ihrs auch, wenn Ihr sagt, daß Ihr besorgt, ich werde Eurer Schreiben bald überdrüssig werden. Denn Ihr wisset gar wohl, daß dieses nicht geschieht, denn erstlich so schreibt Ihr gar wohl und zum andern so habe ich Euch zu lieb dazu, um nicht allezeit froh zu sein, wenn ich etwas von Euch und Luise höre, und wenn es auch nur wäre, vom Vaterland zu hören und mich in der Muttersprach zu exerzieren, will geschweigen denn, wenn alle obgedachten Ursachen sich beisammen finden, so würde ich froh sein, Euere Schreiben zu empfangen. Also habt hierüber gar keinen Strupel mehr! Es ist gewiß, daß der gute, ehrliche Monsieur de Polier[1] zu verwundern ist; er ist nun in diesem Mond 89 Jahr alt worden und spricht noch so wohl, als er vor 40 Jahren getan. Seine

---
[1] Ihr früherer Hofmeister.

Gottsfurcht fängt nicht spät an; es ist wohl schon 40 Jahr, daß er so gottsfürchtig ist, und hat allezeit gar wohl gelebt und als ein guter Christ. Ich glaube nicht, daß unser Herrgott von den Christen erfordert, an nichts als geistliche Sachen zu gedenken; denn sonsten hätte er uns nicht die Liebe zum Nächsten so sehr befohlen. Denn weil uns der Allmächtige in diese Welt gesetzt hat zu seiner Ehre und des Nächsten Nutz, ist es nötig, alles zu hören, und dadurch vor beides Anlaß zu bekommen, also daß, wer von nichts als geistlichen Sachen hören wollte, wäre es nur eine unnötige Bigotterie. Monsieur Polier ist nicht bei Hof, er ist in der Einsamkeit zu Paris, geht nur aus, um in die Predigt bei dem schwedischen Gesandten zu gehen, und wenn ich nach Paris gehe, kommt er zu mir. Er schreibt mir aber alle Tag und allezeit etwas Gottesfürchtiges.

An die Kurfürstin Sophie
Versailles, den 20. Januar 1709.

lle Tage sterben hier Leute von Kälte; man begräbt achtzehn und zwanzig auf einen Tag hier. Kein Mensch, so alt er auch sein mag, kann sich erinnern, einen solchen Frost erlebt zu haben. Alle Schauspiele haben zu Paris aufgehört, kein Prozeß kann mehr geführt werden, niemand kann mehr ins Palais gehen, die Präsidenten und Ratsherrn gehen nicht mehr nein, niemand kann mehr in Kutschen fahren, alles geht zu Fuß, und alle Tag hört man von Leuten, so Arm und Bein brechen, und in allen Häusern seind Kranke. Alle meine Leute seind schier krank; die am gesundesten sein, haben den Husten und Schnupfen.

Marly, den 7. Februar 1709.

ir seind seit gestern hier, obzwar die Kälte noch abscheulich ist. Vor acht Tagen hatte es ein wenig aufgetauet, seit vergangenem Sonntag ist aber der Frost ärger als nie wiederkommen. Ich sitze am Eck vom Feuer und kann kaum die Feder halten. Gestern abend hatten wir Musik, es lief aber übel ab, denn die Hälfte hatte den Weg mit ihrem Fiaker nicht heraufkommen können, denn es ist überall Glatteis und viele Leute brechen sich Arm und Bein. Um sich dieses Leben wohl können zunutz zu machen, müßte man sein eigener Herr sein und nicht von andern abhängen. Ich bin jetzt in meiner Bibel am 1. Buch Moses, denn ich habe es mit dem neuen Jahr wieder angefangen, finde es recht divertissant (zeitvertreiblich sollte ich sagen) zu lesen.

Es wäre ein Trost, wenn man wissen könnte, daß man nach seinem Tod wieder einen andern Leib animieren könnte und wieder leben, aber ich kann es nicht glauben... Der Herzog von Burgund und der Herzog von Berry[1]) seind miteinander und auf dieselbe Weise erzogen worden, allein ihre Humoren seind sehr different. Der Herzog von Berry ist gar nicht devot, hat keine Achtung vor nichts in der Welt, weder vor Gott noch Menschen, keine Maximen, ist in Sorgen vor nichts, wenn er sich nur divertiert mit was es auch sein mag: schießen, Kartenspielen, mit jungen Weibern reden, brav fressen, das ist all seine Lust, auch das Eisglitschen gehört dazu. Mein Sohn ist ganz eine andere Art; er liebt den Krieg und versteht die Sach, er liebt weder Jagen, Schießen, noch Spielen, aber er liebt alle freien Künste und über alles die Malerei und Gemälde, worauf er sich, wie die Maler sagen, sehr wohl verstehet; er liebt das Destillieren, er liebt die Konversation und spricht nicht übel, er hat wohl studiert und weiß viel, denn er hat ein gut Gedächtnis; er liebt die Musik und liebt die Weiber; ich wollte, daß dies ein wenig weniger wäre, denn er ruiniert sich und seine Kinder mit, und es bringt ihn oft in gar zu liederliche Gesellschaft, die ihn von allem Guten abhält.

Ich sage nicht, daß der König geheiratet seie[2]), aber gesetzt, daß ers wäre, so würde, wenn der König den Heirat deklarieren wollte, kein Mensch ein Wort dagegen sagen.

---

1) Die beiden Söhne des Dauphin.   2) Mit der Maintenon.

Der Dauphin ist im selben Ruf, mißheiratet zu sein¹), der Herzog von Burgund scheuet den König und die Dame zu sehr, den Mund aufzutun. Diese Dame und die Herzogin von Burgund seind nur eine Seele in zwei Leibern. Der Herzog von Berry weiß selber nicht, wer er ist, weiß nichts und hält alles vor recht. Also können Euer Liebden decklich glauben, daß die Prinzen nichts verhindert haben an dieser Deklaration. Leute, die meinen, daß sie die Sach wohl wissen, versichern, daß es bis jetzt der verstorbene Beichtvater, der La Chaise²), aufgehalten hat; was weiter werden wird, soll die Zeit lehren.

Versailles, den 23. März 1709.

er König wäre allzeit gut, wenn man ihn seinem eigenen Antrieb folgen ließe. Aber man macht ihn oft ändern. Niemand an seinem ganzen Hof hat mehr Politesse als er selber. Von der allmächtigen Dame will ich nichts sagen als nur, daß sie alle Weis und Wege sucht, mich bös zu machen und ihr was Verdrießlichs zu sagen, um Ursach zu haben, über mich bei dem König zu klagen. Aber alle ihre Mühe ist umsonst; ich werde nie böse werden, werde auch nicht ungeduldig werden und nach meinem Wittum gehen. Diesen Hinweis gebe ich ihr, denn sie will doch alles wissen, was in meinen Briefen steht, also kann sie ihre Partei hierauf nehmen.

Marly, den 18. April 1709.

ch habe von Herzen lachen müssen über Euer Lieb= den Zitation vom „Osterfladen in süßer Lieb gebraten"³) aber in der Tat ist es wunderlich geben. Es ist gar kein Wunder, daß Euer Liebden in der Predigt geschlafen haben, denn wenn man zum hl. Abendmahl geht, steht man gewöhnlich früh

---

1) Mit Mlle. Choin. 2) La Chaise war am 20. Januar 1709 gestorben. Die Herzogin schrieb darüber: Ich habe erfahren, daß alle Reformierten einen Erzfeind verloren haben. 3) Aus einem protestantischen Kirchenlied.

auf, das macht besser essen, und wenn man den Magen voll
hat, kommen die Dämpf und machen schläfrig, und die Lange=
weil samt dem Ton vom Prediger schläfert vollends ein:
es gibt so einen sanften Schlaf, und mich deucht, man schläft
besser in der Predigt, als im Bett ... Es geht mir wie Euer
Liebden; ich habe mein Leben nichts aus der Offenbarung
St. Johannis begreifen können. Dieser Beichtvater, den ich
nun habe, ist räsonnabel in allem außer der Religion; die
hat er gar zu einfältig, und hat doch guten Verstand; die
Auferzucht muß dies tun. Er ist ganz anderst als meine
zwei anderen Beichtväter waren; sie bekannten, was Baga=
tellen und übel in dieser Religion war; das will dieser nicht
tun; er will, man solle alles admirieren, und das kann ich
nicht tun, noch mir was weismachen lassen; auch sagte er,
daß ich nicht gelehrig genung seie. Ich habe ihm aber platt
heraus gestanden, daß ich zu alt bin, um einfältige Sachen
zu glauben. Es geschah etwas Possierliches am Gründonners=
tag, welches mich wohl von Herzen lachen machte: Wie
ich aus der Kirch kam und ich zum hl. Abendmahl gangen
war, sprachen wir hernach von Mirakeln, und jemand ver=
zählte, wie daß die Prinzeß Palatine bekehrt worden wäre,
weil sie vom Holz vom Kreuz Christi ins Licht gehalten und
es nicht gebrennt. Ich sagte, das ist kein Mirakel, denn es
ist ein Holz in Mesopotamien, so nicht brennt. Père Lig=
nières sagte, ich wollte kein Mirakel glauben. Ich antwortete,
daß ich die Prob zu Händen hätte, und das war wahr, denn
Paul Lukas hatte mir ein groß Stück von dem Holz ver=
kauft, so glühend rot wird und nicht brennt. Ich stund auf,
holte das Holz, gab es dem Père Lignières, ließ es ihn wohl
examinieren, damit er nicht zweifeln konnte, daß es Holz
wäre. Er schnitt ein Stück davon und warf das übrige ins
Feuer; das wurde glühend rot wie ein Eisen und brannte
nicht. Wer verhöhnt und bedudelt war, das war mein guter
Beichtvater, denn ich konnte das Lachen nicht halten. Er
erholte sich doch wieder und sagte, es stünde nirgends ge=
schrieben, daß das Holz vom hl. Kreuz nicht brennen sollte,

also täten die übel, so es ins Feuer täten. Ich sagte aber, daß, wenn er die Prob vom Holz nicht gesehen, hätte ich groß unrecht gehabt, das große Mirakel nicht zu glauben. Er mußte doch endlich selber lachen und gestehen, daß ers vom Holz nicht geglaubt hätte, wenn er es nicht gesehen. Wenn die Frau von Rotzenhausen mich so mit meinem Beichtsvater disputieren hört, sagt sie als recht possierlich: „Ich hoffe zu Gott, Eure Königliche Hoheit werden Ihren Beichtsvater endlich recht wohl erziehen."

Mein Sohn kann gottlob wohl reden, er weiß alle Religionen auf ein End; er ist kein Pedant, aber sein Gehen würde Euer Liebden chokieren, denn er geht gar übel, den Kopf bückt er, schlendert einen Arm und ein Bein; aber wenn er will, kann er es besser machen. Wenn er tanzt, ist er ganz ein ander Mensch, denn alsdann hält er sich strack.

Versailles, den 30. April 1709.

Weilen des Prinzen von Wolfenbüttel Kammerdiener bis Freitag wieder weg sein wird, also werde ich durch ihn wieder auf Euer Liebden gnädig Schreiben antworten. Will hier ein wenig teutscher reden als durch die Postbrief, weil dieser Mensch es Euer Liebden wohl in eigene Hände geben wird. Werde derowegen sagen, daß ich nun gar ruhig lebe, obzwar die alte Zott ihren möglichen Fleiß tut, mich zu plagen und verachten zu machen. Aber ich lasse sie in allem gewähren und tue, als wenn ichs nicht merkte. Ich amüsiere mich den ganzen Tag mit Schreiben, mit meinen Medaillen, gegrabenen Steinen, Kupferstichen und dergleichen; ist es schön Wetter, gehe oder fahre ich spazieren; tue, als wenn ich die Einsamkeit liebte. Denn wollte ich Leute haben, würden doch keine zu mir kommen, weil man wohl weiß, daß die Dame mich nicht leiden kann. Spielen liebe ich nicht und könnte es auch nicht ausstehen; niemand will kleine Spiel spielen, und große Spiel kommen meinem Beutel zu hoch. Ich lebe ein wenig wie man vom Vorhimmel spricht: ohne Freud und ohne Leid; meine größte Freude seind Euer Liebden gnädige Schreiben, die lese ich oftmal über. Mein Sohn ist ein guter Gesellschafter, ich habe aber gar keinen Trost von ihm, in 14 Tagen sehe ich ihn nicht eine halbe Stund, ist zu sehr in dem Luderleben zu Paris verpicht, daß man ihn nirgends viel sieht. Ich lebe wohl mit seiner Gemahlin und sie mit mir, allein es ist so gar keine Sympathie unter uns beiden, können einander also gar nicht Gesellschaft halten. Der König darf mich nicht um sich leiden; ich sehe Jhro Majestät nirgends als an Tafel und nach dem Essen einen Augenblick in seiner Kammer. Etlichmal fragt er mich, ob ich spazieren gewesen und wo; damit ist es getan; will ich weiter was sagen, macht er eine Reverenz und drehet mir den Rücken. Das alte Weib muß einen Anschlag haben, den ich nicht begreifen kann, denn wir wissen gar gewiß, daß sie 40 Millionen bar Geld hat. Man hat mich noch mehr von dem Dauphin hassen machen und von dem Duc de Berry[1], den ich wie mein Kind geliebt habe. Im Anfang hat mich dieses alles sehr geschmerzt, aber nun habe ichs gottlob überstanden und frag kein Haar mehr danach.

Ich habe den Ort im Prokop[2] gelesen, den Euer Liebden zitieren, aber es war doch noch ein großer Unterschied, denn Justinianus war nichts rechts und dieser unser König ist ja gar hoch geboren, sollte sich also nicht verquakelt haben, noch sein Sohn, so es anderst wahr ist, daß er die stinkende Choin[3] geheiratet hat. Das Weib ist erschrecklich boshaft, ich meine die alte; kein Mensch bei Hof zweifelt, daß sie nicht den Louvois und Mansard vergiftet hat, den ersten, weil er dem König geraten hatte, eine Reis ohne sie zu tun, und den zweiten, weil er dem König raten wollte, die Posten den Bankiers zu geben, so dafür die Wechsel liquidiert hätten, welches ein großer Vorteil vor das ganze Königreich gewesen wäre. Es ist diese böse Zott, so alle meine Brief

---

1) Der Herzog von Berry war der jüngste Sohn der bayrischen Dauphine. Liselotte hatte ihn um seiner Mutter willen lieb und hatte sich nach Möglichkeit seiner angenommen. 2) Oströmischer Geschichtschreiber im sechsten Jahrhundert. 3) Mätresse des Dauphin.

auf macht, sie so übel verdreht und mich mit zergt; sie ist kapabel von allem in der Welt, und stellt sich doch an, als wenn sie gar gottsfürchtig wäre. Der König fürchtet den Teufel erschrecklich, ist ignorant in der Religion und glaubt nichts, als was das Weib ihm weiß macht, denn er liest sein Leben nichts, giebt der Dame und den Ministern und Beichts= vater alles zu lesen, und läßt sich von ihnen vortragen, was drinnen stehet. Es stehet also bei ihnen, alles zu sagen, was sie wollen, können also leicht schaden, wenn sie wollen. Es ist wohl sicher, daß das Weib weder Gott noch Teufel glaubt, sonsten würde sie nicht so boshaftig sein, allen Menschen übels zu tun und die Leute zu vergiften.

Marly, den 2. Mai 1709.

ch gestehe, daß von allen Gebeten mir die Litaneien am widerlichsten sein, denn hundert= mal „ora pro nobis" zu hören, ist gar nicht auszustehen. Von dem Papst hat man in Frank= reich nie groß Werk gemacht; man hält ihn gar nicht für unfehlbar; die Sorbonne[1]) hat dagegen geschrieben. Wären alle Beichtsväter wie die zwei ersten, so ich gehabt habe, würde aller Aberglauben bald abgeschafft werden. Es müssen aber mehr derer sein, so ich nun habe, welcher einen Glauben hat wie eine alte Nonne, und alles was übels in dieser Religion ist, admiriert. Aber damit persu= adiert er mich nichts. Er beklagt sich auch sehr, daß ich keinen gelehrigen Geist habe; ich sage aber, daß man mich nicht persuadieren kann, was ich besser weiß. Er will auch nicht gestehen, daß die gemeinen Leute anderst glauben als die Gelehrten, welches ich doch mit meinen Augen sehe. Wir haben also manchen Streit, bleiben doch endlich gut Freund, denn außer der Religion ist er der beste und ehrlichste Mann von der Welt, hat auch Verstand und ein gut Ge= müte. Ich kann nicht begreifen, wie er mit all seinem guten Verstand und Vernunft in diese Einfalt geraten; er muß

---

1) Theologische Fakultät der Pariser Universität.

übel erzogen worden sein, denn er glaubt alles: Geister, Gespenster, Hexen und was dergleichen mehr sein mag, wo ich ihn sehr mit vexier und plag; er verstehet Spaß und wird nicht leicht bös. Das macht mich oft glauben, daß er sich nur anstellt, als wenn er alles Mögliche glaubt, um mirs weis zu machen, daß er es aber selber nicht glaubt.

Ich kenne den König in Dänemark[1]) gar wohl, habe Jhro Majestät oft hier gesehen. Er wollte verliebt von meiner Tochter sein; es ging aber so her, daß wir uns bald krank drüber lachten; er ging nahe bei sie, sah sie an, hernach in die Luft und sagte kein Wort und blieb so stehen. Das sollte, wie ich glaube, verzückt heißen. Er tanzt gern, hat aber kein Gehör und tanzt bitter übel, hüpft das Menuett wunderlich herum, setzt seinen Hut zu weit zurück, fängt das Menuett an einem End von der Kammer an und endet es am andern. Man kanns nicht so possierlich beschreiben, als er es macht; man kann diesen König unmöglich ohne Lachen tanzen sehen, wenn einer schon recht betrübt wäre. Apropos von lachen: bis Samstag werde ich wieder eine Dame anstechen kommen sehen, welche als von Herzen lacht, nämlich die Frau von Rathsamhausen. Ich hoffe, sie wird mir neue Histörcher bringen, Euer Liebden zu verzählen, denn hier hört man nichts als von betrübten Sachen, wie das Brot alle Tag teurer wird, wie Leute Hungers sterben und dergleichen.

Versailles, den 23. Mai 1709.

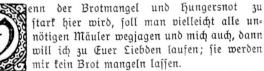enn der Brotmangel und Hungersnot zu stark hier wird, soll man vielleicht alle unnötigen Mäuler wegjagen und mich auch, dann will ich zu Euer Liebden laufen; sie werden mir kein Brot mangeln lassen.

Ich sagte noch letzt zu meinem Beichtsvater, so mir etwas von den Heiligen persuadieren wollte: „Ist es nötig zu glauben zur Seligkeit?" so sagte er „nein". Da ant=

---

1) Friedrich IV.

wortete ich: „Warum wollt Ihr mich denn unnötig plagen?" Er sagte, es müßte so sein, um recht katholisch zu werden. Ich sagte: „Ihr seid mein dritter Beichtvater, zwei haben meinen Glauben recht gut gefunden, warum wollt Ihr mir was neues aufbinden?" Er sagte, ich müßte ihn vor einfältig halten, nicht glauben zu wollen wie er. Ich sagte: „Das ist eben meine große Verwunderung, daß mit Verstand Ihr so alberne Sachen glauben könnt, die allein dem gemeinen Pöbel zukommen. Die Auferzucht und Impression von Eurer Amme muß eine große Macht über Euch haben, eher Märchen zu glauben, so man von den Heiligen verzählt, als Gottes Wort, so Euch so expreß verbietet, keine Bilder zu machen und anzubeten und ein ander Vertrauen, als auf seinen einzigen Sohn zu haben. Wenn Gott gewollt hätte, daß wir unser Vertrauen auf die Heiligen setzen sollten, hätte ers uns befohlen; das könnt Ihr mir aber nicht beweisen, also werde ich meine Andacht nicht ändern. Es ist gut vor die, sos nicht besser wissen, aber ich, die besser weiß, laß mir nichts weismachen." Da kamen Leute und verstörten die Konversation; es ist also dabei geblieben.

Versailles, den 30. Mai 1709.

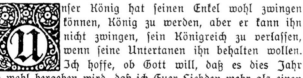

nser König hat seinen Enkel wohl zwingen können, König zu werden, aber er kann ihn nicht zwingen, sein Königreich zu verlassen, wenn seine Untertanen ihn behalten wollen. Ich hoffe, ob Gott will, daß es dies Jahr so wohl hergehen wird, daß ich Euer Liebden mehr als einen Sieg werde zu berichten haben; die ungleichen Jahr seind uns glücklich, und also hoffe ich, daß es dies Jahr so wohl hergehen wird, daß die Engländer und Holländer „Wasser in ihren Wein tun" werden. Ich zitiere so viel Sprichwörter, daß Euer Liebden mich endlich vor Sancho Pansa halten werden; ich habe schon die Gestalt von diesem, vielleicht auch die Einfalt, denn wenn man so wenig spricht, als ich hier tun muß, wäre es gar kein Mirakel, wenn ich einfältig werden sollte.

An Raugräfin Luise
Marly, den 15. Juni 1709.

er Alliierten Propositionen seind zu barbarisch; es ist besser verderben und sterben, als solche eingehen. Ich weiß nicht, wie man es hat erdenken können und glauben, daß unser König solche eingehen würde[1]). Man sagt „Hoffart kommt vor dem Fall"; also hoffe ich, daß Mylord Marlboroughs und Prinz Eugens Anmaßung auch werden gestraft werden. Der letztere sollte sich erinnern, daß dies Land sein Vaterland und er als des Königs Untertan geboren ist. Ich bin recht gegen ihn pikiert, den Frieden verhindert zu haben ... Ich mache meine Reflexionen, wie unser Herrgott seine Gnaden so wunderlich austeilt. Ihr beiden habt Eure Freiheit und seid nicht gesund, ich aber lebe in der Sklaverei und bin frisch und gesund. Daraus sieht man, daß man in dieser Welt nicht alles Guts beisammen haben kann.

An die Kurfürstin Sophie
Marly, den 20. Juni 1709.

ein Sohn hat von den Brenngläsern oder Brennspiegeln einen, so ihm 2000 Taler gekostet, womit er mit seinem Doktor, der ein Teutscher ist und Homberg heißt, viele Experimente macht. Ich weiß nicht, ob es der Herr Hartsoeker[2]) ist, so dieses Glas gemacht hat; verkauft selbiger seine Mikroskope, so will ich Luise bitten, mir eines von denen zu kaufen,

---

1) Man hatte dem besiegten König von Frankreich, als er um Frieden bat, die Bedingung gestellt, er solle seinen Enkel Philipp V. selbst aus Spanien vertreiben. Diese unerhörte Zumutung trieb die Franzosen zum äußersten. Da die Kassen erschöpft waren, schickte der König sein goldenes Geschirr in die Münze, und viele Vornehme folgten seinem Beispiel. Trotz aller Aufopferung und Tapferkeit wäre Frankreichs Sache verloren gewesen, wenn nicht durch den Tod des Kaisers Josef I. der Erzherzog Karl, sein Bruder, deutscher Kaiser geworden wäre (1711—1740) und daraufhin seine Verbündeten Bedenken trugen, ihm die spanische Krone zu erkämpfen. So blieb Spanien dem Enkel Ludwigs, Philipp V. 2) Ein holländischer Optiker.

da eine Laus so groß in scheint.... Man sieht oft Leute vor Feinde an, so es wohl gar nicht sein, und hat Leute lieb und hält sie vor Freunde, so an allem Unglück schuld sein; andere sehens und dürfens nicht sagen; aber stille, dies bringt mich gar zu weit im Text. Das muß ich doch noch sagen, daß alle Leute, die nur ein wenig Vernunft haben, wohl sehen und öffentlich sagen, daß alles Unglück, so wir nun haben, nur durch die Verfolgung kommt, so man den Reformierten getan. Der Pere de La Chaise[1]) mag wohl in jener Welt davor leiden; aber sie seind zu allem Unglück nicht alle tot, so dazu geholfen haben, und werden noch mehr als ein Unglück anstellen. Die Franzosen beweinen des Königs Unglück, weilen sie zu Hannover sein; wären sie hier, machten sie Lieder und Stichelvers auf ihn. So sein sie alle; wer einen Franzosen sieht, sieht tausend; sie seind alle auf einen Schlag ... Euer Liebden habens gut, nichts danach zu fragen, sie werden nicht drüber leiden. Ich armer Teufel aber, die das Gute nicht mitgenossen, wie sie die Hülle und die Fülle hatten, werde das Unglück mit teilen, da ich nicht vor kann, denn hätte man meinen Rat gefordert, wären alle Reformierten noch in völliger Ruhe hier und der König hätte viel Millionen Geld und Leute mehr als er nun hat.

Mein Beichtsvater verbietet mir keine Oper noch Komödie, als nur den Tag vor der Beicht; es wäre ihm wohl lieb, wenn ich nicht mehr nein ging, aber weil ich wohl weiß, daß ich nichts bös dort tue, so mach ich mir kein Skrupel drüber. Die Geistlichen machten den Weltlichen vor diesem weis, der jüngste Tag komme bald, drum gaben diese all ihr Gut den Geistlichen, vor sie zu beten, damit sie nicht verdammet würden. Die hatten nicht gelernt, daß man durch sein eigene Reue die Sünd abnehmen muß und nicht durch anderer Gebet. Nichts kommt mehr fremd vor, so doll es auch sein mag, wenn man in Jugend dran gewohnt ist; ich wollte, daß es in unsrer Religion erlaubt wäre, die Seelenwanderung zu glauben, denn es wäre ein

---
[1]) Der verstorbene Beichtvater des Königs.

Trost, wenn man sich fest einbilden könnte, die, so man lieb gehabt, wieder aufs neue leben zu sehen und auch Hoffnung zu haben, wieder kommen zu können.

An Raugräfin Luise
Marly, den 22. Juni 1709.

Ich danke Euch sehr vor alles Gedruckte, so Ihr mir geschickt. Man mags nur lesen, um zu sehen, daß der Frieden so nicht werden kann. Die Propositionen seind gar zu barbarisch. Einen Großvater gegen seinen leiblichen Enkel, so ihm allezeit untergeben und gehorsam gewesen, zu hetzen wollen, ist etwas barbarisch und unchristlich; ich kanns nicht leiden und bin gewiß, daß die, so es erdacht haben, drüber von Gott dem Allmächtigen gestraft werden werden.

An die Kurfürstin Sophie
Versailles, den 15. August 1709.

In den 38 Jahr, daß ich in Frankreich bin, habe ich nur vier Mal von Kutschen geändert und neue machen lassen. Das Weißzeug aber wird alle drei Jahr erneuert; alles alte bekommt die erste Kammerfrau. Man hat schier nichts hier, so einem eigentlich gehört; alles Weißzeug, Nachtrock und Unterrock gehören der ersten Kammerfrau, alle Kleider von einem Jahr zum andern gehören der Dame d'atour¹), wie auch die Spitzen; die Kutschen gehören dem ersten Stallmeister; sterbe ich, so gehört mein Silbergeschirr dem ersten Haushofmeister, man gebe ihm denn eine Summa Gelds in Äquivalent. Mein Sohn sagt, er könnte die fliegende Invention nicht glauben, bis Herr Leibnitz versichert, daß es sei, wie auch daß einer das Perpetuum mobile erfunden habe.

---

1) Verwalterin des Putzes.

Versailles, den 22. August 1709.

ie ich eben in Paris durch die Pfort St. Honoré fuhr, sahe ich alle Leute laufen und ganz verstöbert aussehen; etliche sagten: „Ah mon Dieu!"; alle Fenster waren voll Leute, etliche waren auf die Dächer geklettert, unten sah man alle Butiken zumachen und die Türen von den Häusern verschließen. Das Palais Royal selber war zu. Ich konnte nicht begreifen, was das bedeut; wie ich aber in den inneren Hof kam und ausstieg, kam eine Bürgersfrau, so ich nicht kenne, und sagt zu mir: „Wissen Sie, Madame, daß eine Revolution in Paris ist, die dauert schon seit vier Uhr des Morgens." Ich meinte die Frau wäre närrisch worden und fing an zu lachen; sie sagte aber: „ich bin nicht närrisch, Madame, was ich sage, ist wahr, so wahr, daß schon vierzig Personen getötet sind". Ich fragte von meinen Leuten, obs wahr wäre? Sie sagten, es wäre nur gar zu wahr, deswegen hätten sie die Tore vom Palais Royal zugemacht. Ich fragte die Ursach von der Revolte; die war, daß man an dem Wall und Pfort St. Martin arbeitet und jedem Arbeiter drei Sols und einen Laib Brot giebt; es waren zweitausend, so arbeiten, selbigen Morgen aber waren, ohne daß man sichs versehen hatte, viertausend kommen, die forderten Brot und Geld mit Ungestüm und wie mans nicht hatte, und ein Weib sehr unverschämt war, nahm man sie und setzte sie an den Pranger. Da ging der Lärmen an, und anstatt viertausend kamen gleich noch sechstausend dazu und rissen das Weib vom Pranger los. Es hatten sich viele abgedankte Lakaien dazu geschlagen, die riefen, man müßte plündern, liefen zu Bäckershäusern, welche sie plünderten. Man rief die Soldaten der Garde, um auf die Kanaille zu schießen; sie merkten aber, daß man es nur getan, um sie zu erschrecken; es war kein Blei in den Musketen; da riefen sie: „Drauf los, sie haben kein Blei". Also waren die Soldaten obligiert, etliche niederzuschießen. Das währte so von vier morgens bis um zwölf, da fuhren von ungefähr der Marschall de Boufflers und der Herzog de Grammont durch den Ort, wo die Revolte war und die Stein flogen; sie stiegen aus ihrer Kutsch, sprachen dem Pöbel zu, warfen Geld aus und versprachen, dem König zu sagen, wie man ihnen Brod und Geld versprochen und nicht geben hätte. Da wurde gleich der Aufruhr gestillt, sie warfen gleich ihre Hüte in die Luft und riefen: „Vive le roi et du pain". Es seind doch gute Leute, die Pariser, sich sogleich wieder zu besänftigen. Gestern seind sie alle auf den Markt gangen und gar friedlich gewesen; aber so sehr sie ihren König und das Königliche Haus lieben, so sehr hassen sie Madame de Maintenon. Ich wollte einen Augenblick Luft nehmen, weil es warm war in meinen Kabinetten, so niedrig und klein seind, aber ich war kaum dar, so kam ein großer Zulauf vom Volk, die gaben mir viel Segen, sie fingen aber alle an, so abscheulich von der Damen¹) zu reden, daß ich gezwungen wurde, wieder hereinzugehen und die Fenster zuzumachen; sie sagten platt heraus, sie möchten sie haben, um sie zu zerreißen oder als eine Her zu verbrennen.

An Raugräfin Luise
Marly, den 31. August 1709.

ollte Gott, liebe Luise, ich könnte was erdenken, so Euch trösten könnte. Wie gern wollte ich mich dazu bemühen! Die arme Amelise hat mich manchmal mit ihren Schreiben erfreut, denn sie schrieb possierlich und recht natürlich. Ich hatte sie recht lieb. Ihr Tod ist mir recht zu Herzen gangen. Ich habe ja vor Carllutz, Caroline und alle Euere Brüder getrauert, also konnte dies Amelise nicht fehlen. Ich gestehe, daß die, so ich lieb gehabt habe, deren Leben möchte ich als wissen bis ans End, was sie gedacht und geredt haben. Mich deucht, das macht mehr Reflexionen auf den Tod machen.

---

1) Der Maintenon.

Ich habe wohl gedacht, daß sie gar gottsfürchtig und resigniert sterben würde.

Ich finde, daß Ihr groß recht gehabt habt, Amelise nicht öffnen zu lassen; denn man stirbt ja nur, wenn die bestimmte Stunde kommen ist und eher nicht; auch sieht man nicht, seit man so viel Leute öffnet, daß ein einzig Mensch davon ist salvieret worden. Hier öffnet man die Körper nicht eher als nach 24 Stunden, seind also nicht mehr warm. In meinem Testament habe ich verboten, geöffnet zu werden ... Das rechte Mittel, lang zu leben, ist, wie die Frau von Wehlen zu tun, nämlich sich suchen zu divertieren und um nichts zu bekümmern. Von allen Spielchen von Fräulein Charlotte oder Frau von Wehlen erinnere ich mich nur von dem: „Da kommt er hergegangen und drehet sich einmal herum und wieder einmal herum mit einem freundlichen tack — tack — tack und einem freundlichen tick — tick — tick und wieder einmal herum" ...

Versailles, den 14. September 1709.

Ihr werdet nun viel Kameraden in der Betrübnis haben, denn vor vier Tagen haben die Unsrigen eine Schlacht bei Mons[1]) verloren, haben sich aber diesmal erschrecklich gewehrt, also sein gar viel Leut umkommen auf beiden Seiten. Man sieht nichts als Traurigkeit und Tränen. Madame Dangeau, die eine geborene Fräulein von Löwenstein ist, hat ihren einzigen Sohn abscheulich verwundt. Man hat ihm einen Schenkel, nahe bei dem Bauch, abgeschnitten, man weiß noch nicht, ob er davon wird kommen oder nicht.... Nichts ist gesunderes, als Freuden, und Traurigkeit ist ein wahres Gift. Das ist gewöhnlich, daß die Franziskaner possierlich predigen. Dom Pater Abraham[2]) habe ich nie nichts gehört ... Ich erinnere mich der alten Kur=

---

1) Die Schlacht bei Malplaquet am 11. September 1709, in der 33000 Mann gefallen waren. 2) Abraham a Santa Clara, Kanzelredner in Wien, hieß eigentlich Ulrich Megerle und stammte aus Schwaben.

fürstin zu Pfalz noch gar perfekt. Ich hab sie zu Heidelberg gesehen, wie sie noch Herzogin von Neuburg war; hatte dolle Sprichwörter. Wenn sie verwundert über was war, sagte sie als: „Ei, daß dich der Hahn hack!" Und ihren Herrn küßte sie vor allen Menschen und hieß ihn „mein Angelli"... Mein Sohn bezahlt mir nicht einmal, was er mir geben sollte, weit davon, daß er mir vorstrecken könnte. Seine spanischen Kampagnen, wo man ihm alles hat fehlen lassen, und wo er alles mit seinem eignem Geld hat erkaufen müssen, haben ihn recht ruiniert. Es ist abscheulich, was mein Sohn vertan hat. Der König hat meinem Sohn keinen Heller geben, alles, Reisen, Kampagne, Belagerungen, alles ist auf seine eigenen Kosten gangen. So eine elende und erbärmliche Zeit, wie wir nun haben, habe ich mein Leben nicht erlebt. Gott gebe, daß durch einen guten Frieden alles ändern möge!

An die Kurfürstin Sophie
Versailles, den 22. September 1709.

ch finde, daß der Zar großen Verstand hat und gar apropos spricht. Ich glaube, er will seinen Prinzen so lang reisen machen, um ihn zahm zu machen, als wie man die Raubvögel, so man zahm will machen, auf der Faust ganze Nächte herum trägt.

Die Zitadell von Tournay ist über; Monsieur de Surville war eben bei mir; er ist halb taub worden von dem vielen Schießen. Monsieur Schulenburg hat allzeit Reputation erworben. Wer in dieser Bataille große Ehre erworben hat, das ist Harling[1]), er ist erst aus seiner Verschanzung einer anderen Brigade zu Hilf kommen, darnach, wie er wieder in seine Verschanzung hat rücken wollen, hat er die Feind drinnen gefunden, die hat er hübsch wieder weggejagt und hat sich brav durchgeschlagen. Ich glaube, daß es seinen Onkel erfreuen wird.

---

[1]) Der Neffe der Frau von Harling. Liselottens früherer Page, jetzt französischer Offizier.

Versailles, den 28. September 1709.

eil dieses eine sichere Gelegenheit ist und nicht durch die Post geht, will ich Euer Liebden etlich Lieder schicken, so ich glaube, daß Sie noch nicht haben. Es ist recht wahr, daß alles Not um dieser Damen willen leidet; aber was ich recht possierlich in dieser Sachen find, ist, daß dies Weib, damit der König alles gut heißt, ihm Teil von ihrem Gewinnst gibt, und der Herzogin von Burgund auch. Unterdessen bekommt kein Mensch Geld; wir werden nur mit Assignationen[1]) bezahlt, daß ist nur Papier, und da muß man nach laufen, also daß, was man zum Exempel heute bekommen sollte, das wird durch die Assignation auf drei, vier oder wohl fünf Mond ausgestellt, und dann hat man noch Mühe, solches zu bekommen. So eine elende Zeit, wie es nun ist, ist nicht auszusprechen. Die Hungersnot ist so erschrecklich, daß man an allen Enden Leute recht von Hunger niederfallen und sterben sieht; überall ist Klag und Jammer, von den Größten bis auf den Kleinsten.

Der ganze Hof ist voller Intrigen; etliche, um sich bei der mächtigen Damen in Gnaden zu setzen, andere beim Dauphin, andere beim Herzog von Burgund... Das ist ein possierlich Spielwerk durcheinander und könnte ich wie das Lied sagen: „Wenn man nicht vor Hunger stürbe, könnte man vor Lachen sterben." Die Alte hetzt alle untereinander, um desto besser zu regieren. Ich bin von keiner Intrige, ich gehe meinen geraden Weg fort und lasse sie machen, wie es ihnen gefällt. Ich lebe so höflich als ich kann mit allen und traue auf keines, denn sie hassen mich alle. Ich glaube und es scheint so, daß, wer mich am wenigsten haßt, das ist unser König, und die mich am meisten haßt, das ist die Maintenon. Von meinem Sohn sage ich nichts, denn ich habe Euer Lieben schon vergangenen Donnerstag von ihm geschrieben. Der König hat recht Inklination vor ihn; könnte er über sich bringen, sich ein wenig zu zwingen und bei

---
1) Anweisungen.

dem König zu bleiben, er würde besser in Gnaden sein
als alle des Königs Kinder selber. Aber er kann sich nicht
zwingen, eine einzige Woche hier zu bleiben und steckt als
bei schlimmer Kompagnie.

An Raugräfin Luise
Versailles, den 26. Oktober 1709.

s ist wohl eine recht betrübte Zeit. Geht man
aus dem Haus, folgen einem viel Arme nach,
die schwarz von Hunger. Alles wird mit
Zettel bezahlt; nirgends ist Geld. Alles ist
betrübt, nirgends keine Freud... Wann Eure
und meine Wünsche, liebe Luise, möchten erfüllet werden,
wird Tante gewiß über hundert Jahr alt werden. Im
Januar wird der gute, ehrliche Monsieur Polier[1]) neunzig
Jahr alt. Er hat den Verstand noch so gut als wenn er
nur vierzig Jahr alt wäre, und gut Gedächtnis, liest ohne
Brill, aber seine Schenkel seind steif worden und sein Ge=
sicht was bleicher als vor diesem; anders ist gar keine
Änderung an ihm. Ich halte ihn vor einen rechten Heiligen.
Er lebt in einer gar großen Gottsfurcht und tut alles
Gutes, so in seiner Macht und Gewalt stehet, ist ruhig und
lustig dabei, fürcht sich gar nicht vor dem Tod, ergibt sich
ganz in den Willen Gottes.

Versailles, den 7. Dezember 1709.

ie allmächtige Frau traut mir nicht, denn sie
hat mir all ihr Leben zuwider gelebt. Zu
meines Herrn Zeiten hatten seine Favoriten
sie gewonnen, welche als gefürcht, ich möchte
dem König klagen, wie sie meinen Herrn selig
plünderten und mir viel zu Leid taten und sonsten dolle
Leben führten. Drum gewannen sie diese mit Drohen, mach=
ten ihr bang, sagten, sie wüßten ihr Leben und wolltens,
wo sie nicht vor sie sein würde, alles dem König sagen; denn

---
1) Polier de Bottens, ihr ehemaliger Hofmeister.

ich habe ihre Drohung durch die Dame selber, aber nicht, über was man ihr gedrohet, von ihr selber erfahren, und durch des Chevalier de Lorraine Freunde erfahren, was sie gesagt hatten. Also hat sie mich all ihr Leben verfolgt, traut mir also kein Haar, meint, ich sei so rachsüchtig wie sie, welches ich doch garnicht bin; aber dies seind die Ursachen, warum sie mich vom König abhält. Dazu hat sich noch eine andere Ursach geschlagen, nämlich die Liebe, so sie vor die Herzogin von Burgund hat, und fürchtet, weil der König gar keinen Widerwillen gegen mich hat und mein natürlicher Humor Ihro Majestät nie mißfallen, so fürchtet sie, daß, wie sie wohl weiß, daß ich den König sehr respektiere und liebe, also eher mich bei ihm attachieren könnte in meinem Alter als eine junge Prinzeß, wie die Herzogin von Burgund ist, also diese bei dem König ausstechen könnte. Derowegen muß sie mich abhalten, und das tut sie auch durch alle Weis und Wege, und das ist nicht zu ändern.

An die Kurfürstin Sophie
Versailles, 5. Januar 1710.

ch muß Euer Liebden etwas verzählen, so mich zwar jammert, ich wollte aber nicht, daß es nicht geschehen wäre, nämlich daß mein Sohn mit sein braun Schätzchen[1]) endlich von sich selber gebrochen hat und sie nicht mehr sehen wird. Es kost ihn teuer, denn er hat sie noch lieb, aber er hat die größte Ursach von der Welt, mit ihr zu brechen, denn erstlich, so war sie abscheulich interessiert, er konnt ihr nie genung geben, zum andern so traktiert sie ihn wie einen Sklaven, schilt ihn aus mit den gröbsten Wörtern, die keinem Hundsbuben zukommen; sie stieß ihn mit Füßen und er mußte so ergeben sein, daß er alles auf den geringsten Wunk verlassen mußte und kommen aufwarten; er durfte nichts tun ohne ihren Urlaub. Wenn er jemand von seinen Leuten was versprochen und er nicht durch ihren Kanal

---
1) Gräfin von Parabere.

gangen, zwang sie meinen Sohn, es einem von ihren Kreaturen zu geben. Sie war in allem sehr unverschämt; ihr Sohn mußte köstlicher in allem gehalten werden als der Herzog von Chartres¹), oder mein Sohn wurde ausgemacht. Sie brachte ihn in die schlimmste Kompagnie von der Welt, von lauter Huren und Buben, met Verlöff, er durfte sonst mit Niemand umgehen. Ganz Paris war skandalisiert darüber. Mein Sohn war über dies dolle Leben ganz mit dem König entzweit; also um des Königs Gnad wieder zu erlangen, hat er gebrochen und wird sie nicht mehr sehen. Ich finde, daß mein Sohn mehr zu loben ist, die Macht über sich selber gehabt zu haben, als wenn er eine Schlacht gewonnen hätte, denn man gibt keine Schlacht allein, und die andern können so wohl Teil an dem Gewinnst von einer Schlacht haben als der General, aber seine eigenen Passionen zu dämpfen, da hat man allein die Ehre von und ist schwerer als alles, was man auch in der Welt tun mag... Meines Sohns braun und grittlich Schätzchen ist gestern morgen weg zu ihrem Vater, wo sie gar wohl wird leben können, denn mein Sohn läßt ihr die 42 000 Livres des Jahrs, so er ihr geben hat. Alle Mannsleute seind vor meinen Sohn und alle Damen gegen ihn. Das Exempel, daß man seine Mätreß willig entläßt, mißfällt den Damen sehr.

Versailles, den 5. März 1710.

Ich hatte einmal einen possierlichen Dialog mit dem armen Erzbischof von Reims²). Er war, wie Euer Liebden wissen, der erste Herzog und Pair. Er sagte mir einmal, wie wir im Tal zu St. Germain mit einander spazierten: „Es scheint mir, Madame, daß Sie nicht viel Aufhebens von uns französischen Herzogen machen und daß Sie Ihre teutschen Fürsten bei weitem vorziehen." Ich antwortete trocken heraus: „Das ist wahr." Er sagte: „Wenn Sie nicht wollen,

1) Der rechtmäßige Sohn des Herzogs. 2) Le Tellier, gestorben am 23. Februar 1710.

daß wir uns jenen vergleichen, wem vergleichen Sie uns denn?" Ich antwortete: „Den Paschas und Wesiren der Türkei." Er sagte: „Wieso?" Ich sagte: „Sie haben, wie jene, hohe Würden aber keine hohe Geburt; der König macht Sie zu dem, was Sie sind, grade wie der Großtürke Paschas und Wesire macht. Was aber unsere teutschen Fürsten betrifft, so haben nur Gott und ihre Eltern sie dazu gemacht, also können sie Ihnen nicht verglichen werden. Zudem, Sie sind Untertanen und jene sind Freie." Ich meinte, der arme Mann sollte aus der Haut fahren, so bös war er; er konnte aber gar nichts dagegen sagen.

Versailles, den 27. April 1710.

eue Medaillen seind hier rarer als die antiken, denn deren finde ich viel zu Paris. Hätte mich mein Schelm, der Schatzmeister d'Avaur, nicht so abscheulich bestohlen und 50000 Taler verlieren machen, könnte ich Medaillen genung vor Gold bekommen, nun aber kann ich nur fünf oder sechs auf einmal haben, kann doch alle Monat mein Kabinett so vermehren. Erstlich hatte ich nur 160, nun habe ich 511, hoffe also mit der Zeit doch ein schön Kabinett mit raren Medaillen zu haben.

Ich glaube nicht, daß ein Land in der Welt ist, wo man so oft und leicht revoltiert als in Engelland. Die Teutschen lieben ihre Herren mehr als die anderen Nationen; die Franzosen sagen und singen gern allerhand Bosheiten von ihren Königen, aber sie lassen diese doch gewähren, wie sie wollen.

An Raugräfin Luise
Marly, den 6. November 1710.

uß doch noch vorher sagen, daß ich vorgestern wohl den erschrecklichsten Schrecken gehabt, so ich mein Leben ausgestanden. Um es mit wenigen Worten zu verzählen, so müßt Ihr wissen, liebe Luise, daß vergangenen

Dienstag, wie wir alle St. Hubert zelebrierten und schon einen Hirsch gefangen hatten und den andern rannten, sehe ich einen daherrennen, der stürzt mit dem Pferde. Ich meinte erst, es wäre ein Pikeur, sah wohl, daß er sehr blessiert war; denn er hatte Mühe, aufzustehen. Wie man ihm aufhilft und ich ihm ins Gesicht sehe, war es mein Sohn. Denkt, wie mir zumut war. Ich nahm ihn in meine Kalesch, führt ihn her. Der Schmerzen war aber abscheulich, konnten nicht wissen, ob der Arm gebrochen oder verrenkt war; es hat sich doch gefunden, daß er nur verrenkt. Wie es aber just die Achsel war, woran mein Sohn schon zweimal verwundt und wo man ihm Nerven abgeschnitten, so war der Schmerzen so erschrecklich, daß er war wie ein Mensch, das in den letzten Zügen liegt. Sobald die Achsel wieder eingericht, hat er keinen Schmerzen mehr empfunden, ist nun wieder wohl und man hat ihm zur Ader gelassen. Er hütet die Kammer nicht, hat den Arm in einer Schärp und geht überall herum.

An die Kurfürstin Sophie
Marly, den 13. November 1710.

Das ist der französischen Weiber Narretei, allezeit in dunklen Örtern stecken zu wollen. Frau von Maintenon macht man rechte Nischen, wo sie hingeht, um sich gleich hinein zu legen; es ist wie ein klein Lotterbett, worum man mit Brettern, so wohl schließen, wie ein Häuschen herum macht, wie ein Pavillon; die Herzogin von Burgund hat auch eine Nische und die Prinzessin Conti. Ich erstickte, wenn ich darin sitzen oder liegen müßte; ich sehe gern die helle liebe Sonne. Sie werden aber nicht gewahr, daß dies eben Ursach ist, daß ihnen die Luft ungesund wird, denn sie seind der Luft nicht mehr gewohnt. Ich bin ganz konträr; ist es ein Augenblick schön Wetter, mache ich alle meine Fenster auf.

An Raugräfin Luise
Versailles, den 14. Dezember 1710.

Die Herzogin von Berry[1]) wurde auf einmal platt ohnmächtig; wir meinten, es war der Schlag, aber nachdem die Herzogin von Burgund Liebden ihr Essig ins Gesicht geschütt, kam sie wieder zu sich selbst. Es kam ihr aber ein erschrecklich Erbrechen an; aber es ist kein Wunder, sie hatte zwei Stund ohne Aufhören in der Komödie allerhand Wüstereien gefressen, verzuckerte Pfirsiche, Kastanien, Paste von Preißelbeeren und Johannistrauben, getrocknete Kirschen und viel Limonen drauf, hernach Fisch gessen an Tafel, drüber getrunken. Es wurde ihr übel; sie wollte sich verhalten, wurde ganz ohnmächtig. Heute ist sie wieder frisch und gesund; aber mit ihrem dollen Fressen wird sie sich doch einmal brav krank machen, denn sie will nicht glauben, was man ihr sagt.

An die Kurfürstin Sophie
Versailles, den 23. Dezember 1710.

Durch Monsieur Schulenburg will ich Euer Liebden berichten, wie es nun hier stehet: Der König ist mehr als nie von seinem alten Schätzchen scharmieret, alles gehet durch sie und alles geht, wie der alten Dame Wuchs ist, nämlich schief und überzwerch. Sie denkt ihre Sache zu machen, zieht Geld von allem und lernet dies Handwerk der Herzogin von Burgund; auch hat sie alle Staatsgeheimnisse und kommuniziert alles der Herzogin von Burgund; drum bleibt nichts heimlich. Der ganze Hof ist in drei Kabalen zerteilt. Ich lebe ganz apart wie ein Reichsstädtel, lebe mit jedermann höflich, ohne Partei zu nehmen, sehe diesem allem als einer Komödie zu. Wir haben auch eine Komödie in unserm Haus: mein Sohn hat eine solche Passion (in allen Ehren) vor seine Tochter[2])

---
1) Ihre älteste Enkelin. 2) Die Herzogin von Berry.

daß sie ihn gouverniert wie die Maintenon den König. Meines Sohns Gemahlin aber, so interessiert und ambitiös ist, auch intrigant, ist davon jaloux, daher auch diese, nämlich die Herzogin von Berry, ihre Frau Mutter gar nicht lieb hat. Eine drehet die andere ins Lächerliche, welches auf beiden Seiten possierlich zu hören wäre, wenn es einen nicht so nahe anginge. Noch etwas, das oft Händel gibt, ist, daß die Herzogin von Burgund die Herzogin von Berry gar gouvernieren will; diese aber, so etwas übel erzogen, will sich nicht gouvernieren lassen, schnappt ab; aber da wird die andere bös und filzet sie aus; hat auch nicht unrecht. Der Duc du Berry, so seine Gemahlin gar lieb hat und noch nicht weiß, was ihm selber hierin dienlich, ward ganz bös und protzet, wenn man seine Gemahlin filzet. Das gibt also manche Verwirrung.

Marly, den 11. Januar 1711.

ie gern hätte ich das Christkindel gesehen! Hier weiß man gar nichts davon. Ich wollte es einführen, allein Monsieur sagte: Ihr wollt uns eure teutschen Moden geben um Ausgaben zu machen; ich küsse eure Hände! — Ich sehe herzlich gern der Kinder Freude; aber meines Sohns Kinder freuen sich über nichts in der Welt; ich habe mein Tag so keine Kinder gesehen. Der Dauphin ist in der Tat nicht ignorant und hat viel gelernt, allein er will nie von nichts reden, tut seinen äußersten Fleiß, alles zu vergessen, was er gelernt.

An Raugräfin Luise
Versailles, den 28. Februar 1711.

ch weiß viel Damen hier, so auch weißen Balsam aufs Gesicht schmieren, der mit Weingeist zugerichtet wird. Monsieur hat mirs einmal auf das Gesicht schmieren wollen; ich habe es aber nie leiden wollen; will lieber sein mit meinen Runzeln, als weiße Sachen auf mein Gesicht schmieren. Denn ich hasse alle Schminke, kann kein Rot vor mich selber leiden.

Meine Fußschmerzen haben sehr abgenommen, aber meine Kniee taugen ganz und gar nichts und habe Tag und Nacht Schmerzen dran. Ich habe starke Hindernisse, um nie in kein warm Bad reisen zu können; erstlich so habe ich kein Geld, inkognito ist es mir nicht erlaubt und zum dritten so würde man mir nicht erlauben, aus dem Königreich zu gehen. Man will mir nicht einmal erlauben nach Lothringen[1]) zu reisen, will geschweigen denn nach Aachen. Keine Sklaven seind ihrem Herrn mehr untertan, als das königliche Haus dem König ist. Es ist mir so leid, daß so ein Vorschlag unmöglich ist, daß ich nie dran denken darf. Es ist mir wohl von Herzen leid, aber in diesem Leben werden wir einander wohl nie wieder sehen. Aber laßt uns nicht mehr von so traurigen Sachen reden!

An die Kurfürstin Sophie
Marly, den 16. April 1711.

Ich muß Euer Liebden sagen, in welcher großen Betrübnis ganz Frankreich und wir alle hier sein durch den ganz unvermuteten Todesfall von Monsieur le Dauphin. Ich habe Euer Liebden schon vergangenen Sonntag gesagt, wie daß Ihro Liebden die Kinderblattern hätten, daß sie aber wohl ausschlügen und man die gute Hoffnung hätte, daß Ihro Liebden ganz salviert wären. Diese Hoffnung erhielt sich bis Dienstag Morgen, da das Volk von Paris, so Monsieur le Dauphin aus der Maßen geliebt haben, Sprecher zu ihm schickte, die embrassierten ihn und sagten, sie wollten Te Deum singen lassen. Monseigneur antwortete: „Es ist noch nicht Zeit; wartet, bis ich ganz gesund bin". Selbigen Tag fuhr ich nach Meudon, mich mit dem König zu erfreuen, daß Monsieur le Dauphin so

---

1) zu ihrer verheirateten Tochter. Die Klage darüber, daß man sie nicht nach Deutschland reisen läßt, findet sich in vielen ihrer Briefe.

wohl war; ich kam um fünf abends an; weil ich wußte, daß der König im Rat war, spazierte ich im Garten, bis der Rat aus war, da ging ich zum König, welcher mich ganz gnädig empfing, war recht von gutem Humor, warf mir vor, daß ich so über die Kinderblattern geklagt hätte, und daß Monsieur le Dauphin keine Schmerzen litte. Ich sagte, es würde noch kommen, und daß die Kinderblattern notwendigerweis geschwären müßten und wehe tun.

Um sechs, wie ich eben wieder wegfahren wollte, kam man sagen, daß Monsieur le Dauphin Beschwerden hätte, und daß ihm der Kopf gar dick würde. Jedermann meinte, es wäre die Eiterung, und hielten es vor ein gut Zeichen. Wie ich wieder nach Versailles kam, kam der ganze englische Hof zu mir, fuhren um acht wieder nach St. Germain. Um neun kam wieder Zeitung daß alles wohl ging, um zehn aber schrieb man, daß Monsieur le Dauphin anfing, unruhig zu werden und daß ihm das Gesicht so verschwollen wäre, daß man ihn nicht kennen könnte, und daß die Kinderblattern stark auf die Augen kämen. Dieses alarmierte noch nicht; ich aß wie gewöhnlich um zehn, um elf zog ich mich aus und plauderte noch mit der Marschallin de Clerembault, wollte hernach beten und nach Bett gehen. Um zwölf war ich ganz verwundert, die Marschallin wiederkommen zu sehen, ganz verbasert, die sagte, Monsieur le Dauphin liege auf den Tod, der König fahre in dem Augenblick durch Versailles nach Marly. Die Herzogin von Burgund hätte ihre Kutsche holen lassen, dem König zu folgen. Ein Augenblick hernach sagte man, daß es gar aus wäre und Monsieur le Dauphin verschieden wäre. Euer Liebden können leicht gedenken, welch einen abscheulichen Schrecken dieses verursachte. Ich ließ meine Kutsche auch holen, zog mich geschwind wieder an; ich lief gleich nüber zur Herzogin von Burgund, wo ich ein elend Spektakel fand, der Herzog und die Herzogin waren verbasert, bleich wie der Tod, und sagten kein einzig Wort; der Herzog von Berry und die Herzogin von Berry lagen auf dem Boden, hatten die Ellenbogen auf einem Ruhebett und schrien, daß man sie drei Kammern weit hörte; mein Sohn und Madame d'Orleans weinten heimlich und taten was sie konnten, dem Herzog und der Herzogin von Berry zuzusprechen. Alle Damen auf dem Boden um die Herzogin von Burgund herum weinten.

Ich begleitete den Herzog von Berry und seine Gemahlin in ihre Gemächer und sie gingen nach Bett, hörten aber nicht auf zu schreien; die Herzogin von Burgund sagte mir im Weggehen, daß der König verboten hätte, daß wir die Nacht nach Marly sollten, sondern nur andern Morgen. Es war halb drei, wie ich wieder in meine Kammer kam und mich ins Bett legte, ich schlief aber nur von fünf bis sechs, um sieben stund ich wieder auf, zog mich an und fuhr um halb neun her. Wie ich herkam, war noch alles zu bei dem König; ich ging zu Madame de Maintenon, die verzählte mir, wie alles zugangen, sagte, daß man um zehn noch Hoffnung gehabt hätte, aber um halb elf hätte sich alles zum Tod gewendt, so daß man gleich die letzte Ölung holen lassen. Euer Liebden können leicht gedenken, wie der König erschrocken, er wollte gleich in des Dauphin Kammer gehen, man hielt Jhro Majestät aber ab. Darauf ließ der König gleich seine Kutsche holen; ehe er in die Kutsche stieg, war der arme Dauphin verschieden. Gleich nach seinem Tod ist er pechschwarz worden, woraus man gesehen, daß das Fleckfieber sich zu den Blattern geschlagen; alles war im Kopf blieben, er hatte schier keine Blattern am Leib, aber die Nas ganz voll, ist eigentlich erstickt, ist gleich so unerhört stinkend worden, daß man obligiert gewesen, seinen Körper gleich ohne Zeremonien nach St. Denis zu führen. Den König habe ich gestern um elf gesehen, er ist in einer Betrübnis, die einen Stein erbarmen möcht, um allebenwohl ist er gar nicht grittlich dabei, sondern spricht mit jedermann ganz sanftmütig, giebt alle betrübten Anordnungen mit einer großen Standhaftigkeit, aber alle Augenblick kommen ihm die Tränen in den Augen und seufzt innerlich. Es ist mir totbang, er wird selber krank werden, denn er sieht sehr übel aus. Ich nehme das Unglück mit Geduld und bin nur in Sorgen vor den König; Monsieur le Dauphin jammert mich zwar, allein ich kann nicht so betrübt über jemand sein, so mich gar nicht lieb hatte und mich ganz verlassen, als über jemand, so allezeit mein Freund geblieben... Die Kunst, viel in wenig Worten zu sagen, habe ich gar nicht, drum mache ich auch so lange Briefe. Ich glaube, das kommt, weil daß, wenn man schreibt, hat man die Zeit, nachzudenken was man sagen will, kann es also besser setzen, und daß die, so Verstand haben und doch übel schreiben, zu viel Feuer haben, alle ihre Gedanken auf einmal sagen wollen, wodurch der Stil zu schwer zu verstehen wird.

An Raugräfin Luise
Marly, den 14. Mai 1711.

erzallerliebe Luise, gestern habe ich Euer liebes Schreiben vom 4. dieses Monds zu recht empfangen. Ich werde aber Mühe haben, drauf zu antworten, denn ich habe den ganzen Tag bitterlich geweint, und nicht ohne Ursach, denn ich habe heute die betrübte Zeitung erfahren, daß meine Tochter noch ihren ältesten Sohn und letzte Tochter verloren, und die zwei jüngsten Prinzen seind noch nicht außer Gefahr, also zu fürchten, daß innerhalb acht Tagen meine Tochter alle ihre schönen und lieben Kinder verlieren wird. Ich fürchte, sie wird aus Leid sterben oder den Verstand verlieren; denn die artigen Kinder waren meiner Tochter einzige Lust und Freude. Alle Menschen, die sie sahen, lobten ihren Verstand und Schönheit. Es penetriert mich ganz. Die guten Kinder, die drei, so tot sein, schrieben mir alle Woch; nun habe ich nur zu viel Zeit, zu schreiben... Es geschehen so viele Unglück, als wenn die Schalen von der Offenbarung St. Johannis ausgeschüttet wären.

Marly, den 18. Juni 1711.

ie Geduld, so meine Tante hat, meine Schreiben mehr als einmal zu überlesen, kann ich unmöglich begreifen, muß es nur dero Gnaden vor mich zuschreiben. Denn mir selbsten ist es durchaus unmöglich, meine eigenen Schreiben zu überlesen; diese Mühe wäre mir viel größer, als die, 20 Bogen zu schreiben. Wenn Euch, liebe Luise, gar natürliche Reden gefallen, so wunderts mich nicht, daß Ihr gern meine Briefe lest. Anderst, als ich gedenke, kann ich mein Leben nicht sprechen, drum tauge ich auch gar nichts hier im Land. Was wollt Ihr von Runzeln sagen? Ich bin ja 10 ganzer Jahr älter als Ihr. Und meint Ihr dann, daß ich eine glatte Haut nun habe? Nein, wahrlich nicht. Ich bin braunrot, voller Kinderblatternmäler und habe viele Runzeln, 5 Reihen an der Stirn, in den Ecken von Mund, an den Ecken von den Augen, zwischen den Augen über der Nase daneben. Ich habe einen kurzen Hals, den Wuchs wie die Kübelreiter klein, breit von Achseln, habe ums Gesicht die Haar weiß wie Silber. Meint Ihr nicht, liebe Luise, daß Ihr Euch bei einer solchen Schönheit wie die meine ist, nicht wohl werdet bestehen können? Meine Hand kann vielleicht leserlich sein, schön ist sie aber ganz und gar nicht und kommt nicht an die Eurige, die eine recht schöne Kanzleischrift ist.

Marly, den 9. Juli 1711.

erzallerliebe Luise, ob ich heute das Herz zwar recht schwer und traurig habe, weil ich gestern durch Monsieur Poliers Neffen erfahren habe, daß der gute, ehrliche Mann vorgestern gestorben ist ... Er ist wie ein junger Mensch gestorben, in einem Anfall von Fieber, und recht mit Freuden gestorben, nachdem er 91 Jahr, 6 Mond und 2 Tag gelebt. Er hat kein Augenblick gefaselt. Seit mehr als zehn Jahren lebt er in der größten Devotion von der Welt, gab von dem Wenigem, so er hatte, schier alles den

Armen und lebte wie ein rechter Heiliger. Sein Tod geht mir recht zu Herzen.... Was die Sterbenden sagen, ist kein Evangelium. Die Herzogin von Wolfenbüttel hat ihrem Herrn auch gesagt, es würde kein Jahr vorbei gehen, so werde er ihr folgen; es ist doch nicht geschehen.

An die Kurfürstin Sophie
Fontainebleau, den 12. August 1711.

Herrn von Leibnitzens Buch wird wohl, wie ich glaube, zu Frankfurt zu bekommen sein; ich will Luise bitten, mir es suchen zu lassen und zu schicken. Mein Sohn ist sehr begierig, neue Bücher zu lesen; der Herr von Leibnitz wird ihm einen großen Gefallen tun, sein Buch zu schicken. Ich schicke Euer Liebden hierbei etwas, so Monsieur Leibnitz begierig zu sehen wird sein, man hat in Notre Dame, wie man gegraben, um einen neuen Altar zu machen, viel Stein mit Figuren gefunden, so zu Tiberius Zeiten gemacht worden zu seinen Ehren von den Schiffsleuten zu Paris. Alle Neugierigen laufen, es zu sehen, und die von der Akademie schreiben drauf.

An Raugräfin Luise
Fontainebleau, den 13. August 1711.

Kurbayern[1]) hält von den armen Leuten nichts, so nicht in Gunst sein, also hat er nichts auf mich halten können. Ich habe ihm doch weniger Unehr angetan, als er mir; denn ich tue nichts, als was meinem Stand gemäß ist, aber das hat er hier nicht getan. Aber genung hiervon, muß nur das noch sagen, daß er gemeint, daß, wenn er sich als ein Vetter von mir erklärte, würde die allmächtige Dame, die mich so erschrecklich haßt, ihm nicht mehr gnädig sein ... Wo Franzosen sein, werden sie allezeit vor ihren König sein.

---

1) Max II. Emanuel, geb. 1662, war damals längere Zeit in Frankreich.

Freitag, den 14. August, 4 Uhr abends.

ier ist es die Mode nicht, daß die Kinder den Eltern viel Freude schaffen ... Gott gebe, daß Ihro Liebden¹) es weiter als der gute, ehrliche Monsieur Polier²) selig bringen mögen! Sein Tod liegt mir noch ganz schwer auf dem Herzen. Der gute Mann ist nicht allein zufrieden gewesen zu sterben, sondern herzlich froh. Es seind mir hier viele, die mich näher angehen als er, welche mich nicht so sehr und so lange betrüben würden ...

An die Kurfürstin Sophie
Marly, den 10. Oktober 1711.

ch sehe, daß Euer Liebden es nicht machen wie ich, wie ich noch zu Heidelberg und Mannheim war, denn ich ging viel lieber in die teutsche als französische Kirch, denn unsere teutschen Psalmen seind ohne Vergleichung schöner als Marot³) seine. Wenn man die französischen singen hört, meint man, man lese Amadis de Gaule; dieses alte Französisch wird hier nur im Scherz gebraucht, aber die teutschen Psalmen haben gar nichts Lächerliches, sondern seind in gut Teutsch. Was mich auch noch in der französischen Kirche chokiert, war, wenn die Kinder auf allerhand Ton die zehn Gebot dahersagen: „Du sollst nicht töten, du sollst nicht stehlen usw." und das mit so unterschiedenen Stimmen, daß es ganz possierlich war; das war auch nicht in der teutschen Kirch. Wenn es erlaubt wäre, den Predigern zu antworten, hätte man diesem, so Euer Liebden gehört, sagen können: Die Störche wissen, in welch Land sie ziehen, aber wir armen Menschen wissen nur, wo wir sein, aber gar nicht, wo wir hinkommen werden; also gar kein Wunder, daß wir nicht so große Eile haben, wegzuziehen, als die Störche. Und ich glaube, daß, wer den Herrn Pfarrer

---

1) Die Kurfürstin Sophie von Hannover. 2) Liselottens früherer Hofmeister.
3) Clement Marot, gest. 1544, hatte die Psalmen ins Französische übertragen.
Liselotte nennt seinen Stil „mehr possierlich als fromm".

bei dem Wort genommen hätte, um in jene Welt zu gehen, würde er es in Gnaden abgeschlagen haben. Jedoch so ist es doch wahr, daß etliche mit Freuden sterben.

Wenn jemand in die Bastille gesetzt wird, weiß es kein Mensch, weder bei Hof, noch in der Stadt. Es ist noch wohl wunderlicher: ein Mensch ist lange Jahre in der Bastille gesessen, der ist maskiert drin gestorben; er hatte als zwei Musketiere auf beiden Seiten, im Falle er die Maske abtäte, ihn gleich niederzuschießen. Er hat maskiert gegessen und geschlafen. Es muß doch etwas Rechtes gewesen sein, denn man hat ihn sonst sehr wohl traktiert, wohl logiert und alles geben, was er begehrt hat. Er hat maskiert kommuniziert, war sehr devot und hat kontinuierlich gelesen. Man hat sein Leben nicht erfahren können, wer der Mensch gewesen[1]).

Marly, den 14. Februar 1712.

Wir sind hier voller Betrübnis, denn vorgestern abends um drei viertel auf neun ist die arme Madame la Dauphine verschieden[2]). Ich bin persuadiert, daß die Doktoren diese arme Prinzeß so gewiß ums Leben gebracht haben, als ichs Euer Liebden hier sage. Sie hatten ihr ein Pulver eingeben, nur etlich Körner, da fing sie sehr an zu schwitzen; man hatte aber die Geduld nicht, den Schweiß ganz auszuwarten: inmitten von Schweiß, da sie schon ganz feuerrot von den Röteln ausgeschlagen war, setzt man sie in warm Wasser und läßt ihr zum vierten Mal zur Ader, da schlug alle Röte wieder ein . . Nun ist alles aus. Ich kann den König nicht ansehen, ohne daß mir die Tränen in die Augen kommen; er ist in einer solchen Betrübnis, daß es einen Stein erbarmen möcht. Sie war all sein Trost und Vergnügen und von einem so lustigen Humor, daß sie allezeit etwas finden konnte, ihn wieder lustig zu machen.

---

1) Die sogenannte „eiserne Maske", über die allerlei Vermutungen umliefen, ohne daß die Sache je völlig aufgeklärt worden ist. 2) Am 12. Februar war Marie Adelaide, die frühere Herzogin von Bourgund, nach kurzer Krankheit gestorben.

Marly, den 18. Februar 1712.

ch dachte Euer Liebden heute von nichts Trauriges zu schreiben als von der betrübten Zeremonie, so ich gestern habe zu Versailles tun müssen¹), aber das Unglück überhäuft uns noch aufs neue, denn der gute Dauphin²) ist seiner Gemahlin gefolgt und diesen Morgen um halb neun verschieden. Euer Liebden können leicht gedenken, in welcher erschrecklicher Betrübnis wir alle hier sein. Des Königs seine ist so groß, daß es mich vor Ihro Majestät Gesundheit zittern macht. Es ist ein abscheulicher Verlust vor das ganze Königreich, denn es war ein tugendsamer, gerechter Herr, verständig; Frankreich konnte keinen größeren Verlust tun; alles was hier ist, verliert dran; es rührt mich recht von Grund der Seele. Ich habe auch nächst Gott keinen Trost als Euer Liebden. Weil der König Husten und Schnupfen hat, hat man ihn nicht geweckt; hat aber diese abscheuliche Zeitung gleich erfahren. Der König verliert viel an diesem Herrn, denn seit seines Herrn Vaters Tod hat ihn der König in jeden Rat kommen lassen und die Minister arbeiteten mit Ihro Liebden; er ging dem König zur Hand, wo er konnte, war barmherzig, gab viel Almosen, hat alle die Juwelen von seiner Frau Mutter verkauft und an arme, verwundte Offiziere geben; alles Guts hat er getan, so in seinem Vermögen gestanden, und sein Leben niemand nichts bös getan. Ich glaube nicht, daß erlebt ist worden, was man hier sehen wird, nämlich Mann und Frau in einem Wagen nach St. Denis³) zu führen. Ich bin noch so voller Schrecken, daß ich mich nicht erholen kann. Die Traurigkeit, so hier regiert, ist nicht zu beschreiben; ich glaube schier, wir werden, alles was hier ist, eins nach dem andern wegsterben.

Daß ich nicht so viel Einkommens hab, als ich vor meinen Stand haben sollte, das ist der Prinzeß Palatine⁴) Schuld.

---

1) Anläßlich des Ablebens der Dauphine. 2) Louis, Herzog von Bourgund, Sohn des im April 1711 verstorbenen Dauphin Louis, der Enkel Ludwigs XIV. 3) In St. Denis war die Königsgruft. 4) Anna Gonzaga, Gemahlin des Pfalzgrafen Eduard.

Sie hat meine Heiratsverschreibung ärger aufsetzen lassen als die der geringsten Bürgerstochter von Paris. Ja, hätte Monsieur nichts aus der Pfalz von mir bekommen, hätte ich nichts vom Meinen prätendieren können als 14000 Franken. Das ist eins; zum andern haben uns meines Sohns Leute betrogen und mein Wittum und Einkünfte viel höher geschätzt, als sie eintragen; und zum dritten, so hat auch mein Schatzmeister 200000 Taler gestohlen und ist drüber gestorben und hat seinen Diebstahl so versteckt, daß man nichts finden kann, es wieder zu ersetzen. Die Zeiten sein bös; man wird übel vom König und meines Sohns Leuten bezahlt; das setzt zurück und macht Schulden, also daß ich anstatt reich vor meinem Stand recht arm bin.

Marly, den 20. Februar 1712.

s ist zwar heute kein Posttag, aber wenn mein Herz in Ängsten und traurig ist wie nun, so weiß ich keinen bessern Trost zu schöpfen, als meiner herzlieben Tante mein Elend zu klagen. Böse Gemüter haben durch ganz Paris ausgebreitet, mein Sohn habe den Dauphin und die Dauphine vergiftet. Ich, die mich auf seine Unschuld wollte brennen lassen, habe es erst vor Narretei gehalten und nicht gedacht, daß es möglich sein könnte, daß man eine solche Sach ernstlich sagen könnte. Etliche sagen, diese Bosheit seie aus Spanien herberichtet worden. Wenn das wäre, so müßte die Princesse des Ursins gar ein Teufel sein und ihre Rache gegen meinen armen Sohn weit führen; seine Vexiererei gegen diese Dame kost ihm teuer.

<small>Am nächsten Tage meldet Liselotte, daß die Ärzte einstimmig bezeugen, bei der Leichenöffnung gar kein Anzeichen von Gift gefunden zu haben. Der König hatte schon vorher geäußert, daß er an eine Vergiftung nicht glaube.</small>

Versailles, den 5. März 1712.

er König jammert mich von Herzen. Er zwingt sich, um gute Miene zu machen, und man sieht doch, daß er innerlich leidet. Gott erhalte uns den König, sonsten wird es toll hergehen. Man fürchtet schon, daß mein Sohn teil an der zukünftigen Regierung möchte haben, drum wollen sie ihn zu Paris und bei Hof verhaßt machen und machen das Geschrei von Gift, wie ich Euer Liebden schon geschrieben. Es stirbt niemand bei Hof, daß sie ihm die Schuld nicht geben; es ist keine Bosheit, so man nicht gegen ihn austrägt.

Versailles, den 10. März 1712.

ch zweifle nicht, daß Euer Liebden selber erschrecken werden, zu lesen, wie das Unglück hier kontinuiert. Die Doktoren haben wieder denselben Fehler begangen wie an Madame la Dauphine, denn wie der kleine Dauphin schon ganz rot von den Röteln war und schwitzte, haben sie ihn zur Ader gelassen, hernach Brechmittel gegeben, und in der Operation ist das arme Kind verschieden. Und was wohl weist, daß die Doktoren diesen Dauphin auch ums Leben gebracht haben, ist, daß sein Brüderchen eben dieselbe Krankheit hat, und weilen die neun Doktoren mit dem Ältesten beschäftigt waren, haben sich des Jüngsten Mägde mit ihrem Prinzen eingesperrt und haben ihm ein wenig Wein mit Biskuit geben; gestern, weil das Kind das Fieber stark hatte, haben sie ihm auch zur Ader lassen wollen, aber Madame de Ventadour und des Prinzen zweite Gouvernante Madame de Villefort haben sich den Doktoren stark widersetzt und es durchaus nicht leiden wollen, haben ihn nur hübsch warm gehalten. Dieser ist gottlob durch der Doktoren Schand salviert, wäre gewiß auch gestorben, wenn man die Doktoren hätte gewähren lassen. — Ich kann nicht gedenken, wie sich die Doktoren nicht selber korrigiert haben, wie sie gesehen, daß ihr Aderlassen und ihr Brechmittel so übel bei Madame la Dauphine abgeloffen war, wie sie das Herz gehabt haben, dies arme Kind ebenso umzubringen; und was mich erschreckt, ist des Königs Verblendung gegen diese Leute; er meint nicht, daß es ihre Schuld ist, daß Madame la Dauphine gestorben. Unser König erträgt sein Unglück mit solcher Beständigkeit und Festigkeit, daß ich Jhro Majestät nicht genung admirieren kann. Man kann mit Wahrheit sagen, daß außer Madame de Maintenon der König alles verliert, was er in dieser Welt am meisten geliebt hat, und an der Dauphine seine einzige Lust und Freude.

Versailles, den 13. März 1712.

ch bin gewiß, daß mehr als hundert heilige kanonisiert sein, so es weniger verdient haben als unser zweiter Dauphin selig[1]. Denn in elf Monat haben wir drei Dauphins hier verloren, so etwas abscheuliches ist, von 49, 26 und 5 Jahren. Gott erhalte den König; das ganze Königreich hat es hoch vonnöten und wir alle hier. Ich mache es auf mein Best, den König an nichts Trauriges gedenken zu machen, spreche ins Gelach hinein von allerhand Bagatellen; es ist aber schwer was vorzubringen, so zerstreuen möchte, wenn so ein Unglück über das andere kommt. Man hat den König oft verhindert, Freundschaft vor mich zu haben, aber er muß doch innerlich keinen gar großen Widerwillen gegen mich gefaßt haben, weil er unangesehen aller bösen Dienste, so Monsieur und mehrere mir geleistet, mich doch noch leiden können und mir endlich erlaubt, ihn wie die andern, so mehr geliebt sein, als ich, zu sehen.

---

[1] Der Herzog von Bourgund, der am 18. Februar gestorben war. An anderer Stelle erzählt Liselotte von ihm: „Er sieht keine Komödien mehr und die Melodien von den schönsten Opern da macht er geistliche Lieder auf, um sie singen zu können; er kommuniziert alle Sonn- und Festtage, fastet, daß es ein Elend ist, ist auch dürr wie ein Spanhölzel."

„Es ist keine Heuchelei bei ihm; er ist recht von Herzen fromm, aber von melancholischer Natur, denn er grübelt allezeit."

„Er will keine andere Dame als seine Gemahlin ansehen. Diese, um ihn ein wenig zu plagen, überredete eine ihrer Damen, sich an ihren Platz ins Bett zu legen. Er merkte es nicht sofort, bis sie an sein Bett kam und ihn schalt; er verstand es

Versailles, den 17. März 1712.

ch, die ich den König respektiere und liebe, es war mir schmerzlich, ihn mein Leben nicht als durch Audienzen sprechen zu können. — Die Wut gegen meinen Sohn ist ärger als nie, sie wollen nicht sehen, daß des letzten Dauphins Tod gegen sein Interesse ist; er soll den auch vergift haben. Der König weiß gar wohl, daß kein Wort an dieser leichtfertigen Lüge wahr ist, und ob es Ihro Majestät zwar öffentlich an Tag geben, ist man doch so boshaft bei Hofe, nur das übel glauben zu wollen und nicht die Wahrheit. Damit hofft man zu verhindern, daß der König meinen Sohn in Staatssachen brauchen möge, sondern sich auf andere verlasse.

Versailles, den 19. März 1712.

ch kann die Ursach nicht erdenken, warum mein Sohn zu Paris so sehr gehaßt ist; er hat sein Leben niemand nichts zuleid getan, und sein Herr Vater und ich seind gar nie zu Paris gehaßt gewesen. Weil er mehr Verstand und Wissenschaft als andere hat, hat man ihm dies Stückelchen angetan.

Marly, 14. April 1712.

Wissenschaften, das kommt meinem Sohn recht zu und fällt in sein Naturell, aber wenn er den Spaßmacher spielen will, möchte man sich drüber übergeben, so übel stehet es ihm an, und die jungen Leute, seine Tochter selbst, lachen ihn drüber aus. Aber das hilft alles nichts; mein

---

nicht gleich; sie: „Seht zu, wer bei Euch liegt!" Da kam ihm der Zorn; er nahm sie bei den Schultern und warf sie aus dem Bett; sie hatte nicht Zeit, ihre Pantoffeln zu nehmen, denn er wollte sie recht im Ernst mit seinem Pantoffel schlagen; sie mußte ohne Pantoffeln davonlaufen. Er konnte sie nicht einholen, rief ihr allerhand Schimpfwörter nach: Garstige, Schamlose! war das geringste. Man wollte ihm zusprechen; sie konnten aber alle nicht vor Lachen. Endlich verging doch der Zorn. — Vor etlichen Tagen wollte ihn eine Dame mit Gewalt küssen; er wehrte sich lange; wie er nicht weiter konnte, steckte er ihr eine große Stecknadel in den Kopf, so stark, daß sie davon das Bett hüten muß. So arg hats Joseph nie gemacht; er lief nur davon, aber er schlug und stach nicht um sich. Solche Keuschheit hat man noch nie erlebt."

Sohn ist eben wie im Märchen von den Feen, die man zur Kindtauf bittet: eine wünscht dem Kind, daß es wohl geschaffen mag werden, die andere, daß es eloquent mag sein, die dritte, daß es alle Künste lernen mag, die vierte, daß es die Exerzitien lernen mag, fechten, reiten, tanzen, die fünfte wünscht ihm die Kriegskunst wohl zu lernen, die sechste, mehr Herz zu haben als ein andrer, die siebente Fee aber hat man vergessen, zur Kindtauf zu laden, die sagt: Ich kann dem Kind nicht nehmen, was meine Schwestern ihm geben haben, aber ich will ihm all mein Leben so widerstehen, daß Alles, was man ihm Guts geben, ihm zu nichts dienen soll; ich will ihm so einen häßlichen Gang geben, daß man meinen soll, er werde hinkend und buckelig, ich will ihm so einen schwarzen Bart wachsen lassen, und ihm dabei Grimassen geben, die ihn ganz verstellen sollen, ich will ihm alle Exerzitien verleiden, ich will in ihm eine Langeweile setzen, so ihm alle seine Künste verleiden soll, Musik, Malen, Zeichnen, ich will ihm die Lieb zur Einsamkeit und Abscheu vor ehrlichen Leuten geben. Ich will ihm oft Unglück im Krieg geben, ich will ihm weismachen, daß die Ausschweifung ihm wohl stehet, ich will ihm Abscheu vor seiner besten Freunde Rat geben, damit wird alles Guts verdorben werden, so meine Schwestern ihm geben. So ist es just ergangen, und das macht, daß er lieber bei seiner Tochter[1]) und ihren Kammermädchen sitzt, alberne Possen anzuhören, als mit rechtschaffenen Leuten umzugehen oder sein eigen Haus zu regieren, wie sein Stand erfordert. Da wissen Euer Liebden nun den Handel ganz.

Der König traktiert meinen Sohn wohl, das macht mich hoffen, daß die Lügen keine Impressionen bei Ihro Majestät getan haben. Von sich selber ist mein Sohn kein Trunkenbold, aber er sucht oft gar schlimme Gesellschaft und meint, es sei artig, Späße mit ihnen zu treiben, und säuft sich sternsvoll mit ihnen, und wenn er einmal voll ist, weiß er in der Welt nicht mehr, was er sagt noch tut. Ich habe ihn tausend-

---
1) Die Herzogin von Berry.

mal gebeten, mit diesen Vollsäufern keinen Umgang zu haben, aber je mehr ich's verboten, je mehr hat er es getan, drum habe ich den Entschluß gefaßt, ihm gar nichts mehr davon zu sagen als nun; da habe ich nun gesagt: Hättet Ihr meinen guten Rat nicht so veracht und gefolgt, wäret Ihr nun nicht in der Verlegenheit wo Ihr nun seid. Er gestehts, aber es ist ein wenig zu spät, hätte es vorher betrachten sollen.

Marly, den 24. April 1712.

un, da die Nachtigallen singen, daß da Euer Liebden noch zu Hannover und nicht zu Herrnhausen sein! Da könnten sie besser spazieren als zu Hannover. Ich schreibe Euer Liebden hier vor meinem Fenster, habe zur Aussicht ein schönes Beet voller Narzissen, Tulpen und Kaiserkronen; das ist umringt mit zwei Alleen und einem hufeisenförmigen Bau von weißem, braunem und rotem Marmor. In der Mitte ist eine große, steinerne Stiege und auf beiden Enden seind auch Stiegen mit Statuen geschmückt und weiße Marmor-Blumenpötte. Gerade vor der Stiege ist ein Berg, wo die Kaskade herunterfällt, welche oben und unten voll Statuen von weißem Marmor gezieret, auf den Seiten aber seind nur zwei breite Rasenbeete; zwei Alleen seind auf beiden Seiten, daß man dort mit Kaleschen nauf fahren kann. Da sehen Euer Liebden, daß ich eine schöne Aussicht habe, es gibt mir aber leider keine artigen Inspirationen.

Versailles, den 21. Mai 1712.

b das alte Weib zwar unsere ärgste Feindin ist, wünsche ich ihr doch des Königs wegen ein langes Leben. Denn alles würde noch zehnmal ärger sein, wenn der König nun sterben sollte. Er hat das Weib so erschrecklich lieb, daß er ihr gewiß nachsterben würde. — Was den Herzog von Berry¹) anbelangt, so wäre er eben nicht so gar einfältig, wenn man ihn nicht so gar ignorant erzogen hätte. Aber er weiß nichts in der Welt, kaum wer er selber ist. Er ist recht verliebt von seiner Gemahlin, welche es aber leider nicht von ihm ist. Ihre Frau Mutter²) mit aller ihrer Gravität ist doch nie ohne Affairen, aber sie gouverniert sich wohl dabei und wird nie keinen Eklat machen. Ganz Paris meint, daß sie eine Vestalin seie; aber ich, die die Sach näher sehe, weiß wohl, was dran ist. Sie lebt wohl mit mir, und ich hüte mich auch, ihr den geringsten Ärger zu verursachen, und rate meinem Sohn, wohl mit ihr zu leben. In diesem Punkt folgt er meinem Rat und befindet sich wohl dabei.

An Raugräfin Luise
Marly, den 7. Juli 1712.

ch bin weit davon, liebe Luise, so schön als Ihr schreiben zu können. Karolines französische Hand glich sehr an die meine. Wo ist unser guter Schreibmeister mit seiner gebrannten Hand hinkommen? Es war ein Original in Blödigkeit, ich habe ihm oft bang gemacht, aber doch ein guter, frommer, ehrlicher Mensch. Ich brauch keine Brill; ob meine Augen zwar nicht mehr, als sie gewesen, sehe ich doch noch wohl genung, um keine Brill brauchen zu dürfen. Winter und Sommer schreibe ich bei Licht.

An die Kurfürstin Sophie
Versailles, den 10. Dezember 1712.

ch erinnere mich noch wohl, zu Hannover die Komödie von Wallenstein gesehen zu haben, einer, so Leslie heißt, ersticht den Wallenstein zuletzt in einem Bett mit einer Partisane. Ich erinnere mich auch noch, daß wie man die Komödie von Doktor Faust spielte und der Teufel

---

1) Der Herzog von Berry war der dritte Sohn des ersten Dauphin und der Dauphine Maria Anna von Bayern. 2) Liselottens Schwiegertochter.

den Doktor Fauſt holte, kam die Zeitung, daß der Biſchof von Osnabrück tot war, welches jedermann lachen machte.

Wie Euer Liebden Dero Liſelotte geſehen und ſie ſo wohl laufen und ſpringen konnte, war ſie leicht und jung; nun bin ich alt und ſchwer, das gibt große Veränderung. Ich bin gewiß, daß, wenn ich ſo glücklich wäre, daß Euer Liebden mich an einem Ort ſehen könnten, ſo ſie nicht vermuten, daß ich da wäre, wenn ich nicht redete, würden ſie mich unmöglich kennen. Meine verrunzelten Augen, meine hängenden großen Backen, meine ſchneeweißen Haare, meine Höhle zwiſchen den Ohren und Backen und mein groß Doppelkinn würde Euer Liebden gar nicht an Liſelotte erinnern. Ich gleiche mir ſelbſten in nichts mehr, mein langer Hals iſt ganz kurz geworden, habe nun dicke, breite Schultern, abſcheuliche dicke Hüften; meine Beine ſeind mehr als dick, denn ſie ſeind ſehr geſchwollen. Da ſehen Euer Liebden wohl, daß ſie mich in dieſer Figur gar nicht kennen würden. Wenn ich den Mund auftue, ſeind meine Zähn auch wohl in einem elenden Stand: einer iſt gebrochen, der andere iſt ſchwarz, die übrigen ſeind zerbrochen; ſumma: überall iſt Elend in meiner ganzen Perſon. Aber was will man tun? Man muß wohl ſeine Partei nehmen, in was nicht zu ändern ſtehet.

Ich bin ganz ſtolz, daß Euer Liebden meinen letzten Brief an den guten Herzog artig gefunden haben, da halte ich mehr von, als wenn mein Brief in der Bibliothek von Wolfenbüttel würden behalten werden. Mich wundert, daß Herzog Anton Ulrich allezeit reiſet, da er doch einen ſo ſchönen Ort zum Bleiben hat.

Seit ich weiß, daß die Freuden von jener Welt ſo ſein: „Die kein Ohr gehört, kein Aug geſehen und nie in keines Menſchen Herz kommen iſt", mache ich mir gar keine Idee davon, denke nur, Gott iſt allmächtig und wahrhaft, er verſpricht mir Freude, er wird ſchon Mittel finden, daß ich es empfinde, ob ich gleich jetzt nicht weiß, wie oder wann. Darauf vertraue ich. Der König tut mir die Gnade, ſich wegen meiner Geſundheit zu informieren, wovon ich Rechenschaft gebe. Etlichmal rede ich auch so davon, daß ich Ihro Majestät lachen mache.

An Raugräfin Luise
Versailles, den 18. Juni 1713.

Mein Konterfei werde ich Tante schicken, sobald es möglich wird sein können. Ich werde nach mir selber ausmalen lassen, damit es ein Original sein mag; man hat sein Leben nichts Gleicheres gesehen, als Rigaud mich gemalt hat. Das braune Hündchen lebt noch und hat mehr Verstand als nie, ich habe es herzlich lieb. Alle Jahr kann ich Euch ohne Anstrengung eine Kirbe¹) schicken, wie diese letzte war; das kann mich gar nicht ruinieren und finde mich glücklich, daß ich was gefunden, so Euch angenehm und erfreuen kann. Aber, liebe Luise, habt Ihr keine Juwelen von Eurer Frau Mutter geerbt? Die Diamanten seind rar hier geworden, aber die bunten Stein seind es noch nicht, insonderheit, wenn sie klein sein.

Versailles, den 2. Juli 1713.

Hätte ich keine Schmerzen im rechten Knie und Fuß, so könnte ich sagen, daß ich nun, Gott sei Dank, in vollkommener Gesundheit bin, denn ich schlaf nicht mehr als ich soll und habe keinen gar kurzen Atem. Ich finde, daß mein Knie und Fuß alle Tag ärger und schmerzlicher werden, aber man muß wohl Geduld haben, wenn uns unser Herrgott was zuschickt, und denken, daß es noch Gnade ist und wir noch mehr verdient haben. Still sein ist exzellent vor die Brust, man beschuldigt aber alle Weiber, selten schweigen zu können. Liebe Luise, durch die Post kann ich Euch unmöglich antworten, denn es ist mir nicht erlaubt, von geistlichen Sachen zu schreiben; aber das erstemal, daß

---
1) Kirbe = Kirchweih, auch ein aus diesem Anlaß gemachtes Geschenk.

ich eine sichere Gelegenheit haben werde, so will ich Euch
erakt antworten auf alles, was Ihr von der Kommunion
zu wissen begehret.

An die Kurfürstin Sophie
Marly, den 24. November 1713.

as Buch, so so ein groß Geras gemacht und
der Papst verdammt hat, vom Pater Quesnel,
habe ich gewußt. Man haßt die Jansenisten[1])
hier nicht weniger als die Reformierten.
Die Jesuiten haben den Pater Quesnel weg=
jagen machen. Ich lasse alle die Sachen gewähren, bin weder
von der einen noch der andern Partei, habe auch nicht
lassen können, meinem Beichtvater selber zu sagen, daß es
mich ärgert, daß Leute von einer Religion sich so verfolgen.
Zu Paris seind viel Bischöf versammelt wegen des Papstes
Deklaration; was draus werden wird, wird mir den Schlaf
nicht benehmen ... Mein Sohn und seine Tochter[2]), die, wie
Euer Liebden wissen, einander so sehr geliebt haben, daß man
leider übel davon geredt hat, die fangen nun an, sich zu
hassen wie der Teufel, zanken sich alle Tag und, was am
schlimmsten ist, die Tochter entzweit den Vater mit ihrem
Mann; der Vater ist desparat nach Paris. Er hält alles
heimlich vor mir, aber ich erfahre es doch; seine Gemahlin
sagt mir alles und ich tue, als wenn ich nichts wüßt.

An Raugräfin Luise
Marly, den 12. April 1714.

hr seid meines Herrn Vaters Tochter, Ihr seid
voller Tugend, sehe auch wohl aus Eueren Brie=
fen, daß Euch der Verstand nicht fehlt, warum
sollte ich Euch denn nicht lieb haben? Ich habe
es auch unserm Herrn Vater und Eurer Frau
Mutter versprochen, Euch alle zu lieben, und habe noch nie an

---
1) Eine gemäßigte Partei in der katholischen Kirche, die von den Jesuiten be=
fehdet wurde. 2) Die älteste Tochter Herzog Philipps, die Herzogin von Berry.

dieser Versprechung gefehlt. Und wenn Ihr zehnmal ärger wäret, als Ihr Euch selber beschreibt, und ich wohl weiß, daß nicht wahr ist, so würde ich Euch doch lieben, liebe Luise! Meint Ihr, daß ich keine Betrübnis hier gehabt habe? Ihr sollt Euch verwundern, wenn Ihr wüßtet, was ich ausgestanden, daß ich noch im Leben sein kann. Ich lebe, aber ich bin so veraltet, daß ich fest glaube, daß Tante jünger aussieht, als ich . . . Man weiß es wohl, daß man sterben muß, aber allezeit dran zu gedenken, macht nur traurig und hilft zu nichts; man weiß ohne das, daß wohl leben unsere Schuldigkeit ist. Bischöfe dürfen hier nichts tun ohne des Königs Wissen, und man hat dem König so eingeprägt, daß seine Seligkeit drauf stehet, keine Reformierten zu leiden, daß es kein Wunder, daß er ihnen zuwider ist.

Marly, Sonntag den 24. Juni 1714.

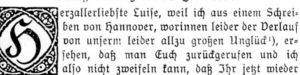

Herzallerliebste Luise, weil ich aus einem Schreiben von Hannover, worinnen leider der Verlauf von unserm leider allzu großen Unglück[1]), ersehen, daß man Euch zurückgerufen und ich also nicht zweifeln kann, daß Ihr jetzt wieder zu Hannover seid, drum schreibe ich Euch, nicht, um mich mit Euch zu trösten, sondern, um meine Tränen, so mir häufig jetzt aus den Augen rinnen, mit den Euren zu mischen. Unser Verlust ist unendlich, mein Weinen kann aufhören, aber nie meine Traurigkeit nicht. Diese liebe Kurfürstin selig war all mein Trost in allen Widerwärtigkeiten, so mir hier so häufig zugestoßen sein; wenn ich es Ihro Liebden geklagt und Schreiben wieder von ihr empfangen, war ich wieder ganz getröst. Nun bin ich, als wenn ich ganz allein auf der Welt wäre. Ich glaube, daß mir unser Herrgott dies Unglück zugeschickt, um mir die Angst des Sterbens zu benehmen; denn es ist wohl gewiß, daß ich nun ohne Leid mein Leben

---

1) Am 8. Juni 1714 war Kurfürstin Sophie von Hannover, Lieselottens Tante, während eines Gartenspazierganges am Schlage gestorben.

enden werde und ohne nichts in dieser Welt zu beklagen. Meine Kinder seind versorgt, haben auch Trost genung in dieser Welt, um mich bald zu vergessen können; also hält mich nichts mehr auf, wenn es Gottes Will wird sein, mich abzufordern. Ich wollte von Herzen gern noch länger sprechen, denn es erleichtert das Herz, mit denen zu reden, welche im selbigen sein, wie wir, allein, herzliebe Luise, mein Kopf und Augen tun mir so erschrecklich wehe vom vielen Weinen, daß ich kaum weiß, was ich sage; muß wider Willen enden und nichts mehr sagen, als daß ich Euch von Herzen lieb behalte, solang mein elendes Leben dauern wird.

Marly, den 1. Juli 1714.

Ich weiß selber nicht mehr, ob ich Euch geschrieben habe, liebe Luise, wie ich dies Unglück erfahren, und wie man mirs durch meinen Beichtsvater hat ankündigen lassen. Es kam mir ein Zittern an, als wenn man in einem starken Fieber den Frost hat, ich wurde auch dabei bleich wie der Tod, war wohl eine Viertelstund ohne Weinen, aber der Atem fehlte mir, war, als wenn ich ersticken müßte. Hernach kamen die Tränen häufig und währten Tag und Nacht, darnach wurde ich wieder trocken und erstickte fast, bis die Tränen wieder häufig kamen, das hat so bisher gewährt. Was mich wunder nimmt, ist, wie ich so gesund dabei bleibe, denn ich bin gar nicht krank. Man hat mich schon zweimal auf die Jagd führen wollen, ich habe mich aber nicht dazu resolvieren können, denn ich kann in nichts in der Welt Lust nehmen. Ihr habt wohl recht, zu sagen, daß mir diese abscheuliche Zeitung durch Herz und Seele gedrungen ist. Ihr seid so gottsfürchtig, liebe Luise, daß, wenn mir Gott der Allmächtige Trost und Erleichterung schicken sollte, würde ich es Eurem Gebet zuschreiben. Es muß ein Schlagfuß gewesen sein, so unser abscheulich Unglück verursachet, aber wie Ihr gar recht sagt, es war des Höchsten Wille, die liebe Kurfürstin abzufordern. Die zu Gott gehen, seind nicht zu beklagen, aber wohl die, so noch bleiben in dieser bösen, unleidlichen Welt. Ach Gott, mir selber hatte meine Tante oft geschrieben, daß sie einen schleunigen Tod vor den besten halte und daß es eine schlechte Sach seie, wenn man im Bett stirbt, den Pfarrer oder Priester auf einer Seite hat und den Doktor auf der andern Seite und können doch nichts helfen. Sie wolle es so machen, daß sie dieses Spektakel nicht geben wolle, hat leider nur zu wahr gesagt ... Wenn einmal das Unglück anfängt, ist kein End dran, das versuchen wir beide wohl leider. Aber dieses alles hätte ich nicht vonnöten, um die Eitelkeit dieser Welt zu lernen: große Höfe seind die besten Schulen dazu. Ach, liebe Luise, wie weit bin ich von meiner Tante selig Tugenden und Verstand! Ach nein, in dieser Welt ist Ihro Liebden nichts zu vergleichen. Mein Gott, liebe Luise, wie kann ich mich unmöglich von diesem Unglück wieder erholen! Meine Tante war mein einziger Trost in allen Widerwärtigkeiten hier; sie machte mir mit ihren lustigen Briefen alles leicht, was mich auch am betrübtesten gedeucht hat; sie hat mir dadurch bisher das Leben erhalten. Zudem vor was soll ich mich konservieren? Ich bin niemand nichts nutz und mir selber beschwerlich. Ihr seids allein, die mir noch von allem, was mir nahe und lieb ist, übrig seid in ganz Teutschland. Adieu, liebe Luise! Ich weiß, wie Ihr zu beklagen seid, denn ich bin gewiß, daß ich fühle, was Ihr fühlt. Aber in welchem Stand ich auch sein mag, so werde ich doch, so lang mein elendes Leben währen wird, allezeit dieselbe vor Euch sein und Euch von Herzen lieb behalten.

Marly, den 10. Juli 1714.

as ich Tag und Nacht ausstehe, kann ich Euch unmöglich beschreiben und ich habe noch die Qual, daß ich mich zwingen muß, denn der König kann keine traurigen Gesichter leiden. Ich muß auch wider meinen Willen auf die

Jagd; bei der letzten weinte ich bitterlich, denn der Kurfürst von Bayern¹) kam zu meiner Kalesch und machte mir ein Kompliment auf meinen Verlust. Da konnte ich nicht mehr halten, sondern brach ganz heraus, das währte die ganze Jagd. Ich sah wohl, daß man mich drüber auslachte, aber es konnte nicht anders sein. Ob ich denn zwar in der Seele betrübt bin, so werde ich doch nicht krank; mein Leib ist gesund, aber meine Seele ist, sozusagen, krank, denn innerlich ist es, wo ich am meisten leide. Auch lebe ich an diesem Hof wie eine Einsiedlerin, ich bin nie im Salon, wo die Versammlung von allem, was hier ist, sich aufhält, ich spiele nie, bin allezeit in meiner Kammer, wo ich lese oder schreibe; denn wenn ich die gründliche Wahrheit sagen soll, so ist mir alles verleidet. Meine einzige Freude, Vergnügen und Trost waren meiner Tante, unserer lieben Kurfürstin selig Schreiben, aber das ist ja nun leider auch aus.

Fontainebleau, den 14. Oktober 1714.

m Gottes willen, Liebe, sucht Zerstreuung, um in keine Melancholie zu fallen! Denn nichts ist gefährlicher vor die Gesundheit, und es ist auch gefährlich vor den Kopf. Ihr seid nicht mehr allein in der Welt als ich; denn wie Ihr aus den Briefen werdet ersehen haben, so bin ich nicht allein in der Fremde, sondern ganz allein in der Welt, habe mächtige Feinde und nirgends keinen Trost. Jedoch so bin ich nicht melancholisch, finde, daß es genung ist, von andern gequälet zu werden, ohne mich selbsten noch zu plagen. Ich vertraue fest auf meinen Gott; er weiß, warum er mich her berufen hat und was er mit mir machen wird, habe oft seine Hilfe gespürt, wenn ich alles verloren geschätzt; also ergebe ich mich ganz seiner Providenz und baue auf keine menschliche Hilfe ...

Ich bin nicht zum Schrecken geneigt, liebe Luise, und vor vier Jahren wurde ich hier in meiner Kutsch brav

---

1) Max II. Emanuel.

umgeworfen ohne den geringsten Schrecken oder Furcht. Eine von meinen Damen brach mit ihrer Achsel eines von den Gläsern von der Kutsch; das gab ihr zwei Schnitt in der Achsel, sonsten tat sich niemand wehe. Ich lachte von Herzen.

Unter uns geredt, ich glaube, daß der König in Engelland vergnügter in seiner Göhrde[1]) sein würde, als in all seiner Pracht in Engelland. Denn mein guter Vetter, der Herr König[2]), macht ebenso wenig Werks von Zeremonien, als seine alte Bas, meine Erzellenz . . . Das Hofleben hat das und man hat allezeit verspürt, daß, die dran gewohnt seind, kein ander Leben ausstehen können, so übel man sich auch dabei befindt . . . Es ist mir leid, liebe Luise, daß ich Euch in den jetzigen Jahren nicht wieder sehen werde, da ich Euch doch in Euern so gar jungen Jahren gesehen habe. Wißt Ihr noch, wie herzlich ich mit Euch weinte, wie ich Euch nach Kloster Neuburg zu der Gräfin von Labach führte?

Fontainebleau, den 20. Oktober 1714.

Herzallerliebste Luise, dieses ist leider der letzte Brief, so ich Euch von dem lieben Fontainebleau schreiben werde; denn bis Mittwoch werden wir weg und Montag wird die letzte Jagd in diesem schönen Wald sein. Bei Marly und Versailles ist nichts, so dabei kommen kann. Was mir noch an diesem Ort hier gefällt, ist, daß alle Säl und Galerien ganz teutsch aussehen; wenn man in den Schweizersaal geht, sieht es recht aus wie ein alter teutscher Saal mit Erkern und Getäfel und Bänken. Ich fühle augenscheinlich, daß die Luft hier, wie auch das Jagen, mir wohl bekommt und mir eine gute Gesundheit gibt; es vertreibt die traurigen Gedanken, und nichts ist mir ungesunder als traurig sein. Bisher seind, gottlob, alle unsere Jagden gar wohl abgeloffen. Vergangenen Donnerstag fing man einen Hirsch, der ein wenig bös war. Ein Edelmann stieg auf den Felsen hinter dem Hirsch und gab ihm einen Hieb in den Schenkel; da konnte

---

1) Jagdschloß bei Hannover. 2) Georg I. von England, Sohn der Kurfürstin Sophie.

er den Kopf nicht mehr bücken, war also ohne Gefahr. Hinter meiner Kalesch war eine Kalesch mit drei Geistlichen, der Erzbischof von Lyon und zwei Äbte, welche das Jagen nicht gewohnt sein; die, wie der Hirsch sich ihnen nur wies, sprangen zwei aus der Kalesch und versteckten sich hinter der Kalesch platt auf dem Boden. Es ist mir leid, daß ich diese Szene nicht gesehen habe, hätte mich brav lachen machen; denn wir andern alten Jäger scheuen die Hirsche nicht so sehr.

Ich habe auf der Jagd Euer Kompliment an den Kurprinzen[1]) gemacht und Ihro Liebden gesagt, wie Ihr ihn, liebe Luise, Eueres Respekts versichert. Er hat mir nur eine große Reverenz gemacht, aber nichts geantwortet. Ich bin gar nicht in seinen Gnaden. Ich glaube, daß er meint, ich würde von Religion reden und ihn persuadieren wollen, zu ändern, denn es ist noch gar nicht geschehen. Aber der gute Herr betrügt sich sehr; ich bin gar kein Apostel und finde gar gut, daß ein jeder nach seinem Gewissen glaubt; und sollte man meinem Rat folgen, würde nie kein Zank über die Religion werden und man würde die Laster und nicht die Glauben verfolgen und suchen zu verbessern und korrigieren. Ich mag ihm auch wohl übel gefallen, weil ich ein alt Weib bin; aber das stehet nicht zu ändern und wird alle Tag ärger werden ... Christen sollen alle Brüder sein, und es ist nur der Pfaffen Schuld, die durch ihren Ehrgeiz die christlichen Religionen gegeneinander hetzen und den Zwietracht machen, um daß ein jeder in seiner Religion regieren möge und den Meister spielen.

Versailles, den 22. Januar 1715.

Ich kann leicht begreifen, daß Euch das liebe Vaterland lieber ist als Engelland, und ich finde, daß Euer Schwager[2]) und Nichten Euch sehr verobligiert sein sollten, über das Meer ihretwegen gefahren zu sein. Das wäre wohl

---

1) Kurprinz Friedrich August von Sachsen. Er war seit zwei Jahren katholisch, hatte aber seinen Glaubenswechsel noch nicht öffentlich bekanntgegeben. 2) Der Herzog von Schomberg.

die größte Freundschaft, so ich jemand erweisen könnte, ihm
eine Visite über die See zu geben. Alles was ich von der
Prinzeß von Wales höre, macht, daß ich sie wohl recht ästi=
miere und lieb bekomme; sie hat recht noble und schöne Senti=
menten, ich fühle eine rechte Inklination vor sie. — Allein
essen ist eine verdrießliche Sach; das ist eins von den
Stücken, die mir am schwersten hier vorkommen; denn wenn
ich spüre, daß die Umstehenden mir so ins Maul sehen, be=
nimmt es mir allen Lust zum Essen.

Versailles, den 10. Mai 1715.

Der alte Groll wird nur mit dem Leben enden,
und alles, was die Zott¹) nur wird erdenken
können, mir böse Dienste zu leisten und mich
zu ärgern, das wird sie tun. Es findt sich
eine neue Ursach, nämlich weil ich ihre Her=
zensfreundin²), die die jetzige Königin in Spanien³) weg=
gejagt hat, nicht habe sehen wollen. Die Ursach, warum
ich dies Weib nicht hatte sehen wollen, ist, daß mein Sohn
mich drum gebeten; denn sie ist seine ärgste Feindin und
hat ihn wollen öffentlich vor einen Vergifter passieren
machen. Mein Sohn hat sich nicht kontentiert, seine Unschuld
zu beweisen, sondern er hat alle Informationen ins Parlament
tragen lassen, daß sie da mögen verwahret werden. Das
kann die Andere mir nicht verzeihen, daß ich ein solch
Weib nicht sehen will, aber, wie das teutsche Sprichwort
sagt: „Gleich und gleich gesellt sich gern, sprach der Teu=
fel zum Kohlenbrenner". Ich muß mich auf alles Böse
gefaßt halten und Geduld nehmen. Wenn man durch
Trübsal selig wird, habe ich an meiner Seligkeit gar nicht
zu zweifeln; denn deren habe ich viel mehr hier im Land
ausgestanden als Lust noch Freuden, das weiß Gott. Wenn
es ein Zeichen ist, daß man von Gott geliebt ist, wenn
man der Welt überdrüssig ist, so hat mich Gott der All=

---

1) Die Maintenon. 2) Die Orsini (Ursins). 3) Elisabeth Farnese von Parma.
Sie hatte sich aus der Tyrannei der allmächtigen Orsini befreit und sie verbannt.

mächtige gewiß sehr lieb; denn man kann der Welt nicht überdrüssiger sein als ichs bin.

Da bin ich wieder in meinem Kabinett. Ich habe nicht zu der Prinzeß de Conti gekonnt, denn ihre Hofmeisterin, die Marquise d'Urfé, hat mir gesagt, ihre Stiege wäre schwer zu steigen, und ich kann keine leichte Stiege steigen, will geschweigen eine ungemächliche, habe also meine Entschuldigung machen lassen und bin wieder herkommen, und kann nichts Bessres tun, als Euch noch zu unterhalten, liebe Luise, bis mein Essen kommt. Freilich muß man hier Geduld haben, und wie das teutsche Sprichwort sagt: „Geduld überwindet Buttermilch". Wenn mich was ärgert, suche ich hundert Sachen hervor, so mir Zerstreuung geben können, und überwinde es so in wenigen Tagen, gehe meinen geraden Weg fort, und laß Gott walten...

Marly, Donnerstag den 30. Mai 1715.

ir seind diesen Nachmittag lang in der Kirch gewesen, weil es heute Himmelfahrtstag ist. Mein Gott, wie gehen die Zeiten vorbei! Vor 52 Jahren war ich den Himmelfahrtstag zu Cleve, auf meiner Rückreis in die liebe Pfalz; aber an diese glücklichen Zeiten will ich nicht mehr gedenken. Ach liebe Luise, ich habe ja schier niemand mehr als Euch, so sich in ganz Teutschland vor mich interessiert, alles ist mir ja leider abgestorben.

Wenn ichs betracht, finde ich mich oft, als wenn ich vom Himmel gefallen wäre. Adieu, liebe Luise, ich embrassiere Euch von Herzen und wünsche Euch eine gute Nacht und daß Ihr morgen fröhlich erwachen möget.

Freitag, den 31. Mai, um 10 Uhr morgens.

uten Morgen, liebe Luise. Nun hoffe ich ganz und gar auf Euer liebes Schreiben in der Kühle zu antworten.

Ich habe einen rechten Wettervogel an meinen Knien und Füßen, war gestern gar übel

dran; ich spazierte und tat nur drei oder vier Touren in dem
Parterre vor meiner Kammer, mußte aber hernach wieder
herein, denn die Knie und Füße taten mir gar zu wehe, ich
konnte es nicht länger ausstehen. Ich glaube, daß anderstwo
ein Wetter gewesen und daß der Regen, so herkommen, nur
ein Rest davon ist. Ich habe herzlich über den Sternseher
lachen müssen, so den jüngsten Tag ausrechnen und kalku=
lieren will. Der muß die Bibel nicht gelesen haben, da unser
Herr Christus vom jüngsten Tag spricht und versichert, daß sein
himmlischer Vater allein diese Zeit weiß und daß die Engel
im Himmel diese Zeit noch Stund nicht wissen, und daß
sie kommen wird, wie ein Dieb in der Nacht. Das ist
artig, daß er gelehrter sein will als die Engel im Himmel.

Marly, den 8. August 1715.

Madame d'Orleans¹) wollte, daß alle ihre Töch=
ter Nonnen wären. Sie ist nicht so einfältig,
daß sie meint, daß das ihre Töchter eher in
den Himmel bringe; es ist nur pure Faulheit,
denn sie ist das faulste Mensch von der Welt.
Sie fürcht, wenn sie ihre Töchter bei sich hätte, müßte sie vor
ihre Erziehung sorgen, und die Mühe mag sie sich nicht geben;
sie hat mirs selber gestanden. Nichts in der Welt ekelt
mich mehr als der Schnupftabak; er macht häßliche Nasen,
durch die Nase reden und abscheulich stinken. Ich habe Leute
hier gesehen, so den süßesten Atem von der Welt gehabt haben,
und nachdem sie sich dem Tabak ergeben, seind sie in sechs
Monaten stinkend geworden wie Böcke. Unser König liebt
es ohne Vergleichung ebensowenig, jedoch so nehmens als
seine Kinder und Kindskinder, unangesehen, daß es dem
König mißfällt.

---

1) Monsieurs Mutter, die alte „Madame". Liselotte schreibt über sie: Sie ist so
faul, daß sie sich nicht entschließen kann, einen Augenblick ein Leibstück anzutun, liegt
allezeit in einer Schärpe auf einem Lotterbett, will niemands sehn als die, so sind wie
sie; ich aber halte meine Lebensweise ein, bin recht angetan en grand habit und leide
niemands, als die auch angetan sein.

Versailles, den 27. August 1715.

nser lieber König, nachdem er sich zum Tod bereitet und, wie es hier der Brauch ist, seine letzten Sakramente vorgestern um acht abends empfangen und alles angeordnet, wie er es nach seinem Tod will gehalten haben, hat den jungen Dauphin[1]) holen lassen, ihm seinen Segen geben und zugesprochen. Hernach hat er die Herzogin von Berry[2]), mich und alle seine andern Töchter und Enkel kommen lassen; er hat mir mit solch zärtlichen Worten Adieu gesagt, daß ich mich noch selber verwundere, wie ich nicht rack ohnmächtig worden bin. Er hat mich versichert, daß er mich allezeit geliebt hätte und mehr, als ich selber gemeint, daß es ihm leid seie, daß er mir jemalen Kummer gemacht; er bäte, ich sollt mich doch seiner etlichmal erinnern, welches er glaubte, daß ich tun würde, weil er persuadiert seie, daß ich ihn allezeit lieb gehabt hätte; daß er mir im Sterben Glück und Segen wünsche und daß ich all mein Leben möge vergnügt zubringen. Ich warf mich auf die Knie, nahm seine Hand und küßte sie; er embrassierte mich. Hernach sprach er an die anderen; er sagte, er rekommandiere ihnen die Einigkeit. Ich meinte, er sagte es zu mir, ich sagte, daß ich Eure Majestät in diesem und all mein Leben gehorsam sein würde; er drehet sich herum, lächelte und sagte: „Ich sage Euch dies nicht, ich weiß, daß Ihr es nicht vonnöten habt und zu räsonnabel dazu seid; ich sage es den andern Prinzessinnen." Ihr könnt leicht gedenken, in welchen Stand mich dieses alles gesetzt hat. Der König hat eine Festigkeit, die nicht auszusprechen ist, gibt alle Augenblick Order, als wenn er nur eine Reis täte. Er hat zu all seinen Leuten gesprochen und Adieu gesagt. Meinem Sohn hat er alles anbefohlen und ihn zum Regenten gemacht mit solcher Zärtlichkeit, daß es

---

1) Seinen Urenkel Ludwig (XV.), geb. am 15. Februar 1710.   2) Die Witwe seines dritten Enkels, die Enkeltochter Liselottens.

König Ludwig XIV. starb am 1. September 1715. Liselottens Sohn Philipp wurde Regent an Stelle des Königs Ludwig XV., der damals erst fünf Jahre alt war.

durch die Seele dringt. Ich glaube, daß ich die erste vom königlichen Haus sein werde, so dem König folgen wird, wenn er stirbt; denn er lebt noch, aber wird doch schwächer und es ist nichts zu hoffen, leider.

Es ist nicht wahr, daß Madame de Maintenon tot ist; sie ist in voller Gesundheit in des Königs Kammer, welchen sie weder Nacht noch Tag verläßt. Der König ist von einer guten, starken Konstitution; ich glaube, daß, wenn man eher dazu getan hätte, würde man ihn noch haben salvieren können. Stirbt der Herr, wie nicht zu zweifeln steht, so ist es ein größer Unglück vor mich, als Ihr Euch immer einbilden könnt, aus vielen Ursachen, die sich nicht schreiben lassen ... Ich habe es bemerkt, alle guten Gemüter seind die, welche am meisten leiden. Aber auf Gottes Geheimnis kann man nicht räsonnieren, alles muß sich in seinen Willen ergeben.

An Gottfried Wilhelm Freiherrn von Leibnitz
den Philosophen und Freund der Kurfürstin Sophie. Er starb 1716 zu Hannover.

Paris, den 26. September 1715.

Ich danke Ihm sehr vor den Anteil, so Er genommen in meiner Traurigkeit über unsers Königs Verlust, wie auch über die Freude, so Er meint, so ich empfinde über meines Sohns Regierung. Es geht aber hiermit wie schier in allen Sachen dieser Welt, da die Traurigkeit allezeit vollkommener ist als die Freude. Denn mein Sohns Stand hat zwar einen großen Schein und Eklat, allein ich habe doch noch große Sorgen dabei. Er hat das Königreich in keinem guten Stand unterhanden bekommen, und es kost ihm schon viel Mühe und Sorgen, daß er keine Zeit zu essen oder zu schlafen hat und mich fürchten macht, daß er endlich eine große Krankheit davontragen wird. Ich fürchte auch, es wird meinem Sohn gehen, ohne Vergleichung, wie es mit den großen Fässern zu Heidelberg gangen, alle Kurfürsten, so nicht getrunken, haben sie gebauet, und die, so viel getrunken, haben keine gemacht. Der König war nicht gelehrt, hat doch alle Studien und Gelehrten florieren machen, mein Sohn aber, obzwar er nicht ignorant ist, auch die Gelehrten liebt, wird ihnen, wie ich fürchte, nicht günstig sein können, weil alles in so großer Unordnung hier ist, daß mein Sohn wohl Mühe wird haben, zu tun, was er am liebsten wollte. Er wird auch viel Leute übel zu Feinden machen, denn 50 prätendieren, was nur einer haben kann, das macht 49 Malkontente, ohne die zu rechnen, so meinen Sohn beneiden. Dieses alles benimmt mir, ich muß es gestehen, meine Freude über meines Sohns glorwürdigen Stand jetzt.

An Raugräfin Luise
Paris, den 27. September 1715.

erzallerliebste Luise, ob mich zwar die Pariser Luft seit Dienstag abends mit einem ärgeren Husten und Schnupfen begabet, als ich in vielen Jahren gehabt, und mit einem Kopfwehe, daß ich kaum die Augen offen halten kann, so will ich doch auf Euer liebes Schreiben vom 4. dieses Monds antworten; denn an jemand zu schreiben, den man lieb hat, das tröstet . . . Keinem Doktor werde ich es[1] nicht zu examinieren lassen. Außer Aderlassen, Purgieren, Klistieren, in Sauerbrunnen gehn und Eselsmilch trinken, brauchen sie nichts; auch findt man nichts bei den Apothekern, als was zum Purgieren und Klistieren nötig, sonst nichts.

Ich weiß nicht, ob mein Sohn König wird werden; das stehet bei Gott. Aber wenn er es gleich werden sollte, so kann er nichts tun, als was sein Gewissensrat[2] ihm raten wird, in welchen ich nicht gewählet bin, wie Ihr wohl denken könnt. Eins ist wohl sicher, daß, wenn er seiner eigenen Inklination folgte, so würde wohl kein Mensch in der Welt

---
[1] Ein Pulver, daß die Raugräfin ihr geschickt hatte. [2] In diesem Rat hatte Dubois, der frühere Erzieher des Regenten, den größten Einfluß; er wurde später Minister.

geplagt sein wegen der Religion; aber mit Pfaffen kommt man nicht leicht zurecht. Ich sags meinem Beichtsvater oft, daß die Herren Paters von seinem Orden[1]) zu eifrig und hitzig sein; er sagt aber als, daß man sie viel beschuldigt, so sie nicht getan haben, weil sie gehaßt werden. Ich machs so: ich denke nur an mich und lasse jedermann glauben und walten, wie er es versteht. Der junge König ist sehr zart; ich wollte gern, daß er nur noch leben könnte, bis mein Sohn alles wieder zurechtgebracht hätte . . .

Paris, den 1. Oktober 1715.

ch will mich doch nur erkundigen, was für die armen Galeerensklaven zu tun ist, und will vor sie reden. Gehet es an, sollte es mich von Herzen freuen; gehet es nicht an, habe ich doch meine Schuldigkeit getan und mir nichts vorzuwerfen. Ich fürcht, daß der Gewissensrat meinem Sohn nicht zulassen wird, etwas für die armen Flüchtlinge zu tun; denn Pfaffen seind allezeit Pfaffen.

Die Herzogin kannte ihre Leute. Ihr Sohn verfügte zwar die Freilassung der ihres Glaubens wegen zur Galeere verurteilten Reformierten, aber die Pfaffen brachten es zuwege, daß schon nach zwei Jahren wiederum neue Verurteilungen dieser Art erfolgten.

Paris, den 15. Oktober 1715.

n diesem Augenblick komme ich vom Spazieren. Es ist das schönste Wetter, das man sehen mag, wie im Maien. Ich bin im kleinen Hölzchen gewesen, so man Bois de Boulogne heißt; darinnen ist ein alt Schloß, so Franz I. gebauet hat, so Madrid heißt, weil dieser König das Schloß hat bauen lassen nach dem Modell vom Schloß zu Madrid in Spanien, wo dieser König gefangen gesessen. In diesem Hof hat eine Dame, so vor diesem meine Jungfer (Hoffräu-

1) Die Jesuiten.

lein sollte ich sagen) gewesen, sie heißt Chaufferaye, ein artig
Landhäuschen; die hab ich dort besucht und ihr klein Gärtchen
etlichmal durchspaziert.

An Gottfried Wilhelm Freiherrn von Leibnitz
Paris, den 21. November 1715.

Mein Sohn ist so überhäuft mit verdrießlichen Affairen, daß ich ihn nur einen Augenblick des Tags sehen kann ... Alle Akademien hat er ausgeteilt, aber die von den guten Künsten hat er vor sich selber behalten, sein Sinnen dadurch nach so verdrießlichen Arbeiten wieder zu erquicken. Wenn Wissenschaft das wahre Himmelsbrot ist, wird es viel hungrige Seelen geben. Ich selber fürchte, daß ich mit Hunger leiden müßte, denn man kann nicht ungelehrter noch ignoranter sein als ich bin, ob ich zwar täglich in mir selber suche, mein Gemüte zu beruhigen, aber Leute wie ich, so mit einer verdrießlichen Milz behaftet sein, denen wird alle Mühe größer, und es macht in dem Menschen wie Mikroskope: es vergrößert allen Verdruß und macht die Traurigkeit länger währen. Mich deucht, daß es schwer wird sein, Mittel zu finden, alle Menschen gesund zu erhalten. Man müßte denn so viele Heilmittel finden als Leute in der Welt sein; denn was Einen gesund macht, bringt einen Andern ums Leben, weil das Innerliche vom Menschen eben so different als die Gesichter sein. Mich deucht, daß bisher man die Kunst noch nicht gefunden, länger zu leben, noch vergnügter, fürchte, daß man noch lang im Vorhof sein wird ... Er, Herr Leibnitz, bedarf niemandes als seiner eigenen Hand, sich bei meinem Sohn anzumelden, er kennt Ihn mehr, als Er meint, denn Seine Reputation ist hoch hier zu Paris gestiegen. Mein Sohn muß wohl gedenken, daß man eines tun und das ander nicht unterlassen könne, weil er, wie schon gesagt, sich der Akademie der Wissenschaften allein annehmen will ... Die Nation hier ist schwer zu konten=

tieren, sie folgen oft dem ersten, so ihnen was vorbringt, und in den Provinzen nach dem man ihnen von Paris schreibt, insonderheit wenn das Pfaffengeschmeiß sich drinmischt. Was eigentlich vorgeht, weiß ich nicht, denn es ist mir so angst, daß man glauben möchte, daß mein Sohn sich auch durch Weiber regieren läßt, daß ich, um seiner Gemahlin und Töchtern das Exempel zu geben, sich in nichts zu mischen, hab ich überlaut gesagt, daß ich mich in nichts in der Welt mischen will. Mein Sohn hat mir auch gesagt, daß er seine Frau und älteste Tochter[1]) gebeten, meinem Exempel zu folgen. Bisher hat es mich noch nicht gereuet, diese Resolution genommen zu haben.

1) Die Herzogin von Berry, die sein besonderer Liebling war.

An Karoline von Wales
geb. Prinzeß von Ansbach, Gattin des englischen Thronfolgers, der ein Enkel der Kurfürstin Sophie war.

Paris, den 9. Januar 1716.

Man hat nie differentere Brüder gesehen, als Ihre Majestät der König selig und Monsieur selig waren, haben sich doch sehr lieb gehabt. Der König war groß und lichtbraun, und sah männlich aus, hatte außerdermaßen hohe Mienen. Monsieur sah nicht ignobel aus, aber er war sehr klein, hatte pechschwarze Haare, Augenbrauen und Augenlider, große braune Augen, ein gar lang und ziemlich schmal Gesicht, eine große Nase, einen gar zu kleinen Mund und häßliche Zähne, hatte mehr weibliche als Manns=Manieren an sich, liebte weder Pferde noch Jagen, nichts als Spielen, Cercle halten, wohl essen, tanzen und geputzt sein, mit einem Worte, alles was die Damen lieben. Der König aber liebte die Jagd, die Musik, die Komödien, mein Herr nur die großen Versammlungen und Masqueraden. Der König liebte Galanterien mit Damen; ich glaube nicht, daß mein Herr in seinem Leben verliebt gewesen.

An Raugräfin Luise
Paris, den 21. Januar 1716.

as Jahr, wie Carllutz, Euer Bruder, herkam, stund ich gar übel mit dem Chevalier de Lorraine, und das falsche Geschrei ging, daß ich Carllutz hätte holen lassen, um mich an dem Chevalier zu rächen. Viel Kavalier vom Hof, brave Leute, kamen und baten mich um Gottes willen, sie vor des Raugrafen Sekundanten anzunehmen. Ich lachte von Herzen und sagte, daß ich gar keine Schlägerei anfangen wollte. Ich weiß nicht, ob der Chevalier hiervon gehört hatte oder nicht; aber einsmals, als Carllutz und ich und noch viele andere Teutsche in meiner Kammer waren, kam der Chevalier de Lorraine in meine Kammer; wie er uns Teutsche aber beisammen sah, drehet er kurz um und lief davon, als wenn er den Teufel gesehen hätte. Alle haben herzlich drüber gelacht.

An Karoline von Wales
Paris, den 19. März 1716.

enn man die Jalousie einwurzeln läßt, ist sie nicht zu vertreiben; man muß beizeiten seine Partei nehmen. Meine Tochter läßt sich nichts merken, aber sie leidet oft innerlich, und das kann nicht anders sein, sie liebt ihre Kinder gar sehr, und das Mensch[1]), das der Herzog so lieb hat, und ihr Mann lassen ihr keinen Heller; ruinieren ihn ganz. Craon ist wohl ein verfluchter falscher Hahnrei. Der Herzog von Lothringen weiß wohl, daß meine Tochter alles weiß, aber ich glaube, daß er ihr Dank weiß, daß sie ihn nicht drum plagt, sondern alles mit Geduld ausstehet, denn er lebt mit ihr wohl, und sie hat ihren Herrn so herzlich lieb, daß, wenn er ihr nur ein paar gute Worte giebt, ist sie ganz wohl zufrieden und lustig.

---
[1]) Frau von Craon, die Mätresse des Herzogs von Lothringen.

St. Cloud, den 22. September 1716.

arum ich mich in nichts mischen will, das will ich offenherzig heraussagen: ich bin alt, habe mehr Ruhe vonnöten, als geplagt zu sein. Ich mag nichts anfangen, was ich nicht wohl zu Ende bringen könnte. Regieren habe ich nie gelernt; ich verstehe mich weder auf Politik noch auf Staatssachen und bin viel zu alt, was so Schweres zu lernen. Mein Sohn hat, gottlob, Verstand, die Sache ohne mich auszuführen. Zudem würde es zu viele Jalousie bei seiner Gemahlin und ältesten Tochter[1]) zuwege bringen, die er lieber hat als mich; das würde ein ewiger Zank sein, und das ist meine Sache nicht. Man hat mich genung geplagt, aber ich habe festgehalten; ich wollte meines Sohns Gemahlin und Tochter gern ein gutes Exempel geben. Denn dieses Königreich ist zu seinem Schaden durch alte und junge Weiber regiert worden. Es ist einmal Zeit, daß man die Manns= leute gewähren läßt. Also habe ich die Partei gefaßt, mich in gar nichts zu mischen. In Engelland können Weiber re= gieren, aber wenns recht gehet, sollten in Frankreich die Männer allein regieren. Wozu sollte es mir nutzen, mich Tag und Nacht zu quälen? Ich begehre nichts als Friede und Ruhe. Alle die Meinigen sind tot; für wen sollte ich mich in Sorgen setzen? Meine Zeit ist nun vorbei, muß nur sehen, so zu leben, damit ich ruhig sterben kann; und es ist schwer, in großen Weltgeschäften ein ruhiges Gewissen zu behalten.

An Raugräfin Luise
St. Cloud, den 19. November 1716.

ir wäre es kein Dank, wenn man sich auf mei= nen Geburtstag mit schönen Kleidern putzte; denn da frag ich nichts nach, sehe mein Le= ben nicht, wie die Leute gekleidet sein. Und sollte man meine eigenen Kleider nehmen und

---

[1]) Die verwitwete Herzogin von Berry.

antun und vor mich kommen, würde ichs nicht merken; denn ich sehe mein Leben nicht darnach, wie die Leute gekleidt, es müßte denn etwas gar Ridiküles sein.

An den Geheimen Rat Friedrich von Harling
St. Cloud, den 26. November 1716.

Ich gestehe, daß mich der schleunige Tod von dem armen Herrn von Leibnitz überrascht hat. Es ist wohl schad, daß ein solch gelehrter Mann es nicht hat weiter bringen können; muß doch einen sanften Tod gehabt haben, weil es so geschwind hergangen. Wenn die Leute gelebt haben wie dieser Mann und wie Monsieur Harling mir sein Leben beschreibt, kann ich nicht glauben, daß er vonnöten gehabt hat, Priester bei sich zu haben, denn sie konnten ihn nichts lehren, er wußte mehr als sie alle. Sankt Paulus sagt, daß die guten Werke den wahren Glauben zeigen, weil sie die Früchte davon sein; Gewohnheit ist keine Gottesfurcht, man muß wissen, was man in der Gottesfurcht tut. Nur zum hl. Abendmahl aus Gewohnheit gehen, kann Gott nicht angenehm sein; es muß auf wahren Glauben gericht sein. Und einen solchen Glauben wir dadurch erweisen, daß wir Gott dankbar sein, ihn lieben und auf sein Verdienst vertrauen, auch einen ernstlichen Vorsatz haben, unsern Nächsten zu lieben und ihm nach Gottes Gebot behilflich sein. Ohne diese Punkte glaube ich nicht, daß irgend eine Kommunion dienlich sein kann. Ich zweifle gar nicht an des Herrn Leibnitz Seligkeit und finde, daß er ein Glück gehabt, nicht lang zu leiden. Gott verleihe uns allen ein seliges End.

An Raugräfin Luise
Paris, den 15. Dezember 1716.

Mich wundert, daß Ihro Liebden die Prinzeß von Wales meine Schreiben nicht empfangen hat, denn ob ich zwar kein Schreiben von Ihro Liebden habe haben können, so habe ich doch keine einzige Post verfehlt. Ich hoff, man wirds ihr endlich noch geben; ich glaube, der Torcy[1]) tut es mit Fleiß, um mich mit der Prinzeß zu entzweien und Ihro Liebden weiszumachen, daß ich nicht in Sorgen vor sie gewesen und nichts nach ihr frage. Er ist zu mir kommen; höflicher Weis habe ich ihm meine Meinung gesagt. Er ist feuerrot worden und hat gesagt, es wäre seine Schuld nicht, wenn die Briefe zu spät kommen. Ich lachte und sagte: „Ihr sagt ja selber, die Schreiben vom 7. wären ankommen; jedoch habe ich meinen Brief nicht und ich bin gar gewiß, daß die Raugräfin nicht verfehlt hat, zu schreiben, also muß man mir ja wohl mein Paket aufhalten." . . . Hätte ich die Parfüms nicht vertragen können, wäre ich längst tot; denn in allen meinen Kindbetten ist mein Herr mit parfümierten spanischen Handschuhen zu mir kommen. . . . Den Ball habe ich mein Leben nicht geliebt, um französisch zu tanzen, denn nichts ist mir unleidlicher als ein Menuett tanzen zu sehen. Komödien aber sehe ich gern, sie mögen von Kindern oder großen Leuten gespielt werden. . . .

An Karoline von Wales

Paris, den 21. Dezember 1716.

or diesem hieß man mich immer die Friedensstifterin, weil ich allzeit meinen möglichsten Fleiß tat, Monsieur mit seinen Basen in Einigkeit zu halten; sie zankten sich gar oft und das, wie rechte Kinder, um die größten Bagatellen von der Welt.

Paris, den 18. Februar 1717.

ie man gemeint, daß ich nach meines Herrn Tode den Prozeß[2]) zu Rom gewinnen könnte und Geld bekommen, hat mir die alte Zott ins Königs Namen sagen lassen, ich sollte versprechen, wofern ich meinen Prozeß gewinnen

---

[1]) Der Oberpostdirektor.   [2]) wegen ihres pfälzischen Erbes.

sollte, meinem Sohn sogleich die Hälfte zu verschreiben, und wenn ichs nicht täte, sollte ich des Königs Ungnade zu gewarten haben. Ich lachte und antwortete: ich wüßte nicht, warum man mir drohete, da ich ja keine anderen Erben hätte als meinen Sohn, daß es aber billig wäre, wenn mir was zukäme, daß er meinen Tod erwartete. Und daß der König zu gerecht wäre, mir ungnädig zu sein, wenn ich nichts täte, als was recht und billig ist. Hernach kam die Zeitung, daß ich meinen Prozeß verloren, welches mir aus obgemeldeter Ursach nicht leid war.

Paris, den 19. März 1717.

n der ganzen Welt können wohl keine häßlicheren Hände gefunden werden als die meinigen. Der König hat mirs oft vorgeworfen und mich von Herzen mit lachen machen; denn wie ich mich in meinem Leben nicht habe pitieren können, was Hübsches zu haben, so habe ich die Partei genommen, selber über meine Häßlichkeit zu lachen, das ist mir recht wohl bekommen; habe oft genung zu lachen gefunden.

An Raugräfin Luise

Paris, den 14. Mai 1717.

erzallerliebste Luise, ich habe heute eine große Visite gehabt, nämlich meinen Heros, den Zar. Ich find ihn recht gut, wie was wir als vor diesem gut hießen, nämlich wenn man gar nicht affektiert und ohne Façon ist. Er hat viel Verstand und redt zwar ein gebrochen Teutsch, aber mit Verstand, und gibt sich gar wohl zu verstehen. Er ist höflich gegen jedermann und macht sich sehr beliebt.

St. Cloud, den 2. September 1717, 8 Uhr morgens.

Herzallerliebe Luise, ich habe noch ein Stündchen in meinem Kabinett zu sein, ehe ich mich antun werde, das kann ich nicht besser anwenden, als auf Eure zwei liebe Schreiben, so man mir auf einmal gebracht hat, zu antworten. Um neun aber muß ich mich anziehen; denn ich muß heute nach Paris, bin zu Gast gebeten bei der guten Duchesse de Lude, so vor diesem Hofmeisterin bei der letzten Dauphine gewesen. Madame d'Orleans soll auch hinkommen. Es ist wie eine Rente, denn alle Jahre um diese Zeit gibt sie mir eine Mahlzeit; sie hat gar gute Köche. Nach dem Essen werden wir Hoka spielen. Ich werde nach dem Spiel ins Palais Royal, da man alle Donnerstag auf dem Theater Komödie spielt; einen Donnerstag spielt man eine Tragödie mit einem Possenspiel und den andern eine Komödie und noch ein klein Stück dabei.

Es ist billig, daß alle Heidelbergischen Leute mich sehen[1]; denn ich habe mein Vaterland von Herzen lieb. Man sieht mich wohl, ob man zwar nicht adelig ist. Wenn ich hier nur die sehen wollte, so nur von gutem Haus und adelig sein, müßte ich oft hier ganz allein sein, denn die Herzöge, so viel Prahlens machen, darunter seind viele, die keine Edelleute sein.

St. Cloud, den 17. Oktober 1717.

Der König hat viele Schulden gemacht, weil er nichts von seiner königlichen Pracht hat aufgeben wollen, hat also Geld gelehnt, wozu die Minister brav geholfen. Denn wo der König einen Heller gezogen, da haben sie mit ihren Kreaturen Pistolen bekommen und durch ihre Schelmereien und Stehlereien den König und Königreich arm, sich aber brav reich gemacht.

---

[1] d. h. Audienz erhalten.

Mein Sohn gibt sich Tag und Nacht Mühe und Sorgen, alles wieder zurecht zu bringen, und kein Mensch weiß ihm Dank, hat viel Feind, die ihm alles übel drehen, und mit Fleiß Leute bestellen, ihn bei dem Volk verhaßt zu machen, welches leicht geschieht, insonderheit weil er nicht bigott ist. Mein Sohn ist so wenig interessiert, daß er nie hat, was ihm von der Regentschaft von rechtswegen gebührt, hat keinen Heller davon genommen, ob er es doch wegen seiner vielen Kinder hoch vonnöten hätte.

St. Cloud, den 2. Dezember 1717.

s ist mir lieb, daß meine Briefe Euch wohl überliefert werden. Monsieur de Torcy ist gar mein Freund nicht; könnte er was finden, mir zu schaden, würde er es nicht unterlassen. Aber da ist mir nicht bang bei, mein Sohn kennt mich zu wohl und weiß, wie herzlich ich ihn liebe, also würde es schwer sein, mich mit ihm zu entzweien. Daß die Briefe wohl zupitschiert sein, will nichts sagen; sie haben eine Materie von Quecksilber und ander Zeugs, das preßt man auf das Pitschier, das nimmt just die Größe vom Pitschier. Wenn sie es abgedruckt haben und man es in der Luft läßt, wird es gar hart, daß man wieder damit pitschieren kann. Wenn sie die Briefe gelesen und abgeschrieben haben, pitschieren sie sie wieder sauber zu; es kann kein Mensch sehen, daß es aufgemacht worden. Mein Sohn kann die Gama (so heißt man die Materie) machen; ich brauch es nur zu Kurzweil.

Paris, den 9. Dezember 1717.

as ist gewiß, daß ich mein Leben nirgends so, ich sage nicht fürstliche, sondern adelige so elend habe erziehen sehen, als man diese Kinder hier erzogen hat[1]). Es war dieselbe Hofmeisterin, so meine Tochter gehabt, die gottlob

---

1) Die Kinder ihres Sohnes.

nicht so erzogen ist. Ich habe einmal die Hofmeisterin zu
Red gestellt, warum sie nicht meine Enkel wie meine Tochter
erziehe; so hat sie mir geantwortet: „Bei Mademoiselle habt
Ihr mir beigestanden, bei diesen Kindern hat mich die Frau
Mutter mit ihnen ausgelacht, wenn ich über sie geklagt.
Wie ich das gesehen, habe ich alles seinen Weg gehen lassen."
Daher kommt die schöne Zucht. Wie ich den Heirat nicht
gemacht, habe ich auch nie vor die Kinder gesorgt, Vater
und Mutter gewähren lassen.

Paris, den 11. Dezember 1717.

Das ist leider der einzigste Dienst und Trost, so
ich denen, so mir nahe und lieb sein, geben
kann, sie in sich selber zu gehen machen und
ihre eigene Vernunft zu erwecken, so die Be=
trübnis einschläft, um die gerade Räson zu
sehen und zu befolgen, dazu sie uns ja auch von unserm Herr=
gott gegeben ist. Daß ein jeder Mensch seine Schwachheit
hat, ist wohl wahr, und allezeit Aufmunterung vonnöten hat.
So lang der gute, ehrliche Polier[1]) gelebt, hat mir dieser
Trost nicht gefehlt, nun muß ich alles bei mir selber
suchen, welches eine schwere Arbeit ist und wohl Beten von=
nöten hat. Auf Gott ganz sein Vertrauen setzen, gibt allezeit
großen Trost. Gottes Weisheit ist, wie der Allmächtige
selber, unendlich, also weiß er selber allein, warum
alles geschieht. Wir müssen der Vernunft folgen, so er
uns gegeben, ihn aber im übrigen gewähren lassen und
seinem Willen unterwerfen. Und weil er die Welt so geliebt,
daß er uns seinen eingebornen Sohn geben, auf daß alle,
so an ihn glauben, nicht verloren werden, sondern das ewige
Leben haben, so können wir ja wohl ruhig und zufrieden
sein. Denn schickt er uns hernach was übles zu, will er
uns züchtigen in dieser Welt, damit wir es nicht in jener
Welt sein mögen, welches ein großer Trost ist und ruhig kann

---

[1]) Ihr ehemaliger Hofmeister, der ihr nach Frankreich gefolgt war. Er war 1711 gestorben.

sterben machen. Schickt uns Gott Freude, ist es Gelegenheit, ihm zu danken und unsere Liebe gegen ihn zu vermehren. Also wendet Gott alles zu unserm Besten, wenn wir es nur recht auf- und annehmen. So gedenk ich's, liebe Luise, sage dies nicht, zu predigen, sondern nur, Euch meine Gedanken zu sagen... Dr. Luther ist gewesen wie alle Geistlichen in der Welt, so alle gern Meister sein wollen und regieren. Aber hätte er an das gemeine Beste der Christenheit gedacht, würde er sich nicht separiert haben. Er und Calvinus hätten tausendmal mehr Guts ausgerichet, wenn sie sich nicht separiert hätten und, ohne Geras zu machen, unterrichtet hätten; die albernsten römischen Instruktionen würden allgemach von selber vergangen sein. Wenig Geistliche hören gegen ihre Interessen, also war nicht zu hoffen, daß man Lutherus hören konnte, so so sehr darwider lief; aber hätte er Rom gewähren lassen und Frankreich und den Teutschen allgemach den Irrtum gewiesen, würde er viel mehr mit ausgerichtet haben....

Paris, den 20. Januar 1718.

ir haben schier alleseit das Unglück gehabt, daß Teutschland alleseit Frankreich nicht allein nachäfft, sondern auch alles doppelt macht, was man hier tut. Derowegen wundert mich's nicht, daß man in Teutschland, Frankreich zu kopieren, so doll lebet. Wenn der Prinz von Nassau-Siegen nichts anderes bekommt als von mir, kann er wohl Hungers sterben; ich habe nur, was mir nötig, und gar keine Mittel, einen Fürsten zu erhalten; vor meinen Stand bin ich mehr arm als reich. Was hat der Herr hier zu tun, warum geht er nicht in Teutschland? Er macht sich hier nur auslachen von jedermann. Es seind dolle Köpfe, sein Bruder und er. Sein Bruder wollte mit aller Gewalt von mir wissen, warum seine Gemahlin ihn nicht leiden könne. Er stinkt abscheulich aus dem Mund; ich hatte ihm gesagt, daß ich glaube, daß dies die Ursach sei.

An den Geheimen Rat Friedrich von Harling
Paris, den 24. Februar 1718.

ie Prinzeß¹) jammert mich in Grund der See= len; den 17. dieses Monds ist ihr klein neu= geboren Prinzchen an den Gichtern und Husten zu Kensington gestorben. Die Prinzeß soll unerhört betrübt über diesen Verlust sein. In ihrem letzten Schreiben sagt sie, daß ihr Herr und sie den König drei Mal um Verzeihung gebeten, hätten aber nichts erhalten können. Ich kann nichts in dieser Sach begreifen, ich fürchte daß der Prinz seiner Frau Mutter²) Unglück mit teilet und deswegen nicht kann geliebt werden, und das ist nicht zu verhelfen. Jedoch so deucht mir, daß, weil der König diesen Prinzen vor seinen Sohn erkläret, sollte er ihn auch als seinen Sohn traktieren und auch mit der Prin= zeß nicht so streng verfahren, die ihr Leben nichts gegen den König getan und ihn immer geehret und respektiert und als einen leiblichen Vater geliebt hat. Wie ich die Sachen sehe, so glaube ich nicht, daß jemalen etwas Gutes draus kommt; die Verbitterung ist zu groß; aber der König tät wohl, ein End an dieser Sach zu machen, denn das macht nur hundert impertinente Sachen sagen und alte häßliche Historien verneuern, die besser wären, ganz vergessen zu sein.

An Raugräfin Luise
Paris, den 13. März 1718.

ch glaube, die Zeit ist herbeikommen, wie in der hl. Schrift stehet, daß sieben Weiber nach eines Manns Hosen laufen werden³). Nie= malen seind die Weibsleute gewesen, wie man sie nun sieht: sie tun, als wenn ihre Seligkeit drauf bestünde, bei Mannsleuten zu schlafen. Die an Hei= raten gedenken, seind noch die ehrlichsten. Was man täglich

---

1) Karoline von Wales. 2) Die Prinzessin von Ahlden, Tochter der Mätresse d'Olbreuse, welche wegen ehelicher Untreue von ihrem Gemahl verstoßen und in Haft gehalten wurde. 3) Jesaias 4, 1.

hier hört und sieht, ist nicht zu beschreiben, und das von den höchsten. Zu meiner Tochter Zeit war es gar nicht der Brauch; die ist in einer Verwunderung, daß sie nicht wieder zu sich selber kommen kann, über alles, was sie hört und sieht. Sie macht mich oft mit ihrer Verwunderung zu lachen. Insonderheit kann sie sich nicht gewöhnen, wenn sie sieht, daß Damen, so große Namen haben, sich in der Oper in der Mannsleute Schoß legen, so man sagt, sie nicht hassen. Meine Tochter ruft mir als: „Madame, Madame!" Ich sage: „Was soll ich dagegen machen? Das sind die Sitten unserer Zeit!" „Aber sie sind gemein!" sagt meine Tochter, und das ist auch wahr. Aber erfährt man in Teutschland, wo man alles von Frankreich nachäffen will, wie die Fürstinnen hier leben, wird alles zu Schanden und verloren gehen. Die allezeit ander Leute tadeln, seind oft die ersten so in selbige Fehler fallen. Das ist gewiß, daß meine eigenen Kinder gar wohl mit mir leben und mich noch fürchten, als wenn ich sie noch streichen könnte. Ich habe sie auch wohl herzlich lieb.

An den Herzog August Wilhelm zu Braunschweig
Paris, den 23. März 1718.

Euer Liebden bitte ich um Vergebung, daß ich etliche Tage gewesen, ohne auf Dero wertes Schreiben vom 15. Februar zu antworten. Die Ursach ist, daß ich seit einem Monat meine Tochter und ihren Herrn, den Herzog von Lothringen Liebden, bei mir habe; und weil dies wegen meines hohen Alters wohl das letztemal sein wird, daß wir einander sehen werden, so bleibe so lang bei ihnen als mir immer möglich sein mag. Aber in diesen letzten Tagen hat mich eine schlimmere Ursach am Schreiben verhindert, nämlich daß meines Sohns Gemahlin Liebden zwei Tag auf den Tod gelegen und erst seit gestern außer Gefahr; ist an einer starken Kolik schier gestorben. Diese Krankheit ist dies Jahr gar gemein zu Paris.

An Raugräfin Luise
Paris, den 31. März 1718 um 8 morgens.

eine lothringischen Kinder sein mit mir zufrieden und ich mit ihnen. Mit meiner ältesten Enkelin[1]) bin ich auch gar wohl zufrieden; habe rechte Hoffnung, daß was Rechts aus ihr werde. Denn sie ist in allem zu ihrem Besten geändert; sie hat viel Verstand und gar ein gut Gemüte; sie fängt an, zu Gott dem Allmächtigen zu beten, die Laster zu hassen, die Tugend zu lieben, und das ohne Aberglauben. Drum hoffe ich, daß sich Gott auch über sie erbarmen und sie ganz bekehren wird. Von ihrer dritten Schwester[2]) habe ich keine so gute Meinung; so betet sie ihr Leben nicht, zum andern, so hat sie kein gut Gemüte, fragt nichts nach ihrer Mutter, wenig nach ihrem Vater und will ihn regieren. Mich haßt sie ärger als den Teufel; ihre Schwestern haßt sie alle. Sie ist falsch in allen Stücken und spart oft die Wahrheit, kokett abscheulich. Summa, das Mensch wird uns allen noch Herzeleid geben, das ist gewiß. Ich wollte, daß sie schon geheirat und weit weg wäre und in fremden Ländern verheirat, daß man hier nichts mehr von ihr hörte. Ich fürchte, wir werden auch Herzeleid an der zweiten erleben, so mit aller Gewalt eine Nonne werden will[3]), und das gute Mensch betrügt sich selber; sie hat gar kein Nonnenfleisch und die Sach wird nicht sobald geschehen sein, so wird sie, wie ich fürchte, in eine Verzweiflung fallen und ist kapabel, sich selber umzubringen; denn sie ist geherzt und fürcht den Tod ganz und gar nicht. Es ist wohl schad vor das Mensch; sie hat viel Guts an sich, ist gar angenehm von Person, lang, wohl geschaffen, ein hübsch, angenehm Gesicht, schönen Mund, Zähne wie Perlen, tanzt wohl, hat eine schöne Stimm, weiß die Musik wohl, singt vom Blatt was sie will, ohne Grimassen, recht angenehm, ist eloquent von Natur, hat gar ein gut Gemüt, liebt alles, was sie lieben soll. Sie

---

[1]) Herzogin von Berry. [2]) Mlle de Valois. Sie heiratete 1720 den Herzog von Modena. [3]) Sie wurde am 14. September 1719 Äbtissin zu Chelles.

sagt zu allen Menschen, daß sie niemand vermissen wird als mich. Also habe ich sie auch recht lieb. Es ist keine Kunst, diese lieb zu haben, denn sie ist recht angenehm; ist mir also recht leid, daß sie eine Nonne werden will. Die vierte von meinen Enkeln ist ein gut Kind, aber gar häßlich und unangenehm¹). Die fünfte dagegen ist ein schön, angenehm Kind, artig, lustig, possierlich; die habe ich auch recht lieb. Man heißt sie Mademoiselle de Beaujolais²); sie wird Verstand bekommen. Die sechste, so man Mademoiselle de Chartres³) heißt, ist nicht gar häßlich, aber ein gar widerwärtiges Kind; denn sobald man sie nur ansieht, so fängt sie an zu plärren. Der Herzog von Chartres⁴) ist ein artiger Bub und hat Verstand; aber ein wenig zu ernstlich vor sein Alter, und ist so abscheulich zart, daß ich ihn nicht ohne Ängsten ansehen kann. Er darf keinen Tropfen über Eis trinken, bekommt gleich das Fieber, kein Obst, nichts darf er essen als was er gewohnt ist. Ich fürcht als, er wird es nicht lang machen, welches doch ein abscheulich Unglück vor uns alle sein würde und auch wohl schade vor das Kind, so guten Verstand und ein gut Gemüte hat und alles lernt was man will. Er ist nicht schön, doch mehr hübsch als häßlich, gleicht mehr der Frau Mutter als er dem Herrn Vater gleicht. Das Kind ist zu allen Tugenden geneigt und hat kein Laster. Ich habe ihn deswegen recht lieb. Aber hiemit genung von meinen Kindern und Kindskindern gesprochen.

Franzosen seind greulich frech, gehen überall hin und scheuen nichts. Unsere Teutschen seind respektvoller und besser erzogen ... Historien seind auch Lügen. . Nun, kann man so lügen in Sachen, so uns vor der Nase geschehen, was kann man denn glauben von was weiter ist und vor langen Jahren geschehen? Also glaube ich, die Historien (außer was die hl. Schrift ist) ebenso falsch, als die Romane, nur der Unterschied, daß diese länger und lustiger geschrieben sein.

---

1) Mlle de Montpensier, heiratete Ludwig von Asturien, der im Jahre 1724 kurze Zeit König von Spanien war. 2) Mlle de Beaujolais. 3) Luise Diana, heiratete den Prinzen Ludwig von Bourbon. 4) Ludwig von Orleans; dem Alter nach hätte er an vierter Stelle zu stehen.

St. Cloud, den 1. Mai 1718.

ein Sohn hat keine Mittel genung, eine hohe Allianz zu machen; zudem wer wollte alle die übelgebornen¹) Kinder vor die seinigen gehen sehen? Und noch andere Ursachen mehr, so sich wohl sagen, aber nicht schreiben lassen. Ich bin ganz vom alten Schlage; die Mißheiraten seind mir ganz zuwider und ich habe in acht genommen, daß sie nie wohl geraten. Mein Sohns Heirat hat mir mein ganz Leben versalzen und mein freudig Gemüte ganz verstört.

St. Cloud, den 8. Mai 1718.

ch sehe die Bären nicht ungern tanzen; mit den Polen vorm Jahr waren etliche hier. Das erinnert mich an eine possierliche Historie, die ein Fräulein vom Haus La Force hier erdacht. Sie ist lang bei Hof gewest, war Fräulein bei Madame de Guise. Ein Ratssohn, so gar reich war und Monsieur de Briou hieß, wurde verliebt von Mademoiselle de La Force und heiratete sie wider seines Vaters Willen. Der Vater wollte den Heirat brechen und verbot seinem Sohn, die Dame zu sehen, noch einigen Verkehr mit seiner Frau zu haben. Die bestach einen Trompeter, sollte ihrem Mann nur sagen, daß, wenn er Bären sehen würde und der Trompeter eine sonderliche Fanfare blasen, sollte er geschwind herunter zu den Bären gehen, so in seinem Hof tanzen würden. Diese Dame hatte sich in eine Bärenhaut nähen lassen. Wie das Zeichen geben ward, nahm Monsieur de Briou Urlaub, die Bären tanzen zu sehen. Da kam der Bär, so seine Frau war, zu ihm und sprachen lange miteinander. So ein Einfall, als dieser ist, habe ich in keinem Roman gefunden.

---

1) Weil die Gemahlin ihres Sohnes aus doppeltem Ehebruch stammte, konnte Liselotte diese ihre Enkelkinder nicht als ebenbürtig betrachten.

St. Cloud, den 9. Juni 1718.

erzallerliebe Luise, ich bin heute eine gute Stund später aufgestanden als gewöhnlich, weil ich eine Stund später nach Bett bin. Denn ich bin gestern erst um 10 Uhr nachts von Paris kommen, war um halb elf morgens hingefahren, um in einem Kloster eine gar langweilige und lange Zeremonie zu verrichten, nämlich den ersten Stein zu legen, eine Kirche zu bauen. Habe mich recht geschämt, denn man empfing mich mit Pauken, Trompeten, Schalmeien, Trommeln und Pfeifen und Kanonenschüssen. Ich mußte eine Gasse lang gehen, wo das Fundament war, hatte alle das Geras vor mir. Ihr könnt gedenken, welch ein Pöbelvolk versammelt war. Ich hatte erst vor dem schönen Marsch die Meß im Kloster gehört mit einer schönen Musik. Wo der Stein war, sungen die Pfaffen drei Psalmen auf Latein, sagten auch Gebeter, wovon ich kein Wort verstund. Es war ein erhobener Ort, ganz mit Teppichen vermacht, darauf ein Armstuhl unter einem Himmel, da mußte ich sitzen. Man bracht mir den Stein, worauf mein Namen geschrieben und in der Mitten meine Medaille lag; darauf warf man Kalk, das mußte ich ganz überschmieren. Hernach tat man einen andern Stein drauf und mußte ich meinen Segen drauf geben. Das machte mich lachen; denn es ist eine kräftige Sache um meinen Segen. Darnach schickte ich den Ersten von meinem Haus, nämlich den Chevalier d'honneur, Monsieur de Mortagne, mit dem Stein in den Bodengrund, den Stein zu plazieren an meiner statt; denn ich konnte die Leiter nicht auf- und absteigen, wie Ihr wohl gedenken könnt, liebe Luise! Die Zeremonie dauerte in allem anderhalb gute Stund. Denn nachdem man den Stein unter dem Geras von Pauken, Trompeten, Trommeln, Hoboen und Pfeifen, auch Stückschuß, gelegt, sung man ein Tedeum in Musik, welches blutslang dauerte, endigte um ein Uhr.

St. Cloud, den 30. Juni 1718, ¼ auf 8 Uhr.

Glaubt mir, liebe Luise! Unterschied der Christenreligionen bestehet nur in Pfaffengezänk, so, welche sie auch sein mögen, Katholische, Reformierte oder Lutherische, haben alle Ehrgeiz und wollen alle Christen einander wegen der Religion hassen machen, damit man ihrer vonnöten haben mag und sie über die Menschen regieren mögen. Aber wahre Christen, so Gott die Gnade getan, ihn und die Tugend zu lieben, kehren sich an das Pfaffengezänk nicht; sie folgen Gottes Wort, so gut sie es verstehen mögen, und der Ordnung der Kirchen, in welcher sie sich befinden, lassen das Gezänk den Pfaffen, den Aberglauben dem Pöbel, und dienen ihrem Gott in ihrem Herzen und suchen, niemand Ärgernis zu geben. Dies ist, was Gott anbelangt. Im übrigen haben sie keinen Haß gegen ihren Nächsten, welcher Religion er auch sein mag, suchen ihm zu dienen, wo sie können, und ergeben sich ganz der göttlichen Providenz ... Daß ich Euch lieb habe, ist weder Kunst, noch Wunder. Haben wir denn nicht einen Vater gehabt, und welchen ich mehr als mein eigen Leben, geliebt habe? Daß Ihr meiner Frau Mutter Tochter nicht seid, ist Euere Schuld nicht; Ihr repariert das Unglück Eurer Geburt durch viel Tugenden. Ihr müßt nicht mir, sondern Euch selbsten danken, daß ich Euch ästimiere und liebe. Ich bin nicht von den Frommen, so stets in den Kirchen stecken und pappeln viel Zeugs daher. Wenn ich unsern Herrgott die bestimmte Zeit angerufen, gehe ich wieder weg und tue, was ich sonst zu tun habe. Ich lasse mich nicht stören und stecke nicht länger in den Kirchen als andere, die den geraden Weg fortgehen und, wie das Sprichwort hier lautet, „keine Heiligen fressen". Also macht Euch keinen Strupel! Euer Brief hat mich nicht an meiner Devotion gestört.

Seit vergangenen Sonntag acht Tag regnets alle Morgen, aber nachmittags ist es schön Wetter außer gestern, da es geregnet und geschloßt hat. Apropos vom Hagel, er hat sieben Dörfer in Lothringen ruiniert und alles zerschlagen, sollen noch

in andern Orten auch gewesen sein und Schloßen von zwei
Pfund schwer gefallen sein. In Lothringen, wie meine Tochter
mir schreibt, kontribuieren sie es den Hexen. Das ist eine
alberne Meinung, daß sich Weiber und Männer in den Wolken
verstecken können und hageln, um alles zu verderben. Zu Paris
glaubt man an keine Hexen und hört auch von keinen. Zu
Rouen glauben sie, daß Hexen sein, und dort hört man immer
davon. . . . Das ist nichts Neues, daß ein Mann nebenaus
geht und Mätressen hat; unter zehntausend findt man nicht
einen, so nicht was anderst als seine Frau liebt. Sie seind
noch zu loben, wenn sie ihren Weibern gute Worte geben
und nicht übel mit ihnen leben. . . . Madame de Chasteautier
sagt als, daß, wenn man jemand das Heiraten verleiden wolle,
müsse man mich davon reden machen; worauf die Rotzen=
häuserin antwortet, daß ich nie recht geheirat gewesen und
nicht wüßte, was ein rechter Heirat sei mit einem Mann,
von dem man verliebt ist und der einen wieder liebt, daß
dies alles ändert und anders macht. Darauf beschuldige ich
sie, den Beischlaf zu lieben, dann wird sie bös über mich und
ich lache sie aus. . . . Mein Sohn ist wohl eine geplagte
Seele: er hat so viel zu tun, daß er kaum essen noch schlafen
kann, jammert mich oft so sehr, daß mir die Tränen drüber
in die Augen kommen, tut hundert Leuten Guts, die es ihm
doch gar keinen Dank wissen. Undankbarere Leute, als hier
im Land sein, habe ich mein Tag des Lebens nicht gesehen.
Die Falschheit ist gar zu arg hier im Land. Wenn ich alles
sagen wollte, was hierauf zu sagen wäre, müßte ich ein
Buch anstatt eines Briefes schreiben. Diese Sachen machen
mich oft recht traurig.

An den Geheimen Rat Friedrich von Harling
St. Cloud, den 3. Juli 1718.

ch habe gottlob noch einen guten teutschen
Magen, der alles wohl verdauet. Alle Abend
esse ich ein Salatchen, so alle Franzosen sehr
verwundert; sie verderben ihre Magen, daß
sie sie mittags und abends zu sehr überladen...

Ich finde, daß es eine rechte Liebe ist, wenn man Kinder scharf hält. Wenn man räsonnabel wird, erkennt man, aus welcher Ursach es geschehen, und weiß denen am meisten Dank, so mit solcher Affektion uns zum Besten vor uns gesorgt haben. Denn von Natur seind alle Kinder zum Bösen geneigt, drum muß man sie kurz halten. Wollte Gott, die gute Frau von Harling wäre bei mir blieben, bis ich geheirat worden, so würde ich noch besser geworden sein; zu der Jungfer Kolb hatte ich keine Affektion noch Vertrauen. Monsieur de Polier aber, der hat die Hofmeisterstelle redlich verricht. Wer mir aber noch mehr Instruktionen geben, war der gute, ehrliche Webenheim, dem habe ichs auch all sein Leben Dank gewußt.

St. Cloud, den 28. Juli 1718.

ch muß mich sehr eilen, denn das Essen ist aufgetragen, nur sagen, daß ich die Mettwürst nicht empfangen habe. Aber um zu weisen, daß man sie hier gut findt, so hat man mir einmal ein ganz Kistchen weggefressen, so unsere liebe selige Kurfürstin mir geschickt hatte. Niemand ist hier verwundert, daß ich diese Speisen gern esse. Ich habe hier auch den rohen Schinken in Mode gebracht, und viel von unsern teutschen Essen, als Sauer- und Süßkraut, Salat mit Speck, braunen Kohl, auch Wildbret, das man hier schier gar nicht ißt, das habe ich alles a la Mode gebracht, und Pfannenkuchen mit Bücking. Dem guten seligen König hatte ich dies Essen gelernt, er aß es herzlich gern. Ich habe mein teutsch Maul noch so auf die teutschen Speisen verleckert, daß ich kein einziges französisches Ragout leiden noch essen kann; esse nur Rindfleisch, Kalbsbraten und Hammelschlegel, gebratene Hühner, selten Feldhühner und nie Fasanen. Ich werde fünf oder sechs Wochen ohne Capitaine des gardes sein, denn Harling[1] muß Besitz von seinem Gouvernement nehmen.

---

1) Der Neffe des Adressaten, dem nach langjährigem Militärdienst die Verwaltung des Gouvernements Sommieres übertragen worden war.

An Raugräfin Luise
St. Cloud, den 4. August 1718.

ein Sohn verzählte mir gestern in der Komödie, daß der Zar[1]) eine Mätreß vom Zarewitsch[2]) bestochen hat; die hat ihm Brief vom Zarewitsch geben, worinnen gestanden, daß er seinen Herrn Vater wolle ermorden lassen. Der Zar hat einen großen Rat versammelt, alle Bischöfe und Reichsräte. Wie sie alle versammelt waren, hat er seinen Sohn kommen lassen, hat ihn embrassiert und zu ihm gesagt: „Ist es möglich, daß, nachdem ich dir dein Leben verschont, daß du mich ermorden willst?" Der Zarewitsch hat alles geleugnet. Da hat er, der Zar, die Brief dem Rat übergeben und gesagt: „Ich kann meinen Sohn nicht richten, richtet Ihr doch, doch daß es mit Güte und Sanftmut und nicht mit Strenge gehen möge!" und ist weggangen. Der ganze Rat hat dem Prinzen das Leben abgesprochen. Wie der Zarewitsch das gehört, ist er so erschrecklich erschrocken, daß ihn der Schlag drüber soll gerührt haben; ist doch nur etliche Stund ohne Sprach gewesen. Sobald ihm die Sprach wiederkommen, hat er seinen Herrn Vater begehrt noch einmal vor seinem End zu sehen. Der ist zu ihm; der Zarewitsch hat ihm alles gestanden und mit Tränen um Verzeihung gebeten; hat noch zwei Tag gelebt und ist mit großer Reu gestorben. Unter uns geredt, ich glaube, man hat ihn vergift, um die Schand nicht zu haben, ihn in des Schinders Händen zu sehen. Das ist doch eine abscheuliche Historie, kommt mir wie eine Tragödie vor.

An Karoline von Wales
Saint=Cloud, den 18. August 1718.

ch bin mein Lebetage lieber mit Degen und Flinten umgangen als mit Puppen; wäre gar zu gern ein Junge gewesen, und das hätte mir schier das Leben gekostet, denn ich hatte erzählen hören, daß Maria Germain vom

---
1) Peter der Große. 2) Peters Sohn Alexei. Er starb am 7. Juli 1718 im Gefängnis.

Springen zum Mannsmenschen geworden, das hat mich so erschrecklich springen machen, daß es ein Mirakel ist, daß ich nicht hundertmal den Hals gebrochen habe.

An Raugräfin Luise
St. Cloud, Samstag d. 27. August 1718 um 9 Uhr morgens.

erzallerliebe Luise, ich schreibe Euch heute, um die Post nicht zu verfehlen; denn morgen werde ich nach Paris, allwo ein schrecklich Lärmen ist. Mein Sohn hat den König großen Gerichtstag halten machen, das ganze Parlament holen lassen, ihnen des Königs wegen ernstlich befohlen, sich in nichts in der Regierung zu mischen, nur in was ihnen zukommt, nämlich die Prozesse auszuführen und Recht zu sprechen. Weil man gewiß weiß, daß der Herzog von Maine und seine Gemahlin das Parlament gegen den König und meinen Sohn aufgesetzt, so hat man ihm des Königs Aufsicht[1]) benommen und sie dem Herzog de Condé geben, ihn auch von dem Rang, so er gehabt, degradiert. Hergegen aber seinen jüngsten Bruder[2]) befestiget man in alles vor sein Leben, denn der hat sich wohl und treulich gehalten. Die Leute im Parlament und die Herzogin von Maine seind so boshaft und verzweifelt, daß mir jetzt totangst ist, daß sie meinen Sohn ermorden werden. Denn ehe dies vorgangen, hat Madame du Maine schon an öffentlicher Tafel gar einen dollen Diskurs geführt und gesagt: „Man sagt, daß ich das Parlament gegen den Herzog von Orleans aufhetze, aber ich verachte ihn zu sehr, um eine so noble Rache an ihm zu nehmen. Ich weiß mich schon anders zu rächen." Hieraus seht Ihr, liebe Luise, was vor eine dolle Hummel sie ist und ob ich nicht recht habe, in Ängsten vor meinen Sohn zu sein. Die Leute seind gar zu verteufelt hier; es ist keine Lust so zu leben.

Das österreichische Haus hat das: sie seind nicht dankbar.

---

1) d. h. die Erziehung des Königs, des erst 8 Jahre alten Ludwig XV. 2) Den Grafen von Toulouse.

Unser Herzog von Lothringen und sein Herr Vater haben ja dem Kaiser wohl gedient. Zur Danksagung nimmt der Kaiser, sobald der Herzog von Mantua tot ist, Montferrat und gibts dem Herzog von Savoyen, da es doch mit Recht dem Herzog von Lothringen gehört.

An Karoline von Wales
Saint=Cloud, den 30. August 1718.

as Parlament hatte einen schönen Plan vor; hätte mein Sohn noch vierundzwanzig Stunden gewartet, den Herzog von Maine vom König zu tun, so wäre es resolviert worden, den König itzt majorenn zu erklären, damit alles durch den Herzog von Maine gehen möchte. Aber mein Sohn hat sie überrumpelt, indem er den Herzog von Maine vom König getan und degradiert hat. Man sagt, daß der Erste Präsident so erschrocken gewesen, daß er geblieben, als wenn er der Meduse Kopf gesehen hätte, welche aber nicht furiöser gewesen als Madame du Maine, welche sehr drohet. Man soll öffentlich in ihrem Hause gesagt haben, man wolle schon Mittel finden, dem Regenten einen solchen Nasenstüber zu geben, daß er ins Gras beißen müsse. Man meint, die alte Zott spielt auch unter dem Hütchen mit ihren Mündeln[1] ...

An den Geheimen Rat Friedrich von Harling
St. Cloud, den 21. September 1718.

as Monsieur und Madame du Maine betrifft, so erfährt man alle Tag neue Anschläge von ihnen gegen meinen Sohn, so daß einem die Haar zu Berg stehen. Ich glaube nicht, daß der Teufel in der Höll schlimmer sein kann als die alte Maintenon, ihr Duc du Maine und seine Gemahlin. Diese letzte hat überlaut gesagt, ihr Mann, Schwager und Sohn wären lauter Feiglinge, so kein Herz hätten;

---

[1] Der Herzog von Maine war von der Maintenon aufgezogen worden. Es war derselbe, den sie mit Liselottens Tochter hatte verheiraten wollen.

sie wäre nur ein Weib, aber sie wollte expreß eine Audienz vom Regenten fordern, um ihm ein Stilett ins Herz zu stoßen. Da sieht Monsieur Harling, welch einen sanftmütigen Geist diese Dame hat, und da seht Ihr, ob von solchen Leuten nichts zu fürchten ist, insonderheit wenn sie einen solchen großen Anhang haben. Denn ihre Kabale ist sehr stark, seind mehr als zehn Häupter und alle die reichsten und größten Herren vom Hof, und was noch ärger ist: die reichsten, so es alle mit der spanischen Partei halten und wollen den König in Spanien hier haben¹). Mein Sohn ist ihnen zu gelehrt; sie wollen einen haben, so sich ganz nach ihrem Sinn regieren läßt, und da ist der König in Spanien gut zu.

An Raugräfin Luise
St. Cloud, den 29. September 1718.

lle Franzosen lieben Paris über alles. Die Pariser habe ich lieb, aber ich bin nie gern in der Stadt, alles ist mir zuwider drin. Die Art von Leben, so man dort hat, alles was man hört und sieht, ist unerträglich, muß als dort tun, was man nicht will; man hat weder Nacht noch Tag Ruhe dort und oft hört und sieht man gar verdrießliche Sachen.... Es ist nur zu wahr, daß sich Weiber blaue Adern haben malen lassen, um glauben zu machen, daß sie so zarte Häute haben, daß man die Adern sieht. Es ist auch wahr, daß jetzt weniger Leute schön sein, als vor diesem waren; ich glaube, sie veralten sich mit ihrem Schmink.

St. Cloud, den 3. November 1718.

s graust mir recht, wenn ich an alles gedenke, so Monsieur de Louvois hat brennen lassen. Ich glaube, er brennt brav in jener Welt davor; denn er ist so plötzlich gestorben, daß er nicht die geringste Reu hat haben können. Er ist von seinem eigenen Doktor vergift worden; den hat man

---

1) Philipp von Anjou, der zweite Enkel Ludwigs XIV.

hernach auch vergift; aber ehe er gestorben, hat er bekennt alles, und wer ihn das Stück hat tun machen. Man hat es aber gedrehet, als wenn der Doktor das hitzige Fieber gehabt und gefabelt hätte, weil er die alte Zott beschuldigt hatte; aber mit solchen Umständen, daß man nicht dran hat zweifeln können. Es ist diesem Mann gangen, wie in der hl. Schrift stehet: „Mit welchem Maß ihr messet, soll euch gemessen werden." . . . Überall taugen die Minister nichts, sehen nur auf ihr eigen Interesse; das geht ihnen vor ihres Herrn Ehr und Lob, und je mehr Güte die Herrschaft hat, je insolenter seind die Minister.

An Karoline von Wales
Saint=Cloud, den 4. November 1718.

arum man Madame la Dauphine[1]) so viele junge und tolle Hummeln gegeben, war, daß sie schier alle der alten Zott Verwandte oder Alliierte waren, daß sie selber suchten die Dauphine zu amüsieren und divertieren, damit sie aus Langerweile nicht andere Gesellschaft als die ihrige suchen möchte.

Darnach hatte sie die jungen Bursche gern in ihrer Kammer, den König zu amüsieren, der sich divertierte, sie rasen zu sehen. Man hat den König nur die unschuldigen Zeitvertreibe sehen lassen, das übrige hat man ihm verhehlt, hat es erst nach ihrem Tode erfahren. Es war eine Art von Scherz, daß Madame la Dauphine die alte Zott Tante hieß; hätte Madame la Dauphine die Zott Mama geheißen, hätte man es für eine Deklaration von des Königs Heirat genommen, also hat sie sich an „Tante" gehalten.

---

1) Die zweite Dauphine, Herzogin von Bourgogne.

An Raugräfin Luise
St. Cloud, Donnerstag, 24. November 1718.

Was wäre schön, liebe Luise, daß man nur nach den Leuten fragen sollte, wie sie einem nutz sein. So interessiert bin ich gottlob nicht, noch so a la Mode, liebe Luise, und werde es auch mein Leben nicht werden. Ich habe allezeit nach unsern guten, alten Maximen gelebt und werde auch so sterben... Es ist schad, daß man den Garten weg getan; zudem in der lebendigen Hecke, so längs dem Graben war, waren eine große Menge von Nachtigallen, so die ganze Nacht sungen im Frühling. Wo ist aber das artige, klare Bächelchen hinkommen, so durch den Garten floß und bei welchem ich so oft auf einem umgeworfenen Weidenbaum gesessen und gelesen? Die Bauersleute von Schwetzingen und Oftersheim standen um mich herum und plauderten mit mir, das divertierte mich mehr als die Herzoginnen im Cercle. Aber wie bauet man so liederlich nun, daß ganze Galerien abfallen? Das schwedische Haus zu Mannheim war ja auch nur von Holz, aber doch wohl gebauet. Ich glaube, wenn ich Mannheim, Schwetzingen oder Heidelberg wiedersehen sollte, glaube ich, daß ich es nicht würde ausstehen können und vor Tränen vergehen müßte. Denn wie alle Unglück dort geschehen, bin ich länger als sechs Monat gewesen, daß, sobald ich die Augen zugetan um zu schlafen, habe ich die Örter in Brand gesehen, bin mit Schrecken aufgefahren und habe länger als ein Stund geweint, daß ich geschluchzt habe. Was würde es denn sein, wenn ich mit meinen Augen sehen sollte und gedenken, daß unser Herr Vater und Bruder nicht mehr sein, wie auch meine Frau Mutter! Ich bitte, liebe Luise, kauft mir, wo es zu finden ist, eine Landkart vom Amt Heidelberg, laßt sie sauber auf ein Tuch kleben, damit sie nicht zerreißt, und schickt sie mir und schreibt mir, was sie Euch kost!

Paris, den 4. Dezember 1718.

ungfer Eltz von Quaadt ist meines Bruders und meine erste Hofmeisterin gewesen; sie war schon gar alt, wollte mir einstmals die Rute geben, denn in meiner Kindheit war ich ein wenig mutwillig. Wie sie mich wegtragen wollte, zappelte ich so stark und gab ihr so viel Schläg in ihre alte Bein mit meinen jungen Füßen, daß sie mit mir dort naus fiel, und hätte sich schier zu Tod gefallen, wollte derowegen nicht mehr bei mir sein; also gab man mir Jungfer von Offeln zur Hofmeisterin, die man Ufflen hieß und zu Hannover Monsieur Harling geheiratet hat. Wie aber mein Bruder zu den Mannsleuten kommen, hat sich Jungfer Quaadt in ihr Haus zu ihrer Schwester, Jungfer Marie, und noch zwei alten Jungfern, so ihre Basen waren, in ihr Haus retiriert in der Vorstadt gegenüber dem Herrengarten, wo man mein Bruder selig und mich oft hingeführt, diese alten Damen zu besuchen. Jungfer Marie war unserer lieben Kurfürstin Hofmeisterin gewesen. Hieraus seht Ihr wohl, liebe Luise, daß ich den Schönburgischen Hof gar wohl gekannt habe. Diese alten Jungfern waren noch nicht tot, wie Ihr geboren seid, aber Ihr habt sie nie gesehen. Sie seind alle vier erschrecklich alt geworden, sie hielten ihr Haus sehr proper und sauber, ihr Tischzeug war wie in Holland, sie hatten auch viel Porzellan, so damals was rares war. Aus diesem allen seht Ihr wohl, daß ich die Jungfern von Quaadt gar wohl gekannt habe.

An Karoline von Wales
Paris, den 9. Dezember 1718.

ein Sohn hat sich obligiert befunden, den spanischen Abgesandten, den Fürsten von Cellamare, arretieren zu lassen, denn er, mein Sohn, hat einen Kurier, welches der Abbé Portocarrero war, aufgreifen lassen, bei dem hat man Briefe vom Ambassadeur gefunden und eine Konspiration wider den König und meinen Sohn entdeckt. Man hat den Ambassadeur durch zwei Staatsräte arretieren lassen.

An Raugräfin Luise
Paris, den 15. Dezember 1718.

ch habe schon von dem lächerlichen Serail ge=
hört, so der Markgraf von Durlach hält. Wie
ich jetzt von unsern Teutschen, es seien Fürsten
oder andere Herrn, höre, so seind sie alle so
närrisch, als wenn sie aus dem Dollhaus kä=
men; ich schäme mich recht davor. Was sagen aber die Herren Pfarrer zu solchem Leben? Ihr werdet mir sagen, eben was die Beichtväter hier sagen, und hierin habt Ihr recht. Allein was man nicht anklagt, kann man in der Beicht nicht strafen. So lange Leichtfertigkeit und Interesse im Schwang gehen, werden alle Sachen in der Welt überzwerch gehen.

Seit ich meine Pause gemacht, habe ich erfahren, daß Sandrasqui und Graf Schlieben haben sich in der Konspiration gegen meinen Sohn befunden. Die Sach ist mir in allem leid, aber es verdrießt mich recht, daß sich Teutsche in diese abscheuliche Sach gemischt finden, schäme mich recht davor.

An den Geheimen Rat Friedrich von Harling
Paris, den 22. Dezember 1718.

ie glücklich finde ich jetzt die, so nur Diebe zu
fürchten haben, denn zu denen findt man
besser Rat, als die so gegen ihr Vaterland sich
verschwören und ihre rechtmäßigen Herren
ermorden wollen. Bei dieser Sach wird
einem angst und bang. Man weiß nun, daß meine ganze Familie hat sollen ermordet werden, außer meiner eigenen Person, weil ich ganz unverdienter Weis von dem Volk geliebt bin. Sie sagen, das würde sich gegen sie em=
pören, wenn sie mir was leids täten; als wenn meinen Sohn

und seine Kinder umzubringen mir nichts übles getan wäre. Alle diese Sachen lassen nicht in Ruhe leben. Die Pfaffen und alle die, so dem bösen Papst anhängen und vor die Konstitution sein, seind in dieser Verschwörung begriffen... In dieser Welt habe ich mehr zu fürchten als zu hoffen, sehe also den Tod ohne Scheu an, denn ich vertraue auf meinen Gott und meinen Erlöser, und wenn ich alleine bin, singe ich:

"Ich hab mein Sach Gott heimgestellt,
Er machs mit mir, wies ihm gefällt;
soll ich allhie noch länger leben,
nicht widerstreben,
Seinem Willen tu ich mich ergeben."

An Raugräfin Luise
Paris, den 29. Dezember 1718, um 10 Uhr morgens.

Herzallerliebe Luise, ich habe Euch schon vor zwei Stunden schreiben wollen, hab aber nicht gekönnt; denn ich bin so erschrecklich bestürzt, daß mir die Hand zittert. Mein Sohn ist mir sagen kommen, daß er endlich seiner Gemahlin Bruder, den Duc du Maine und seine Gemahlin hat müssen arretieren lassen; denn sie seind die Häupter von der abscheulichen spanischen Verschwörung. Alles ist entdeckt, man hat es schriftlich von der spanischen Abgesandten eigenen Händen gefunden, und die Gefangenen habens alles gestanden. Also ist es nur zu wahr, daß der Herzog von Maine Chef von der Konspiration ist. Also ist mein Sohn gezwungen worden, ihn, seine Gemahlin und alle ihre Leute zu arretieren. Die Gemahlin als Prinzessinn vom Geblüt hat man durch einen von des Königs vier Hauptleuten der Garde, ihren Herrn aber, so auf dem Land war, hat man nur durch einen Leutnant der Garde arretieren lassen. Das macht einen großen Unterschied zwischen beiden. Madame du Maine ist nach Dijon geführt worden in Burgund, in ihres Neffen Gouvernement. Ihren Herrn hat man nach Doullens geführt, in eine kleine Festung, und ihre Bedienten, die von der Konspiration sein, hat man alle in die Bastille geführt.

Paris, den 31. Dezember 1718.

ie letzten und ersten Tag im Jahre seind verdrießlich; wenn noch ein dritter Tag so wär, man könnt es nicht ausstehen. Heute werde ich gewiß nicht zum Schreiben gelangen können. Adieu denn bis auf morgen! Wenn es mir möglich sein wird, werde ich Euch ein glückseliges neues Jahr wünschen.

Paris, den 1. Januar 1719.

erzallerliebe Luise, ich wünsche Euch ein glückseliges, friede- und freudenreiches neues Jahr, langes Leben, gute Gesundheit und alles, was Ihr Euch selbsten wünschen und begehren möget. Seid in keinen Sorgen, liebe Luise, daß ich um sechs aufstehe! Ich gehe gar früh schlafen und am spätsten, daß ich zu Bett gehe, ist um halb elf, gar oft um zehn bin ich in meinem Bett, also meistenteils acht Stund im Bett, so genung ist. All mein Leben esse ich abends Salat; mein Magen ist gut und ganz dran gewohnt, tut mir, gottlob, nie wehe. Wenn ich nur nichts esse, wo Fleischbrüh an ist; das allein kann ich nicht vertragen. Ich mag auch krank oder gesund sein, nehme ich mein Leben keine Fleischbrüh noch Supp; denn es macht mich übergeben und gibt eine Indigestion. Ihro Gnaden selig der Kurfürst, unser Herr Vater, hat mich schier einmal sterben machen, meinte, es wäre eine Phantasie, ließ mich aus Gehorsam alle Morgen ein Monat lang Bouillon nehmen und ich kotzte (met Verlöff, met Verlöff, wie die alte Wolzogin als pflegt zu sagen) alle Morgen. Ich wurde schwach und dürr davon, wie ein Scheit Holz. Der gute, ehrliche Polier bewies Ihro Gnaden, daß ich es nicht mehr ausstehen könnte; also gab man mir anstatt Bouillon eine gute Schüssel voll Weinsupp, aber mehr Supp mit

Essig, das hat mich wieder zurecht gebracht, sonst wäre ich krepiert. Wie ich anfangs herkam, meinte Monsieur selig und alle Leute und die Doktoren hier, man könnte nicht ohne Bouillon leben. Monsieur bat mich, es zu versuchen. Ich verzählte Ihro Liebden, wie mirs zu Heidelberg mit gangen wäre. Das half nichts; ich mußte es versuchen. Ich kotzte bis aufs Blut. Da schwur Monsieur, er wollte es mir sein Leben nicht mehr zumuten. Aber was noch wunderlicher ist, liebe Luise, ist, daß mir, wenn ich so gekotzt habe, nichts den Magen wieder zurecht bringt als roher Schinken oder Mettwürst. Suppen äße ich nicht ungern, aber sobald ichs gessen habe, geschwillt mir der Magen, macht mich schwitzen, und bekomme eine Indigestion, muß es also auch bleiben lassen.

Ich habe meinen Sohn¹) sechs Monat beweint, meinte närrisch drüber zu werden. Den Schmerzen kann niemand wissen, so kein Kind gehabt hat. Es tut, als wenn man einem das Herz aus dem Leib reißt. Ich weiß nicht, wie ich es habe ausstehen können; schaudert mich noch, wenn ich dran gedenke. Aber da schlägt es achte; ich muß wider meinen Willen vor diesmal aufhören zu schreiben, nur noch in Eil sagen, daß mein Sohn kein Wort Teutsch kann. Aber ich will Euer Memoire übersetzen lassen. Die Minister können auch kein Teutsch, konnten also den Rapport nicht tun.

Paris, den 5. Januar 1719.

ch habe Euch vor acht Tagen bericht, wie daß es herauskommen, daß der Herzog und die Herzogin von Maine die Urheber von der Konspiration sein. Seitdem hat man noch etwas erfahren, so den Herzog von Maine überweist. Man hat einen Brief vom Kardinal Alberoni an diesen Herzog gefunden, so ihm mit diesen Worten schreibt: "Sobald der Krieg erklärt sein wird, legt Feuer an alle Eure Minen!" Nichts ist deutlicher. Es seind böse und verfluchte Leute. Ach,

---
1) Ihren erstgeborenen Sohn, der im Alter von 2 Jahren starb.

da kommt man mir was sagen, so mich jammert, nämlich daß der König in Schweden¹) in einem Sturm geblieben ist. Ich würde es mich doch getrösten, wenn mein Vetter, der Erbprinz von Kassel²), König in Schweden werden sollte. Er hat gleich einen Stillstand mit Dänemark gemacht.

Habe wohl gedacht, daß Euch diese abscheuliche Konspiration vom Duc du Maine gegen meinen Sohn ärgern würde. Es seind zwei Teufelchen, so von zwei alten Hexen³) geführt werden und von zwei Erzschelmen⁴) unterhalten werden... Der Herzog und die Herzogin⁵) haben in alle Orte hinschreiben lassen, sich weiß und meinen Sohn schwarz zu machen. Alles, was die sechs Personen erdacht gegen meinen Sohn, ist nicht auszusprechen, ist gar zu falsch und boshaft. Es ist nicht zu erdenken, was für Schmähschriften sie in Paris und in den Provinzen gegen meinen armen Sohn ausgebreitet haben, auch in fremde Länder geschickt haben. Die Leute, so meines Sohns Feind sein, haben einen so großen Anhang von allerhand Leuten, daß ich Mühe habe, nicht in Ängsten zu sein... Mein armer Sohn hat leider keine Zeit, krank zu sein.

Paris, den 8. Januar 1719.

Herzallerliebe Luise, wir haben abermal ein neu Unglück. Das ganze Schloß zu Luneville⁶) ist rein abgebrannt mit allen Möbeln den dritten dieses Monds um fünf Uhr morgens. Eine Baracke ging in Brand; die Leute im Haus wolltens verhehlen, gruben unten nunter und meinten, den Brand zu löschen. Allein es war nahe an einem Holzhof; der Wind führt die Flamm ins Holz, das brannt gleich an, fuhr ins Ballhaus, vom Ballhaus ins Dach, und in einer Stund Zeit ist alles abgebrannt. Man hat die Archive und

---

1) Karl XII. Er war am 11. Dezember 1718 bei der Belagerung von Fredrikshall gefallen. 2) Erbprinz Friedrich von Hessen-Kassel, seit 1715 Gemahl der Schwester Karls XII. Er wurde später zum König von Schweden gewählt. 3) Die Maintenon und die Orsini (Ursins). 4) Kardinal Alberoni und der spanische Gesandte Cellamare. 5) du Maine. 6) Ort und Schloß unweit Nancy, der Hauptstadt des damaligen Herzogtums Lothringen.

Papiere falvieren wollen, aber hundert Perfonen feind darüber verbrannt. Die Schloßkapell auch, fo ganz neu gebauet war und gar schön foll geweft fein, ift in Afche. Man rechnet den Derluft von fünfzehn bis zwanzig Millionen. Die Kinder¹) hat man in Decken nackend in bloßem Hemd falviert und weggetragen. Meine Tochter hat fich in einer Sänfte mit bloßen Beinen wollen wegtragen laffen, allein ihre Träger zitterten fo erfchrecklich, daß fie nicht tragen konnten; alfo mußte meine arme Tochter den ganzen Garten durch im Schnee mit bloßen Füßen gehen, und der Schnee lag zwei Schuh hoch.

Den Sandrasqui habe ich beffer traktiert als Schlieben, denn vor den habe ich mich intereffiert und vor ihn gefprochen. Aber Schlieben hat viel Derftand, verzählt poffierlich, aber mein Leben habe ich nicht vor ihn gefprochen. Er hat mich wohl drum erfucht; ich habe es aber nie tun wollen. Er fagte einmal zu mir: „E. L. H. fagen oft: „„Schlieben redt gut teutfch, Schlieben hat Derftand““; Sie fagen aber nie: „„Schlieben ift gar ein ehrlicher Menfch, hat ein gut Gemüte.““ Ich fagte: „Daß Ihr gut teutfch redet, höre ich, daß Ihr Derftand habt, merke ich; aber daß Ihr die andern zwei Qualitäten habt, müßt Ihr mir weifen, denn es fteht nicht an der Stirn gefchrieben."

Paris, den 21. Januar 1719.

Man fagt, der König von Preußen hat folche Hauptfchmerzen, daß er ganz wie verrückt davon fein folle. Ich beklage von Herzen die arme Königin.

Derwandte feind einem nichts, fobald fie nicht nach einem fragen ... Die verwittibte Königin²) macht fich mit allerhand Leuten gemein, fo fie nicht kennt. Das koft ihr alle ihre Juwelen, die fie einem jungen gemeinen Kerl vertrauet, und, was noch am ärgften ift, wie fie fie hat wiederhaben wollen, hat der Bärenhäuter gefagt,

---

1) Die Kinder des Herzogs, Lifelottens Enkel. 2) Maria Anna von Pfalz-Neuburg, Königin-Witwe von Spanien.

die Königin hätte ihn heimlich geheiratet und derowegen alle ihre Juwelen geschenkt. Das kommt davon, daß sich die arme Königin nicht standsgemäß hält, sondern mit allerhand Leuten zu gemein macht.

Paris, den 26. Januar 1719.

r¹) wird, glaube ich, regieren und Hof halten wie sein Herr Vater und Frau Mutter. Man hörte ein groß Geras; so fragte ein Fremder, was das wäre. „O!", sagte der vom Hof, „es ist nichts neues; der Herzog läuft seinem Marschall nach, um ihn zu prügeln, und die Herzogin läuft der Hofmeisterin nach, um ihr Maulschellen zu geben."

An Karoline von Wales
Paris, den 31. Januar 1719.

er Brand zu Luneville ist nicht ungefähr geschehen. Man weiß, daß Leute einem Weibe das Maul verstopft haben, so rufen wollte, daß es brennt; dazu hat man einen rufen hören: „Ich habe das Feuer nicht angelegt!" Meine Tochter meint, es sei die alte Zott, die hätte sie alle verbrennen wollen. Denn der so gerufen, hat in des Herzogs von Noailles Haus gedient. Ich glaube aber vielmehr, daß die junge Zott, die Craon²), teil daran hat, denn Luneville ist meiner Tochter Habitation, wie man es hier heißt, und Wittum.

An Raugräfin Luise
Paris, den 4. Februar 1719.

reilich ist es ein frech Stück vom Schlieben, verliebte Lieder auf die Königin in Spanien zu machen..... Das Gesicht von der Königin soll gar lang und, wiewohl mit einer schönen Haut, gar häßlich sein, der Wuchs aber und Mienen über die Maßen gut und schön sein.

---

¹) Gustav Samuel von Pfalz-Zweibrücken. ²) Mätresse des Herzogs von Lothringen.

Paris, den 16. Februar 1719, um ¾ auf 7 morgens.

aß Ihr keine Schreiben aus England bekommt, ist nicht Wunder, zu sehen, wie abscheuliche Winde und Stürme jetzt sein. Einer, so man vor acht oder zehn Tagen hier gehabt, hat unglaubliche Sachen hier angestellt; er hat Blei von Kirchentürmen über das Wasser in einem Dorf geführt, er hat zwei große, schwere Kirchentüren aus den Angeln gehoben, hat sie ganz strack hundert Schritt davon an eine Mauer angelehnt und einen Hahnen von dem Kirch=턴 von Saint=Germain=l'Auxerrois ganz zum untersten oben gedrehet, er hat einen Baum gespalten, unten zugespitzt, ihn gerad so tief zwanzig Schritt in die Erde gesteckt, als wenn er drin gepflanzt wäre. Wenn das in der Graffschaft Lippe geschehen wäre, hätte man es vor Hexenwerk gehalten; aber zu Paris glaubt man an keine Hexen und brennt sie nicht; ich habe auch keinen Glauben dran .... Graf von Degenfeld¹) hat gar wohl getan, meinem Patchen mei= nen Namen zu geben; ich hab ihm davor gedankt vor vierzehn Tagen. Ich müßte wohl wunderlich sein, wenn ich übelnehmen wollte, daß ein Kind, so mein Patchen ist, meinen Namen führt; das geht ja von sich selber und wäre eine Verachtung von meinem Namen, wenns nicht geschehen wäre. Es geht ein Geschrei, als wenn diese Prinzeß mit ihrem Herrn entzweit seie und daß er Ursach hat, jaloux vor ihr zu sein. Das gibt die Heidelbergische Luft nicht; das müßte sie von Neuburg oder von Düsseldorf gebracht haben.

Paris, Sonntag, den 26. Februar um 7 morgens.

ch habe von meinem Sohn wissen wollen, obs wahr ist, daß seine Gemahlin ihn persuadieren wolle, nachts auszugehen und nunter zu den Masken im Ball. Das hat er mir nicht allein gestanden, aber noch dazu, als er gesagt, daß

---

1) Der Gemahl der jüngsten Tochter ihrer Stiefschwester Karoline und des Herzogs Meinhard von Schomberg.

er es tue, mich zu beruhigen¹), hat sie geantwortet, ihre Tochter de Berry mache mir bang, um ihn allein zu gouvernieren, daß es Tort an seiner Reputation täte, Furcht vor das Leben zu erweisen. Ich bitte, sagt mir, liebe Luise, ob der lebendige Teufel in der Hölle schlimmer sein kann als dieses Weib! Ihr könnt gedenken, was es eine angenehme Sach vor mich ist, die diesen Heirat all mein Leben wie ein Greuel angesehen, daß ich nun noch diese Untreue finde.

So seind alle Jesuwitter. Mein Beichtsvater hat seinen möglichsten Fleiß angewendet, um mich zu persuadieren, daß nicht das geringste Übel zwischen dem Herzog von Lothringen und Madame de Craon²) vorgeht und daß er sie sein Leben nicht allein spreche. Ich lachte ihm ins Gesicht und sagte: „Halten Sie diese Rede Ihren Mönchen, die nichts von der Welt gesehen haben! Wenn Sie glauben, damit die Herren Jesuiten zu entschuldigen, die ihre Beichtväter sind, so täuschen Sie sich sehr, denn jedermann weiß, daß sie den doppelten Ehebruch dulden." Père de Lignières schwieg still und hat seitdem nicht mehr davon gesprochen.

Ich mag wohl leiden, wenn junge Leute von Qualität wohl studieren; sie sollten doch, ehe sie sich in Gelehrtensachen mischen, ein wenig weisen, daß sie Herz haben, sonsten kommt es gar zu doktorisch heraus.

Ihro Gnaden selig, mein Herr Vater, ist wohl mit Trabanten in die Heilig=Geist=Kirch gefahren, aber sein Leben nicht mit Pauken und Trompeten, das schickt sich nicht zu der Kirch. Der König selig, der in allen kleinen und großen Reisen Pauken und Trompeter gehabt, ist auch nie mit in die Kirch.

---

1) Liselotte hatte ihren Sohn wiederholt gebeten, das nächtliche Herumstreunen in den Straßen von Paris aufzugeben, weil er dabei in Lebensgefahr käme. 2) Mätresse des Herzogs von Lothringen.

Paris, den 5. März 1719, um 7 morgens.

ein Schlaf ist noch nicht wieder eingericht, aber ich glaube, ich glaube, ich könnte sagen wie Pickelhering, wenn er Mutter Anneken spielt: "Das tut das liebe Alter; das kommt nie ohne Gebrechen." Verdrießlichkeiten mögen auch wohl dazu helfen; deren hat man mehr als nötig wäre, alle Tag was neues und selten was guts, wie das Sprichwort sagt. Ich nehme abends als, wie ich den Husten hatte, Eidotter in siedig Wasser geschlagen, mit Zucker und Zimmet; das stillt den großen Hunger... Der jetzige Herzog von Zweibrücken[1]) ist ein schlechter Potentat und wohl der unangenehmste Mensch in allem, in Figur, in Humor, in allem so Gott geschaffen hat. Er bildt sich ein, er gleiche mir wie zwei Tropfen Wasser. Hübscher als ich ist er wohl. Ich flattiere mich, nicht so gar unangenehm zu sein und ein wenig mehr Vernunft zu haben. Seine Gemahlin ist nicht recht gescheit; es seind zwei häßliche, widerwärtige Schätzchen zusammen. Ich bin froh, daß sie keine Kinder haben; es müßten Narren werden. Ich habe schon Narren genung zu Verwandten in dem Rheinfeldischen Geschlecht.... Mein Gott, wie ist Schwetzingen[2]) verändert! Ich kann nicht mehr draus kommen. Die zwei Schnecken mit dem Gebäu dazwischen, wo mein Bruder selig logiert und man aß, war ja gar nicht gegenüber der Allee von Heidelberg, sondern mein Apartement war es, das gerad gegenüber der Brück war, und ein wenig links war das Heidelberger Tor mit der Allee, so grad gegen das Wäldchen über war, und über dem sieht man das Schloß zu Heidelberg. Auf der Linken geht man nach der Kirch, auch nach dem Weg von Mannheim und auch dem Wald von Ketsch, auf der rechten Seite aber geht man nach Oftersheim. So war alles zu meiner Zeit. Ich sehe die drei offnen Galerien oder Balkons nicht mehr vor den Gemächern, so zu meiner Zeit da waren.

---

1) Gustav Samuel von Pfalz-Zweibrücken, ein Verwandter Liselottens. 2) Die Raugräfin hatte ihr einen Plan davon geschickt.

An Karoline von Wales
Paris, den 21. März 1719.

ie Craon¹) ist Hoffräulein bei meiner Tochter gewesen, da ist der Herzog verliebt in sie geworden. Craon war damals in des Herzogs Ungnade, weil er ihn abscheulich im Spiel betrogen; sollte als ein Schelm weggejagt werden. Wie er aber ein schlauer Gesell ist, merkte er bald, daß sein Herr verliebt von Mlle de Ligniville geworden war, welches der Herzog doch abscheulich geheim hielt. In der Zeit starb Madame de Lenoncourt, meiner Tochter Hofdame; der Herzog wußte sich so zu drehen, daß sie Hofdame wurde. Craon ist reich, sie blutarm, er proponierte, die Dame zu heiraten. Der Herzog war froh, sie einem zu geben, der mit dieser Schelmerei unter der Decke spielen konnte; also wurde sie Madame de Craon und hernach Hofdame. Die alte Hofmeisterin starb; meine Tochter meinte ihrem Herrn einen großen Gefallen zu tun, und dem Craon auch, sie zur Ehrendame zu machen; das hat sie eben zu Unehren gebracht.

An Raugräfin Luise
Paris, den 2. April 1719, um halb 9 morgens.

n die Prozession werde ich nicht gehen; meine bösen Knie entheben mich, gottlob, aller der unnötigen Zeremonien. Also kann man hierauf das französische Sprichwort sagen: „Unglück ist auch zu etwas gut!" ... Ich werde so grüblerisch in meinem Alter, daß ich glaube, daß ich bald kindisch werde werden, wie unsere Tante, Prinzeß Elisabeth von Herford²), welche einen Kammerpott vor eine Maske fordert und sagte: „Diese Maske hat keine Augen und stinkt." Und wenn Ihro Liebden selig Tricktrack spielten, spieen sie ins Brett und warfen die Würfel auf den Boden.

---

1) Madame de Craon, geb. Ligniville, Mätresse des Herzogs von Lothringen, des Schwiegersohnes der Herzogin Liselotte. 2) Elisabeth, Abtissin des evangelischen Stiftes Herford.

Paris, Sonntag den 16. April 1719, um 7 morgens.

Zu meiner Zeit sagte man in der Pfalz das Sprichwort nicht wie jetzt und wie Ihr es schreibt, daß, wenns den Leuten zu wohl geht, so fangen sie was an, sich zu verderben. Man sagt: „Wenns der Geiß zu wohl geht, so geht sie aufs Eis und bricht ein Bein." Man sagt hier, daß man verspürt hat, daß in allen Regentschaften man sich so mausig gemacht hat und allezeit rebelliert hat. Wo kein König regiert, bildt sich ein jeder ein, er müsse regieren. Mein Sohn tut sein Bestes, wie das Sprichwort sagt: wie einer, der allein geigt. . . . Schwetzingen wäre besser den Frühling und Sommer zu bewohnen als Heidelberg, denn man kann besser dort spazieren im Ketscher Wald, welches ja eine recht schöne Promenade ist, wo er noch stehet, und bald wird man viel gute Erdbeeren dort finden. Im kleinen Wäldchen zwischen Schwetzingen und Heidelberg seind auch gar gute, aber zu Heidelberg am Berg seind die Heidelbeeren am besten. Bei Paris seind keine zu finden; man bringt mir alle aus der Normandie, seind aber nicht so gut als bei uns, viel kleiner, trockener und saurer als in der Pfalz. Der Kurfürst sollte Friedrichsburg wieder bauen, da würden ihm ja alle seine Leute wieder logieren können, wo nicht in der Festung, doch in der Stadt Mannheim.

P. S. An diesem Morgen erfahre ich, daß die alte Maintenon verreckt ist, gestern zwischen vier und fünf abends. Es wäre ein groß Glück gewesen, wenn es vor etlich und dreißig Jahren geschehen wäre.

Paris, den 22. April 1719, um ½ 8 morgens.

ein Gott, liebe Luise, Ihr sagt: „Man wird nicht müde, die zwei Pfarrer zu hören". Aber ich muß es zu meiner Schande gestehen, ich finde nichts Langweiligeres als Predigten hören, schlaf gleich drüber; kein Opium wäre so sicher, mich schlafen zu machen als eine Predigt, inson=

derheit nachmittags. Ich ginge auch nicht gern in die französische Kirch zum hl. Abendmahl; denn es ist ja ganz anderst als bei den Teutschen und gefällt mir nicht. Erstlich so haben sie keine Vorbereitung; zum andern so seind die Psalmen, so man singt, zu alt Französisch. Und ich konnte auch nicht leiden, daß man den Kelch in Gläsern gab und sie hernach spült, wie ich zu Mannheim gesehen; das fund ich nicht ehrbar genung vor eine so heilige Sach, kam eher wie ein Wirtshaus heraus als eine Kirche und christliche Gemein. Nichts wird mich nie hindern, meine teutsche Bibel zu lesen. Ich habe drei recht schöne Bibeln, die von Merian, so mir meine Tante, die Frau Äbtissin von Maubuisson, hinterlassen, eine lüneburgische, so gar schön ist, und eine, so mir die Fürstin von Oldenburg, der Prinzeß von Tarent Tochter, vergangenes Jahr geschickt. Die ist von meiner Figur, kurz, dick und rund. Der Druck noch die Kupferstiche seind nicht so schön als von den andern beiden großen. — Wie ich nach Frankreich kam, war es jedermann verboten, außer mir, die Bibel zu lesen; hernach über ein paar Jahr wurde es jedermann erlaubt. Die Konstitution, so so groß Lärmen macht, hat es wieder verbieten wollen; das ist aber nicht angangen. Ich lachte und sagte: „Ich werde der Konstitution folgen und kann wohl versprechen, die Bibel nicht auf französisch zu lesen; denn ich lese sie allezeit in Teutsch." Die Bibel ist eine gute, notwendige und dabei angenehme Lektüre.

Paris, den 27. April 1719, um 7 Uhr morgens.

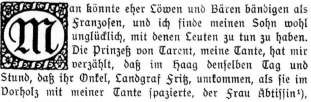an könnte eher Löwen und Bären bändigen als Franzosen, und ich finde meinen Sohn wohl unglücklich, mit denen Leuten zu tun zu haben. Die Prinzeß von Tarent, meine Tante, hat mir verzählt, daß im Haag denselben Tag und Stund, daß ihr Onkel, Landgraf Fritz, umkommen, als sie im Vorholz mit meiner Tante spazierte, der Frau Äbtissin[1]),

---

[1] Elisabeth, die spätere Äbtissin von Herford.

so damals noch bei ihrer Frau Mutter, der Königin von Böhmen[1]) war; sie hatten einander unter dem Arm, auf einmal ließ die Prinzeß von Tarent einen Schrei und sagte, jemand drücke ihr den Arm abscheulich. Man besah den Arm, da sah man vier Finger und einen Daumen markiert ganz blau, blau. Sie schrieb gleich auf, was geschehen war, und sagte dabei: „Mein Onkel, Landgraf Fritz, muß tot sein, denn er hat mir versprochen, mir gar gewiß Adieu zu sagen." Man schrieb es auf; es fund sich hernach, daß er selbigen Tag umkommen wäre.

St. Cloud, den 30. April 1719, um ¾ auf 9 morgens.

as ich der lieben Prinzeß[2]) schicke, ist nichts Rares, nur kleine Lappereien nach Proportion von meinem kurzen Beutel. Könnte es sich weiter erstrecken, würde ich von Herzen gern was Schöneres schicken, aber wie das teutsche Sprichwort gar recht sagt:

Maß muß sich strecken nach seiner Decken.

Das Nürnberger Pflaster, so den Rücken jucken macht, wäre mir nicht zuwider; denn ich finde, daß den Rücken kratzen eine solch große Lust ist, daß viele Sachen, so man vor Lust hält, nicht dabei kommen. . . . Hier gehen die Doktoren nicht in Mantel und Kragen, wie in Teutschland, sondern tragen Kravatten und graue Kleider mit goldenen Knöpfen und schöne, lange Perücken. . . . Seit wann sagt man nun zu teutsch: „Diese Nacht hat es wieder gefriert?" Denn zu meiner Zeit sagte man „gefroren". Es ist kein Wunder, daß es veränderlich Wetter ist; denn wie das Sprichwort lautet:

Aprillenwetter, Jungfernlieb und Rosenblätter währt nicht lang.

Das Eis kann ich wohl entbehren; es wäre mir aber leid, wenn ich Pfirsiche entbehren müßte, die ich herzlich gern esse. Aprikosen finde ich nicht gut hier im Land; entweder

---

1) Elisabeth von England, Liselottens Großmutter. 2) Prinzessin von Wales.

seind sie ganz mehlig oder schmecken nur wie Wasser; aber die Pfirsiche seind admirabel hier. Nach Pflaumen, wo man hier ein groß Werk von macht, da frag ich nichts nach. Wenns gar warm ist, trinke ich mein Wasser über Eis, aber den Wein nicht; finde, daß Eis den Wein ganz verdirbt und sauer macht. Nach weißen Feigen frag ich wenig, rote eß ich gern, aber sie seind rar hier.

St. Cloud, den 4. Mai 1719 um 7 morgens.

Wenig Damen wissen die Rechtschreibung; Französinnen selber fehlen schier alle dran. Ich korrigiere oft meine Tochter, gar oft; denn ich weiß die Orthographie ziemlich wohl. . . Ich misch mich nie in was Rom angeht; der Papst und ich haben keinen Verkehr miteinander. Ich halte nichts von ihm und bin gar nicht papistisch, habe es laut deklariert. — In Frankreich kann ich keinen andern Namen haben als „Madame"; denn mein Herr ist des Königs selig Bruder, und des Königs Bruders Frauen haben keinen andern Namen, sowohl als des Königs Töchter; diese aber zu unterscheiden, setzt man den Taufnamen dazu, als wie Heinrichs IV. drei Töchter hießen „Madame Elisabeth", die wurde Königin in Spanien, „Madame Henriette", die wurde Königin in England, „Madame Christine", die wurde Herzogin von Savoyen. Des Königs Bruders Töchter heißen alle Mademoisellen, die älteste Mademoiselle ohne andern Namen dazu, die anderen aber heißt man nach den Apanagen, als Mademoiselle de Valois, Mademoiselle de Chartres, und so fortan. Alle die Königssöhne heißt man Monsieur, den ältesten aber Monsieur ohne andern Namen; seind mehr, werden sie nach ihren Apanagen genennt, Duc de Bourgogne, Monsieur Duc de Berry. Aber man sagt fehlerhaft le Duc, denn das sollte man nicht sagen, denn sie seind auch Monsieurs und Madamen; also muß man nicht sagen le Duc oder la Duchesse de Berry, sondern nur Monsieur Duc de Berry, Madame Duchesse de Berry. Also seht Ihr ja wohl, daß man mich unmöglich "Grande Duchesse" heißen kann, in allen meinen Urkunden stehet "Madame Duchesse d'Orléans"; aber in Reden und auf den Überschriften nur "Madame". Daß ich nicht gehaßt bin, ist wahr; aber hierin ist mehr Glück als Recht.

An den Geheimen Rat Friedrich von Harling
St. Cloud, Sonntag den 7. Mai 1719, um 7 Uhr morgens.

ch glaube nicht, daß Sein Neveu Ihm heute wird schreiben können. Denn die große Mode zu St. Cloud ist Aderlassen. Gestern wars an Frau von Ratsamhausen und an mir, heute ist es an Harling und Wendt; also ist viel teutsch Blut vergossen worden in St. Cloud. Man hat mir das schönste Blut von der Welt gelassen, wie Hühnerblut.

St. Cloud, den 11. Mai 1719.

er Maintenon Tod ist nicht so sehr zu bewundern, als daß sie wie ein jung Mensch gestorben. Sollte man sich in jener Welt kennen, so wird in jener Welt, wo alles gleich ist und kein Unterschied des Stands, diese Dame zu wählen haben, ob sie bei Ludwig XIV. oder dem lahmen Scarron wird bleiben wollen. Sollte der König dort wissen, was man ihm in dieser Welt verhehlt, wird er sie dem Scarron gutwillig wiedergeben. . . . Seid in keinen Sorgen; ich werde kein Wort in England schreiben von der Prinzeß von Ahlden[1]); ich verrate mein Leben niemand.

An Raugräfin Luise
St. Cloud, den 13. Mai 1719, um 9 morgens.

as meinen Sohn anbelangt, so ist es zwar gut, daß er die Inklination hat, nicht gern zu strafen; aber wenn man Obrigkeit ist, so führt man das Schwert sowohl als die Wag, und muß sowohl strafen können, um gerecht zu sein,

---
[1] Die wegen ihrer Untreue lebenslang verbannte frühere Gemahlin des jetzigen Königs von England.

als das Gute zu belohnen. . . . Ich meinte, ich hätte Euch schon geschrieben, liebe Luise, daß unsere Nonne zu Chelles[1]) Abtissin geworden. Man hat gestern einen Kurier deswegen nach Rom geschickt. Ich fürchte, daß der Maintenon Tod werden wird als wie der Gorgone Medusa ihr Tod, daß es noch viele Monstren produzieren wird.

St. Cloud, den 1. Juni 1719.

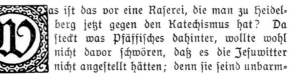as ist das vor eine Raserei, die man zu Heidelberg jetzt gegen den Katechismus hat? Da steckt was Pfäffisches dahinter, wollte wohl nicht davor schwören, daß es die Jesuwitter nicht angestellt hätten; denn sie seind unbarmherzig gegen andere Religionen. Aller Zank und Streit ist mir allezeit unleidlich; aber um Frieden zu haben, sollte man die 80. Frag[1]) auslassen. Um die Wahrheit zu bekennen, so ist es auch zu hart gesetzt, hätte wohl ausgelassen können werden. Denn es weist nur Animosität ohne Probe, und man sollte nicht so hart reden gegen etwas, so doch das Gedächtnis des Leidens und Sterbens Christi ist. Den Zank und Verbitterung, so dieses anstellt, ist ärger als die Sach selber. Es wäre nötiger, daß man Mittel suchte, die christlichen Religionen zu vereinigen als gegeneinander zu hetzen. Aber die Geistlichen in allen drei Religionen haben nichts liebers als Zank; denn sie glauben, daß sie dies regieren macht, und das ist auch wahr.

St. Cloud, den 8. Juni 1719.

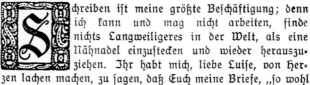chreiben ist meine größte Beschäftigung; denn ich kann und mag nicht arbeiten, finde nichts Langweiligeres in der Welt, als eine Nähnadel einzustecken und wieder herauszuziehen. Ihr habt mich, liebe Luise, von Herzen lachen machen, zu sagen, daß Euch meine Briefe, „so wohl

---

1) Ihre Enkelin, die zweite Tochter ihres Sohnes.   2) Die 80. Frage des Heidelberger Katechismus nennt die Messe „eine Verleugnung des einigen Opfers und Leidens Jesu Christi und eine vermaledeite Abgötterei".

tun, als ein Balsam auf Euerm Haupt". Aufs wenigst wird dieser Balsam nicht von Euerm Haupt in Euern Bart fließen, wie bei Aaron... Unter uns geredt, ein Kloster ist nichts anderst als ein übel regierter Hof. Meine Tante, die Abtissin von Maubuisson, hat nie keine Aufwartung leiden wollen, sagte: „Ich bin aus der Welt gangen, um keinen Hof zu sehen"; schürzte sich und ging in ihrem ganzen Kloster und Garten allein herum, lachte über sich selber und über alles, war wohl recht possierlich, hatte ganz unsers Herrn Vaters, Ihro Gnaden des Kurfürsten, Stimm, glich ihm auch mit den Augen und Mund und hatte viel von Ihrer Gnaden selig Manieren, konnte sich so zu fürchten und gehorchen machen... Madame d'Orleans[1]) kann noch so bald nicht kommen. Gott verzeih mirs! es ist mir nicht leid; das seind Gesellschaften, deren ich gar wohl entbehren kann, gehe nicht gern mit falschen Leuten um. Ihre Tochter de Berry und die Nonne seind nicht falsch, noch ihr Sohn gottlob auch nicht, aber die Mutter und dritte Tochter seind es meisterlich. Der Teufel ist nicht schlimmer. Ich bin aller dieser Leute so müde, als wenn ich sie mit Löffeln gefressen hätte, wie das Sprichwort sagt. Laßt uns von was anderst reden! Denn dieses Kapitel macht mir die Gall übergehen, ich kann nicht mit kaltem Blut davon sprechen.

St. Cloud, Sonntag, den 18. Juni 1719, um 6 Uhr morgens.

Mich deucht, ich bin so zu wenig nutz in der Welt, daß es wohl so gut gewesen wäre, wenn ich mit den Meinigen fortgewandert wäre, aber es ist Gottes Will noch nicht gewesen, mich abzuholen.... Mich mit den Ministern herumzubeißen, davor wolle man mich vor entschuldigt halten!

[1] Ihre Schwiegertochter.

St. Cloud, Sonntag, den 9. Juli 1719, um ¾ auf 8 morgens.

s ist ein Elend, wenn man meint, devot zu sein und nur zu glauben, was einem die Pfaffen weismachen wollen. Unser seliger König war so; er wußte kein Wort von der hl. Schrift; man hat sie ihn nie lesen lassen; meinte, daß, wenn er nur seinen Beichtsvater anhörte und sein Paternoster plapperte, wäre schon alles gut und er wäre ganz gottsfürchtig. Hat mich oft recht deswegen gejammert, denn seine Intention ist allezeit aufrichtig und gut gewesen. Allein man hat ihm weisgemacht, die alte Zott und die Jesuwitter, daß wenn er die Reformierten plagen würde, das würde bei Gott und Menschen den Skandal ersetzen, so er mit dem doppelten Ehebruch mit der Montespan begangen. So haben sie den armen Herrn betrogen. Ich habe diesen Pfaffen meine Meinung oft drüber gesagt. Zwei von meinen Beichtsvätern, als Pater Jourdan und Pater de St. Pierre, gaben mir recht.

St. Cloud, Sonntag, den 23. Juli 1719, um 6 morgens.

erzallerliebste Luise, was ich so sehr gefürcht, ist endlich um halb drei Donnerstag nachts geschehen; die arme Duchesse de Berry[1]) ist gestorben. Donnerstag bin ich bis ein viertel auf neun bei Ihro Liebden geblieben; wie mich gedeucht, daß sie mich nicht mehr kannte, bin ich weg. Mein armer Sohn ist noch nach mir geblieben und hat ihr ein Elixir einkommen lassen; davon ist sie wieder zu sich selber kommen und hat noch lang mit ihm gesprochen. Hernach hat man bei ihr bis um eins gebetet, da hat sie abermal den Verstand verloren, ist aber doch erst um halb drei, wie schon gesagt, verschieden. Sie ist gar ruhig und getrost gestorben; sagte, weil sie sich mit dem lieben Gott wieder versöhnt hätte, begehre sie nicht, länger zu leben, denn in dieser Welt könne man sich doch nicht hüten, sich gegen Gott zu versündigen, wollte also lieber sterben als genesen, welches auch ge-

---

1) Ihre älteste Enkelin, die Witwe von Ludwigs XIV. drittem Enkel.

schehen. Sie soll gar sanft gestorben und wie ein Licht ausgangen sein, wie man einschläft. Man hat sie gestern geöffnet. Freitag nachmittags bin ich gleich nach dem Essen nach Paris, habe meinen armen Sohn in einer Betrübnis gefunden, daß es einen Stein erbarmen möchte. Denn er will nicht weinen und will sich stark machen und alle Augenblick kommen ihm doch die Tränen in den Augen. Wir werden nur drei Mond trauern. Man hätte sechs Mond trauern sollen und schwarze Kutschen und Livree nehmen, allein die neue Regel von der Trauer in Frankreich ist alle halb abgezogen. Man trauert vor Vater und Mutter; da man vor diesem ein Jahr trauerte, trägt man jetzt nur sechs Mond die Trauer und drapiert; vor Brüder und Schwestern, so eine Trauer von sechs Mond war, nur drei Mond und drapiert nicht; mit Drapieren versehe ich die Kammer, schwarz hält man Livreen und Kutschen. Natürlicherweis sollte ich gar nicht trauern, weil sie mein Kind und Enkel gewesen; weil sie aber nach dem König das Haupt vom ganzen königlichen Haus war, also wie man hier sagt, die Älteste, so muß ich sie wie eine Schwester betrauern. Das kommt mir ganz ungereimt vor, daß man in Frankreich seine Kinder nicht betrauert; es ist einem ja nichts näher. Aber man hat dolle Manieren in diesem Land.

Woran ich mich auch nie gewöhnen kann, ist das Kaufen und Verkaufen von den Chargen, und hernach, daß man nur drei Mond von seinen Leuten bedient wird und alle Vierteljahr ändert. Was sie in den drei Mond gelernt, verlernen sie wieder in den neun Mond. Es macht auch untreue Bediente; denn sie kaufen ihre Chargen, um dran zu profitieren und zu gewinnen, wie sie können; also lehrt es brav stehlen. Und wie man nur die haben kann, so Geld haben, um die Chargen zu kaufen, so hat man andrer Leute Bediente. Denn ihre Herren geben ihnen Geld, die Ämter zu kaufen. Das wird eine Belohnung; also kann man kein Wort vor seinen eigenen Leuten sagen, so nicht gleich weltkundig wird. Ein jeder sagts seinem Herrn wieder. Stirbt man, wie jetzt geschehen, verzweifeln alle die, so auf ihren Chargen haben profitieren wollen.

St. Cloud, den 27. Juli 1719.

Ich weiß nicht, ob ich Euch gesagt habe, liebe Luise, daß der König[1] mir vergangenen Sonntag die Ehre getan, mich hier zu besuchen und Kompliment zu machen. Bis Samstag werde ich Ihro Majestät in großem Habit danken gehen; er hat mir aber erlaubt, ohne Schleier zu Ihro Majestät zu gehen.... Die Rhein= und Mannheimer Schnaken seind giftiger als die hiesigen. Ich habe einmal Carllutz selig die Augen ganz zu davon gesehen. Bettvorhänge habe ich auch von Gaze, aber seit mein Atem kurz geworden, kann ichs nicht mehr vertragen, es erstickt mich. Wenn Herr Max[2] jemanden einschlafen sah, so macht er ihm die Schnakenmusik; aber mit dem Grünen von einer Zwiebel machte er auch gar perfekt das Gesang von den Nachtigallen.... Man hat gar viele Exempel, daß kranke Leute im Sterben prophezeit haben. Mein Bruder selig soll im Sterben das ganze Unglück von der Pfalz in lateinischen Versen rezitiert haben. Ihr habt die Wilder wohl gekannt und wißt wohl, liebe Luise, daß der älteste Sohn sein jüngstes Brüderchen unglücklicherweis erschossen hat. Eine von den Schwestern bekam ein hitzig Fieber und rief als: „Laßt Bruder Carlchen nicht zu Bruder Wilm! er wird ihn erschießen", welches etlich Tag hernach geschehen. Es ist mir erschrecklich schwer, nicht mehr zu Nacht essen zu dürfen; allein es ist doch noch besser, nicht zu Nacht zu essen, als krank zu sein und viel brauchen zu müssen.

St. Cloud, den 20. August 1719, um 6 morgens.

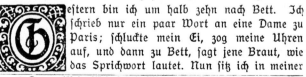

Gestern bin ich um halb zehn nach Bett. Ich schrieb nur ein paar Wort an eine Dame zu Paris; schluckte mein Ei, zog meine Uhren auf, und dann zu Bett, sagt jene Braut, wie das Sprichwort lautet. Nun sitz ich in meiner

---

1) Der neunjährige König Ludwig XV. 2) Freiherr von Degenfeld.

Kammer gerad vor der Tür von meinem Balkon, so ich
aufmachen lassen. Es geht nicht der geringste Wind; der
Himmel ist ganz mit Wolken überzogen, man sieht die Sonne
nicht. Es ist gar ein sanft Wetter jetzt, weder kalt noch
warm; ich hoffe, es wird noch regnen.... Freilich ist
Gottes Weisheit und Vorsehung in allem zu preisen, zu
loben und zu danken; er weiß besser, was uns gut ist,
als wir selber; kann die nicht begreifen, so ihr Vertrauen
nicht auf Gott setzen wollen.... Große Ambition, gar alt
zu werden, habe ich gar nicht; ich wünsch noch scheue den
Tod nicht, aber ein großes Alter, da man andern und sich
selber zur Last wird, da graust mir vor, das muß ich gestehen.
Ohne Sünde lebt kein Mensch, doch eines mehr als das
andere. Ich finde auch, daß es wohl schad ist, wenn ein gut
alt teutsch Geschlecht ausstirbt. Es ist nicht genung, wenn
man regierender Herr ist, daß man seinen Untertanen selber
nichts zuleid tut; man soll sie auch gegen böse Pfaffen beschützen
und ihnen nichts Leids geschehen lassen. So meine ichs all=
zeit; insonderheit was Kirchengefälle und Gerechtigkeiten an=
belangt. Weil die Badenischen auch teil an Kreuznach haben,
müssen dort mehr Pfaffen und Mönche sein als anderwärts,
und von diesem Zeug kommt sein Leben nichts Guts, und
wie das teutsche Sprichwort sagt:

> Wer will haben zu schaffen,
> Der nimm ein Weib
> Und kauf eine Uhr
> Und schlag einen Pfaffen!..

St. Cloud, den 24. August 1719.

Herzallerliebe Luise, gestern fuhr ich nach Paris,
ich meinte, in das höllische Feuer zu kom=
men; denn mein Tag habe ich keine so ab=
scheuliche Hitze ausgestanden; die Luft, so man
einschnauft, war feuerig. Ich glaube, daß wenn
dies dauert, werden Menschen und Vieh verschmachten. Man
hat Ochsen vom Land nach Paris geführt, die seind tot nie=

dergefallen, weil sie in den Dörfern, wo sie durchgangen, kein Wasser gefunden haben. . . . Wer nur einen einzigen Sohn hat und ihn herzlich liebt, kann unmöglich ohne Sorgen leben, insonderheit in diesem Land, da es so abscheulich viel böse Leute gibt und so wenig gute. Was ich meinem Sohn sage, oder was ich pfeif, ist all eins; er folgt nicht, was ich ihm rate; denn seine verfluchten gottlosen Schmeichler kommen gleich und werfen alles um. Es seind böse Kerl, die Profession machen, weder an Gott noch sein Wort zu glauben, ausschweifende, gotteslästerliche Kerls[1]). Sie machen ihn ein doll Leben führen unter dem Vorwand, daß er was haben muß, so ihn nach seiner schweren Arbeit lustig mache, sonsten könnte er es nicht ausstehen, und hier in Frankreich hält man alles vor Langeweile, was nicht fressen, saufen und huren ist.

Ach liebe Luise, Ihr flattiert mir sehr, zu sagen, daß meinesgleichen nicht mehr in der Welt ist; das kann man wohl bei Dutzenden finden. . . . Das verdrießt mich auf die Engländer, daß sie alle anderen Nationen hassen und verachten.

St. Cloud, den 27. August 1719.

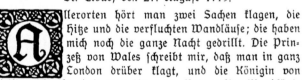llerorten hört man zwei Sachen klagen, die Hitze und die verfluchten Wandläuse; die haben mich noch die ganze Nacht gedrillt. Die Prinzeß von Wales schreibt mir, daß man in ganz London drüber klagt, und die Königin von Sizilien schreibt, daß man ihr ganz Bett voller Wandläuse gefunden hat. . . . Das Fräulein von Schulenburg wird weniger ändern als die, so sich schminken; das macht die Leute zuletzt abscheulich, wie wir hier an der Grancey[2]) gesehen haben, so unkennbar geworden war. Es geschieht so leicht, daß man sich im Schreiben irrt und einen Buchstaben vor den andern setzt. Ihr seid nicht die einzige, liebe Luise, so sich in den französischen Wörtern irrt; schier alle Weibsleute, franzö=

---

1) Die Saufkompagnie des Herzogs, die sich selbst die Roués nannten, d. h. die Geräderten. 2) Die frühere Mätresse des Chevalier de Lorraine.

fische Damen selber, wissen die Orthographie gar schlecht.
Ich glaube, daß ich jetzunder schier die französische Orthographie besser weiß als die teutsche; denn ich lese schier nicht mehr teutsch, habe der Zeit nicht. Und unsere liebe Prinzeß von Wales orthographiert bitter übel, hat schreiben nur von sich selber gelernt, also gar kein Wunder, daß es in diesem Stück schlecht. Ich bins aber längst gewöhnt und lese es nun gar wohl; aber im Anfang habe ich ein wenig Mühe gehabt. Sie schreibt gar artig und genehm, was den Verstand anlangt ... Das Sprichwort sagt: „Große Herren und große Gewässer zur Nachbarschaft zu haben, da befindt man sich nie wohl bei." Aber nun muß ich meine Pause machen. Diesen Nachmittag werde ich diesen Brief völlig ausschreiben.

Wir kommen jetzt aus der Kirch. Gleich nach dem Essen bin ich entschlafen; denn die Hexen-Wandläus haben mich diese Nacht so geplagt, daß ich keine zwei Stund habe nacheinander schlafen können.

St. Cloud, den 31. August 1719.

Seit diesen sechs Tagen ist gar nichts Neues vorgangen, als viel Sachen in den Finanzen, so ich nicht verzählen kann, denn ich begreife es nicht. Nur das weiß ich, daß mein Sohn ein Mittel gefunden mit einem Engländer, so Monsieur Law heißt, (aber die Franzosen heißen ihn Monsieur Las), dies Jahr alle des Königs Schulden zu bezahlen. Ich habe gottlob noch eine gute Natur, komme gleich wieder zurecht. Ich fürchte, ich werde nur zu lang leben, denn ich habe einen größern Abscheu vor einem hohen Alter als vor dem Tod selber. Wie ich nun bin, kann man gar nicht wohl aussehen; man sieht mir meine 67 Jahre gar wohl an. Vor den Leuten scheine ich nicht traurig, liebe Luise, aber in der Tat bin ich es doch rechtschaffen. — Wo logiert man jetzt zu Mannheim, nun keine Zitadell noch Schloß mehr vorhanden? Ich bilde mir ein, es seie im Zollhaus an dem Neckartor. Ich erinnere mich noch, daß ich vor

61 Jahren einmal mit Ihro Gnaden dem Kurfürsten nach Mannheim fuhr. Es war noch keine Zitadell damal dorten, (Ihr und Karoline waret noch nicht geboren, aber Carllutz war schon geboren); da logierte man in dem Zollhaus, hatte kleine Kämmerchen. Das war meine zweite Reis; ich war schon vorher zu Neustadt gewesen und ich erinnere mich, daß mein Bruder selig und ich miteinander fuhren, unsere Hofmeister und Hofmeisterinnen, und ein Baum schlug die Decke von der Kutsch ein, da wollten wir uns krank lachen. Zu Mergenthal bin ich auch einmal gewesen. Was ich am artigsten fand, ist ein Gärtchen im zweiten Stockwerk auf einer Altan, das ganz voll Blumen war, recht artlich.

St. Cloud, den 3. September 1719.

achen ist etwas Rares bei uns worden; doch lacht die Rotzenhäuserin noch eher als ich. Mein Sohn kam vergangenen Freitag her und machte mich reich; sagte, er fände, daß ich zu wenig Einkommen hätte; hat es mir also um 150 tausend Franken vermehrt, und weil ich gottlob keine Schulden habe, kommt es mir gelegen, um mich die übrige Zeit, so ich noch zu leben habe, bequem zu setzen... Unsere liebe Prinzeß von Wales ist, wie mich deucht, allezeit in gutem Humor und lustig. Gott erhalte sie dabei! Aber ich verspüre, daß das Alter die Lust sehr vertreibt. Ich war auch vor diesem lustig von Humor, aber der Verlust der Seinigen und sonst verdrießliche Sachen, meines Sohns Heirat und was noch drauf erfolgt, hat mir alle Lust benommen.

Die Mouchy[1]) war wohl die unwürdigste Favoritin, so man jemals gesehen, hat ihre Fürstin betrogen, belogen und bestohlen. Sie war auch von gar geringer Geburt; ihr Großvater von Muttersseiten war meines Herrn selig Feldscherer. Die Mutter ist auch nicht viel nutz, hat in ihrem Witwenstand lang mit einem verheirateten Mann Haus gehalten. Man kann sagen, daß dies alles zusammen stinkende Butter

---

1) Günstling der Herzogin von Berry.

und faule Eier sein. Was diese Mouchy Possierliches getan, ist, daß sie ihren eigenen Liebhaber, den Comte de Rioms¹), bestohlen. Madame de Berry hatte diesem gar viel geben in Edelgestein und Bargeld. Das hat er alles in eine Kist getan; diese Kist hatte er zu Meudon gelassen, die hat ihm seine liebe Mouchy gestohlen und ist mit fortgangen. Das finde ich possierlich. Man kann hiezu sagen, was Ihro Gnaden unser Herr Vater selig als pflegte zu sagen in dergleichen Fällen: „Vertragt euch, Kanaillen!" .... Meines Sohns Schaffen, Mühe und Arbeit bekommen dem jungen König wohl; denn wie mein Sohn in die Regentschaft kommen, war der König in Schulden von zweimal hunderttausend Millionen und, wills Gott, übers Jahr wird alles liquidiert sein.

St. Cloud, den 17. September 1719.

ir kamen um halb zehn zu Chelles an²); mein Enkel, der Herzog von Chartres, war schon ankommen. Eine halbe Viertelstund hernach kam mein Sohn, ebenso lang hernach kam Mademoiselle de Valois an. Die Herzogin von Orleans³) hat sich expreß zur Ader gelassen, um nicht dabei zu sein; denn sie und die Abtissin seind nicht allezeit die besten Freunde. Aber wenn sie's gleich gewesen wären, so hätte ihrer Frau Mutter natürliche Faulheit ihr nicht erlaubt, dabei zu sein, hätte zu früh aufstehen müssen, um nach Chelles zu fahren. Ein wenig nachdem es zehn geschlagen, gingen wir in die Kirch... Nach dem Tedeum gingen wir wieder ins Kloster. Um halb zwölf ging ich zur Tafel, aß mit meinem Sohn und meinem Enkel, dem Herzog von Chartres. Eine halbe Stund hernach ging unsere Abtissin an die Tafel in ihrem Saal an einen Tisch von vierzig Kuverts mit ihrer Schwester, Mademoiselle de Valois und zwölf Abtissinnen. Es war possierlich zu sehen, alle diese Tafeln mit dem schwarzen Nonnenzeug umringt, und alles das Bunte von der

---

1) Liebhaber der Herzogin von Berry. 2) Am 14. September 1719 wurde die zweite Enkelin Liselottens, Louise Adelaide, im Kloster Chelles zur Abtissin geweiht.
3) Die Mutter der neuen Abtissin.

Tafel; denn meines Sohns Leute hattens hübsch und magnifik gemacht. Alles Obst hat man den Pöbel plündern lassen, wie auch die Konfitüren. Nach dem Essen um drei viertel auf vier ist meine Kutsch kommen und ich bin wieder weg und ein wenig nach sieben kam ich wieder hier an.

St. Cloud, den 7. Oktober 1719.

s ist gar leicht zu begreifen, daß ich Euch lieber würde unterhalten haben, liebe Luise, als nach Chelles zu fahren. Erstlich so seind mir alle Klöster und ihr Leben zuwider, zum andern so ist es mir herzlich leid, daß meine Enkelin diese Partei genommen und Nonne und Äbtissin geworden ist; habe also mehr Leid als Freude an diesem Spektakel gehabt. . Ich meinte, ich hätte Euch schon längst gesagt, daß Mademoiselle de Chausseraye eine von meinen Fräulein gewesen; habe lachen müssen, daß Ihr das Häuschen Madrid vor ein Kloster genommen. Sie war vor diesem gar arm, hat aber all ihr Hab und Gut in die Bank von Mississippi getan, so Monsieur Law gemacht, der Engländer, von welchem Ihr gehört; damit sie eine Million gewonnen; ist nun, anstatt arm, reich, wird auch erster Tage ein schön und groß Landgut kaufen.

St. Cloud, den 15. Oktober 1719.

ch habe Euch schon vergangenen Donnerstag meine Freude bezeuget, daß mein altes Gesicht[1]) endlich glücklich ankommen. Es ist nicht viel Dankens wert; ich habe gedacht, liebe Luise, daß, weil Ihr mich lieb habt, würde es Euch lieb sein zu sehen, wie ich nun aussehe, weil Ihr doch eines habt, wie ich vor zwanzig Jahren ausgesehen, woraus Ihr gar just urteilen werdet, wie daß ein häßlich Mensch noch häßlicher kann werden im Alter, so wohl als ein schön Mensch häßlich. Ihr solltet mir Euer Konterfei in einem Brustbild schicken, um mit Euerm Bruder selig, Carllutz, zu

---

1) Liselotte hatte ihrer Halbschwester ihr Bild geschickt.

figurieren in meinem Kabinett, da ich ihn sehr gleich habe. Das Vaterland und die guten, ehrlichen Pfälzer seind mir noch allezeit lieb und wünsche ihnen alles Guts und Glück. . . . Heute werde ich nichts mehr sagen, als daß ich meine Wurst nicht quittiere, und Ihr werdet mir Gefallen tun, wo etwas Neues und Wohlfeiles auf der Meß ist von Karten oder Büchern, mir solches zu schicken, werde es mit Dank annehmen und will nicht, daß Ihr die gute Gewohnheit lassen sollt, mir die Frankfurter Kirbe zu schicken, wie ich auch die St.=Cloud=Meß nicht vergessen will; denn, wie das französische Sprichwort sagt: „Kleine Geschenke erhalten die Freundschaft."

St. Cloud, Donnerstag, den 26. Oktober 1719.

Alle meine guten, ehrlichen Landleute haben freien Zutritt bei mir, es seie mit Worten oder Schriften. Ich höre allezeit gern, daß die guten, ehrlichen Pfälzer mir noch affektioniert sein. Die Schweinsköpfe stellt man hier nicht auf, wie bei uns; sie legen sie ganz platt, wie verdrückt, in eine Schüssel; sie salzen und würzen es nicht genung. Es ist keine Vergleichung, wie man sie in Teutschland zubereitet oder hier; das Fleisch ist auch schlapper als bei uns. Haselhühner esse ich viel lieber als Feldhühner. Pfälzische Hasen seind auch ohne Vergleichung besser, als die hier im Land. Ich wollte, daß ich bei Euch essen könnte. Es bedürft mir nicht mehr, als Ihr dargebt; es müßte aber auch Sauerkraut dabei sein, welches ich herzlich gern esse; aber hier taugt das Kraut nichts, sie könnens nicht recht zurichten und wollens nicht tun. Was sie aber nicht schlimm hier machen, das ist gefülltes Weißkraut.

Freilich schmerzt mich, wenn ich weiß, daß man die armen, alten Einwohner zu Heidelberg so plagt, hätte schier auf gut Pfälzisch gesagt „so geheit". Es ist eine elende Sach, daß wir Menschen allezeit glücklich leben wollen und doch allen möglichen Fleiß anwenden, einander das Leben sauer zu machen; so närrisch seind wir armen Menschen. Die sich durch Pfaffen regieren lassen, tun allezeit was überzwerchs. Ich hielte Kurpfalz[1]) vor gescheiter, als sich von den Burschen führen zu lassen, und alle die Sottisen, so die Pfaffen die Kaiserin, seine Frau Schwester[2]), tun machen, die sie ganz regieren, sollten ihm zur Warnung gedient haben, nicht in selbige Fehler zu fallen. Und ein Kurfürst, der Verstand hat, sollte gedenken, daß die wahre Devotion eines Regenten ist, Recht und Gerechtigkeit und sein Wort zu halten und wissen, daß wer ihm dagegen ratet, kein wahrer noch guter Christ sein kann, also so bösem Rat nicht folgen, sondern ferm widerreden... Der gute Monsieur Law ist vor wenig Tagen recht krank geworden vor Qual und Verfolgung; man läßt ihm weder Nacht noch Tag Ruhe, daß er krank drüber geworden. Nein, ich glaube nicht, daß in der ganzen Welt ein interessierter Volk kann gefunden werden als die Franzosen sein; sie machen einen doll und rasend mit Betteln in Briefen, in Worten, in allerhand Manieren machen sie mich so erschrecklich ungeduldig, daß ich um mich beiß wie ein Eber. Man kann nicht mehr Verstand haben als Monsieur Law hat. Ich wollte aber nicht an seinem Platz sein vor aller Welt Gut; denn er ist geplagt wie eine verdammte Seel.... Der Lützow hatte einen Bruder, so erschrecklich lang und schmal war, aber von unglaublicher Stärke. Ich habe gesehen, daß man drei hölzerne Stühl aufeinander gebunden, Lützow legte sich platt auf den Bauch, nahm den Stuhl bei dem Fuß und stund so mit auf; dazu gehört eine abscheuliche Stärke.... Man arbeitet jetzt hier über die Maßen wohl an was man hier „haute=lice" heißt[3]). Der König selig hatte eine Tapete machen lassen von lauter biblischen Historien nach allen guten Malern, so Historien malten, die unser lieber König nicht wußte, über die Maßen schöne Stücke, alle von differenten Malern, aber in gleicher Höhe.

---

1) Kurfürst Karl Philipp. 2) Kaiserin Eleonore, Witwe Leopolds I. 3) Gobelins.

St. Cloud, Sonntag, den 29. Oktober 1719.

Ich wollte gern, daß Ihr Euch an keine Brill gewöhnt, es verdirbt gewiß die Augen; aber wenn man Geduld hat und die Brill nicht braucht, kommt das Gesicht gewiß wieder. Ich habe die Probe davon, sehe nun besser als vor zwölf Jahren, und brauche mein Leben keine Brill. Mein Konterfei wäre keinen Prozeß wert gewesen; ich hätte Euch ja gar leicht wieder ein anderes schicken können, denn der Maler, so das Eurige gemacht und Penel heißt, ist ein junger Mann, der noch lang wird malen können... Man spricht ganz anders bei Hof als in der Stadt. Also wenn man spricht, wie in der Stadt, heißt man es bei Hof „parler en bourgeois". Von niemand, der bei Hof ist, werdet Ihr viel mit Façon reden hören, man pikiert sich bei Hof, natürlich zu sein. Die am allerfalschesten sein, stellen sich, als wenn sie natürlich wären, aber wie die Taschenspieler sagen: „Wer die Kunst kann, verrät den Meister nicht." Ich bin es in der Tat, also merke ich die falschen Natürlichen gewöhnlich gar bald. Die nichts Böses haben, haben viel Guts; denn es ist just das Gute, so das Böse verhindert; denn von Natur seind schier alle Menschen zum Bösen geneigt. Aber die sich von der Räson regieren lassen und wohl erzogen worden, erwählen die Tugend. Zur Tugend gehört kein Stand; sie findt sich oftmals mehr in einem niedrigen als gar hohen Stand. Denn die gar hohen Ständ finden zu viel Flatteurs und Schmeichler, so sie verderben. Ich sehe auf keinen Stand; wo ich etwas Guts finde, da gehe ich gern mit um. Von guten Gemütern halt ich mehr als von Schönheit; denn ich bin gar nicht von denen, so in Weiber verliebt sein können.

St. Cloud, den 2. November 1719.

Alvares¹) ist ein paar Jahre nach Monsieurs selig Tode mit Juwelen nach Konstantinopel handeln gangen; da hat er einen großen, dicken Schnauzbart wachsen lassen und die türkische Tracht angenommen; sieht so possierlich aus, daß ich ihm ins Gesicht gelacht, wie ich ihn gesehen. Er versteht wohl Scherz; er hat mir ein schön Präsent von der Prinzeß von Wales gebracht, ein schön golden Messer, wohl gearbeitet (das Futteral ist auch von Gold), und eine Schachtel von Seehundshaut, worinnen allerhand wohl gemachte Mikroskope sein, so mich zu Paris sehr amüsieren werden; ist ein recht Präsent vor mich. Wenn Ihr gleich in Eurem vorigen Schreiben „salva venia" gesetzt hättet, würde ich es nicht verstanden haben; denn ich verstehe kein Wort Latein; ich lasse Latein in den Kirchen plärren so viel man will, ich bete nur auf Teutsch und etlichmal auf Französisch. Das Abendgebet ist hier auf Französisch, da gehe ich alle Tage in; fängt das Lateinisch an, so lese ich meine Gebeter auf Teutsch.

An Karoline von Wales
St. Cloud, den 17. November 1719.

Mein Sohn, ob er zwar Regent ist, kommt nie zu mir und gehet nie von mir, ohne mir die Hand zu küssen, ehe ich ihn embrassiere, nimmt auch keinen Sitz vor mir. Im übrigen ist er nicht scheu und plaudert brav mit mir; wir lachen und schwatzen miteinander wie gute Freunde.

An Raugräfin Luise
St. Cloud, den 19. November 1719.

Mich deucht, daß die Krammetsvögel in der ganzen Pfalz gut sein; drum heißt man alle Pfälzer auch Krammetsvögel, wie man die Sachsen Heringsnasen und die Schwaben Frösch nennt.

---
1) Ein Kaufmann, Sohn eines Amsterdamer Juden, aber christlich erzogen.

St. Cloud, den 23. November 1719.

erzallerliebe Luise, der Tag ist heute gar spät kommen; um acht habe ich erst die Lichter wegtun lassen, denn es ist so ein erschrecklicher Nebel, daß man nicht weiter als den Hof vor sich sehen kann.

Chausseraye hat viel Verstand und ist allezeit lustig und allezeit krank. Ich fuhr gestern zu ihr; sie ist gottlob viel besser als sie gewesen, geht nun im Haus herum, sieht aus wie ein Gespenst, hat weiße Kappen auf, ist gar bleich geworden, hat einen weißen indischen Nachtsrock an, und wie sie gar lang und schwank ist, sieht sie recht aus wie man die Gespenster beschreibt. Ich glaube, daß die weiße Frau zu Berlin so aussieht. . . . Eine Dame, so Monsieur Law nicht sprechen wollte, erdachte eine wunderliche Manier mit ihm zu sprechen; sie befahl ihrem Kutscher, sie vor Monsieur Laws Tür umzuwerfen, rief: „Kutscher, wirf um!" Der Kutscher wollte lang nicht dran, endlich folgte er seiner Frauen Befehl und wurf die Kutsch vor Monsieur Laws Tür, daß er weder aus noch ein konnte. Er lief ganz erschrocken herzu, meinte, die Dame hätte Hals oder Bein gebrochen, aber wie er an die Kutsch kam, gestund ihm die Dame, sie hätte es mit Fleiß getan, um ihn sprechen zu können. Dies alles geht noch wohl hin, aber was sechs andere Damen von Qualität getan haben, aus Interesse, ist gar zu unverschämt. Sie hatten Monsieur Law im Hof aufgepaßt, umringten ihn, und er bat, sie möchten ihn doch gehen lassen. Das wollten sie nicht tun; er sagte endlich zu ihnen: „Meine Damen, ich bitte tausendmal um Entschuldigung, aber wenn Sie mich nicht gehen lassen, werde ich bersten, denn ich habe eine solche Notdurft zu pissen, daß ich mirs nicht mehr verhalten kann." Die Damen antworteten: „Nun gut, pissen Sie doch, nur daß Sie uns anhören!" Er tat es und sie blieben bei ihm stehen; das ist abscheulich; er will sich selber krank drüber lachen. Da seht Ihr, Luise, wie hoch der Geiz und Interesse hier im Land gestiegen ist.

St. Cloud, den 26. November 1719.

Prinz Eugenius hat groß recht, eine solche häß=
liche Beschuldigung[1]) nicht zuzulassen, und den
Nimptsch aufs ärgst zu verfolgen. Da glaube
ich Prinz Eugenius wohl unschuldig, denn er ist
nicht interessiert, hat eine schöne Tat getan.
Hier hat er viel Schulden gelassen; sobald er in kaiserliche
Dienste geraten und Geld bekommen, hat er alles bezahlt
bis auf den letzten Heller; auch die, so keine Zettel noch Hand=
schrift von ihm hatten, hat er bezahlt, die nicht mehr dran
dachten. O, ein Herr, der so aufrichtig handelt, kann gar
unmöglich seinen Herrn um Geld verraten; halte ihn also
gar unschuldig von des Verräters Nimptsch seiner Anklage...
Wenn der Herr von Gemmingen fortwächst, wird er wie
der Herr Benterider[2]) werden. Apropos von diesem Gesandten,
er kam vor etlich Tagen abends her. Einer von meinen
Kaplanen, der ihn nie gesehen, saß in meiner Antichambre
allein; die Kammerknecht waren in meiner Kammer. Der
Kaplan hört gehen, sieht sich um; wie er den großen Mann
herein sieht kommen, fährt er auf vor Schrecken und läuft
davon. Das hat mich von Herzen lachen machen.

Paris, den 7. Dezember 1719.

Die Unrichtigkeit der Post macht einen oft recht
ungeduldig. Aber es ist doch kein Rat dazu;
es geht seinen Weg, wie es den Herren Postillio=
nen gefällt. Aber Ihr sagt gar recht, liebe
Luise, nach dem teutschen Sprichwort: „Gegen
Wind und Wetter kann man nicht." ... Der Marquise de
Foix, die mein Fräulein gewesen und Hinderson hieß, ist
eine Aventüre begegnet. Sie wurde krank zu Maastricht, fiel
in eine so abscheuliche Lethargie, daß sie kein Auge noch nichts
mehr rühren konnte, so daß man sie ganz vor tot hielt. Sie
konnte doch wohl hören und sehen, aber keine Stimm von

---

1) Man hatte ihn angeklagt, er hätte sich bestechen lassen. 2) Der kaiserliche Gesandte.

sich geben, auch, wie schon gesagt, nichts rühren, hörte und sah, wie man ihr Lichter ums Bett setzte, ein groß Kruzifix vors Bett mit zwei silbernen Leuchtern stellte, wie es bei den Katholischen bräuchlich ist. Man behängte auch die ganze Kammer mit schwarzem Tuch und schrieben auf ihrem Bett selber; man befahl auch, daß man den Sarg bringen sollte, wo man sie neinlegen wollte. Wie sie das hörte, tat sie eine so abscheuliche Anstrengung, daß ihr die Zung gelöst wurde, und rief laut: „Tut mir dies alles weg und gebt mir zu essen und zu trinken!" Alles was in der Kammer war, erschraken so unaussprechlich, daß alles vor Schrecken über einen Haufen fiel. Sie hat noch drei Jahre hernach gelebt und lebte vielleicht noch, wenn sie nicht eine Stiege heruntergefallen und viel Löcher im Kopf bekommen, woran sie gestorben.

Das Hirn schwächt mit der Zeit und mit dem Alter; so geht es Kurpfalz[1]) jetzt. Gott der Allmächtige wolle ihm die Augen öffnen, damit meine guten Landsleute Ruhe und Frieden bekommen mögen, welches ich ihnen wohl vom Grund der Seelen wünsche, und alle bösen Pfaffen ihren verdienten Lohn bekommen mögen! Der Kurfürst sollte alle Pfaffen, so ihm so bösen Rat geben, vor den Teufel jagen; das würde andere räsonnabler machen und Kurpfalz einen Religionskrieg versparen. Ich finde König Hiskias Gebet[2]) gar gut, sage von Herzen Amen dazu ... Gott verzeih mirs! man soll nicht judizieren, aber ich kann nicht lassen, zu zweifeln, daß die Montespan und die Maintenon selig sein werden; sie haben gar zu viel übles in der Welt gestiftet; Gott wolle es ihnen vergeben! ... Es ist etwas Unbegreifliches, wie erschrecklicher Reichtum jetzt in Frankreich ist; man hört von nichts als Millionen sprechen. Ich begreife nichts in der Welt von der Sach. Wenn ich von all dem Reichtum höre, denk ich, daß der Gott Mammon jetzt zu Paris regiert.

---

1) Kurfürst Karl Philipp, geb. 1661. 2) Könige 19, Vers 15—19.

Paris, den 4. Januar 1720.

Paris ist wohl das verdrießlichste Leben, so in der Welt kann gefunden werden, insonderheit vor mich. Ich habe hier nur Qual und Zwang und nie nichts Angenehmes bis auf die Komödien, so die einzige Lust ist, so mir in meinem Alter geblieben. Die können mir hier nicht gefallen; denn die Leute sind so abgeschmackt hier, daß sie sich haufenweis auf das Theater[1]) stellen und setzen, daß die Komödianten keinen Platz zu spielen haben; das ist recht unangenehm. Gestern hatten wir eine neue Tragödie, so nicht uneben ist, aber die Komödianten konnten nicht durchkommen wegen der Menge Leute.

Paris, den 28. Januar 1720.

Alberoni geht nicht weiter als nach Genua, wo sich alles Unkraut jetzt versammelt. Die Princesse des Ursins ist auch dort; es ist schad, daß Madame du Maine nicht auch hin kann[2]). Ich glaub, ich habe Euch schon verzählt, wie daß Alberoni an meinen Sohn geschrieben, um Verzeihung gebeten und ihm offeriert, Spanien zu verraten. Das ist ein fein Bürschchen. Er hat auch deklariert, daß alle Schmähschriften, so man gegen meinen Sohn unter seinem Namen ausgeben, alle von Paris kommen sein.

Paris, Sonntag den 4. Februar 1720.

Es ist wahr, daß Paris und Heidelberg unter gleichem Grad[3]) sind, auch in demselben Sternbild, nämlich der Jungfrau. Allein ich glaube, daß meines Sohns letztverstorbener Doktor, so ein Teutscher und gelehrter Mann war, den Unterschied von diesen zwei Örtern gefunden. Er hieß Herr Humberg. Er sagte, daß er einmal in Gedanken

---

1) d. h. auf die Bühne. 2) Die genannten Personen waren die Anstifter der Verschwörung gegen Herzog Philipp von Orleans, den Regenten. 3) Heidelberg liegt nur 46' nördlicher als Paris.

ging, warum die Heidelberger Luft so gesund wäre und die Pariser Luft so gar ungesund, kam eben an einen Ort, wo man die Stein aufhub, das Pflaster zu ändern und neue Pflasterstein einzusetzen. Er sah, daß, wo man die Steine herauszog, war ein pechschwarzer Kot drunter. Er nahm von selbigem Kot, so ein Schuh hoch unter dem Stein war, tat es in ein Papier, trug es nach Haus und destillierts und fand, daß es lauter Salpeter war, judizierte daher, daß, wann die Schärfe hievon von der Stärke der Sonne in die Luft gezogen werde, müßte es eine böse und scharfe Luft machen und verursachen. Solcher Salpeter komme von so viel tausend Menschen, so auf den Gassen pissen. Dieses Raisonnement von Herrn Humberg habe ich gar wahrscheinlich gefunden.

An den Kurfürsten Karl Philipp von der Pfalz
Paris, den 4. Februar 1720.

arf ich wohl die Freiheit nehmen, Euer Liebden gehorsamst zu bitten, sich der armen Raugräfin zu erbarmen? Die Kammer zu Heidelberg ist ihr noch zwanzigtausend Gulden schuldig, so ein gering Objekt vor einen großen Kurfürsten ist, wie Euer Liebden sein, aber ein großer Verlust vor eine arme Reichsgräfin ist, so ja nur das zum Leben hat, was sie aus der Pfalz zieht. Euer Liebden seind zu generös, um ihr das ihrige nicht zufolgen zu lassen; sie ist ja die einzige, so noch von allen den Raugrafen übrig ist. Ich würde Euer Liebden sehr verobligiert sein, wenn sie die Charität für sie haben wollten, ernstlich zu befehlen, daß sie bezahlt möchte werden.

An Raugräfin Luise
Paris, den 11. Februar 1720.

ch kenne keinen Seelenmenschen in ganz Frankreich, so absolut uneigennützig ist, als meinen Sohn und Madame de Chasteautier. Alle die anderen, niemand ausgenommen, seind es recht spöttlich, insonderheit die Fürsten und Für=

ſtinnen vom Geblüt; die haben ſich in der Bank mit den Kommis herumgeſchlagen, und ſonſt allerhand ſchimpfliche Sachen. „Geld regiert die Welt," das iſt wahr; aber ich glaub nicht, daß ein Ort in der Welt iſt, wo das Geld die Leute mehr regiert, als eben hier.

An den Geheimen Rat Friedrich von Harling
Paris, den 29. Februar 1720.

Ueberall hört man von ſchleunigem Sterben, auch in Teutſchland; die Kaiſerin Leonore und die Pfalzgräfin von Sulzbach ſind beide am Schlag geſtorben. Ob es zwar die Mode bei den Pfalz= gräfinnen iſt, will ich doch mein Beſtes tun, dieſer Mode noch nicht ſo bald zu folgen. Jedoch wenn es Gottes Will ſein würd, wünſche ich mir viel eher einen ge= ſchwinden als langſamen Tod. Unſere liebe ſelige Kurfürſtin hat mir gar oft geſchrieben, daß ſie ſich einen Tod wünſche wie der war, ſo ſie gehabt hat. — Alberoni hat nicht zu Genua wohnen wollen, iſt in ein Städtchen vier Meilen davon gezogen; ich glaube, er fürchtet die Prinzeſſin Orſini. Die zwei böſen Teufel kennen ſich zu wohl, um ſich nicht vor= einander zu fürchten, ſie wiſſen beide gar wohl, was ſie im Schilde führen; Gott wird ihnen auch mit der Zeit ihren verdienten Lohn geben. Alberoni ſoll doch ſagen, er hoffe noch mit der Zeit und ſeinen Intrigen Papſt zu werden. Der pfälziſche Sekretarius ſagte mir vorgeſtern, daß ſich die Reli= gionsſachen akkommodieren; das iſt ſchon ein Effekt von der Kaiſerin[1] Tod, des Kurfürſten Frau Schweſter, worauf man das franzöſiſche Sprichwort ſagen kann: „Unglück iſt auch zu etwas gut!" Die Zuneigung zu meinem Vaterland iſt mir dermaßen eingeprägt, daß es ſo lang als mein Leben dauern wird.

---

[1] Die Kaiſerin-Witwe Leonore war eine Schweſter des Pfalzgrafen und äußerſt bigott, den Prieſtern ſklaviſch ergeben. Unter ihrem Einfluß bedrückte ihr Bruder die Reformierten in ſeinem Lande.

An Raugräfin Luise
Paris, den 7. März 1720.

ie sollte man ein Mittel finden, daß die Männer nicht auf der Gasse pissen sollten? Es ist mehr zu verwundern, daß nicht ganze Ströme mit Pisse fließen, wegen der unerhörten Menge Leute, so zu Paris sein. Zu Heidelberg seind nicht so viel Leute als in einer Vorstadt von Paris, und die Luft zu Heidelberg ist über die Maßen gut. Die zwei Berge, der Königsstuhl und Heilige=Berg, hindern den zu kalten Nordwind und heißen Mittag; das macht eine gar temperierte Luft, so gar gesund ist... Ein Mann hatte für 14000 Livres Bankbilletts in einer Brieftasche im Sack; er fühlte in einem Gedränge, daß ihm ein Gauner seine Brieftasche aus dem Sack zieht; er nimmt den Kerl in acht, folgt ihm nach; der merkt, daß der den er bestohlen, folgt, fängt an zu laufen und salviert sich in eine enge Passage. Der andere aber, so auch wohl laufen konnte, folgt ihm nach, ertappt ihn bei dem Arm und sagt: „Spitzbube, gib mir meine Brieftasche, die du mir genommen hast, oder ich werde dich aufhängen lassen!" Dem Dieb wurde angst und bange, greift in den Sack und gibt dem Mann eine Brieftasche; der geht vergnügt wieder nach Hause. Andern Tags, als er etwas zu zahlen hat, nimmt er die, befund sie aber dicker, als die seine gewesen. Wie er es bei dem Licht besieht, findet es sich, daß sich der Dieb betrogen und anstatt der Brieftasche von 14000 Livres hatte er eine, so er auch gestohlen hatte, gegeben, worinnen vor Millionen Zettel waren. Im Durchsuchen findet dieser Mann, so ein gar ehrlicher Mann war, daß diese Brieftasche einem seiner Freunde zugehört. Er geht lustig zu ihm und sagt im Lachen: „Was würden Sie geben, um Ihre gestohlene Brieftasche wieder zu bekommen?" Der, so grittlich war über seinen Verlust, sagte: „Wie mögen Sie über mich scherzen! Mein Verlust ist zu groß, um darüber lachen zu können!" Der Freund sagt: „Nein, ich scherze nicht! Wenn Sie mir meine 14000 Franks auszahlen wollen, gebe ich Ihnen Ihre Banknoten, welche ich hier habe!" Der Kauf war geschwind gemacht. Ich finde possierlich, daß sich der Dieb ungefähr selber bestohlen hat. . . .

Paris, den 14. März 1720, Donnerstag um 9 abends.

Da komme ich eben aus der Oper und werde auf Eure Gesundheit mein Ei schlucken, denn ich habe heute morgen mit dem kleinen pfälzischen Sekretär[1]) gesprochen; der sagt, daß man den Reformierten die Heiliggeistkirch wird wieder ganz einräumen und alles nach dem Friedensschluß richten[2]). Der Sekretär hat mich gefragt, was mein Sohn dazu sage; ich habe geantwortet: „Mein Sohn wird gern hören, daß Kurpfalz sich nach dem Friedensschluß richtet; was vorgangen, hat er gar nicht approbiert und wäre in diesem Stück gar nicht für Kurpfalz gewesen; er hat mirs teutsch herausgesagt." Mein Gott, wie hat das kleine Männchen die Augen gesperrt! Aber ich habe ihm nichts gesagt, als was ich von meinem Sohn selber gehört, und man hat ihm groß Unrecht getan, zu glauben, daß er eine solche Gewalt approbieren sollte, so direkt gegen den Friedensschluß geht; nein, das war gar nicht zu fürchten. Mein Sohn hat gar keine so alberne Religion, wie man meint, und ist nicht bigott, wird sich wohl sein Leben von keinen Jesuwittern regieren lassen, da bin ich gut vor, noch meine Exzellenz auch nicht, das versprech ich Euch.

An den Geheimen Rat Friedrich von Harling
Paris, den 31. März 1720.

Ich glaube, der Teufel ist dieses Jahr ganz ausgelassen mit dem Morden; es geht seit einer Zeit her keine Nacht vorbei, daß man nicht Leute ermordet findet, um von den Bankbilletts zu stehlen. Leute von großer Qualität haben

---

1) Liselotte nennt diesen Herrn einmal „das kleine Mäuschen". 2) Der Kurfürst rächte sich jedoch an den Heidelbergern dadurch, daß er die Residenz nach Mannheim verlegte.

sich in dies häßliche und abscheuliche Handwerk gemischt, unter anderm ein junger schöner Mensch von den flanderischen Grafen von Hoorne. Der Graf war nur zweiundzwanzig Jahr alt. Monsieur de Mortagne hat mir diesen Grafen vor drei oder vier Wochen präsentiert, war mein Chevalier d'honneur. Dieser ist vergangenen Montag morgens in seinem Bett gestorben und der Graf den andern Tag abends um vier Uhr gericht worden. Das gibt gar trauerreiche Ideen. Ganz Frankreich hat für den Grafen Hoorne gebeten, aber mein Sohn sagt, daß für eine so abscheuliche Tat ein Exempel müßte gestift werden, wie auch geschehen zur großen Satisfaktion von dem Pöbel, so gerufen: „Unser Regent ist gerecht." . . Alberoni und die Prinzeß Orsini kennen einander zu wohl, um einander trauen zu können. Ich habe wohl gedacht, daß des Papsts und dieses Kardinals Streitereien nur ein Spielwerk waren; er hat ihn schon wieder losgelassen, hält ihn wie eine Dogge, um ihn gegen die zu hetzen, welchen er nicht gut ist. . . Gestern hat man noch vier frisch getötete Körper in einem Ziehbrunnen gefunden. Man hat vor acht Tagen zwei Kerl verbrennt, deren Sünden so abscheulich und gottslästerlich gewesen seind, daß dem Aktuar, so es hat schreiben müssen, übel darvon geworden.

An Raugräfin Luise
Paris, Ostertag den 31. März um halb 7 abends.

ein Sohn hat mir heute etwas in der Kutsche gesagt, so mich so betrübt hat, daß mir die Tränen drüber in die Augen kommen sind. Er hat gesagt: „Das Volk hat etwas gesagt, das mir das Herz gerührt hat." Ich fragte, was sie denn gesagt hätten, so sagt er, daß, wie man den Grafen Hoorne gerädert hätte, hätten sie gesagt: „Wenn man unserm Regenten persönlich etwas antut, verzeiht er alles und straft nie, aber wenn man etwas gegen uns tut, versteht er keinen Spaß und schafft Gerechtigkeit, wie ihr an diesem Grafen Hoorne seht." Das hat meinen Sohn so ergriffen, daß mir, wie schon gesagt, die Tränen drüber in die Augen kommen sind... Daß Monsieur Law keine böse Absicht hat, erscheint wohl daraus, daß er viele Güter kauft und all sein groß Geld in Landgüter steckt, muß also wohl im Lande bleiben.

St. Cloud, den 21. April 1720.

or diesem ist es gar gewiß, daß unsere Teutschen tugendsam gewesen sein, aber nun höre ich, daß sie allezeit viel Laster aus Frankreich bringen, insonderheit die Sodomie, die ist abscheulich zu Paris; das zieht alle anderen Laster nach sich. — Seit die Königin mit acht Pferden gefahren, habe ich nicht weniger gehabt. Der erste, so es angefangen, war der letztverstorbene Duc de la Feuillade. Wir habens vonnöten, weil unsere Kutschen gar schwer sein; da ist kein Rang, fährt mit acht Pferden, wer will. Aber, wie schon gesagt, es ist wohl 40 Jahr, daß ich mit acht Pferden vor meinen Kutschen fahre, aber in Kaleschen fahre ich gewöhnlich nur mit sechs Pferden. Ich muß lachen, daß Ihr, liebe Luise, gemeint, daß ich so mit acht Pferden fahre, weil ich die erste bin. Ich bin nicht zu hoffärtig, aber ich halte doch meine Dignität, wie es billig ist.

St. Cloud, den 30. Mai 1720.

eine Tochter hat mir durch die gestrige Post ein Memoire geschickt, daß fünfundsiebzig Familien aus der Pfalz nach Orleans gehen, um ins Mississippi zu reisen[1]. Der Herzog von Lothringen hat sie durch Lothringen gehen sehen. Ihr werdet alle ihre Tagreisen hierbei finden[2]. Die Tränen seind mir drüber in den Augen kommen. Ich fürchte, daß unser Herrgott den Kurfürsten hart strafen wird. Wenn die Strafe nur auf die verfluchten Pfaffen könnte fallen,

---

[1] Es waren Reformierte, die wegen religiöser Bedrückung auswanderten.
[2] Die Herzogin hatte eine königliche Order für ihre Verpflegung erwirkt.

wäre es gut, aber ich fürchte, der Kurfürst wird es selber bezahlen. Gott gebe, daß ich mich betrüge.

An Karoline von Wales
St. Cloud, den 31. Mai 1720.

aw, den die Leute hier wie einen Gott angebetet haben, den hat mein Sohn von seiner Charge absetzen müssen. Man muß ihn bewahren, er ist seines Lebens nicht sicher, und ist erschrecklich, wie sich der Mann fürchtet.

St. Cloud, den 11. Juni 1720.

es Königs in Engelland Geburtstag[1]) erinnere ich mich, als wenns heute wäre. Ich war schon ein mutwillig, vorwitzig Kind. Man hatte eine Puppe in einen Rosmarinstrauch gelegt und mir weis machen wollen, es wäre das Kind, wovon meine Tante niedergekommen; in der Zeit hörte ich sie abscheulich schreien, denn Ihro Liebden waren sehr übel; das wollte sich nicht zum Kinde im Rosmarinstrauch schicken. Ich tat als wenn ichs glaubte, aber ich versteckte mich, als wenn ich Versteckens mit dem jungen Bülow und C. A. Haxthausen spielte, glitschte mich in meiner Tante Zimmer, wo Ihro Liebden in Kindsnöten waren, und versteckte mich hinter einem großen Schirm, so man vor die Tür bei dem Kamin gestellt hatte. Man trug das Kind gleich zum Kamin, um es zu baden, da kroch ich heraus. Man sollte mich streichen[2]), aber wegen des glücklichen Tages ward ich nur gescholten.

An Raugräfin Luise
St. Cloud, den 11. Juli 1720.

ft mit meinem Sohn zu sprechen, ist etwas Rares, jedoch habe ich ihn vergangenen Sonntag abends und Montag morgens einen Augenblick gesehen. Ich spreche ihm mein Leben von keinen Staatssachen, noch gebe ich ihm keinen

---

1) Am 28. Mai 1660 war der spätere König Georg I. von England als Sohn der Tante Liselottens, Sophie von Hannover, geboren, der Schwiegervater der Adressatin. 2) Mit Ruten schlagen.

Rat, denn was man selber nicht verstehet, ist zu schwer, andern guten Rat zu geben. Wie ich aber durch das gemeine Geschrei vernehme, so geht alles noch bitter übel. Ich wollte, daß Law mit seiner Kunst und System auf dem Blocksberg wäre und nie in Frankreich kommen. Man tut mir zu große Ehre an, glauben zu wollen, daß durch meinen Rat was besser geworden. Durch meinen Rat kann nichts besser noch schlimmer werden; denn, wie schon gesagt, so gebe ich keinen Rat in nichts, was den Staat angeht. Aber die Franzosen seind so gewohnt, daß Weiber sich in alles mischen, daß es ihnen unmöglich vorkommt, daß ich mich in nichts mische, und die guten Pariser, bei welchen ich in Gnaden bin, wollen mir alles Guts zuschreiben. Ich bin den armen Leuten recht verobligiert vor ihre Affektion, verdiene sie ganz und gar nicht.

Die Mettwürste bekommen mir noch gar wohl, denn ich bin, Gott sei Dank, in perfekter Gesundheit, so lange es währen mag, denn bei alten Weibern kann es nicht lange dauern. Ich wünsche noch fürchte gottlob den Tod nicht, hab mich ganz in Gottes Willen ergeben und singe, wie das lutherische Lied sagt, liebe Luise:

Ich hab mein Sach Gott heimgestellt.

Ich esse auch viel Obst, aber vor den Magen finde ich die Mettwürst besser. Bratwürst esse ich auch gern; es deucht mir aber, daß man sie besser bei uns als hier macht. . . .
Komplimentieren finde ich sehr unartig; aber Politesse haben und höflich sein, da halte ich viel von. . . .

An den Geheimen Rat Friedrich von Harling
St. Cloud, den 1. August 1720.

ch bin aller der Banksachen, es sei Mississippi oder Südsee, so müde, als wenn ichs mit Löffeln gefressen hätte. Ich kanns nicht begreifen, und anstatt Geld und Gold nur Zettelchen von Papier zu sehen, gefällt mir ganz und gar nicht. Ich kann mich nicht freuen, wenn Teutsche in den Aktien gewinnen, denn ich sehe, daß es nur lauter Geiz verursacht, und ich möchte lieber was sehen, so die Leute zur Tugend anreizen möchte. Wenn die, so in dieser Bank verlieren, mir ihren Verlust klagen, haben sie wenig Trost bei mir, denn ich antworte: „Das kommt davon, wenn man eigennützig ist und immer gewinnen will."

Das Glück habe ich all mein Leben gehabt, daß ich mich gar wohl mit unschuldigen Vergnügen divertieren können; die sich damit nicht wollen oder können, müssen oft bitter Langeweile haben.

An Raugräfin Luise
St. Cloud, Sonntag, den 4. August 1720.

Ich wußte nicht, daß Monsieur Rousseau, so die Orangerie gemalt hat, reformiert war. Er war auf einem Gerüste oben; ich meinte, ich wäre ganz allein in der Galerie, sang ganz laut den sechsten Psalm: „In deinem großen Zorn, darin ich bin verloren, ach Herr Gott, straf mich nicht und deinen Grimm dergleichen laß wiederum erweichen und mich in dem nicht richt." Ich hatte kaum das erste Gesetz ausgesungen, so höre ich in aller Eil jemand vom Gerüst herunterlaufen und mir zu Füßen fallen; es war Rousseau selber. Ich dachte, der Mann wäre närrisch worden, sagte: „Du lieber Gott, Monsieur Rousseau, was haben Sie?" Er sagte: „Ist es möglich, Madame, daß Sie sich noch unserer Psalmen erinnern und sie singen? Gott segne Sie und erhalte Sie in dieser guten Gesinnung!" Hatte die Tränen in den Augen. Etlich Tag hernach ging er durch, weiß nicht, wo er hin ist. Aber wo er auch sein mag, wünsche ich ihm viel Glück und Vergnügen. Er ist ein exzellenter Maler in Fresken, sehr ästimiert ... Es seind wenig antike Medaillen, so ich nicht schon habe; denn ich habe deren gar nahe bei neunhundert; habe nur mit 260 angefangen, so ich von Madame Verrue gekauft, so sie dem damaligen Herzog von Savoyen gestohlen. Ich schrieb es gleich an die jetzige Königin von

Sardinien und offerierte, sie dem König wieder zu schicken, aber die Kist war schon verstümpelt, hatte die meisten verkauft. Die Königin schrieb, sie wäre herzlich froh, daß ich die wenigen doch bekommen hätte, sollte sie behalten. Ich habe sie gar wohlfeil, nur nach dem Gewicht, und es waren doch gar rare drunter.

Merians Kupferstiche finde ich gar schön, mich deucht aber, daß seine Landschaften am besten sein. Ich habe gar viel Kupferstiche von seiner Hand, alle Häuser von Flandern, von Teutschland und von Frankreich, so er in Kupfer gestochen hat, wie auch die ganze Schweiz. Ich habe mehr als neun Bogen von ihm; ich habe auch seine teutsche Bibel und die vier Monarchien.

St. Cloud, den 8. August 1720.

ebers Meer zu gehen ist eine wüste Sach, wenn man betracht, daß man sowohl in Indien als in England kommen kann. Monsieur selig konnte so possierlich verzählen, daß er einmal zu Dünkirchen spazieren fahren wollte auf der See bei einem gar schönen Wetter. Er setzte sich in der Barke bei dem Piloten, den fand er traurig, fragte ihn, was ihm fehle. Er antwortete: „Eine traurige Erinnerung. Es ist heute just ein Jahr, bei eben so einem schönen Wetter, als wir nun haben, wollte ich meine Frau und Kinder spazieren führen, es kam aber ein Sturm, der führte uns gerad nach Indien, wo meine Frau und Kinder gestorben sein." Wie Monsieur selig das hörte, sagte er zum Steuermann: „Fahren Sie mich so schnell als möglich zurück ans Ufer!"

St. Cloud, den 10. August 1720.

ch habe mich ein wenig verschlafen, bin erst um sechs Uhr wacker worden und habe mein Morgengebet verricht; nun ist es eben sieben Uhr, denn ich höre es schlagen. Es heißt, wie die Rotzenhäuserin als singt: „Tummel dich, mein Fränzel!" Es ist wahr, liebe Luise, es ist wahr, daß ich bei dem Volk ziemlich beliebt bin, weiß aber nicht, warum, tue ihnen weder Guts noch Bös. Aber auf Volksliebe ist nicht zu bauen, das ist eine gar zu unbeständige Sache. Ich muß gestehen, daß mir Monsieur Laws Systeme nie gefallen und ich allezeit gewünscht, daß mein Sohn es nicht befolgen möchte; habe nie nichts drinnen begreifen können. Daß man das Gold abgeschafft, hat mich chokiert und ist mir betrügerisch vorkommen, wenn ich die Wahrheit sagen soll. . . . Unser Herrgott hat nicht gewollt, daß unsere Linie in der Pfalz regieren sollte, weil von acht erwachsenen Herren, so meine Frau Großmutter, die Königin in Böhmen, gehabt, alle ohne Erben gestorben, ja mein Bruder selbst keine Kinder bekommen. . . Daß Mannheim oder Friedrichsburg gebauet wird, ist mir lieb, aber ich wollte doch, daß Heidelberg nicht verlassen würde. Zu Heidelberg ist die Luft exzellent und das Wasser auch.

St. Cloud, den 24. August 1720.

as man zu Paris ausgebreit, ist wohl noch tausendmal ärger als was in den Zeitungen stehet. Heute morgen habe ich noch einen nicht unterschriebenen Brief empfangen, worin stehet, daß man mich hier in St. Cloud zukünftigen Monat mit ganz St. Cloud verbrennen wird und meinen Sohn zu Paris, damit nichts in der Welt von ihm übrig bleiben möge. Das seind lustige und artige Liebesbriefchen, wie Ihr, liebe Luise, seht. Vor mich ist mir gar nicht angst, aber wohl vor meinen Sohn; denn die Leute seind hier gar zu boshaft und verflucht. . . . Ihr werdet mir einen Gefallen tun, Euch zu informieren, wo der gute, ehrliche und gar geschickte Rousseau hingekommen ist. Wo mir recht ist, so hat mir jemand gesagt, er wäre in der Schweiz. Er malt über die Maßen wohl in Fresco und zeichnet gar schön. Alle die, so die Orangerie hier sehen, admirieren es. Hiermit ist Euer zweites Schreiben auch völlig beantwortet und wir haben nichts Neues, als daß ein gar ehrlicher Mann, so Monsieur du Vergay hieß, vorgestern nachts auf der Straße ermordet worden ist. Man hat ihn vor einen anderen angesehen, welches man daher weiß, daß man gehört, daß man ihm zugerufen: „Adieu, Monsieur Simon!" Knall und Fall eins.

An den Grafen Chr. von Degenfeld=Schomberg
St. Cloud, den 30. August 1720.

err Graf von Degenfeld, übermorgen früh wird Monsieur Leffevre wieder nach England gehen. Ich muß ihm das Zeugnis geben, daß er in allen Ihren Affairen[1]) sein Bestes getan und mit solcher Uneigennützigkeit, daß man sich hier recht drüber verwundert hat. Geld, Diamanten von zehntausend Taler seind ihm offeriert worden, ich weiß es durch andere als ihn selber, daß er es nicht hat annehmen wollen. Summa, er hat sich in allen Stücken über die Maßen und als ein perfekter ehrlicher Mann gehalten. Ist es nicht besser abgangen, ist es seine Schuld ganz und gar nicht, sondern nur der unglücklichen Zeiten. Ich schreibe nicht durch Monsieur Leffevre an Seine Gemahlin, denn ich glaube, daß er sie im Kindbett finden wird, weil Ihro Liebden die Prinzeß von Wales mir geschrieben, daß sie gar grob schwanger ist. Bitte, sie von meinetwegen zu embrassieren und nicht zu zweifeln, daß ich stets sein und bleiben werde, Herr Graf von Degenfeld, Seine wahre Freundin   Elisabeth Charlotte.

An Raugräfin Luise
St. Cloud, den 5. September 1720.

ustig tue ich längst nicht mehr, habe das Lachen auch schier ganz verlernt. Wär vor etlichen Jahren geschehen, was gestern in der Komödie vorgangen, so hätte ich drei Tag drüber gelacht. Mademoiselle de La Roche=sur=Yon

---

[1]) Regulierung von Erbschaftsangelegenheiten. Die Gemahlin des Grafen war die Tochter ihrer Halbschwester Karoline, deshalb nahm sich Liselotte der Sache an.

hatte einen possierlichen Porzelbaum gemacht; die Bank, worauf sie saß, brach auf einmal unter ihr, sie versunk auf einen Stutz, man konnte sie schier nicht wieder herausziehen. Sie ist groß und stark; an solchen Leuten ist es noch possierlicher, zu fallen. Sie lachte selber von Herzen drüber; ich war aber recht erschrocken, denn ihr Kopf war so stark zurückgeschlagen, daß ich gemeint, daß sie sich wehe getan hätte, war aber getrost, wie ich sie von Herzen lachen sah... Mich deucht, unsere ehrlichen Teutschen tun nicht alles so um Geld wie die Franzosen und Engländer; seind gar gewiß weniger interessiert. Mein Gott, wie finde ich den Eigennutz eine häßliche Sache! Es ist wohl nicht recht, dem Gott Mammon dienen, wie in der hl. Schrift stehet; glaube, daß keine größere Verdammnis ist, denn das ist der Grund von allem Übel. Unsere Teutschen können ihr Leben ihre Beutel nicht spicken wie die Engländer, denn wie sie nicht so interessiert sein, so gedenken sie nicht an allerhand Finten und Ränke, Geld zu bekommen, halten das Kaufmannshandwerken[1]) vor eine Schande, und das finde ich ästimabel.

St. Cloud, den 12. September 1720.

Man sollte sich diese großen Wahrheiten in den Kopf setzen, daß man (ich meine unsern Herrgott) uns nicht in diese Welt gesetzt hat, nicht um unsern Kaprizen zu folgen und nichts zu tun als was zu unsrem Divertissement dienen kann, sondern was zu Gottes Ehre dienen kann. Derowegen sollen wir allezeit bedacht sein so zu leben, daß wir unserm Nächsten gut Exempel und kein Ärgerniß geben, so viel möglich ist. Dazu gehört aber das kurze Gebet aus einem Psalm, so mir von Kindheit an die gute Frau von Harling, wie sie noch meine Hofmeisterin war, morgens und abends beten ließ: „Ach Herr, verlaß mich nicht, auf daß ich dich nicht verlasse!" Gute Nacht, liebe Luise. Ich embrassiere Euch von Herzen und behalte Euch allezeit recht lieb.

1) d. h. das Schachern.

An den Geheimen Rat Friedrich von Harling
St. Cloud, den 12. September 1720.

Monsieur von Harling. Gestern fuhr ich nach Paris zu einer Gasterei, welche mir eine jährliche Rente geworden, nämlich zu der Herzogin von Lude, welcher der Dauphine[1]) Hofmeisterin gewesen und meine gute Freundin ist, ist wohl eine von den besten Weibern, so man in der Welt finden kann. Sie hat uns eine magnifike Mahlzeit geben, viermal warm angericht und ein Gericht von Obst und Konfitüren, aber ich esse keine Konfitüren; es war also nur ein Schauessen vor mich. Hernach fuhr ich zum König, nachdem wir ein paar Stund Hocca gespielt hatten; von da fuhr ich ins Palais Royal, und nachdem ich meinen Sohn und seine Gemahlin gesehen, ging ich mit meinen vier Enkeln in die Komödie.

Ich finde es recht artig an dem König von Preußen, so höflich mit den Damen zu sein; nichts stehet den großen Herren besser, und das erweist, daß sie wohl erzogen sein und keinen Bauernstolz haben. Man kann keine größere Politesse haben als unser seliger König gehabt hat; seine Kinder und Kindskinder haben Ihro Majestät hierin gar nicht geglichen. Ich bin all mein Leben der Meinung gewesen, daß die höchsten Stellen nicht das glückseligste und angenehmste Leben machen.

Alberoni[2]) hat dem König in Spanien 198 Bouteillen Champagner gestohlen, so man Ihro Majestät geschickt, und ihr nur zwei Bouteillen geben wie auch ein Stück Käs, hat alles übrige verkauft und das Geld behalten. Er hat eine Rechnung gemacht, daß der Krieg 28 Millionen gekostet; die hat er sich geben lassen; wie man es nachgerechnet, hat der Krieg nur eine Million gekostet, die 27 hat er in seinen Beutel gesteckt. Das meritiert den Galgen genung.

---

1 Der verstorbenen Herzogin von Burgund 2 Kardinal Alberoni.

An Raugräfin Luise
St. Cloud, den 14. September 1720.

Ich weiß nicht mehr, wer es war, aber es fragte mich letztmal einer, ob es zu meiner Zeit so oft zu Heidelberg gedonnert hätte als nun, daß ich den Donner so wenig fürchte. Ich lachte und sagte: „Ich bin zu sehr an starke Wetter gewohnt, um die hiesigen zu fürchten, so gar nicht stark seind. Dabei ist wohl nichts anderes zu tun, als sich Gott ergeben und im übrigen ruhig sein und sich selber nicht durch unnötige Ängste zu plagen." Ich finde auch, daß es dies Jahr viel öfter gedonnert hat als man in langen Jahren gehört; vergangen Jahr, da so eine abscheuliche Hitz war, hat es gar selten gedonnert, nur den Tag, wie die Duchesse de Berry starb, war ein ziemlich stark Wetter. Weiß nicht, ob man in jener Welt auch Stück löst, wenn große Herren ankommen; glaube es nicht. Es ist unmöglich, daß der Wein dies Jahr gerate; der Kochmonat, nämlich der August, ist zu feucht und kalt gewesen. Hier ist alles dreifach teurer geworden als vorm Jahr. Es ist unglaublich, wie alles so teuer gestiegen ist; was 30 Franken gekostet, kostet nun hundert; alles ist außer Preis. . . . Ich begehre weder etwas vom König noch von meinem Sohn, viel weniger noch von Monsieur Law; aber ich habe gern, daß man mich richtig bezahlt, damit meine Domestiken nicht Not leiden. Bisher, gottlob, bin ich weder den Kaufleuten noch sonst niemand nichts schuldig; sollte mir gar leid sein und recht betrüben, wenn ich in Schulden fallen müßte. Das erinnert mich an etwas, so mich wohl von Herzen hat lachen machen. Wie der König selig noch lebte und die Herzogin von Maine so erschrecklich Ausgaben machte mit Festen, Komödien, Balletten, Feuerwerk und dergleichen, ließen sie meinen Intendanten holen, waren jaloux, daß ich meinen Rang hielt, fragten den Intendanten: „Sagen Sie uns, wie macht es Madame, um keine Schulden zu machen? Denn sie ist nicht reich." Mein Intendant antwortete kühl: „Madame macht niemals un=

nötige Ausgaben; sie richtet sich nach ihren Einkünften, also braucht sie keine Schulden zu machen."

Monsieur Laws Töchterchen kann nicht fehlen, wohl geheirat zu werden; denn er wird ihr drei Millionen zum Heiratsgut geben ohne die Haussteuer. Ich glaube, daß wenn ein Herzog oder Fürst hier ihn pressen sollte, würde er wohl noch, glaube, noch ein Milliönchen fahren lassen ...

An den Geheimen Rat Friedrich von Harling
St. Cloud, den 22. September 1720.

Ich bin ganz Seiner Meinung, daß die alte Sprach mehr Expressionen hat, als wie man nun spricht. Amadis könnte man nicht in jetzigem Französisch leiden; man hat Don Quichote drin setzen wollen, es hat aber gar nicht reüssiert. Vor 40 Jahr habe ich Philippe de Comines gelesen, erinnere es mich gar wenig, fand damals den Stil sehr naiv. Wäre ich zu Hannover in meinem alten Apartement gewesen, so hätte ich wohl wissen können, wo man die Stück bei des Königs in Preußen Abzug gelöst, denn meine Fenster erschütterten allemal, wenn man sie auf dem Wall löste: über der Leine, am Eck auf der linken Seite. Auf der rechten Seite waren viel gemeine alte Häuser; über den Häuschen war der Damm, wo man zu des Kammerpräsidenten Bülow Haus ging; über die Leine sah man das Blachfeld.... Nichts ist lügenhaftiger als die Gazetten und Zeitungen. Wenn man hier in Frankreich jemand ein Stück antun will, läßt man auf ein Zettelchen schreiben, was man zu wissen tun will, wickelt einen Taler drin und macht die Überschrift: „An den Holländischen Zeitungsschreiber", so ist man gewiß, daß hernach alles, was in dem Zettel gewesen, in den holländischen Zeitungen steht. Ich habe es zwar nie getan, aber von anderen oft praktizieren sehen. Also können sie gar nicht glaublich sein, weil die Parteilichkeit allezeit drinnen ihr Spiel hat.

An Karoline von Wales
St. Cloud, den 4. Oktober 1720.

Mein Sohn ist geliebt gewesen, aber seitdem der verfluchte Law gekommen ist, ist mein Sohn je länger je mehr gehaßt. Es gehet keine Woche vorbei, daß ich nicht durch die Post abscheuliche Drohschreiben bekomme, wo man meinen Sohn als den boshaftigsten Tyrannen traktiert.

An Raugräfin Luise
St. Cloud, den 2. November 1720.

Die Pomade divine hat mich ganz von dieser Blähung kuriert. Madame d'Orleans[1]) ist auch kuriert; ich bins aber wohl acht Tag eher gewesen. Sie ist allezeit froh, wenn sie eine Gelegenheit hat, im Bett zu faulenzen. Ich glaube nicht, daß in der Welt eine faulere Kreatur kann gefunden werden als sie; sie gestehet es selber gar gern und lacht drüber. Wir haben keine Sympathie in nichts miteinander. Ich esse gar wenig Trauben, nur morgens eine Traube Muskateller, denn das hilft mir morgens zu Stuhl gehen; nachmittags, noch an der Tafel, esse ich keine, nur einen Apfel, so man hier „pomme de Calville" heißt.

Weil man den Bacharacher hier erst trinkt, wenn er sieben oder acht Jahr alt ist, möchte ich wohl wenig Teil an dem Bacharacher haben, so dies Jahr gemacht worden. Gott weiß, wo ich in acht Jahren sein werde, und vor die Lust, so ich in diesem Leben jetzt habe, liebe Luise, könnte ich ohne Schrecken hören, daß ich die acht Jahre nicht erleben würde.... Es ist mehr Bosheit als Vorwitz, daß die zwei bösen Minister meine Briefe als lesen wollen. Wer will ihnen wehren oder wer kanns tun? Denn alle Briefe gehen durch ihre Hand. Sie werdens auch nicht gestehen; aber die Probe doch, daß sie nicht allein meine Brief lesen und nachsagen, ist, daß der Marschall de Villeroy und der von

---
[1] Ihre Schwiegertochter.

Teſſé ſich ſo ſehr über mich beklagen, über was ich von ihnen an meine Tochter geſchrieben hatte. . . . Die Medaille von Meſſina hat mich erfreut, Liebe! Habe ſie mit Luſt in mein Medaillenkiſtchen plaziert. Ich hoffe, daß ich Euch nun bald wieder werde Kirbe¹) ſchicken können. Denn alles wird wieder wohlfeiler; man fängt auch wieder an, Gold zu ſehen; aber es iſt noch gar hoch, ein Louisdor gilt 54 Franken. Es wird aber alle Monat abſchlagen, alſo zu hoffen, daß mit der Zeit alles wieder in den alten Stand kommen wird. Gott gebe es! Denn ich bin der Miſſiſſippibank und Aktien ſo müde, als wenn ich es mit Löffeln gefreſſen hätte; werde Gott danken, wenn ich nichts mehr davon hören werde. Ihr habt wohl getan, mir keinen Achat zu ſchicken; denn ich brauch es nicht; denn ich nehme mein Leben keinen Tabak, und ſelbige Doſen ſeind hier gar gemein. Seit wann liſpelt Ihr, liebe Luiſe, daß Ihr „Außpürg" vor „Augsburg" ſagt? Redt man nun ſo in Teutſchland, oder iſt es nur ungefähr geſchehen?"

Vor den Zar²) habe ich ſchon vorgeſtern gedankt, wie auch vor den Prinz Eugenius, tue es gern noch einmal. Prinz Eugenius muß greulich geändert ſein, wo er eine lange, ſpitze Naſ bekommen, denn die hatte er gewiß gar nicht in ſeiner Jugend . . . . Die Königin in Spanien³), die zu Bayonne iſt, heißt mich allezeit „Mama" oder „Mamachen". Das verdrießt mich als; denn auf ſolche Artigkeiten weiß ich nichts zu antworten, bin an ſo Sachen nicht gewöhnt; die waren nicht der Brauch an unſerm Hof, noch zu meiner Zeit.

An den Geheimen Rat Friedrich von Harling
St. Cloud, den 14. November 1720.

ranz I. hat ſich ſein Leben vor keinen Heiligen ausgegeben, hatte gar keinen galanten Hof. Mlle de la Force hat von dieſem Hof einen artigen Roman geſchrieben unter dem Titel von der Königin Margarethe von Navarra;

---
¹) Kirmesgeſchenke. ²) d. h. für eine Medaille mit des Zaren Bild. ³) Maria Anna von Pfalz-Neuburg.

seind nur drei kleine Bände in Oktav, gemächlich zu lesen. Die Szene ist zu St. Germain und nicht zu Fontainebleau, also sollte Franz I. eher zu St. Germain nach seinem Tod spazieren, als zu Fontainebleau in der Galerie d'Ulysse. Die Königin= Mutter hatte ein Apartement vor sich bei der Galerie d'Ulysse zurecht machen lassen, ihre Kammerweiber mußten nachts durch diese lange Galerie gehen, die haben den König Franz im grünen geblümten Nachtsrock spazieren sehen. Mir aber hat er die Ehre nicht tun wollen, sich zu weisen. Ich muß nicht in der Geister Gnaden stehen; ich hab zehn Jahr in der Kammer geschlafen, wo die vorige Madame gestorben, und mein Leben nichts sehen können. Aber das erstemal, daß Monsieur le Dauphin[1] drin geschlafen, ist ihm seine Tante, die verstorbene Madame[2] erschienen. Er hat es mir selber verzählt. Es kam ihm eine Not an, stund auf und setzte sich auf einen Nachtstuhl, so neben dem Bett stund, und verrich= tete, mit Urlaub zu melden, seine Notdurft. Wie er in voller Arbeit war, hört er die Tür, so nach dem Salon ging, aufgehen (selbigen Abend war ein großer Ball im Salon gewesen) und sah eine geputzte Dame mit einem brau= nen Kleid, einem schönen gelben Unterrock und gar viel gel= bem Band auf dem Kopf, hereinkommen; die hat den Kopf gegen die Fenster gedrehet; Monsieur le Dauphin meinte, es wäre die junge Herzogin von Foix; er lachte und dachte in sich selber, wie diese Dame erschrecken würde, wenn sie ihn da in der Nische sollte im Hemd sitzen sehen, fing derowegen an zu husten, um ihr den Kopf und das Gesicht auf seine Seite drehen zu machen, welches diese Dame auch tat. Aber anstatt der Herzogin Foix sieht er die verstorbene Madame, so eben war, wie er sie das letztemal gesehen. Anstatt der Dame bange zu machen, erschrak er selber so erschrecklich, daß er mit aller Macht zu Madame la Dauphine, so schlief, ins Bett sprang. Die wurde über seinen Sprung wacker, sagte: „Was haben Sie denn, Monseigneur, also zu springen?"

---

[1] Der erste Dauphin, Sohn Ludwigs XIV. [2] Die erste Gemahlin Monsieurs, Henriette von England.

Er sagte: „Schlafen Sie, ich werde es Ihnen morgen erzählen." Den andern Tag, wie sie wacker werden, fragte sie ihn, was ihm denn nachts gefehlt hätte, daß er so erschrocken? Er verzählte ihr sein Abenteuer. Madame la Dauphine fragte mich, ob ich nie nichts in der Kammer verspürt hätte? Ich sagte „nein". Ich ging zum Dauphin und fragte Ihro Liebden, der verzählt es mir von Wort zu Wort ebenso. Monsieur le Dauphin ist all sein Leben drauf geblieben, daß diese Historie wahr sei. Was ich davon geglaubt, daß Monsieur le Dauphin, so die Gewohnheit hatte, lang auf dem Stuhl zu sitzen, auf dem Stuhl entschlafen und diesen Traum getan, so ihn so erschreckt hat. Es seind viel Leute so abergläubisch, weil man sie in ihrer Jugend dazu erzogen hat und sie so von ihren Säugammen von Gespenstern gehört haben.

An Raugräfin Luise
St. Cloud, den 21. November 1720.

aren die Trauben, so man Euch aus der Pfalz geschickt, von Schrießheim? Da seind sie gewöhnlich gar gut, und ich finde sie besser als die von der Seite von Rohrbach. Mich deucht, die Heidelberger Trauben seind nicht ungesund. Ich erinnere mich, daß ich von den Schrießheimer Trauben in dem Weingarten so erschrecklich gefressen, daß mir der Bauch so dick geworden, daß ich nicht mehr gehen konnte; hat mir aber gar nichts geschadt, sondern nur bessere Lust zum Mittagessen gemacht. ... Most macht voller als Wein... Mich deucht, alle Trompeter haben dicke Bäuch. Mich deucht, wir Pfälzer haben das, wir lieben das Vaterland bis in Tod und geht uns nichts drüber... Ich sehe, wie es hier mit dem verfluchten Mississippi geht. Ich habe einen solchen Widerwillen gegen all dies Zeug, daß ich allen meinen Leuten verboten, nie von dies noch von der Konstitution vor mir zu reden. Ich verstehe weder eines noch das andere, aber sie seind mir beide zuwider wie eine Bur=

gatz¹), wie die Frau von Rotzenhausen als pflegt zu sagen. Ich glaube, daß der Teufel die Sach inventiert hat, um so viel Leute in Verzweiflung zu stürzen. Ich weiß nicht, was steigen oder fallen in der Sach ist, und will es auch nicht lernen.

St. Cloud, den 23. November 1720.

eute hat es zum erstenmal in diesem Winter geschneit; der Schnee ist aber gleich geschmolzen. Das macht mir glauben, daß es itzunder stark kalt in Teutschland ist und in der Pfalz. Da wünsche ich mich nun nicht mehr hin; ich müßte Tag und Nacht weinen, wenn ich da wäre; darf nicht recht an die alten Zeiten gedenken, werde gleich nachdenklich und traurig. Der König in Polen²) fürchtet nichts; ich kenne noch einen so, nämlich meinen Sohn.... Alle Leute, so ich in meiner Jugend gesehen, seind mir ganz und gar nicht aus dem Sinn kommen; unsern ganzen alten Hof könnte ich malen, jung und alt.

Ich habe das Schloß³) gesehen, man hat mirs gewiesen auf dem Rhein. Wenn ich Kaiser wäre, wollte ich mein Leben keinen neugebacknen Edelleuten alte gute Häuser als Lehen geben; das chokiert recht. Ich glaube, daß Schönburg, nun es ruiniert, wohl abscheuliche Burg heißen könnte. Nichts graust mir mehr als ein ruiniert Schloß, und macht einem so gar betrübte und traurige Reflexionen machen.

An Karoline von Wales
St. Cloud, den 26. November 1720.

eine Tante, unsere liebe Kurfürstin, ging in Haag nicht zur Princesse Royale⁴), aber die Königin von Böhmen⁵) ging hin und nahm mich mit. Meine Tante⁶) sagte zu mir: „Habt acht, Lisette, daß Ihr es nicht wie gewöhnlich macht

---

1) Purganz (Abführmittel). 2) August II., der Starke. 3) Schönburg bei Oberwesel, das zerstörte Stammschloß der Grafen von Schomberg. 4) Marie von England, Witwe Wilhelms II. von Oranien. 5) Elisabeth von England, Witwe des Winterkönigs, Liselottens Großmutter. 6) Sophie, die spätere Kurfürstin von Hannover.

und Euch so verlauft, daß man Euch nicht finden kann! Folgt der Königin auf dem Fuße nach, damit sie nicht auf Euch warten darf!" Ich sagte: „Oh, Tante wird es hören, ich werde es gar hübsch machen." Ich hatte aber schon oft mit ihrem Herrn Sohn[1]) gespielt, fand ihn bei seiner Frau Mutter, ich wußte aber nicht, daß es seine Frau Mutter war. Nachdem ich sie lange betrachtet, sah ich mich um, ob mir niemand sagen könnte, wer die Frau wäre. Ich sah niemand als den Prinzen von Oranien, ging zu dem und sagte: „Sagt mir, ich bitte Euch, wer ist diese Frau, die eine so fürchterliche Nase hat?" Er lachte und antwortete: „Das ist die Princesse Royale, meine Mutter." Da erschrak ich von Herzen und blieb ganz stumm. Um mich zu trösten, führte mich Mlle Hyde mit dem Prinzen in der Prinzessin Schlafkammer; da spielten wir allerhand Spielchen. Ich hatte gebeten, man sollte mich rufen, wenn die Königin weggehen würde; wir rollten eben auf einem türkischen Teppich herum, wie man mich rief. Ich sprang auf, lief in die Präsenz, aber die Königin war schon in der Vorkammer. Ich nicht faul, ziehe die Princesse Royale bei dem Rock zurück, machte ihr eine hübsche Reverenz, stelle mich vor sie und folge der Königin auf dem Fuße nach, bis in die Kutsche. Alle Menschen lachten, ich wußte nicht warum. Wie wir wieder nach Hause kamen, ging die Königin zu meiner Tante, setzte sich auf ihr Bette, lachte daß sie hötzelte und sagte: „Lisette hat einen schönen Streich gemacht", erzählte ihr alles, was ich getan; da lachte unsere liebe selige Kurfürstin noch mehr als die Königin, rief mich und sagte: „Lisette, Ihr habts wohl gemacht, Ihr habt uns an der stolzen Prinzeß gerochen."

---

[1]) Dem Prinzen von Oranien, Wilhelm III., dem späteren König von Großbritannien.

An Raugräfin Luise

St. Cloud, Donnerstag, den 28. November 1720.

Ich bin in der Pariser Gnaden; es würde sie betrüben, wenn ich gar nicht mehr dort wohnen sollte; muß also den guten Leuten etliche Monat aufopfern. Sie verdienen es wohl an mir, haben mich lieber als ihre gebornen Fürsten und Fürstinnen; die verfluchen sie und mir geben sie lauter Segen, wenn ich durch die Stadt fahre. Ich habe die Pariser auch lieb; es seind gute Leute. Es ist mir selber leid, daß ihre Luft und Wohnung mir so zuwider sein.... An einem gar heißen Sommertag jagte ich den Hirsch zu St. Leger mit Monsieur le Dauphin, da kam ein stark Wetter, Donner, Blitz und Hagel; mein Rock war so voller Schloßen, daß es im Schmelzen durchdrang, und meine Schuhe wurden voll von dem eiskalten Wasser. Wir waren weit von den Dörfern und drei gute französische Meilen von den Kutschen; die Knie wurden mir also ganz verfroren, seind mir seitdem schwach und voller Schmerzen worden. Ich habe hunderterlei gebraucht; alles hat im Anfang wohl getan, aber die Schmerzen sind doch wiederkommen. Nun brauch ich gar nichts mehr, bin doch nicht besser noch schlimmer als ich war. Ich bin jetzt so alt, daß es der Mühe nicht mehr wert ist, an kurieren zu gedenken.... Es ist wahr, liebe Luise, daß wer jetzt was kaufen wollte, alles dreimal teurer finden würde als vorm Jahr, insonderheit Gold und Edelgestein. Man hat mir offeriert, vor kleine Ring, so ich habe, dreimal so viel zu geben als sie mir gekost haben; das hat mich aber ganz und gar nicht gerührt, denn ich bin gottlob nicht interessiert, liebe das Geld nur, um es zu vertun... Wenn man im Erwachsen-sein lispelt, kommt es, daß man einen nicht in seiner Kindheit korrigiert hat. Des Duc de Luxembourg Sohn spricht so wunderlich, daß man ihn kaum verstehen kann. Das kommt daher, wie mir sein Vater selber verzählte, daß er verboten hatte, daß man seine Sprache nicht korrigieren sollte, um zu sehen was draus werden sollte.

St. Cloud, den 30. November 1720.

ie Mode ist ganz vergangen, an Gott und sein Wort zu gedenken und ein Gewissen zu haben und sich darnach zu richten. Das seind Einfalten von den vergangenen Jahren und Zeiten, da richt sich in jetzigen Zeiten niemand mehr nach. Sie werdens erst erfahren, wenn sie Gott brav abstrafen wird. . . . Ist es nicht natürlich, daß man lieber in seinem Vaterland ist, wo man geboren und erzogen?

Ach, liebe Luise, man stirbt nicht von diesem noch von jenem; man stirbt, weil die Stund gekommen. Denn ich bin wohl persuadiert, daß ein jedes seine Stund gezählt hat, die man nicht überschreiten kann. Also man mag das Leben müd sein oder nicht, stirbt man doch keinen Augenblick eher noch später.

St. Cloud, den 5. Dezember 1720.

ie Pest, so zu Marseille ganz aufgehört hatte, hat ärger als nie wieder dort angefangen. In Polen soll sie auch abscheulich sein und auch in Schlesien eingerissen. Ich bin persuadiert, daß sie in kurzem in ganz Europa sein wird. Das erschreckt mich gar nicht; es wird mir nur begegnen, was Gott der Allmächtige über mich vorgesehen hat. Stirb ich an der Pest, so werde ich nicht von was anderm sterben. Es wäre kein Wunder, wenn die Pest in Sachsen käme, weil der König in Polen und seine Leute sie wohl aus Polen bringen mögen.

Paris, den 14. Dezember 1720.

an erzieht hier im Land und insonderheit in dem königlichen Hause die Prinzessinnen so bitter übel, daß es eine Schand ist. Wenn man Sorg vor sie hat, werden sie anderst; denn Ihr seht ja wohl, daß die, vor welche ich gesorgt, nicht so sein; denn man kann nicht besser mit seinem Herrn leben, als die Königin von Sardinien[1]) mit ihrem König, und meine Tochter mit ihrem Herrn lebt. Aber wenn man den Kindern sein Leben nichts sagt, sie von 7 bis 20 Jahren ganz nach ihren Phantasien leben läßt, da kann nichts Gescheites davon kommen. Ich habe meine Partei gefaßt; ich werde mich nicht mehr um meine hiesigen Enkel bekümmern, sie mögens machen wie sie wollen. Meines Sohns Heirat ist ohne meinen Willen geschehen; ich wäre also wohl ein großer Narr, wenn ich mich über dies alles quälen sollte. Ich werde so lang ich lebe mit ihnen allen wohl und höflich leben, um Frieden zu behalten, aber damit getan; im übrigen lebe ich apart vor mich selber wie ein Reichsstädtel.

Ich vergesse nicht, liebe Luise, wenn ich was verspreche; denn ich erinnere mich als des teutschen Sprichworts: „Ein Schelm, der sein Wort nicht hält", und will nicht zum Schelmen werden. Man muß sich in kleinen Sachen angewöhnen, wahr zu sagen, um nie in Lügen gefunden zu werden; denn ich hüte mich sehr davor, finde nichts Abscheulicheres . . . Monsieur Law hat sich retiriert. Wie es mit der Südsee[2]) geht, weiß ich noch nicht. Ich gönns denen so so wohl, so sich mit vielem nicht vergnügen lassen, alles zu verlieren. Gott verzeihe mirs! Allein es ist mir eine rechte Freude, wenn ich höre, daß karge Leute in ihrem Geiz betrogen werden.

Paris, Donnerstag, den 19. Dezember 1720.

Wenn ich die Wahrheit sagen soll, so bin ich, wie der Apostel Paulus sagt, weder apollisch, noch paulisch, noch kephisch, weder reformiert, katholisch, noch lutherisch, sondern ich werde, soviel mir möglich ist, eine rechte Christin sein und darauf leben und sterben. Das sind, liebe Luise, meine

---

1) Ihre zweite Stieftochter, Herzogin von Savoyen, später Königin von Sardinien.
2) d. h. mit den Aktien der Südseegesellschaft.

rechten Gedanken. Adieu! Ich embrassiere Euch von Herzen und verbleibe allezeit auf meinen Meinungen, also behalte ich Euch von Herzen lieb.

An Karoline von Wales
Paris, den 27. Dezember 1720.

ei seinem Abschiede sagte Law zu meinem Sohn: „Monseigneur, ich habe große Fehler gemacht, ich habe sie gemacht, weil ich Mensch bin, aber Sie werden weder Bosheit noch Schurkerei in meinem Verhalten finden." Seine Frau will nicht aus Paris, bis alle seine Schulden bezahlet sind.

An Raugräfin Luise
Paris, den 22. Februar 1721.

ch gehe morgens um ein viertel auf zwölf in die Kapell beten, bin mit watten Binden gar wohl eingesteckt. Wenn ich aus der Kirch komme, gehe ich an Tafel, hernach gehe ich nicht aus meinem Kabinett; um halb acht esse ich zu Nacht. Um dreiviertel auf neun gehe ich in meine Kammer und nach Bett. Das ist all mein Leben, so ich nun führe, welches, wie der kleine Paul als pflegt zu sagen, gar eine mittelmäßige Freude ist. Aber was will man tun? Alles hat seine Zeit, die Jugend ist die Zeit der Lust und Freude und das Alter der Langeweil... Zu Heidelberg, ehe Ihr geboren, wurd ein groß Geschrei von einem Gespenst, so alle Nacht mit feurigen Augen und großem Geplärr durch die Kettengaß ging. Ihro Gnaden der Kurfürst, unser Herr Vater, ließ dem Gespenst aufpassen und fangen; da ertappte man drei oder vier Studenten, so Franzosen waren. Einer, so Beauregard hieß und des Generals Balthasar Schwager war, der war das Kalb, und die andern, ich glaube, Monsieur Dangeaus Bruder, Coursillon, so jetzt Abbé ist, halfen zu der Musik. Wenn man die Gespenster genau examiniert, kommt als so was heraus.

Paris, den 6. März 1721.

as gemeine Volk seind gute, fromme Leute zu Paris, aber alles, was man Grandseigneurs heißt, als Prinzen von Geblüt, Herzöge, die taugen den Teufel nicht, haben keine christlichen Sentimenten, weder Ehre noch Glauben, seind undankbar, haben keinen andern Gott als den Gott Mammon, Interesse, Geld zu ziehen und zu gewinnen, ist ihre einzige Beschäftigung, auf welche Art und Weise es auch sein mag. Ich muß gestehen, ich fürchte die interessierten Leute, so gar nicht an Gott glauben; denn die folgen nur ihren Phantasien und das kann weit gehen in Bosheit.

Paris, den 29. März 1721.

estern morgen kam ein Kurier an, daß der Herr Papst[1]) endlich den 19. dieses Monds verreckt ist, welches die hiesigen Kardinäle sehr betrübt, weil sie nach Rom müssen, um einen Papst zu machen. Das kostet ihnen viel Geld und führt sie von Paris, wo sie gern sein. Aber warum wollen alle die Pfaffen Kardinäle sein und hernach verzweifeln, wenn sie nach Rom müssen? — Mannheim ist ein warmer Ort, ich erinnere mich, daß wir einmal in der Mühlau zu Nacht aßen den ersten Mai; alles war ganz grün, es kam so ein schrecklich Donnerwetter, als wenn Himmel und Erde vergehen sollten. Eurer Frau Mutter wurde bang, aber sie konnte doch das Lachen nicht halten, wie sie die abscheulichen Grimassen sah, so die Furcht meiner Hofmeisterin, der Jungfer Kolbin, zuwege bracht; ich meinte mich krank zu lachen. — Meines Sohns ohnmäßliche Sanftmut macht mich oft so ungeduldig, daß ich treppeln möchte. Denn die Franzosen haben das, um mit ihnen umgehen zu können, müssen sie entweder große Hoffnung haben oder fürchten. Dankbarkeit muß man nicht bei ihnen suchen, noch wahre Affektion. Ich habe meinem Sohn oft gesagt,

---

1) Clemens XI.

ich kenne seine Nation besser als er; nun gesteht er mir, daß ich recht gehabt. Bei guten Gemütern richtet man mehr mit Sanftmut aus als mit Strengigkeit, aber die seind gar rar hier im Land. Der abscheuliche Geiz und Interesse hält sie davon ab, und was ihren Geiz vermehrt, das tut der Luxus und das hohe Spielen, denn da gehört viel Geld zu. Aber auch die Ausschweifung hilft viel dazu, denn Mätressen und Favoriten müssen bezahlt werden, das nimmt auch ein groß Geld weg.

Paris, Donnerstag, den 17. April 1721.

ch beklage alle die, so ihre Kinder verlieren; denn nichts ist schmerzlicher in der Welt. Ein klein Kind von etlichen Monaten ist eher zu verschmerzen, als wenn sie gehen und reden können. Wie ich meinen ältesten Sohn verloren, so noch nicht gar völlig drei Jahr alt war, bin ich sechs Monat gewesen, daß ich meinte, ich müßte närrisch vor Betrübnis werden.

Paris, den 19. April 1721.

ch rede vom Papst auf Französisch-Katholisch, und nicht auf Teutsch-Katholisch; man hält ihn in Frankreich nicht für unfehlbar, die ganze Sorbonne hat sich nicht anders deklariert, und wenn der Papst nicht räsonnabel ist, folgt man ihm in Frankreich nicht, und es ist einem jeden frei, hiervon zu reden wie er will. Wir haben keine Inquisition in Frankreich. Saint Père zu sagen, gilt hier nicht mehr, als wenn man Papst sagt, ist nur eine Art zu reden, man hält ihn nicht vor heilig hier; aber ein großer Herr ist er doch. Ein Bischof von Noyon, so ich gekannt und welcher Graf und Pair war, hieß den Papst nicht anders als Monsieur de Rome, hat mich oft mit lachen machen. Ich habe den verstorbenen Papst[1] nicht lieb gehabt, aber um die pure Wahrheit muß ich

---

[1] Clemens XI.

sagen, daß es ohnmöglich sein kann, daß der Papst verliebt von des Prätendenten[1]) Gemahlin gewesen; denn erstlich so war er ein Mann von 73 Jahren, zum andern so hatte er einen solchen abscheulichen Nabelbruch, daß sein Leib ganz offen war, und hatte eine silberne Placke, so seinen ganzen Bauch und Eingeweid aufhalten mußte. Das ist kein Stand, um verliebt zu sein, wie Ihr wohl gedenken könnt. Daß er sich aber vor diese Prinzeß interessiert hat, ist kein Wunder; er hat sie aus der Tauf gehoben, ihren Heirat gemacht und geglaubt, daß wenn der Prätendent wieder auf seinen Thron kommen könnte, daß ganz England unter seine und der Pfaffen Gewalt wieder kommen würde; also hat er ja recht gehabt, sich vor diese Prinzeß und ihren Herrn zu interessieren. Ein 73jähriger Galan mit einer silbernen Placke ist gar eine skandalöse Galanterie. Kein französischer Kardinal kann prätendieren, Papst zu werden, er müßte denn in Italien geboren sein. Die Franzosen haben recht, nicht hin zu begehren; es kost ihnen erschrecklich viel und können nichts dabei gewinnen, also ist es leicht zu glauben, daß es ihnen von Herzen geht, wenn sie sagen, daß sie ungern ins Konklave gehen.

St. Cloud, den 26. April 1721.

onsieur Teran[2]) verstehet sein Sach gar wohl, man kann sich auf ihn vertrauen, und im übrigen tue ich, was ich tun soll; aber ich bin durchaus persuadiert, daß meine Stunden gezählt und daß ich keinen Schritt drüber gehen werde. Solang ich leben soll, werden die Doktoren alles finden, was mir nützlich sein kann; kommt aber die fatale Stund, so mir der Allmächtige vorsehen, mich aus diesem Leben zu führen, so wird eine Verblendung kommen, so alles überzwerch wird gehen machen. Mir ist die Sach sehr indifferent; ich weiß, daß ich nur bin geboren worden um zu sterben,

---

1) Jakob (III.), Sohn des entthronten Jakob II. von England. Er war mit Maria Sobieska verheiratet. 2) Der Leibarzt Liselottens.

also erwarte ich diese Zeit ohne Ungeduld und auch ohne Sorgen, bitte nur den Allmächtigen, wenn meine Stund wird kommen sein, mir ein seliges End zu verleihen ... Alles was man in der Bibel liest, wie es vor der Sündflut und zu Sodom und Gomorrha hergangen, kommt dem Pariser Leben nicht bei. Von neun jungen Leuten von Qualität, so vor etlichen Tagen mit meinem Enkel, dem Herzog von Chartres, zu Mittag aßen, waren sieben, so die Franzosen[1]) hatten. Ist das nicht abscheulich? Die meisten Leute hier im Land setzen ihren einzigen Trost in Ausschweifungen und Divertissementen; außer diesem wollen sie nichts wissen noch hören. An eine ewige Glückseligkeit glauben sie nicht, meinen, daß nach dem Tod gar nichts mehr seie, weder Gutes noch Böses.

St. Cloud, den 3. Mai 1721.

Ich bin in allem, auch im Essen und Trinken, noch ganz teutsch, wie ich all mein Leben gewesen. Man kann hier keine guten Pfannenkuchen machen, Milch und Butter seind nicht so gut als bei uns, haben keinen süßen Geschmack, seind wie Wasser. Die Kräuter seind auch nicht so gut hier als bei uns; die Erde ist nicht fett, sondern zu leicht und sandig; das macht die Kräuter, auch das Gras, ohne Stärke, und das Vieh, so es ißt, kann also keine gute Milch geben, noch die Butter gut werden, noch die Pfannenkuchen. Auch haben die französischen Köche den rechten Griff nicht dazu. Wie gern wollte ich den Pfannenkuchen von Eurem Kammermädchen essen! Das sollte mir besser schmecken als alles was meine Köche machen.

Ich weiß noch alle Psalmen und geistlichen Lieder, so ich mein Leben gewußt, und singe sie in meiner Kammer, auch oft in der Kutsch. Ich habe noch meine Bibel, Psalmbücher und lutherische Liederbücher, kann also singen, soviel ich will. Ich habe hoch vonnöten, daß mir Gott das Gedächtnis stärkt; denn ich fühle, daß mein Gedächtnis ab=

[1] Syphilis.

scheulich abnimmt; ich kann keinen Namen behalten, glaube, daß ich bald meinen eigenen vergessen werde. Ich bitte täglich den Allmächtigen, meinen Sinn und Gedanken zu regieren, nichts zu tun noch zu gedenken, als was mir zu meiner Seligkeit dienlich ist, und mich in meinem Alter nicht zu verlassen. Auch ist das Ende von meinem Gebet, nach dem Unser-Vater: „Ach Herr, verlaß mich nicht, auf daß ich dich nicht verlasse!"

St. Cloud, den 17. Mai 1721.

Herzallerliebe Luise, ich fange früh an, Euch zu unterhalten, weil ich um acht in die Kirch muß, und gleich hernach wird man mir zur Ader lassen, aus Vorsorge, wie sie sagen. Ich lasse sie gewähren; weil es ja sein mußte, hab ich nicht länger aufschieben wollen. Wenn ich unserm teutschen Kalender Glauben zustellen soll, so wird mir die Aderlaß wohl bekommen; denn es stehet drinnen, daß es heute der beste Tag vom ganzen Jahr ist, Ader zu lassen. Diesen Abend um sechs Uhr werde ich Euch, liebe Luise, berichten. Ich glaube aber, daß es hergehen wird, wie die arme Hinderson als pflegt zu sagen, und daß ich gar schlappjes davon werde werden . . . Die Rotzenhäuserin hat mich doch gestern lachen machen, fürcht sich brav vor der armen Marquise[1]), hat sich gestern eingebildt, sie wäre kommen und hätte ihr die Decke gezogen und bei ihrem Bett gerauscht und geschnauft, und wie ich gestern mit ihr in meiner kleinen Garderobe war, hat sie sich eingebildt, die Marquise fliege wie etwas ganz Weißes um sie herum. Ich aber habe nichts gesehen noch gehört, glaube doch, daß wenn die arme Marquise wieder zu kommen hätte, daß sie eher zu mir als zu Lenore kommen würde. Ihre Angst hat mich doch lachen machen; sie sagt, ich könne keine Geister sehen, weil ich nicht glauben will, daß sie

---

1) Die verstorbene Marquise d'Alluye. — Ein Jahr zuvor schrieb Liselotte über sie: Sie hat eine schlimme Krankheit, nämlich 85 Jahre; sie ist aber gar nicht kindisch, kann noch recht lustig sein, ist eine recht gute Frau; wäre mir leid, wenn sie sterben sollte.

kommen können; das verdrieße die Geister und wollen deswegen nicht zu mir kommen ... Ich habe mein Leben nicht gehört, daß man Ahnen prüfen muß, um zu spielen. Ich habe alle Tag hier Leute mit dem König spielen sehen von Gärtners Geschlecht und dessen Onkel dem König aus seinen Gärten schon Obst brachte ... Ich weiß mein Leben nicht, wer wohl oder übel gekleidet ist, darauf sehe ich nicht; es muß sehr ridikül sein, wofern ich es gewahr werde.

Wenn der Herzog von Mömpelgard[1]) nicht wäre, so wäre gewiß der Herzog von Stuttgart[2]) der größte Narr von ganz Schwaben mit seinem Serail. Er macht den König Salomo zum Lügner, der sagt, daß nichts Neues unter der Sonnen sei, so nicht schon geschehen; aber Weibsleute als Heiducken zu folgen machen, das ist etwas neues, wie auch, Kammer= diener aus ihnen zu machen, sich durch sie aus= und ankleiden zu lassen, das ist gewiß gar was neues und unerhörtes.

St. Cloud, Samstag, den 24. Mai 1721.

Ich habe mich doch ein wenig amüsiert, denn ich habe eine neue Medaille placiert in meine Me= daillenkist, einen Nero. Seit zehn Jahren, daß ich die Medaillen sammle, habe ich nun 957; wo mir Gott das Leben noch ein paar Jahr läßt, hoffe ich, es über tausend zu bringen und meinem Sohn nach des Königs Münzsammlung eine von den schönsten und raresten nach mir zu lassen, so in Europa ist. Denn alle meine Medaillen seind nicht verschlissen, sondern gar wohl konserviert.

St. Cloud, Samstag, den 14. Juni 1721.

Herzallerliebe Luise, vergangnen Donnerstag hab ich Euer liebes Schreiben vom 4. zu Recht empfangen, aber wie ich eben damals an Euch schrieb, glaube ich, liebe Luise, daß ich es Euch schon bericht habe. Aber was will man

---

1) Herzog Leopold Eberhard von Württemberg=Mömpelgard. 2) Eberhard Ludwig von Württemberg, 1693—1733.

tun? Alte Weiber müssen als repetieren. Meine Mattig=
keit vergeht noch nicht und meine armen Knie seind schmerz=
hafter als nie; das gibt ein Reimen ungefähr, ich bin doch
wohl gar kein Poet. Alle Menschen denken nicht wie Ihr
und ich, daß die Stund gezählt sein. Aber der Mensch
ist gewöhnlich so hoffärtig, daß er meint, alles durch seinen
Verstand zu ergründen, und das ist noch mehr in der fran=
zösischen Nation als in anderen; ich muß oft innerlich drüber
lachen. Ohne nachzugrübeln, wann unsere Stund sein wird,
ist es keine große Kunst, zu erraten, daß man bald fort muß,
wenn man alt wird; denn wie in einem Psalm stehet: unser
Leben währt siebzig Jahr und wenns hoch kommt so seinds
achtzig Jahr. Also sieht man wohl, daß an kein längeres Le=
ben in dieser Welt zu gedenken ist; wäre also wohl unnötig,
sich viel drum zu plagen. Da fehle ich wohl gar nicht an,
Gott dem Allmächtigen dreimal des Tages Leib, Seel und
Leben zu befehlen.

St. Cloud, den 19. Juni 1721.

ichts in der Welt ist schmerzlicher, als sein
Vaterland zu verlassen und seine Verwandten
und Freund, um in ein ganz fremdes Land
zu ziehen, da man die Sprach nicht von
kennt... Ich weiß nicht, was vor Lust Mon=
sieur de Torcy nimmt, die Post so übel zu regulieren, denn
der Abbé Dubois hat mir sagen lassen, daß er gar nichts mit
der Post zu tun hat, daß es allein der Marquis de Torcy hat.
Das ist aber stinkende Eier und faule Butter, denn einer
taugt ebensoviel als der ander, wären beide besser an dem
Galgen als an diesem Hof, denn sie taugen den Teufel nicht
und seind falscher als wie Galgenholz, wie Leonor[1]) als pflegt
zu sagen. Wenn er die Neugier hat, diesen Brief zu lesen,
wird er sein Lob drinnen finden, wie das teutsche Sprich=
wort sagt:
Der Lausterer an der Wand
Der hört sein eigen Schand.

---
1) Frau von Rathsamhausen.

Von meinem traurigen Geburtstag will ich nichts mehr sagen; es seind lange Jahre, daß ich sie traurig angefangen und noch trauriger geendet habe. Aber was will man tun? Man muß sich nur in den Willen Gottes ergeben und ihn gewähren lassen; er wirds wohlmachen. Denn geht es uns übel, haben wirs wohl verdient; geht es uns wohl, ist es lauter Gnaden, worüber wir nicht genung danken können.

St. Cloud, den 25. Juni 1721.

ch habe mit den Zeitungen einen großen Brief bekommen von dem Postmeister von Bern, er heißt Fischer von Reichenbach; aber sein Stil ist mir ganz fremd; ich finde Wörter drinnen, so ich nicht verstehe, als zum Exempel: „Wir unß erfrachen dörffen thutt die von J. K. M. general-postverpachtern erst neuer dingen eingeführte francatur aller außwartigen Briefschafttten unß zu verahnlaßen" . . . . .

Das ist ein doll Geschreib in meinem Sinn, ich kanns weder verstehen noch begreifen; das kann mich recht ungeduldig machen. Ist es möglich, liebe Luise, daß unsere guten ehrlichen Teutschen so albern geworden, ihre Sprache ganz zu verderben, daß man sie nicht mehr verstehen kann? Da ist das verfluchte Österreichisch dran schuld, das wohl eine abscheuliche Sprach ist.

St. Cloud, den 10. Juli 1721.

n Italien ist es gar ein gezwungenes Wesen vor Fürstinnen; wer die teutsche Freiheit gewohnt ist, hat Mühe, sich drin zu schicken, und, wie man in der Oper von Isis singt: „Wenn es etwas Gutes in der Welt gibt, so ists die Freiheit."

Was mich hat glauben machen, daß Eure zwei Nichten kein Teutsch könnten, ist, daß der Herzog von Schomberg, ihr Herr Vater, sich nicht viel darum bekümmert hatte. Französisch-Teutsch, wie sie hier sprechen, ist etwas Abscheuliches, höre lieber wie die Engländer übel Teutsch sprechen als die Franzosen. Ich kann doch ganz sprechen wie sie; man führt mir oft Kinder her, um zu examinieren, ob sie wohl sprechen; aber gewöhnlich sagen sie so: „Ick hab ein=nen teutschen Kammer=diener, ick habe teutsch gelern=net." Wenn ich so reden höre, macht es mir alle Geduld verlieren; der Engländer Atzent kommt doch näher auf das Teutsche aus. Wenn Eure Nichte ihr Teutsch von Euch gelernt hat, ist es kein Wunder, daß sie ein wenig Pfälzisch spricht. Der Herr Benterider[1]) sagt, ich rede Pfälzisch und Hannoverisch durcheinander; recht Braunschweigisch kann ich noch wohl „köhren", habe es doch viel vergessen, könnte mich aber wohl bald wieder drin finden, wenn ich ein paar Tag sprechen sollte.

Ein Glas Wasser trink ich seit zwei Monaten alle Mor= gen, esse aber Kirschen drauf, bald saure bald süße. Schwarz Brot ist ohnmöglich hier zu essen, es taugt ganz und gar nicht; wer an gut schwarz Brot gewohnt, wie wir vor die= sem zu Bruchhausen gessen, kann ohnmöglich das schwarz Brot hier leiden ... Ich bin von Natur nicht delikat; aber ich gestehe, daß der Gestank von den Gassen zu Paris mir schier übel macht.

St. Cloud, den 24. Juli 1721.

ach meinen Gedanken kann ich niemand vor devot halten, in dem ich den Haß gegen den Nächsten sehe. Denn unser Herr Christus hat uns die christliche und brüderliche Liebe zu sehr anbefohlen, um hieran zu zweifeln können. Schwachheiten seind zu entschuldigen, aber Bosheit nicht ... Wie ich noch jung war, bin ich lange Jahre gewesen, daß mir gar nichts gefehlt hat; das habe ich der Jagd zu danken gehabt; nächst Gott hat es mich bei so langen Jahren ge= sund erhalten. Exerzitien ist eine gesunde Sach; ich habe dreißig Jahr zu Pferd und zehn Jahr in Kaleschen gejagt. So lang Monsieur selig gelebt, habe ich geritten, und seit des

---

1) Der kaiserliche Gesandte.

Königs Tod allem, was Jagden heißt, abgesagt; aber seitdem
drei gar große Krankheiten ausgestanden. Das hat mich
glauben machen, daß mich das Jagen in Gesundheit in mei=
nen jungen Jahren erhalten hatte.

Es ist gar rar, daß lothringische Mannsleute Verstand
haben; der Verstand ist dort in Kunkel=Lehen¹) gefallen, denn
alle lothringischen Weiber haben mehr Verstand als die
Männer. Lothringer und Franzosen, alles ist falsch wie Gal=
genholz, wie die Rotzenhäuserin als pflegt zu sagen. Man
hat mir schon gesagt, daß unsere guten Teutschen sich greu=
lich verdorben und dem guten alten teutschen Glauben
ganz absagen samt allen Tugenden, so die alten Teutschen
besessen, und sich allen Lastern der fremden Nationen ergeben.
Das kann mich recht verdrießen. Einem Teutschen steht es
viel übler an, falsch, boshaft und ausschweifend zu sein,
denn sie seind nicht dazu geboren, es geht ihnen zu grob ab;
täten also besser, sich bei dem guten alten teutschen Brauch
zu halten, ehrlich und aufrichtig zu sein, wie sie vor diesem
gewesen ... Ich bin wohl Eurer Meinung, daß sobald
man die Religion auf Politik gründet oder mischt, wie der
lutherische Pfarrherr tut, der mit Euch gesprochen, liebe Luise,
daß, die solches tun, keine gute Religion haben und bald
ohne Religion sein werden ... Holland ist angenehm in
meinem Sinn; Amsterdam ist auch der Mühe wohl wert, daß
man es sieht. Von Utrecht gingen wir nach Nimwegen, von
Nimwegen nach Cleve, von Cleve nach Xanten, von Xanten
nach Köln, von Köln nach Bacharach, wo mich J. G. selig, unser
Herr Vater und Bruder abholten, blieben ein paar Tag zu
Bacharach, besahen Ober=Wesel und fuhren den Rhein her=
unter bis nach Bingen und hernach nach Frankenthal, wo
wir lang blieben. Ich weiß nicht, ob ichs mich noch recht
erinnere, denn in acht, in neunundfünfzig Jahren kann man
wohl was vergessen. Utrecht ist mir noch allezeit lieb, denn ich
mich gar wohl dort divertiert habe. Das ist gewiß, daß wer
Holland gesehen, findt Teutschland schmutzig; aber um Teutsch=

---
¹) d. h. in die weibliche Linie.

land sauber und angenehm zu finden, müßte man durch Frankreich; denn nichts ist stinkender noch sauischer als man zu Paris ist.

Wenn man sagt, daß die Gazetten lügen, sagt man wohl wahr... Ein Fürst von dem lothringischen Haus, so man den Chevalier de Lorraine heißt und des Comte de Marsans Sohn ist, heiratet der Madame de Craon zweite Tochter. Ich rede sicher, denn daß es Madame de Craons Tochter ist, das ist gar gewiß, und, wie Stein Kallenfels[1] als pflegt zu sagen, das übrige bläst der Wächter. Ich wollte, daß meine Tochter ihren Herrn nicht so gar lieb hätte, als sie ihn hat. Was der Herzog[2] sucht zu kaufen, ist alles vor seinen Favoriten, den Craon; an seine rechten Kinder denkt er wenig und das betrübt meine Tochter am meisten... An Orten, wo man die Geister glaubt, sieht man sie allezeit, wie am Kasselischen Hof; an unserm Hof hat man sie nicht geglaubt und auch nie nichts gesehen, also besteht es viel in der Einbildung. Apropos von Fontainebleau: wer das Jagen nicht gewohnt ist, kann brav Purzelbäume dort machen, doch bin ich weniger dort gefallen als in diesen Gegenden. Ich glaube, daß es ist, weil ich den Ort so herzlich lieb hatte, daß mir nie nichts Übles noch Widerliches dort begegnet ist, sondern habe mich besser dort divertiert als an keinem andern Ort in ganz Frankreich. Fontainebleau, das Schloß, sieht ganz teutsch aus mit seinen großen Galerien, Sälen und Erkern. Aber hiermit genung hiervon, es macht mir das Herz schwer.

St. Cloud, den 7. August 1721.

as der Postmeister von Bern[3] geschrieben, ist ein östereichscher Stil, der mir gar nicht gefällt, denn ich verstehe die Hälft nicht. Was geht mich die französische Post an? Da habe ich gar nichts mit zu tun, habe ihm also

---

1) kurpfälzischer Hofmarschall. 2) von Lothringen, ihr Schwiegersohn. 3) Vgl. Brief vom 25. Juni desselben Jahres, Seite 455.

nicht antworten lassen. Daß Leute sein, so übel und widerlich
schreiben, wundert mich nicht; aber daß man die Art von
schreiben jetzt in Teutschland schön findt und admiriert, das
ist mir unleidlich und macht mich glauben, daß meine armen
Landsleute ganz zu Narren werden. Ich wills einmal ver=
suchen mit diesem Brief und „franko" drauf setzen.

St. Cloud, Donnerstag, den 25. September 1721.

ir seind hier alle heute en grand habit, denn
ich habe eine Zeremonie um drei Uhr, nämlich
den Empfang von dem verfluchten Kardinal
Dubois[1]), dem der Papst den Kardinalshut ge=
schickt hat. Den muß ich begrüßen, sitzen machen
und eine Zeitlang unterhalten, welches nicht ohne Mühe ge=
schehen wird; aber Mühe und Verdrießlichkeit ist das täg=
liche Brot hier. Aber da kommt unser Kardinal angestochen,
ich muß also eine Pause machen. — Der Kardinal hat mich
gebeten, all das Vergangene zu vergessen; er hat mir die
schönsten Reden gehalten, so man hören kann. Viel Ver=
stand hat der Mann, das ist gewiß; wäre er so gut als er
verständig ist, wäre nichts an ihm zu wünschen. Aber dieses
Stück fehlt teufels=ding bei ihm und kann man sagen, wie
unser Graf von Wittgenstein als zu sagen pflegte: „Da liegt
der Has im Pfeffer".

An den Geheimen Rat Friedrich von Harling
St. Cloud, den 2. Oktober 1721.

ch muß diesen Morgen nach Paris, mich mit
meinem Sohn und seiner Gemahlin zu erfreuen
über die fröhliche Botschaft, so sie vergangenen
Montag empfangen, nämlich einen Kurier vom
König in Spanien, welcher von meinem Sohn
seine Tochter begehrt vor seinen ältesten Sohn, den Prinzen
von Asturien. Es wird zwei junge Eheleute geben, denn der
Prinz ist am 25. August erst 14 Jahr alt worden und Made=

---

[1]) Dubois war der frühere Erzieher ihres Sohnes.

moiselle de Montpensier wird den zukünftigen 11. Dezember erst 12 Jahr alt werden. Dies alles find ich gut und schön, wenn es nur nicht zu viel Visiten und Komplimente nach sich zög, deß man sich nicht mehr zu behelfen weiß.

Unsere junge Braut hat noch keinen Namen, sie ist zwar getauft, aber die Zeremonie, wo man den Namen gibt, ist noch nicht geschehen. Der König und ich werden diese Zeremonie halten. Ehe Mademoiselle de Montpensier ihre Reise anfängt, wird sie also mit drei Sakramenten versehen werden: der Tauf, Kommunion und Konfirmation; das ist doch etwas Rares . . . Ich befinde mich nun gottlob gar wohl, aber große Stärke findt sich in meinem Alter nicht mehr; kann doch noch wohl ein Stündchen spazieren.... Monsieur Law wird wohl in Holland gehen, aber ich glaube nicht, daß er nach England darf, ist dort zu schwarz angeschrieben . . .

An Raugräfin Luise
St. Cloud, Donnerstag, den 23. Oktober 1721.

Herzallerliebe Luise, es geht mir heute, wie das französische Sprichwort sagt: „Wie ein Esel zwischen zwei Heuhaufen, der nicht weiß bei welchem anfangen"; denn ich habe heute so viel zu sagen, daß ich nicht weiß, woran ich anfangen soll . . . Wenn ich zu etwas Guts noch anwenden könnte, und denen, so mir lieb sein, Dienste leisten könnte, wollte ich wohl noch länger gern leben. Aber ich bin leider zu nichts mehr nutz, fürchte bald kindisch zu werden, verliere das Gedächtnis, kann keinen einzigen Namen mehr behalten. Das ist der rechte Weg, um zu faseln und kindisch zu werden, werde bald mit Puppen spielen, und wenn das ist, so ist man wahrlich besser tot als lebendig. Ach, liebe Luise, die Freundschaft verblendet Euch; ich habe leider nichts an mir, so zu admirieren ist, nichts ist ordinärer und gemeiner als mein ganzes Leben . . . Alle Verlust, so ich getan, fallen mir als wieder ein und versalzen mir alle Freuden durch Räson. Muß mich wohl in Gottes Willen ergeben, aber man kann nicht verhindern, daß wenn einem alles fehlt, was einen erfreuet hat, einem alles verleidet ist.

St. Cloud, Donnerstag, den 6. November 1721

Ich bin gestern gar frühe schlafen gangen, habe neun Uhr im Bett gezählt und bin gleich drauf entschlafen, um halb fünf erst wacker worden, hab geschellt, Feuer machen lassen, die Kammer zurecht stellen. Unterdessen hab ich mein Morgengebet verricht, nach halb sechs bin ich aufgestanden, habe mich angezogen, ein paar gute Strümpfe angetan, einen tuchenen Unterrock und über dies alles einen langen, guten, wattenen Nachtsrock, welchen ich mit einem großen, breiten Gürtel fest mache. Wie das geschehen, lasse ich zwei Lichter anzünden und setze mich an meine Tafel. Da wißt Ihr nun, liebe Luise, meine Morgen= arbeit wie ich selber. Ich schreibe bis halb elf, dann laß ich mein Honigwasser bringen, wasche mich so sauber als ich kann, reibe meine schmerzhaften Knie und Schenkel mit Eau vulneraire, so mir mein Doktor geraten, ein, schell hernach, laß alle meine Kammerweiber kommen, setze mich an meine Toilette, wo alle Leute, Manns= und Weibspersonen hereinkommen, unterdessen, daß man mich kämmt und koif= fiert. Wenn ich koiffiert bin, gehen alle Mannsleute außer mein Doktor und Balbierer und Apotheker hinaus, ich ziehe Schuhe, Strümpf und Unterhosen an, wasche die Händ. In der Zeit kommen meine Damen, mich zu bedienen, geben mir, die Händ zu waschen, und das Hemd; alsdann geht alles Doktorgeschirr fort und kommt mein Schneider herein mit meinem Kleid; das ziehe ich gleich an, sobald ich mein Hemd angetan. Wenn ich wieder geschnürt bin, kommen alle Manns= leute wieder herein; denn mein Manteau ist so gemacht, daß, wenn ich geschnürt bin, so bin ich ganz fertig, denn alle meine Unterröck seind mit Nesteln an mein Leibstück gebunden, das find ich sehr gemächlich. Nachdem ich ganz angezogen, welches gewöhnlich um dreiviertel auf zwölf ist, gehe ich in die Kapell. Die Meß währt aufs längst anderthalb Viertelstund, gleich hernach kommt Junker Wendt als erster Haushofmeister und ruft mich zur Tafel. Unser Essen währt eine gute Stund. Alle Montag, Mittwoch und Samstag fahr ich um halb zwei zu Chausseraye nach Madrid[1]); hab ich aber zu Paris zu tun, fahr ich Mittwochs oder Samstags hin zu den Karmeliten, wo wir die Meß hören, fahren hernach zum König, von da ins Palais Royal zur Madame la Duchesse d'Orléans[2]), wo gewöhnlich mein Sohn auch hinkommt, gehe hernach mit allen seinen Kindern und meinen Damen zur Tafel. Mein Sohn speist gar selten zu Mittag; denn er kann nicht mit seinem Kopf arbeiten, wenn er gessen und trunken hat. Nachdem, gegen drei, fahr ich aus, tue meine Visiten zu den Prinzessinnen vom Geblüt oder zu unsrer Herzogin von Hannover[3]), hernach fahr ich wieder ins Palais Royal. Mittwochs gehe ich in die französische und Samstags in die italienische Komödie; wenn die zu End, geh ich wieder in die Kutsch und fahr wieder her und „denn zu Bett", sagt jene Braut. Donnerstags und Sonntags, ehe man in die Kirch geht, fahre ich im Garten spazieren in dieser Zeit, und im Sommer nach der Kirch. Freitag und Dienstag gehe ich gar nicht aus; habe die zwei Tage zu viel in England und Lothringen zu schreiben. Sonntag, Mittwoch und Samstag lese ich morgens in der Bibel. Da wißt Ihr nun, liebe Luise, unser ganzes Leben, als wenn Ihr hier bei uns wäret.

Man hat oft gespürt, nicht allein in Krankheiten, sondern in allerhand Begebenheiten, daß, was wir Menschen oft tun, ein Unglück zu verhüten, das macht es geschehen. Das erweist wohl, daß der Menschen Vorsorg wenig hilft; jedoch so ist unsere Schuldigkeit, alles zu tun, was wir vor uns wissen und ersinnen können zu unserm Besten.

---

1) Schlößchen im Bois de Bologne bei Paris.   2) Ihrer Schwiegertochter.
3) Herzogin Benedikte, die wieder in Paris lebte.

St. Cloud, den 22. November 1721.

Monsieur le Cardinal Dubois soll alles in der Post ändern und wieder erseßen, was des Torcy Kargheit und Interesse hat übel gemacht. Als zum Exempel die lothringische Post: um einen Kurier zu sparen, ließ er das Felleisen in die erste Chaise werfen, so nach Nancy ging; also wer neu= gierig war, konnte alle Briefe lesen. Viel dergleichen Karg= heiten hat er getan, solang er die Post gehabt, ist ein rechter Heuchler; denn unter dem Vorwand von Beten und Devotsein tut er alles üble, wo er kann und hat keine größere Freude, als wenn er jemand was übles antun kann. Bin also froh, daß er die Post nicht mehr hat. Obzwar das kleine Kardinälchen nicht viel besser ist als der böse Torcy, so will er seinen Geiz besser verbergen und fällt nicht zu sehr mit der Tür zur Stuben nein, sondern will gelobt sein... Wollte Gott, der König lebte noch! Ich hätte mehr Trost, mehr Vergnügen an einem Tag, als ich in den sechs Jahren von meines Sohns Regentschaft habe. Erstlich so wars ein Hof und kein bürgerlich Leben, so ich nicht gewohnen kann, indem ich all mein Leben bei Hof geboren und erzogen bin. Zu des Königs Zeiten war mein Sohn ganze Tage bei mir, nun sehe ich ihn kaum in einem Monat eine Stunde; zu Paris, wo wir ein gemeinschaftliches Vorzimmer haben, bin ich oft drei Tag ohne ihn zu sehen. Zudem so gibt mir seine Regentschaft mehr Sorgen und Unruhe als Trost und Freu= den. Denn bin ich nicht Jahr und Tag gewesen ohne Ruhe, all in Sorgen, daß man ihn ermorden würde durch den abscheulichen Haß, so man auf ihn geworfen? Nun zwingt er sich nicht mehr in seinen Galanterien, läuft ganze Nächte herum, welches er zu des Königs Zeiten nicht tun konnte, also seine Gesundheit allezeit in Gefahr sehe.

Ich liebte den König von Herzen, er war von recht an= genehmer Gesellschaft. Ich divertierte mich recht, mit ihm zu schwäßen und zu lachen, denn der König hatte gern, daß man frei mit ihm plauderte; die anderen Prinzessinnen, außer

Madame la Duchesse, konnten sich nicht dazu resolvieren. Das ganze königliche Haus war da versammelt. War etwas Neues zu sehen, ließ es der König hinbringen; alle Abend war schier was Neues vorhanden. Morgens oder gleich nach dem Essen fuhren wir dreimal die Woch auf die Jagd; das gab auch Veränderung. Ich schlief nie in dem abscheulichen Paris, fuhr nur hin, die Oper zu sehen, denn Komödien hatten wir genung bei Hof. Man war abends bei viel Leuten, den Tag allein, soviel man wollte, summa, mein ganzes Leben war bei weitem nicht so langweilig als es nun ist. Was hilft mir, von mir selber abzuhängen, wenn ich nichts Angenehmes mehr zu tun habe? Aber die Langeweil könnte ich wohl noch ertragen, indem ich auf alles Pläsier verzichtet habe und nichts mehr darnach frage. Aber heimliche Ängste auszustehen ohne sichs merken zu lassen, das macht schwarze Galle. Denn ich habe meinen Sohn recht herzlich lieb, er lebt auch gar wohl mit mir, habe mich nichts über ihn zu klagen. Aber je mehr ich kontent von ihm bin, je mehr ist es mir schmerzlich, ihn so wenig zu sehen und allezeit rechtmäßige Ursachen zu haben, vor ihn in Ängsten zu sein. Ein Königreich regieren ist eine große Sach, ich gestehe es. Aber, liebe Luise, wieviel Haß und Neid zieht es nicht nach sich? Man müßte göttlich sein, um jedermann zufriedenstellen zu können; die man nicht befriedigt, werden als Feinde deklariert; summa: es hat mehr Böses als Gutes an sich. Auch habe ich mich mein Tag keinen Augenblick über meines Sohns Regentschaft erfreuen können.

St. Cloud, den 6. Dezember 1721, um ½9 morgens.

ademoiselle de Montpensier kann man nicht häßlich heißen, sie hat eine glatte Haut, hübsche Augen, die Nas ginge auch wohl hin, wenn sie nicht zu eng wäre, der Mund ist gar klein. Aber mit diesem allem ist es das unangenehmste Kind, so ich mein Leben gesehen, in allem, in Manieren, in Reden, in Essen und Trinken; es macht einen recht unge-

duldig, wenn man sie sieht. Habe wohl keine Tränen ver=
gossen, noch sie auch nicht, wie wir uns Adieu gesagt haben.
Ich habe in Spanien eine Stieftochter[1]), eine Stiefenkelin[2])
und jetzt eine Enkelin, so Königinnen in Spanien gewesen
und sein werden. Die liebste von allen war die Stieftochter,
die habe ich von Herzen geliebt, als wenn sie meine Schwester
wäre; denn meine Tochter konnte sie nicht sein, ich hatte
nur 9 Jahr mehr als sie. Ich war noch gar kindisch, wie
ich herkam, wir haben miteinander gespielt und gerast; Carl=
lutz selig und der kleine Prinz von Eisenach, wir haben oft ein
solch Geras gemacht, daß man nicht bei uns hat dauern
können. Es war eine alte Dame hier, so Madame de Sienne
hieß, die haben wir erschrecklich geplagt; sie hörte nicht
gerne schießen und wir warfen ihr immer Schwärmer in den
Rock, welches sie verzweifeln machte, lief uns nach, um uns
zu schlagen, das war der größte Spaß.

Paris, den 20. Dezember 1721.

ch trage viel lieber den großen Habit als den
Manteau, aber ich muß es nun tragen, weil ich
krank bin, sonst lacht man mich aus. Man
sieht zu kammermägdisch in dem Manteau
aus, um es lieben zu können. Die weiten
Röck, so man überall trägt, seind meine Aversion, stehet un=
verschämt, als wenn man aus dem Bett kommt. Der Manteau,
wie ich ihn trage, ist nichts neues, Madame la Dauphine
hatte ihn getragen. Die Mode von den wüsten Röcken kommt
am ersten von Madame de Montespan, so es trug, wenn sie
schwanger war, um sich zu verbergen[3]). Nach des Königs Tod
hat es Madame d'Orleans wieder auf die Bahn gebracht.

_{1 Die Gemahlin Karls II. 2) Die Gemahlin Philipps von Anjou, Prinzessin von Savoyen, gest. 1714. 3) Reifröcke. An anderer Stelle schreibt Liselotte: Aber es hat wenig geholfen, denn man hats allezeit gesagt, und dieser Rock war wie ein Signal, wenn man sie drin gehen sah.}

St. Cloud, den 13. Juni 1722.

s ist eine gute Stund, daß wir von Tafel sein. Um meine Digestion zu verrichten, habe ich meine neugebornen Kanarienvögel essen sehen. Ich habe bei 30 Neugeborne von sechs alten Paaren, so ich habe; als eins schöner als das andere. Aber da sagt man mir, daß meine Kutschen kommen sein, aber ich muß doch noch dieses Blatt vollschreiben. Meine Kräfte seind mir noch nicht wiederkommen; ich kann keine Kammers=lang gehen, ohne zu schnaufen als wenn ich einen Hasen erlaufen hätte.

Goldpulver habe ich, aber Konfekt von Hyazinthen könnte ich ohnmöglich schlucken. In meinen Kinderblattern hat man mirs geben, ich wäre aber schier davon gestorben, es gab mir ein so abscheulich Erbrechen, daß ich meinte, davon zu bersten. Wie ist es möglich, daß Ihr, liebe Luise, das abscheuliche Zeug schlucken könnt? Es ist mir ein recht Brechmittel, macht mich über sich und unter sich gehen mit solcher Gewalt, als wenns einem die Seel aus dem Leib treiben sollte. Ich habe wohl resolviert, es mein Leben nicht mehr zu nehmen, ist ärger als eine Krankheit. Meine Tante hatte mir zwei goldene Schachteln mit Goldpulver geschickt, aber ich hab es nicht probiert; denn die Wahrheit zu gestehen, so brauch ich nicht gern was, was es auch sein mag, habe lieber Geduld.

St. Cloud, den 8. August 1722.

an sagt mirs nicht, aber ich sehe wohl, daß man fürchtet, daß aus der Geschwulst von meinen Beinen eine Wassersucht werden wird, welches auch wohl geschehen könnte, weil Ihro Gnaden selig meine Frau Mutter dran gestorben. Stirb ich an der Wassersucht, so stirb ich an keiner anderen Krankheit. Es mag gehen, wie Gott will ... Man ist allezeit ohne Façon zu Hannover gewesen, ob unsere liebe Kurfürstin es zwar lieber anders gesehen hätte. Aber Onkel selig war so eigen; sehe, daß der König, sein Herr Sohn[1]) es nicht besser macht... Niemand in der Welt hat mehr und schönere Gemälde als mein Sohn; er hat der Königin Christine[2]) ganzes Kabinett gekauft, so sie zu Rom gehabt und welches sehr ästimiert gewesen, wie Ihr wohl werdet gehört haben. Ich habe oft gehört, daß Merians Kupferstiche mehr ästimiert sein als seine Gemälde.

St. Cloud, den 5. September 1722 um 7 abends.

ch ergebe mich oft des Tags in den Willen Gottes mit Leib und Seel, bin im übrigen ohne Sorgen und erwarte, was Gott mit mir machen will... Die Pläne von Mannheim und Schwetzingen werden mich sehr amüsieren, aber auch manchen Seufzer kosten, indem es mich an die guten alten Zeiten erinnern wird. Aber der Kurfürst zu Pfalz[3]) ist gar zu demütig, sich zu meinen armen geschwollnen Füßen zu legen.

St. Cloud, den 1. Oktober 1722.

erzallerliebste Luise, vorgestern ziemlich spät habe ich Euer Paket und zwei liebe Schreiben vom 15. und 19. zu Recht empfangen mit der pfälzischen Kart, wie auch die kleine illuminierte Kart und die von der Wahrsagerin. Alles hat mich sehr amüsiert, danke Euch, liebe Luise, wohl von Herzen davor. Ich möchte Euch gar gern eine genaue Antwort auf Euer Schreiben machen, aber, liebe Luise, ich bin noch gar nicht wohl, der Appetit ist mir ganz wieder vergangen, der Atem ist kurz und die Füß und Bein sehr geschwollen. Drum will man mir nicht erlauben nach zehn Uhr nach Bett zu gehen.

Muß doch noch sagen, daß ich alle Bagatellen, so ich Euch geschickt, für Lappereien halte gegen die schöne Karte, worin ich schon viel spaziert habe; bin schon von Heidelberg

---

1) Georg I. von England.   2) Christine von Schweden.   3) Karl Philipp.

bis nach Frankfurt, von Mannheim nach Frankenthal, von dort nach Worms, ich bin auch in der Neustadt gewesen. Mein Gott, wie macht einen dieses an die alten guten Zeiten gedenken, die leider nun vorbei sind! Aber Eure Karte, liebe Luise, wird mich all mein Leben erfreuen. Aber da ruft man mich, um schlafen zu gehen. Ich embrassiere Euch von Herzen und behalte Euch von Herzen lieb.

An den Geheimen Rat Friedrich von Harling
St. Cloud, den 3. Oktober 1722.

onsieur von Harling. Seit vorgestern, daß ich Ihm geschrieben, ist gar keine Veränderung bei mir vorgangen; es mag gehen, wie Gott will, so präpariere ich mich zu meiner Reise nach Rheims¹); was draus werden wird, „sal de Tid lehren". Ich schicke Ihm hierbei einen Brief von Seinem Neveu und versichere, daß in welchem Stande ich auch sein mag, ich allezeit sein und bleiben werde Monsieur von Harlings wahre Freundin.

An Raugräfin Luise
St. Cloud, Donnerstag, den 5. November 1722.

ntworten habe ich ohnmöglich gekonnt, sowohl wegen meiner Schwachheit, als auch wegen kontinuierlichen Getuns, sowohl wegen der Zeremonien, als auch alles meiner Kinder Getuns, so ich immer um mich gehabt habe, als auch sonsten unerhört viel Leute, Fürsten, Herren, Grafen und Bischöfe, Erzbischöfe und Kardinäle. Aber ich glaube nicht, daß in der weiten Welt was Schöneres kann gesehen und erdacht werden, als des Königs Krönung. Man hat mir die Beschreibung davon bis Samstag versprochen. Läßt mir Gott Leben und Gesundheit bis übermorgen, so werde ich Euch, liebe Luise,

---
¹) Am 25. Oktober fand zu Rheims die Krönung König Ludwigs XV. statt.

eine ganze Beschreibung davon schicken. Meine Tochter ist
ein wenig verwundert gewesen, wie sie mich gesehen; denn
sie hat mir nicht glauben wollen, hat als gemeint, meine
Krankheit wäre nur eine Ausred. Wie sie mich aber zu
Rheims gesehen, ist sie so erschrocken, daß ihr die Tränen
in den Augen kommen seind, hat mich gejammert. Sie hat
wohlgeschaffene Kinder, ich fürchte aber, der Älteste wird
ein Ries werden, denn er ist schon sechs Schuh hoch und doch
nur fünfzehn Jahr alt[1]). Die vier anderen Kinder seind weder
groß noch klein vor ihr Alter. Der Jüngste, Prinz Karl[2]) ist,
was Ihro Gnaden selig, unser Herr Vater, als pflegte zu sagen,
ein wunderlicher Heiliger, das Maul geht ihm nicht zu und
ist allezeit lustig, räsonniert immer mit seinen Schwestern
und recht possierlich; er ist weder hübsch noch häßlich. Der
hübscheste in meinem Sinn von den drei Buben ist der mit=
telste[3]); von den Mädchen ist die Jüngste zwar die hübscheste,
allein die Älteste ist so wohlgeschaffen, daß man sie doch
auch nicht vor häßlich halten kann.

St. Cloud, den 19. November 1722.

Ich muß Euch doch sagen, liebe Luise, welch eine
närrische Reis des Grafen von Sintzendorf Sohn
zu Rheims gemacht. Er ist erstlich eine ab=
scheuliche Figur, hinten und vornen bucklig. Der
ist nach Rheims gekommen, um die Krönung zu
sehen, abends aber versuchte er von dem Champagnerwein
und trinkt sich so sternsvoll, daß er zweimal vierundzwanzig
Stund wie eine Bestia ist liegen blieben, ohne einzige Wissen=
schaft von sich selber zu haben; hat also nichts von keiner ein=
zigen Zeremonie gesehen. Meine Tochter war recht beschämt
vor ihn, weil sie ihn präsentiert hatte; ich habe sie ein wenig
mit ausgelacht.

---

1) Er starb mit 16 Jahren.   2) Karl Alexander von Lothringen, gest. 1780,
österreichischer General und Gouverneur der Niederlande.   3) Franz Stephan, geb.
1708, Gemahl Maria Theresias, deutscher Kaiser von 1745–1765.

St. Cloud, den 3. Dezember 1722.

erzallerliebste Luise, die Zeitung, so ich Euch heut von meiner Gesundheit zu sagen habe, wird Euch wohl gar nicht gefallen. Ich werde täglich elender, möchte wohl ein schlimm End nehmen, aber ich bin gottlob zu allem bereit, bitte nur den Allmächtigen, mir Geduld zu verleihen in meinen großen Schmerzen, so ich Nacht und Tag ausstehen muß, sowohl durch meine erschreckliche Schwachheit, als auch sonsten durch mein elendes Leben. Ob ich noch davon kommen werde, mag Gott wissen; die Zeit wirds lehren; aber ich bin noch nicht so übel gewesen als nun. Hier haben wir kein häßlich Wetter, fängt doch heut ein wenig an zu regnen, mit einem kleinen Regen. Ich glaube nicht, daß einig Wetter mehr gesund vor mich sein wird. Die Zeit, liebe Luise, wird bald erweisen, was aus diesem allen werden wird. Komme ich davon, so werdet Ihr mich allezeit finden, wie ich bisher gewesen. Nimmt mich Gott zu sich, müßt Ihr Euch in dem getrösten, daß ich ohne Reu noch Leid sterb, die Welt gern verlasse in der Hoffnung, daß mein Erlöser, so vor mich gestorben und auferstanden ist, mich nicht verlassen wird, und wie ich ihm treu geblieben, daß er sich auch meiner an meinem letzten End erbarmen wird. Auf dies Vertrauen lebe und sterbe ich, liebe Luise! Es mag im übrigen gehen, wie Gott will. Es seind viel Leute, so sich nun über Husten und Schnupfen beklagen; ich bin kränker als dies und werde täglich ärger. Ich wünsche, daß, ich wünsche, liebe Luise, daß Eure neue Gesellschafterin dem von Solmss... Da bringt man mir noch ein liebes Schreiben von Euch vom 21. November, Nr. 83, kann aber ohnmöglich drauf antworten, bin gar zu krank diesen... Aber, aber erhält mir Gott das Leben bis übermorgen, werde ich antworten, nun aber nur sagen, daß ich Euch bis an mein End von Herzen lieb behalte. Elisabeth Charlotte.

Dieser letzte Brief der Herzogin Elisabeth Charlotte ist mit zitternder Hand geschrieben. Sie starb wenige Tage darauf, am 8. Dezember 1722. Unterm 4. Dezember berichtet das Memoirenwerk von Matthieu Marais:

Madame, die Mutter des Regenten, ist sehr krank und ist es seit der Krönung immer gewesen. Man weiß sich nicht zu helfen. Die Ärzte kommen von allen Seiten und machen ihr große Hoffnungen. Sie sagt ihnen aber allen, sie seien Scharlatane, und sie würde daran sterben. Sie besitzt sehr viel Mut und Geistesstärke. Sie hat ihre lothringische Familie in Rheims gesehen und sich vor der Reise nicht gescheut, denn der Tod, sagte sie, könne einen überall treffen. Der Regent bezeigte ihr immer Liebe und Verehrung. Warum weinst du? Muß man nicht sterben? sagte sie zu ihrem Sohn, und zu einer Hofdame, die ihr die Hand küssen wollte, sagte sie: Küssen sie mich auf den Mund, ich gehe in ein Land, wo es keine Standesunterschiede gibt.

Stammtafel des französischen Kö[nigshauses]

Ludwig XI[II]
× Anna

Ludwig XIV. *1638 †1715

1. Gemahlin:	1. Mätresse:	2. Mätresse:	2. (heiml.) G[e]-
Maria Theresia	Duchesse	Marquise	mahlin 168[?]
v. Spanien †1683	de la Valliere	de Montespan	Marquise
6 Kinder, darunter	3 Kinder, darunter	8 Kinder, darunter	de Mainten[on]

Louis	Marie-Anné	Louis	Françoise-M[.]
le grand Dauphin	la grande Princesse	Duc du Maine	Mlle de Blois
„Monseigneur"	Mlle de Blois (I)	× Anna-Louise-	*1677 †17[??]
*1661 †1711	× Louis Armand	Bénédicte de	1692
× 1681 Maria	Prince de Conti	Bourbon-Condé	×
Anna v. Bayern			

Louis	Philipp	Charles
Duc de Bourgogne	Duc d'Anjou	Duc de Berry
2. Dauphin 1711	*1683 †1746	*1686
*1682 †1712	seit 1700 König	†1714
× Marie-Adelaide	Philipp V. von	1710
v. Savoyen †1712	Spanien. ×1701	×
	Marie-Luise-	
	Gabr. v. Savoyen	3 früh † Kind[er]
	(†1714)	

Louis	Louis
Duc de Bretagne	Duc d'Anjou
3. Dauphin 1712	4. Dauphin 1712
*1707 †1712	*1710 †1774
	= Ludwig XV.
	1715—1774

Dauphin Louis
†1765

Ludwig XVI.	Ludwig XVIII.	Karl X.
1774—1792	1814—1824	1824—1830
[Ludwig XVII.]		

,hauses der Bourbonen (im Auszug).
601 †1643
sterreich

                        Philipp I. Duc d'Orleans
                          „Monsieur". *1640 †1701

1. Gemahlin: 2. Gemahlin, 1671:
Henriette von   Elisabeth Charlotte v. d. Pfalz
England †1670   „Madame". *1652 †1722
4 Kinder, darunter

Marie-Louise	Anne-Marie	Philipp II.	Elisabeth Char-
Mlle d'Orleans	Dlle de Valois	Duc de Chartres	lotte
*1622 †1689	*1669 †1728	*1674 †1723	Dlle de Chartres
× 1679 Karl II.	× 1684 Herzog	1701 Duc	*1676 †1744
v. Spanien(†1700)	V. A. v. Savoyen	d'Orleans	× 1698 Herzog
		1715 Regent	Leop. von
		für Ludwig XV.	Lothringen
		1692 ×	5 Kinder, darunter

7 Kinder, s. S. 375 f., darunter

Marie-Louise-	Louis		Franz Stephan
Elisabeth	Duc de Chartres		v. Lothringen-
Mademoiselle"	*1703 †1752		Toskana
*1695 †1719	× Marie-Jeanne		1745—1765
1710	de Bade-Baden		deutscher Kaiser
×			× Maria Theresia

	Louis-Philipp I.	Joseph II.	Leopold II.
	Duc de Chartres	1765—1790	1790—1792
	*1725 †1785		
			Franz II.
	Louis-Philipp-		1792—1806
	Joseph (Egalité)		= Franz I.
	*1747 †1793		Kaiser von
			Österreich
	Louis Philipp II.		1806—1835
	Duc d'Orleans		
	*1773 †1850		
	König der	Ferdinand I.	Erzherzog
	Franzosen	1835—1848	Franz Karl
	1830—1848		
			Franz Joseph I.
			seit 1848

Übersicht über die wichtigsten Zeitereignisse.

1589—1610 Heinrich IV. von Bourbon-Navarra. Mit ihm kam das Haus Bourbon auf den Thron Frankreichs.

       1598 Heinrich IV. erläßt das Edikt von Nantes, das den Protestanten Religionsfreiheit gewährt.

1603—1625 Jakob I. von England, Sohn der Maria Stuart, Nachfolger der Königin Elisabeth.

1610—1643 Ludwig XIII., Sohn Heinrichs IV. und der Maria von Medici.

1612—1619 Kaiser Matthias. Er bestätigt den Majestätsbrief, den sein Bruder Rudolf II. den protestantischen Böhmen im Jahre 1609 verliehen hatte.

       1618 Aufstand in Prag, als die Beschwerden der böhmischen Stände wegen Zerstörung und Schließung zweier protestantischer Kirchen erfolglos blieben. Anfang des Dreißigjährigen Krieges.

1619—1637 Kaiser Ferdinand II. Er verbindet sich mit Maximilian von Bayern, dem Haupt der katholischen Liga.

       1620 8. November: Schlacht am Weißen Berge bei Prag. Kurfürst Friedrich V. von der Pfalz, den die Böhmen zu ihrem König erwählt hatten, wird von Tilly, dem Feldherrn der katholischen

Liga, geschlagen und flieht geächtet nach Holland.

1622 Heidelberg, die Residenz Friedrichs V., von Tilly erobert. Die kostbare Universitätsbibliothek wird nach Rom gebracht.

1623 Maximilian von Bayern erhält die pfälzische Kurwürde.

1624—1642 Kardinal Richelieu führt an Stelle des unfähigen Königs Ludwig XIII. die französische Regierung. Er bricht die politische Sonderstellung der Hugenotten und des Hochadels zugunsten der Krongewalt und macht Frankreich zum führenden Staate in Europa.

1630 Gustav Adolf von Schweden eilt aus religiösen wie politischen Motiven der protestantischen Sache in Deutschland zu Hilfe. Er wird von Richelieu, der im eigenen Lande die Protestanten unterdrückt, mit Geld unterstützt.

1631 Tilly zerstört Magdeburg.

1632 Tillys Tod. Gustav Adolf fällt am 16. November in der Schlacht bei Lützen. Seine sechsjährige Tochter Christine wird Königin von Schweden.

1634 Bernhard von Weimar stellt sich an die Spitze des protestantischen Heeres; er und der schwedische General Horn werden bei Nördlingen geschlagen. (Größte Schlacht des Krieges.) Der kaiserliche Feldherr Wallenstein wird in Eger ermordet.

1637—1657 Kaiser Ferdinand III.

1640—1688 Friedrich Wilhelm, der „Große Kurfürst" von Brandenburg, Begründer der Macht Preußens.

1642—1661 Kardinal Mazarin, der Nachfolger Richelieus.
1643—1715 Ludwig XIV.
    1648 Der Westfälische Friede beschließt den Dreißigjährigen Krieg. Frankreich erhält einen Teil des Elsasses. Bayern bleibt im Besitz der Oberpfalz und der Kurwürde. Die Rheinpfalz wird dem Sohn Friedrichs V., dem Kurfürsten Karl Ludwig, zurückgegeben.
    1649 Karl I. von England (1625—1649) wird zu London hingerichtet.
1649—1660 Großbritannien Republik, bis 1658 unter Cromwells Leitung.
    1650 Vermählung des Kurfürsten Karl Ludwig von der Pfalz mit Charlotte von Hessen-Kassel.
    1652 Am 27. Mai wird die Pfalzgräfin Elisabeth Charlotte (Liselotte) geboren.
    1654 Königin Christine von Schweden dankt ab und tritt (1655) zur katholischen Kirche über. Karl X. aus dem Haus Bayern—Zweibrücken wird ihr Nachfolger.
    1658 Leopold I. wird trotz des Widerspruchs Ludwigs XIV. Deutscher Kaiser (bis 1705).
    1659 Der Pyrenäische Friede macht den seit anderthalb Jahrhunderten währenden Feindseligkeiten zwischen Frankreich und Spanien ein Ende.
1660—1685 Karl II. von England.
    1661 Ludwig XIV. übernimmt nach dem Tode Mazarins selbst die Regierung und bedient sich ausgezeichneter Minister und Feldherrn: Finanzminister Colbert († 1683),

Kriegsminister Louvois († 1691), Festungsbaumeister Vauban. Feldherrn: Turenne, Condé, Luxembourg, Vendôme.

1665 Philipp IV. von Spanien, Ludwigs XIV. Schwiegervater, stirbt. Ludwig XIV. macht Erbrechte auf die spanischen Niederlande geltend und erhält 1668 im Frieden zu Aachen zwölf spanisch=niederländische Festungen.

1671 Elisabeth Charlotte (Liselotte) von der Pfalz wird mit Herzog Philipp I. von Orleans, dem Bruder Ludwigs XIV., vermählt.

1672—1678 Zweiter Eroberungskrieg Ludwigs gegen Holland, das Wilhelm III. von Oranien zum Statthalter beruft und von Spanien und Brandenburg unterstützt wird.

1675 Der Große Kurfürst siegt bei Fehrbellin über die Schweden, die auf Veranlassung Ludwigs XIV. in Brandenburg eingefallen waren.

1678 Friede zu Nimwegen. Spanien tritt Burgund an Frankreich ab.

1679 Einsetzung der Reunionskammern, durch welche eine Anzahl deutscher Städte für Frankreich beschlagnahmt werden.

1681 Straßburg wird durch Verrat genommen. Höhepunkt der Macht Ludwigs XIV.

1683—1699 Der große Türkenkrieg. Ludwig XIV. hetzt die Türken gegen Deutschland.

1683 Die Türken belagern Wien; sie werden durch die Entsatzschlacht am Kahlenberg zurückgeschlagen.

1685 Aufhebung des Edikts von Nantes. Hugenottenverfolgungen.

1685—1688 Jakob II. von England.
1688 Jakob II. wird vertrieben und sein Schwiegersohn Wilhelm III. von Oranien auf den englischen Thron berufen.
1688—1697 Der pfälzische Erbfolgekrieg. Die Franzosen verwüsten die Pfalz unter dem Vorwand, das Erbe der Herzogin Elisabeth Charlotte von Orleans (Liselotte) einzuziehen. Speyer, Worms, Mannheim werden eingeäschert.
1689 Zerstörung des Heidelberger Schlosses durch Mélac.
1689—1725 Peter I., der Große, Kaiser von Rußland, macht sein Land zu einer europäischen Großmacht.
1692 Vernichtung der französischen Flotte durch die Engländer und Holländer bei La Hogue.
1692 Herzog Ernst August von Braunschweig-Lüneburg, der Gemahl von Liselottens Tante Sophie, wird Kurfürst von Hannover (neunte Kurwürde).
1697 Friede zu Ryswijk: Frankreich wird für seine Ansprüche an die Pfalz durch Geld entschädigt, behält das Elsaß, gibt Lothringen zurück.
1697 August II. (der Starke) von Sachsen wird nach Sobieskis Tode König von Polen.
1697—1718 Karl XII. von Schweden.
1697 Prinz Eugen von Savoyen siegt bei Zenta über die Türken.
1700—1721 Der nordische Krieg um die Ostseeherrschaft.
1701 Kurfürst Friedrich III. von Brandenburg läßt sich als Friedrich I. zum König von Preußen krönen.

1701—1714 Spanischer Erbfolgekrieg. Ludwig XIV. kämpft für seinen Enkel Philipp von Anjou; Leopold I., verbündet mit Holland und England, für seinen Sohn Karl.

1702—1714 Königin Anna von England (Tochter Jakobs II.), Nachfolgerin Wilhelms III.

1704 Schlacht bei Höchstädt. Max Emanuel von Bayern auf Seiten der Franzosen wird von Prinz Eugen und Marlborough geschlagen.

1705—1711 Joseph I., Kaiser von Deutschland.

1706 Prinz Eugen siegt bei Turin über die Franzosen unter Philipp II. von Orleans (Sohn Liselottens). Marlborough siegt bei Ramillies.

1708 Marlborough besiegt Philipp (Sohn Liselottens) bei Oudenarde.

1709 Sieg der Verbündeten bei Malplaquet. Die Franzosen beginnen zu unterhandeln.

1710 Dendôme besiegt in Spanien den österreichischen General Starhemberg.

1711 Joseph I. stirbt. Sturz des Ministeriums Marlborough in England.

1711—1740 Karl VI., Bruder Josephs I.

1712 24. Januar. Friedrich der Große geboren.

1713 Friede zu Utrecht: Philipp V., der Enkel Ludwigs XIV., wird als König von Spanien anerkannt. Karl VI. erhält die spanischen Niederlande, Neapel und Sardinien. Savoyen erhält Sizilien.

1713—1740 Friedrich Wilhelm I. von Preußen.

1714 Kurfürstin Sophie in Hannover, die Tante Liselottens,

stirbt. Einige Monaten später stirbt Königin Anna von England, und Sophiens Sohn, der Kurfürst Georg I. von Hannover, besteigt den englischen Thron (Haus Hannover bis 1901).

1715 Ludwig XIV. stirbt.

1715—1723 Philipp II. von Orleans, der Sohn der Herzogin Elisabeth Charlotte (Liselotte), führt für den unmündigen Ludwig XV. die Regentschaft.

1714—1718 Krieg gegen die Türken. Prinz Eugen siegt 1716 bei Peterwardein, 1717 bei Belgrad.

1722 8. Dezember. Die Herzogin Elisabeth Charlotte von Orleans (Liselotte) stirbt.

Erstes bis fünfundzwanzigstes Tausend Herbst 1911.

Schmuck von Dora Brandenburg-Polster in Pasing bei München. — Papier von Sieler und Vogel in Leipzig. — Druck der Spamerschen Buchdruckerei in Leipzig. — Einband von H. Sickentscher in Leipzig.